Cúrsa Ríomhaireac
Tír an Fhia 2002 Lúnasa

Stairsheanchas Mhicil Chonraí
Ón Máimín go Ráth Chairn

Stairsheanchas Mhicil Chonraí
Ón Máimín go Ráth Chairn

Conchúr Ó Giollagáin
a chuir in eagar

Cló Iar-Chonnachta
Indreabhán
Conamara

An Chéad Chló 1999
© Cló Iar-Chonnachta Teo. 1999

ISBN 1 902420 19 5

Grianghraf Clúdaigh: Matt Nolan
Dearadh Clúdaigh: Johan Hofsteenge
Dearadh: Foireann CIC

Faigheann Cló Iar-Chonnachta cabhair airgid ón gComhairle Ealaíon

Clóchur: Cló Iar-Chonnachta, Indreabhán, Conamara
Fón: 091-593307   **Facs:** 091-593362   **r-phost:** cic@iol.ie
Priontáil: Clódóirí Lurgan, Indreabhán, Conamara
Fón: 091-593251/593157

D'Áine

Buíochas

Is iomaí duine a bhfuil mé féin agus Micil faoi chomaoin aige ó cuireadh tús leis an saothar seo. Gabhann muid buíochas speisialta le Seán Ó Conaire (deartháir Mhicil) a chaith go fial linn ó thús go deireadh. Ní amháin gur chuir sé leis an mbuntráchtaireacht agus a chuid seanchais féin á aithris aige dúinn, ach chuidigh sé go fonnmhar nuair ba ghá ábhar faisnéise nó pointe teanga a d'eascair ón mbuntráchtaireacht a shoiléiriú.

I measc na ndaoine i Roinn na Nua-Ghaeilge, An Coláiste Ollscoile, Baile Átha Cliath, a thug cúnamh agus tacaíocht nuair a bhíothas ag tabhairt faoin tráchtas taighde ar bunaíodh an leabhar seo air: tá mé faoi chomaoin ag Caitlín Mhic Clúin, rúnaí na Roinne; ag Liam Mac Con Iomaire, iarstiúrthóir na Teanglainne; ag an Dr Nicholas Williams a phléigh ceisteanna teangeolaíochta i dtaobh chanúint na dtráchtairí nuair ba ghá. Gabhaim buíochas leis an stiúrthóir taighde a bhí agam, an tOllamh Breandán Ó Buachalla, a thug tacaíocht ghnaíúil dom agus mé i mbun obair an tráchtais.

Tá mé go mór faoi chomaoin ag Ciarán Lenoach as R.T.É. agus ag an Dr Brian Ó Catháin, Roinn na Nua-Ghaeilge, Ollscoil na hÉireann Maigh Nuad, a léigh dréacht luath den téacs agus a mhol athruithe dom; ag an Dr Steve Coleman as Roinn na hAntraipeolaíochta, Coláiste Phádraig, Maigh Nuad, a phléigh gnéithe antraipeolaíochta den saothar liom; ag Dónall Ó Braonáin, Roinn na Nua-Ghaeilge, An Coláiste Ollscoile, Baile Átha Cliath, a léigh agus a phléigh an téacs liom; chuir an plé a bhí agam leis an Dr Brian Ó Curnáin, Institiúid Ard-Léinn BhÁC, maidir le tras-scríobh an téacs go mór le slacht an leabhair.

Gabhann muid buíochas le Micheál Ó Conghaile agus le foireann Chló Iar-Chonnachta, Máirín Uí Nia, Deirdre Ní Thuathail agus Róisín Ní Mhianáin a chaith dúthracht leis an obair fhoilsitheoireachta. Tá muid buíoch de Matt Nolan as an Muileann gCearr a chuidigh leis an obair ghrianghrafadóireachta.

Is iomaí duine i Ráth Chairn a bhfuil an t-eagarthóir buíoch dó, ach ba mhaith liom aitheantas ar leith a thabhairt don bhuntacaíocht a thug Nan Chofaigh dom nuair a chéadléirigh mé suim i nGaeilge na háite.

Tá mé buíoch ó chroí de mo bhean, Áine; tacaíocht nach beag a léirigh sí ó thús go deireadh idir an tuiscint a bhí aici don ábhar agus an fhoighne a bhí aici leis na huaireanta fada oibre.

Ní gá a rá gurb é an t-eagarthóir amháin is cáinte le hearráid nó le heasnamh a bhaineann le cur in eagar an leabhair.

Clár

Noda

A	Aguisín
ABR	Ainm Briathartha
AC	An Aimsir Chaite
ADB	Aidiacht Bhriathartha
AF	An Aimsir Fháistineach
AGC	An Aimsir Ghnáthchaite
AL	An Aimsir Láithreach
B	Bunfhoirm an Bhriathair sna haimsirí agus sna modhanna éagsúla
bain.	Baininscneach
CN	Coibhneasta
CN.I	Coibhneasta Indíreach
C.O.	An Caighdeán Oifigiúil
CÓG	Conchúr Ó Giollagáin
Eag.	Eagarthóir
FF	Foirm fhreagartha
FFG	Foirisiún Focal as Gaillimh (de Bhaldraithe: 1985)
fir.	Firinscneach
FN	Fonóta
fr.	Fréamh
FS	Foirm(eacha) scartha
FT	Foirm tháite / Foirmeacha táite
FTM	Foirm tháite mhacallach / Foirmeacha táite macallacha
GCF	*Gaeilge Chois Fhairrge* (de Bhaldraithe: 1977; 1953 an chéad chló)
GÉ	Gasaitéar na hÉireann (An tSuirbhéireacht Ordanáis: 1989)
GS	Gan sampla
ICF	*The Irish of Cois Fhairrge, Co. Galway* (de Bhaldraithe: 1945)
iol.	Iolra
LASID	*Linguistic Atlas and Survey of Irish Dialects* (Wagner: 1958; 1966)

LASID RC	"The Irish of Ráth Cairn: a contribution to the Linguistic Atlas and Survey of Irish Dialects", ZCP 41-42 (1986-7)
ll.	Leathanaigh
MC	An Modh Coinníollach
MFC	An Modh Foshuiteach Caite
MFL	An Modh Foshuiteach Láithreach
MO	An Modh Ordaitheach
MÓC	Micil Chonraí (Micil Ó Conaire)
p.	Pearsa
pt.	Pointe i LASID 1966
RC	Ráth Chairn
SB	An Saorbhriathar
SÓC	John Chonraí (Seán Ó Conaire)
ua.	Uatha
Ø	Bunfhoirm an bhriathair
[ ]	Tráchtaireacht MÓC (A.1.9.3)
{ }	Tráchtaireacht SÓC (A.1.9.3)
( )	Nóta nó focal léirithe an eagarthóra
. . .	Tráchtaireacht fágtha ar lár

NÓTAÍ

(a) Ní infhilltear na nodanna seo.

(b) Cloífear le gnásanna an C.O. i bplé an eagarthóra ach amháin go scríobhtar urú ar thúschonsan ar lorg an réamhfhocail sa;

(c) Scríobhtar teidil na n-aonad tráchtaireachta de réir ghnásanna tras-scríofa an téacs cé is moite d'fhoirmeacha an ghinidigh.

(d) Ní scríobhtar ach foirm Ghaeilge an logainm 'Ráth Chairn' sa téacs cé gur minic a deir MÓC agus SÓC an logainm de réir nós an Bhéarla – 'Rathcarran.'

(e) Uimhrítear na FN ó thús na caibidle nó ó thús an aguisín.

(f) Mara bhfuil uimhir thagartha le teideal an fho-aonaid i dtéacs an chuntais bhéil glactar leis go leanann an tráchtaireacht ón sliocht uimhrithe roimhe sin (A.5, Aguisín na dTéipeanna).

Réamhrá

Leag Micil Chonraí roimhe cuntas ar scéal a bheatha a chur i dtoll a chéile agus a fhoilsiú don phobal – sin é atá sa bhfoilseachán seo. Agus *Stairsheanchas Mhicil Chonraí* curtha ar fáil aige is iomaí cuid den phobal úd ar cás leo saoithiúlacht na Gaeilge a bheidh faoi chomaoin aige feasta. Ní hamháin go gcuirfear spéis ina scéal pearsanta féin, ach tabharfar aird freisin ar an léamh macánta dúshlánach atá aige ar ghnéithe den stair shóisialta a bhaineann le Conamara agus Ráth Chairn. Fite fuaite sa tráchtaireacht phearsanta sa téacs faightear tuairisc ghéarchúiseach ar bhunú na Gaeltachta i Ráth Chairn mar aon le cur síos ar stair áitiúil an cheantair ó shin i leith; tuairisc nach bhfuil gann ar an gconspóid ach an oiread. Tugann an tráchtaireacht aghaidh freisin ar a óige i gConamara, ar shlí mhaireachtála a mhuintire thiar, ar eilimintí de stair a mhuintire, agus ar eachtraí stairiúla a bhain lena phobal dúchais.

Deireadh Máirtín Ó Cadhain gur fáisceadh é féin as saol nár tháinig mórán athraithe air le míle bliain roimhe sin; rugadh Micil Chonraí sa saol céanna sin i 1919, agus tógadh é i dteach ceann tuí dhá sheomra sa Máimín i gCeantar na nOileán nó gur aistrigh a mhuintir aniar go Co. na Mí i 1935. Bíodh an ceart ag an gCadhnach nó ná bíodh, ach ceann de na himprisin is mó a ghabhfaidh i gcion ar léitheoir agus cuntas saoil Mhicil Chonraí á scagadh aige ná an claochló saoil a ndeachthas i ngleic leis lena ré féin. B'éasca achar ama míle bliain a shamhlú idir teicneolaíocht agus sócúlacht choibhneasta ár linne agus an saothrú bunúsach talún agus mara a chleachtaíodh a mhuintir i gcuid tosaigh an chéid seo, a raibh cothú chomh gortach sin mar thoradh ar an gcruatan oibre a bhaineadh leis.

Déantar cur síos, chomh maith, sa tráchtaireacht ar an saol oibre a chaith sé, ar a thréimhse san Arm le linn an dara cogadh, ar an troid a chuir sé ar an eitinn, agus ar an tréimhse a chaith sé ag obair i dTeach an Chontae i mBaile Átha Troim tar éis dó teacht slán ón eitinn. Cuireann sé clabhsúr ar a chuntas le cuimhní pearsanta a bhaineann lena mhuintir, lena bhean agus a chlann.

Is é tábhacht an ábhair seo ná gur cuntas dírbheathaisnéiseach atá sa tráchtaireacht ó dhuine nach bhfuil cáil na scéalaíochta air ná inniúlacht litearthachta ag roinnt leis agus go bhfuil an cuntas bunaithe ar ghnáthghnásanna urlabhra Mhicil Chonraí. As a stuaim féin a bheartaigh sé tabhairt faoin obair mar bhí a fhios aige go raibh scéal pearsanta agus stair áitiúil ar leith le hinsint aige. Ní mar a chéile é agus cás mhuintir an Bhlascaoid mar a raibh comhluadar léinn á spreagadh leis an tráchtaireacht a sholáthar. Is léiriú é saothar Mhicil ar mhianta liteartha ó fhear a tháinig chun inmhe taobh istigh de na cúinsí cultúrtha a bhaineann leis an traidisiún béil nó an litearthacht dúchais. Pointe teagmhála é a chuid stairsheanchais idir an litearthacht dúchais agus an nualitearthacht théacsúil choiteann sa gcaoi go ndearna sé a scéal a aithris de réir ghnás an chultúir bhéil a bhfuil taithí dhomhain aige air, ach gur theastaigh uaidh cuntas a shaoil a léiriú i bhfoirm théacsúil, nó de réir chleachtas na nua-litearthachta nach raibh ábaltacht aige ann. Ar bhealach, ní ceart aon iontas a dhéanamh de mhianta liteartha Mhicil. Nach bhfuil an t-aos léinn agus liteartha ar cur araoid ar dhúchas cultúrtha na Gaeltachta le fada an lá agus cén fáth nach gcuirfeadh dúchasach a dtéann an traidisiún sin go smior ann suim i ngaireas na litearthachta, is é sin bunoirnis na scoláireachta agus na litríochta, féachaint lena leas féin a bhaint as go gcuirfeadh sé a scéal féin in iúl. D'aithin an t-antraipeolaí Meiriceánach J. Clifford (1986: 119) go bhféadfadh an trácht gluaiseacht sa dá threo i gcás na heitneagrafaíochta de:

> If the ethnographer reads culture over the native's shoulder, the native also reads over the ethnographer's shoulder as he or she writes each cultural description.

Is é an dála céanna ag Micil Chonraí é, thograigh sé dhá leibhéal litearthachta a nascadh le chéile chun críche a chuid pleananna féin.

An Reacaire agus an tEagarthóir[1]

Ba in Aibreán na bliana 1985 a chéadchuimhnigh Micil Chonraí go raibh scéal ar leith le hinsint aige. Rinneadh comóradh taca an ama sin ar bhunú na Gaeltachta i Ráth Chairn caoga bliain siar ón tráth sin, agus in onóir na hócáide, bhí foireann chraolta ann ó Raidió na Gaeltachta le cuid d'imeachtaí an chomórtha úd a thaifeadadh agus a chraobhscaoileadh. Bhí comhrá ag Micil le duine den fhoireann chraolta, Meaití Joe Shéamais Ó Fatharta, faoi stair na háite agus faoin gcaoi ar éirigh lena mhuintir ann. Mhol sé do Mhicil go mba chóir dó féin nó do dhuine eile den seandream ann stair na háite a insint ina chuid focal féin agus an saothar a réiteach ina dhiaidh sin mar fhoilseachán. Dúirt Micil leis nach mbeadh sé in ann chuige mar cheap sé nach mbeadh sé sách oilte chuige i ngeall ar na heasnaimh a bhraith sé a bhí ar a chuid oideachais agus ar a chumas léitheoireachta agus litearthachta. Mhínigh sé dom gur cuireadh ina luí air ag an am nárbh iad na scileanna sin bun agus barr an scéil toisc go bhféadfadh sé a scéal a insint agus a thaifeadadh ar chlostéipeanna, agus duine éigin eile a aimsiú ina dhiaidh sin a dhéanfadh an eagarthóireacht agus a chuirfeadh foirm théacsúil ar an insint ar fáil.

Níor thug Micil mórán aird ar an gcaint seo ag an am mar mheas sé nach raibh sé féin feiliúnach don obair ar aon bhealach. Ní raibh aitheantas mar scéalaí aige sa gceantar, ná i gcomhthéacs níos leithne, ná mar fhear seanchais ná mar dhuine a raibh deisbhéalaíocht thar an gcoitiantacht ag roinnt leis, le hais a dhearthár, John, go háirithe. Bhí cáil mar seo ar a bheirt dhearthár eile, Máirtín agus Pádraig, nach maireann, chomh maith.[2] Duine géimiúil a d'insíodh scéalta grinn agus

---

[1] Chuir mé eagar ar an téacs seo i dtosach mar chuid de thráchtas taighde le haghaidh céime PhD sa gColáiste Ollscoile, BÁC (Ó Giollagáin 1997a). Foilsíodh alt in *The Irish Journal of Anthropology* a dhéanann anailís ar bhunús an chuntais, ar tháirgeadh an téacs agus ar an gcaidreamh a bhí ag Micil, an reacaire, liom féin, an t-eagarthóir, ar mhaithe le teacht ar mhíniú ar an dá ról éagsúla a bhí againn sa tionscnamh (Ó Giollagáin 1997b). Tabharfar faoi fhoilseachán eile a réiteach amach anseo le hanailís níos cuimsithí a dhéanamh ar na pointí teanga agus canúna a tháinig chun solais agus an taighde idir lámha agam le Micil agus John.

[2] An 7 Aibreán 1987 a cailleadh Máirtín agus cailleadh Pádraig an 26 Deireadh Fómhair 1991.

a chasadh amhráin a bhí i Máirtín; chuirtí agallamh go minic air do Raidió na Gaeltachta.[3] I gcodarsnacht le Máirtín, bhí Pádraig domhain, diagánta agus staidéarach. Bhí seanchas agus scéalta fiannaíochta aige mar aon le léamh agus scríobh na Gaeilge. Deirtear faoi go mbíodh sé in ann véarsaí uile *Seanchas na Sceiche*[4] a aithris, chomh maith le cuid mhór eile de chumadóireacht Raiftearaí, a d'fhoghlaim sé ó 'Leabhar Raiftearaí' mar a thugaidís air;[5] agus mar aon le Máirtín dhéanadh sé caint ar an raidió. Tá aithne sách leathan ar John mar scéalaí agus mar rannpháirtí ar chláir Raidió na Gaeltachta i dtaobh Ráth Chairn i measc ábhair eile. Théadh sé chuig an Oireachtas ag insint scéalta; bhí baint aige le bunú Chomharchumann Ráth Chairn; bhí sé ina bhall de Chéadchomhairle Raidió na Gaeltachta (Ó Glaisne 1982: 76). Aithníonn an lucht acadúil mar reacaire agus mar fhaisnéiseoir cumasach é (LASID RC); cuireadh scoláirí ó Roinn na hAntraipeolaíochta, Coláiste Phádraig, Maigh Nuad, chuige; chuir scoláirí ó Roinn Bhéaloideas Éireann agus Roinn na Nua-Ghaeilge sa gColáiste Ollscoile, Baile Átha Cliath, mar a bhfuil ábhar dá chuid ar taifead acu, suim ina chuid scéalta agus seanchais.

Deirtí (agus deirtear fós) i dtaobh Mhicil gur duine uasal tuisceanach é ach ní luaití a ainm le reacaireacht nó le seanchas nó gur thosaigh sé leis an tionscnamh seo. Ní labhraíodh sé ar chláir raidió agus ní iarrtaí air píosa seanchais a aithris nó píosa tráchtaireachta a dhéanamh mar a dhéantaí lena chuid deartháireacha agus mar a dhéantar le John go fóill. Cheap sé gurbh é ba lú a d'fheilfeadh don tionscnamh, i measc dheartháireacha Chonraí ar aon chaoi, díreach ó thaobh na reacaireachta de.

Cinneadh Mhicil

Faoi cheann roinnt blianta eile ghlac Micil leis an gcomhairle gurbh fhiú tabhairt faoi scéal na háite a insint óna dhearcadh seisean de. Cuireann an t-easnamh a shíl sé a bhain lena chuid scileanna scéalaíochta agus seanchais le tábhacht a shaothair, dar liom; thug sé an

---

[3] Bunaíodh an comórtas de chuid Chomhaltas Ceoltóirí Éireann *Siamsóir na Mí* ina onóir.
[4] Ó Coigligh (1987: 137-8.)
[5] de híde 1933.

tsaoirse dó a pháirc féin a threabhadh agus rud as an ngnáth a dhéanamh. Is dóigh gurbh in an t-údar ar chinn sé sa deireadh go mb'fhéidir go mbeadh sé chomh maith le duine ar bith eile i mbun tionscnaimh den chineál seo. Ní raibh sé sách cleachtaithe ar ghnásanna agus ar mhúnlaí an tseanchais agus na scéalaíochta agus b'éigean dó, i ngeall air sin, straitéis éigin eile a aimsiú ar mhaithe len é féin a chur in iúl. Is cinnte go bhfuil scéal le hinsint ag Micil, ach ní dóigh liom gur leor é sin ann féin le go ngabhfaí chomh fada le téacs a chur i dtoll a chéile mar iarracht tosaigh i bpróiseas an fhoilsithe. Chaithfí an fonn agus an toil a bheith ann an scéal sin a chur in iúl ag leibhéal níos leithne ná comhthéacs an bhaile nó an cheantair áitiúil. Chothaigh na hacmhainní pearsanta cuí, foighne agus fuinneamh seasmhach, mar aon leis an gcumas, atá aige, a thoil le saothar níos buaine a tháirgeadh as amhábhar a scéil phearsanta.

Nuair a d'éist mé leis na téipeanna thug mé faoi deara go raibh i bhfad níos mó i gceist ná léamh pearsanta ar stair áitiúil. Stair shaoil[6] a bhí ann a raibh cur síos ar an stair áitiúil inti. Níl a fhios agam go baileach cén uair ar tháinig an t-athrú béime i gceist idir an léamh logánta agus an léamh pearsanta, is é sin go mb'fhearr dó portráid saoil seachas stair áitiúil a scríobh. Ach faoin am a ndeachaigh sé i dteagmháil liomsa i samhradh na bliana 1993 faoi na pleananna a bhí aige ba ag trácht ar a scéal féin a insint a bhí sé. Ní raibh Micil in ann cuimhneamh go baileach cén uair ar thosaigh sé ar an obair, ach dúirt sé go raibh sé cúpla bliain ar a laghad tar éis a chomhrá le Meaití Joe Shéamais Ó Fatharta aimsir an chomórtha.

As na hocht dtéip a thaispeáin sé dom i Meán Fómhair na bliana 1993, is é 1990 an dáta is túisce i dtaobh am a thaifeadta a bhí mé in ann a oibriú amach ón gcomhthéacs cainte, ach déarfainn gur taifeadadh cuid acu roimhe sin. Is pointe tábhachtach é go raibh cuid mhór oibre agus machnaimh déanta ag Micil ar an tionscnamh sular éirigh leis duine a aimsiú a thabharfadh cúnamh dó an obair eagarthóireachta a dhéanamh. Léiríonn sé gur thuig sé céard a bhí

---

6 Scríobhtar an téarma 'stair shaoil' anseo mar thagairt do *life history* a mbaineann lucht antraipeolaíochta úsáid as.

uaidh agus cén chaoi le gabháil ina bhun cuid mhaith. Dúirt sé gur iarr sé ar roinnt oidí scoile, in imeacht tréimhse cúpla bliain, comhoibriú leis, ach níor tháinig aon toradh ar na hiarratais seo.

Go luath i samhradh na bliana sin, tar éis dom gabháil chun cónaithe i Ráth Chairn, mhínigh Micil dom go raibh na téipeanna seo aige agus go raibh fonn air a scéal a scríobh ach gur theastaigh cúnamh uaidh ó dhuine a bheadh in ann eagar a chur ar a chuid cainte ar na téipeanna. Déanta na fírinne, baineadh siar asam ag uaillmhian a thionscnaimh i dtosach, is é sin go mbeadh sé ag iarraidh tabhairt faoi obair théagartha den chineál seo sa gcéad áit. Roimhe sin bhí mé ag cuimhneamh ar thaighde ar stair na háite ach cheap mé go gcaithfinn an taighde a bhunú ar chuntais ó dhaoine éagsúla, is é sin nach mbeadh an fhoighne nó an fuinneamh ag duine aonair tabhairt faoi thionscnamh den chineál sin. Scríobh antraipeolaí Meiriceánach faoin bhfadhb seo:

> Sometimes it is impossible to obtain a life story, either because of poor rapport, or because the informant is unwilling, taciturn by nature, or incapable of a sustained narrative (Titon 1980: 284).

Ní raibh constaic mar seo agam i ngeall ar an bhfonn a bhí ar Mhicil tabhairt faoin obair.

An próiseas a shíl Micil a bheadh i gceist ná go n-éistfeadh an t-eagarthóir lena chuid téipeanna seisean agus ansin go n-athscríobhfadh sé iad i gcaoi a bheadh ag teacht le réim an phróis liteartha. Is minic a dúirt sé liom go gcaithfinn a chuid cainte a "chíoradh" ó thaobh gnásanna gramadaí de agus "culaith ghaisce", mar a deireadh sé, a chur ar a chuid ráiteas seisean. Mhínigh mé nár tháinig mé leis an modheolaíocht seo agus dúirt mé leis gur mhór an feall an téacs a réiteach ar an gcaoi sin agus gur cuid lárnach de scéal a shaoil nádúr a urlabhra féin a gcuireann sé a scéal in iúl leis, agus go mbainfí d'fhírinne agus d'fhiúntas an tsaothair dá mbrúfaí stíl duine éigin eile anuas ar an ábhar. Chuir mé ina luí air nár theastaigh uaim ach an t-athrú ba lú ba ghá a chur i bhfeidhm ar an tráchtaireacht le go mbeadh téacs inléite againn. Is ceist spéisiúil ann féin an drogall a bhí air glacadh leis go bhféadfaí téacs a bhunú ar a chuid cainte.

Díol suntais an bhearna a shamhlaíonn sé a bheith ann idir an chaint agus an focal clóbhuailte amhail is dá mbeadh col ag téacs inghlactha lena urlabhra siúd. B'in údar eile ar chuir mé suim ina thionscnamh; ní raibh a chur chuige agus an dearcadh a bhí aige ar a chuid inniúlachta i dtaobh na hoibre ag réiteach le chéile. Chreid sé nach raibh sé inniúil chuige agus theastaigh uaidh go nglacfadh an t-eagarthóir cúram i bhfad níos mó agus níos treallúsaí ná mar ba ghá. Ós rud é nach raibh dóthain forbartha déanta aige ar a chumas litearthachta, is cinnte go raibh cúnamh ag teastáil uaidh i dtaobh na hoibre téacsúla, ach ní raibh aon ghá bainistiú chomh hiomlán mar a shamhlaigh Micil é a dhéanamh ar an gcuntas. Ghéill sé don phointe sin i ngeall gurbh in an modh oibre a socraíodh eadrainn, ach tá mé den bharúil gur beag creidiúint a thugann sé dá chuntas féin mar bhunús do théacs a bheadh inghlactha ag léitheoirí an lae inniu.

Tá baint láidir ag lagmhisneach Mhicil i dtaobh ghradamúlacht a chuid tráchtaireachta le dioscúrsa an chaighdeáin. Tagraíonn Bliss (1987: 80) don dochar a rinne leathnú an chaighdeáin d'fhéin-íomhá theangeolaíoch an chainteora dhúchais Gaeilge. Ní raibh sé sách solúbtha le glacadh le réalta réigiúnacha. Dar le Bliss (1987: 80) gur chothaigh an choimhlint ortagrafaíoch seo coimpléasc ísleachta i measc cainteoirí dúchais i dtaobh a gcanúna féin. Ba anróiteach dóibh foirmeacha an C.O. a fhoghlaim mar bhí siad ró-éagsúil leis na leaganacha a chleacht siad féin. Tá eilimint eile, i gcás Mhicil, a dhaingnigh an coimpléasc seo ann – teagasc mí-éifeachtach scoile. Is minic a dúirt sé liom nár fhoghlaim sé tada ar scoil arbh fhiú trácht air. Mhínigh mé dó nach raibh fúm an téacs a réiteach de réir threoir an C.O., ná de réir réim an phróis fhoirmeálta, agus go bhféadfainnse é a chur i dtoll a chéile i bhfoirm chanúnach, ach fós chreid sé gurb aisteach an cur chuige é. Chuir sé iontaoibh sa leagan amach caighdeánach seachas sa gceann canúnach i ngeall ar an ngradamúlacht a shamhlaigh sé a bhain le friotal caighdeánta agus le réim an phróis fhoirmeálta.

Is é an cúram a ghlac mé orm féin tras-scríobh ortagrafaíoch a dhéanamh ar shleachta roghnaithe ón gcaint thaifeadta agus eagar a chur ar na sleachta sin le go mbeadh leanúnachas sa scéal. Go bunúsach bhí mé i mbun eagrú an téacs agus fágadh forás an scéil faoi Mhicil agus scaití faoina dheartháir, John.[7]

Ábhar faisnéise agus feidhm an eagarthóra

Tugtar faoi deara dearcadh leochaileach na speisialtóirí i leith amhábhar na faisnéise sa litríocht ar an téama seo amhail is go bhfuil fíorshubstaint sa mbunábhar neamheagraithe agus neamhchíoraithe, agus go dtruaillítear an t-ábhar de bharr uaillmhian an eagarthóra nuair a dhéantar iarracht foirmle a aimsiú le go gcuirfí an t-ábhar i bhfeiliúint do riachtanas an téacs nó an mheáin.   Samhlaítear caidreamh doicheallach idir an cur in iúl a rinneadh sa gcaint bheo i gcomhthéacs an chaidrimh idirphearsanta agus an t-ábhar a bheith curtha i bhfoirm théacsúil:

> In oral history the balance of power between the informants and historians is in the historian's favor, for he asks the questions, sorts the accounts for the relevant information, and edits his way through a coherent whole (Titon 1980: 283).
>
> Life history materials are seldom the product of the informant's clearly articulated, expressive chronological account of his life (Langness 1965: 48).
>
> Pre-literate (the phrase contains a story) societies are oral societies; writing comes to them from the "outside," an intrusion from the wider world.   Whether brought by missionary, trader, or ethnographer, writing is both empowering (a necessary, effective way of storing and manipulating knowledge) and corrupting (a loss of immediacy, of face to face communication Socrates cherished, of the presence and intimacy of speech) (Clifford 1986: 118).

---

[7] Déantar níos mó plé ar an modh oibre a bhain leis an gcúram seo sna haguisíní.

Tugtar faoi deara i saothair eitneagrafaíochta go ndéanann an lucht eagarthóireachta iarracht phointeáilte lena ról agus a bhfeidhm i gcruthú an téacs nó an chuntais a léiriú. In éindí le cuntas nó faisnéis an chainteora, léirítear ceisteanna an eagarthóra nó cén uair a stop an t-eagarthóir an tráchtaireacht ar mhaithe le pointe a shoiléiriú dó féin. Baineann an phointeáilteacht seo leis an bplé seo ar sheilbh an ábhair; tá an t-eagarthóir sa gcás seo ag iarraidh a bheith oscailte faoin anáil a d'fhéadfadh a bheith ag a stiúir ar fhorás na faisnéise. Níor bhac mé féin le gnásanna eagarthóireachta den chineál seo toisc go bhfuil cuid mhór den chuntas bunaithe ar thráchtaireacht a d'aithris sé as a stuaim féin agus, maidir liomsa, cheap mé go mbainfeadh nótaí léiritheacha den chineál sin d'fhorás an chuntais agus den téacs. Léiríonn na nótaí a leag mé amach i ndiaidh an téacs sa modh eagarthóireachta an t-eolas a mheas mé a bheith riachtanach i gcás mo róil féin sa tionscnamh. Ach is é an fáth is mó nach ndearnadh ar an gcaoi sin é ná gur shíl mé go nochtódh modh eagarthóireachta léiritheach den chineál seo dearcadh mórluachach an speisialtóra i leith fhaisnéis an tuataigh.

Go híoróineach, b'fhéidir go mbeadh an t-eagarthóir ní ba sháite in insint an scéalaí ná mar a theastódh uaidh sa gcéad áit mar thoradh ar an dearcadh ríghoilliúnach seo i dtaobh an chuntais. Shíl mé gur mhacánta cur isteach an eagarthóra sa dioscúrsa a choinneáil amach as an léiriú téacsúil chomh fada agus ab fhéidir. Le modh oibre ar an mbonn seo tugtar tús áite don bhuninsint nó d'amhábhar an chuntais. Is cinnte go bhfuil an modh eile níos léirithí, ach feictear dom go mbíonn an cuntas loicthe ag tíorántacht na modheolaíochta sa gcás sin agus go mbíonn an bunábhar atá le léiriú plúchta ag riachtanas na heolaíochta, agus is marú le cineáltas a thoradh sa deireadh.

Dar liom go bhfágann an cur chuige a chleachtaítear anseo seilbh an chuntais i lámha an chainteora seachas i ngreim ghnásanna dhisciplín na hantraipeolaíochta ná mhodheolaíocht na heagarthóireachta. Tá a fhios agam dá ndéanfainn an eagarthóireacht ar an gcaoi léirltheach ar ábhar Mhicil go mbeadh sé ina chúis imní dó go raibh mo ról sa tionscnamh rófheiceálach. Tá a fhios aige, go bunúsach, gur ar mhaithe leis an gcuntas agus nach ar mhaithe le cúinsí taighde a chuaigh sé i mbun na hoibre an chéad lá.

In ainneoin go gcreidim go dtugann an mhodheolaíocht a chleachtaítear anseo níos mó saoirse don scéalaí ó thaobh insint an chuntais de, caithfear a admháil nach nochtaítear gach eilimint dá chuid reacaireachta go huile is go hiomlán de bharr mhí-fheiliúnacht na modheolaíochta i gcorráit. Ach siod iad na teorainneacha a leagtar anuas ar an bpróiseas sa ngluaiseacht ón gcuntas taifeadta go dtí an téacs. B'fhéidir go dtabharfaí chun solais níos fearr iad dá bpléifí le cuid den ábhar ag leibhéal an phróis, ach dar liom go mba liopasta an cur chuige imeacht ón insint bhéil go dtí an chumadóireacht phróis de réir mar a d'fheilfeadh sé don ábhar. Ní hionann cuntas béil agus cuntas próis agus b'fhánach cuntas amháin a thomhas i dtéarmaí an fhráma thagartha atá ag an gceann eile. Deir Ong (1993: 13) ina thaobh seo:

> You cannot without serious and disabling distortion describe a primary phenomenon by starting with a subsequent secondary phenomenon and paring away the differences.

Míníonn na nótaí eagarthóireachta gur tionscnamh comhoibritheach atá sa téacs agus fágtar faoin léitheoir tuisceanach as sin amach aird a thabhairt ar an gcaidreamh idir duine inste an chuntais agus an t-eagarthóir.

Áit an tsaothair sa traidisiún béil

Má ghlactar leis an roinnt a dhéanann Ó Súilleabháin (1942) ar bhéaloideas na hÉireann, i gceithre aonad déag, agus saothar Mhicil a chur i gcomparáid le heilimintí éagsúla an láimhleabhair, feictear cuid mhór ábhar béaloidis ann. Tá trácht ar an teach cónaithe thiar agus i Ráth Chairn (Ó Súilleabháin 1942: Caib.1); déanann Micil agus John cur síos ar an modh maireachtála, ar iascaireacht, ar obair thalmhaíochta, ar churadóireacht, ar leigheasanna beithíoch, ar cheardaíocht, ar dheochanna agus ar bheatha, ar bhéilte agus ar bhreosla don tine (Ó Súilleabháin 1942: Caib. 2). Tá trácht ar dheiseanna iompair ar bhóithre agus ar muir; ar an trádáil, ar mhargaí agus ar shiopaí (Ó Súilleabháin 1942: Caib. 3). Cuirtear síos ar ghnásanna oibre agus ar roinnt na hoibre, ar spailpínteacht; ar éadach agus ar chúrsaí feistis; ar chaidreamh sóisialta; ar mhuintearas; ar chúrsaí creidimh, ar aifrinn, ar shagairt; ar an scolaíocht; ar an dlí agus ar an gcoiriúlacht; ar shealúchas talún (Ó Súilleabháin 1942: Caib. 4). Déantar cur síos ar phósadh; ar chúrsaí clainne; ar dhonachtaí; ar an mbás agus ar nósanna tórraimh (Ó Súilleabháin 1942: Caib. 5). Tá roinnt cur síos ag Micil agus John ar an dúlra agus ar a gcomhshaol nádúrtha, ar aibhneacha, ar phortaigh agus ar chnoic a gceantair dhúchais (Ó Súilleabháin 1942: Caib. 6). Tá trácht ar leigheasanna (Ó Súilleabháin 1942: Caib. 7). Déanann siad cur síos ar fhéilte, Féile Mártain, mar shampla (Ó Súilleabháin 1942: Caib. 8). Tá cúpla scéal ag Micil a bhaineann le cúrsaí osréalaíocha ar nós drochoidhe, cailleacha luibheanna agus sonda (Ó Súilleabháin 1942: Caib. 9). Níl caint ann ar thaibhsí agus ar shióga (Ó Súilleabháin 1942: Caib. 10). Tá stairsheanchas i dtaobh a mhuintire ann chomh maith le trácht ar chúrsaí stairiúla faoin nGorta agus faoi eisimirce (Ó Súilleabháin 1942: Caib. 11). Ní dhéantar cur síos ar an traidisiún reiligiúnda (Ó Súilleabháin 1942: Caib. 12). Níl aon ábhar ar nós seanscéalta nó síscéalta nó scéalta fiannaíochta (Ó Súilleabháin 1942: Caib. 13) ann. Tá roinnt cur síos ann ar chaitheamh aimsire agus ar chluichí na ngasúr (Ó Súilleabháin 1942: Caib. 14).

Na foilseacháin bhéaloidis

Ach anuas ar an ábhar béaloidis seo, tá stair shaoil faoi chaibidil sa tráchtaireacht a thionscnaigh duine nach bhfuil cáil an tseanchais air, fiú ina phobal dúchais féin. Is é éagsúlacht na gné seo den saothar a dhealaíonn scéal Mhicil ó chuid mhór de na foilseacháin bhéaloidis agus ó litríocht réigiúnach (Nic Eoin 1982) na nGaeltachtaí. Seanchas antraipeolaíochta agus scéalta mar aon le hábhar béaloidis eile ó sheanchaí aitheanta seachas cuntas ar stair shaoil an reacaire atá in *Seanchas Amhlaoibh Í Luínse* (Ó Cróinín 1980). Leabhar béaloidis neamhghnách atá in *Seanchas Phádraig Í Chrualao* (Ó Cróinín 1982) a bunaíodh ar sheanchas filíochta; is léir ó ábhar an leabhair go raibh tallann liteartha chomh maith le féith na scéalaíochta ag an gCrualaoch. Réimse leathan d'ábhair bhéaloidis atá in *Leabhar Sheán Í Chonaill* (Ó Duilearga 1977) ar scéalaíocht í a bhformhór. Scéalaíocht den chuid is mó atá in *Leabhar Stiofáin Uí Ealaoire* (Ó hÓgáin 1981); is beag tráchtaireacht a dhéanann an scéalaí ar a shaol féin, ach dar ndóigh tá fianaise indíreach antraipeolaíochta ar a shaol ina chuid scéalta. D'fhéadfaí an rud céanna a mhaíomh faoi *Scéalta Mháirtín Neile* (Munch-Pedersen 1994). Déanann Éamon a Búrc (1983) roinnt cur síos ar a cheantar dúchais, ach réimse leathan scéalta agus seanchais is bunús leis an bhfoilseachán agus tá tréithe pearsanta an scéalaí le sonrú go láidir sna scéalta. Tá neart ábhar beathaisnéise in *Seanchas Thomáis Laighléis* (de Bhaldraithe 1981) chomh maith le cur síos ar a mhuintir agus ar a cheantar dúchais ann, ach ní hionann é is seanchas Mhicil; réitigh Tomás Laighléis a chuntas mar théacs próis, bíodh is gur cuireadh eagar ina dhiaidh sin air (de Bhaldraithe 1981: 269-72). Leabhar seanchais ilghnéitheach atá in *Scéalta agus Seanchas Phádraig Uí Ghrífín* (Ní Fhaoláin 1995) ar scéalta a fhormhór, ach tá gné den seanchas áitiúil ann mar aon le cur síos ar charachtair de chuid cheantar dúchais an scéalaí, Baile Reo, i gCorca Dhuibhne. Bailiúchán substainteach d'ábhar béaloidis ó fhoinsí éagsúla reacaireachta atá in *Gort Broc: Scéalta agus Seanchas ó Bhéarra* (Verling 1996). Sleachta béaloidis a bailíodh ó fhoinsí éagsúla sa Rinn atá in *Ar Bóthar Dom* (Breatnach 1998); foilsíodh atheagrán de scéalta agus de sheanchas áitiúil a d'aithris an seanchaí aitheanta ón gceantar céanna, *Scéalta Mhicil Uí Mhuirgheasa ón Rinn* (Mac Craith 1997). Tá *Rann na Feirsde: Seanchas ár Sinsear* (Ó Grianna 1998) bunaithe ar bhailiúchán d'ábhar ón gceantar a cruinníodh chun críche Scéim na Scol a thionscnaigh Roinn Bhéaloideas Éireann idir 1937 agus 1938. Is ar ábhar ón tionscnamh náisiúnta céanna a bunaíodh *Seanchas Inis Meáin* (Ó Coigligh 1990). Seanscéalta, scéalta seanchais, seanchas áitiúil agus ábhar eile béaloidis atá in *Seanchas Annie Bhán* a bhailigh Gordon MacLennan ó Annie Bhán Nic Grianna as Rann na Feirste (Harrison agus Crook 1997). Gné amháin den seanchas áitiúil i gConamara agus in Árainn atá curtha i dtoll a chéile ag Heinrich Becker (1997) in *I mBéal na Farraige: Scéalta agus Seanchas faoi Chúrsaí Feamainne ó Bhéal na nDaoine.* Leabhar próis, seachas a bheith bunaithe ar an reacaireacht bhéil, atá sa stair áitiúil a scríobh Cáit Nic Giolla Bhríde (1996): *Stairsheanchas Ghaoth Dobhair.*

Saothair dhírbheathaisnéise

Tá roinnt cosúlachtaí idir saothar Mhicil agus na leabhair a tháinig ó údair an Bhlascaoid Mhóir, go háirithe an chaoi ar tháinig na saothair ar an saol. Is cinnte gur spreag triall na n-eachtrannach agus na scoláirí ar an mBlascaod ó 1907 ar aghaidh (Greene 1972: 33) muintir an oileáin le breathnú ar na gnéithe dá gcultúr ba chionsiocair le tarraingt na n-eachtrannach ar an áit. Scríobh Nic Eoin (1982: 39):

> Tá a fhios againn ar fad go raibh an-chuid eachtrannach ag tarraingt ar an mBlascaod Mór – daoine mar Marstrander ón Ioruaidh, Von Sydow ón tSualainn, Robin Flower, Kenneth Jackson, E. M. Forster agus George Thomson ó Shasana. Thuig muintir an Bhlascaoid ó na strainséirí sin go raibh sibhialtacht ársa acu san oileán, ós rud é gurbh fhiú do na scoláirí sin dul i bhfad ó bhaile chun staidéar a dhéanamh uirthi. Is cinnte go ndeachaigh cuairteanna na ndaoine sin i gcion go mór ar na hoileánaigh agus thug sé misneach dóibh dul i mbun pinn nuair a iarradh orthu ina dhiaidh sin.

Chothaigh an teagmháil seo le strainséirí comhthéacs níos leithne do scríbhneoirí an Bhlascaoid Mhóir ná réimse cultúrtha an traidisiúin bhéil a bhí teoranta dá gceantar agus dá bpobal dúchais féin. Feictear arís anseo dinimic na litearthachta agus an leathnú sa bhfócas a spreagann sí i gcultúir atá préamhaithe sa traidisiún béil. Leagann sí sraith bhreise chultúrtha anuas ar an gcomhthéacs áitiúil agus bronnann sí an deis orthu a gcur in iúl cultúrtha a chur i gcrích thar teorainn a gceantar dúchais in éindí leis an gcur in iúl sin go háitiúil.

Ba i gcomhthéacs seo na scoláireachta a thathain na béaloideasóirí ar scríbhneoirí an Bhlascaoid Mhóir gabháil i mbun scéalta a mbeatha a scríobh (Nic Eoin 1982: 35, Ó Dúshláine 1974: 56). Ba í Máire Ní Chinnéide a ghríosaigh Peig Sayers chun oibre (Sayers 1936, Nic Eoin 1982: 36).[8] An scoláire clasaicí ó Shasana, George Thomson, a thathain

---

[8] Ba in éindí le Kenneth Jackson a réitigh sí *Scéalta ón mBlascaod* (Sayers 1938). Chuidigh Máire Ní Chinnéide le saothar eile beathaisnéise *Machtnamh seana-mhná* (Sayers 1939) agus mac léi, Mícheál Ó Gaoithín, a thras-scríobh *Beatha Pheig Sayers* (Sayers 1970).

ar Mhuiris Ó Súilleabháin (Ó Súilleabháin 1933) *Fiche Blian ag Fás* a scríobh. Ach anuas ar thacaíocht na mbéaloideasóirí bhí sampla Thomáis Uí Chriomhthain le leanacht acu a threabh páirc na dírbheathaisnéise rompu i 1929 nuair a foilsíodh *An tOileánach* (Ó Criomhthain 1929).[9] Ba é Brian Ó Ceallaigh a chéadspreag Ó Criomhthain le gabháil i mbun pinn (Greene 1972: 33-4). Ní fhéadfaí a mhaíomh faoi Mhicil go raibh tacaíocht nó spreagadh den chineál seo aige. Moladh dó,[10] ceart go leor, go mba cheart dó tabhairt faoi shaothar a bhunú ar a scéal féin ó thaobh an aistrithe aniar go Ráth Chairn de, ach comhrá aonair a bhí i gceist sa gcás seo agus ní spreagadh nó gríosadh leanúnach a dhéantaí i gcomhthéacs léinn agus taighde mar a chothaigh na scoláirí móra ar an mBlascaod. Thosaigh Micil ar a chuid tráchtaireachta a thaifeadadh blianta sular éirigh leis eagarthóir tuisceanach a aimsiú.

Is cosúla saothar Mhicil le saothar Pheig Sayers ná le saothar Thomáis Uí Chriomhthain nó Mhuiris Uí Shúilleabháin ar an údar gur bunaíodh a cuid leabhar ar chuntas béil a chóirigh a cuid eagarthóirí ina dhiaidh sin di. Saothair phróis atá in *An tOileánach* agus in *Fiche Blian ag Fás* a bhfuil cumadóireacht chomhfhiosach liteartha mar bhunús leo. Is cinnte gur tugadh cúnamh eagarthóireachta do Thomás Ó Criomhthain agus do Mhuiris Ó Súilleabháin, ach ba iad féin a réitigh na buntéacsanna. Ach ní hionann an chaoi ar tháinig saothar Mhicil agus Pheig ar an saol; bhí cáil na scéalaíochta agus an tseanchais agus na reacaireachta ar Pheig Sayers agus spreagadh an tallann seo i gcomhthéacs an spéis léinn a bhí á cur i sibhialtacht áirithe an Bhlascaoid Mhóir. Ní raibh spreagadh mar seo ag Micil; ní raibh fráma tagartha cultúrtha nó sibhialtachta chomh soiléir (nó chomh héagsúil) sin aige lena insint phearsanta a fhorbairt ann. Dar ndóigh, thug cúinsí speisialta stairiúla Ráth Chairn fráma inaitheanta lena insint a lonnú ann, ach ba ar a scéal pearsanta féin a bhí Micil ag díriú den chuid is mó. Nuair a d'fhiafraigh mé de faoin údar a bhí aige an tionscnamh a

9 D'fhoilsigh sé dialann *Allagar na hInise* (Ó Criomhthain 1928) agus dhá shaothar béaloidis *Dinnsheanchas na mBlascaodaí* (Ó Criomhthain 1928a) agus *Seanchas ón Oileán Tiar* (Ó Criomhthain 1956) freisin.
10 Míníodh thuas gurbh é Meaití Joe Shéamais Ó Fatharta a thug an smaoineamh dó.

bheartú dúirt sé gur shíl sé go raibh taithí neamhghnách aige ar an saol agus go raibh fonn air an taithí sin a chur in iúl do dhaoine go bhfaighidís léargas ar an saol a chaith sé. Ba é cuntas a shaoil phearsanta seachas cúrsaí cultúrtha, nó comhthéacs sibhialtachta, nó cúinsí stairiúla a mhúnlaigh a uaillmhian lena scéal féin a insint. Tá cosúlachtaí idir an méid sin agus *Peig*; tagraíonn Peig Sayers go minic dá comhthéacs pearsanta féin i dtaobh mhuintir an oileáin toisc gur phós sí isteach san oileán ón míntír. Éagsúlacht saoil a fheictear i saothar Mhicí Mhic Gabhann, *Rotha Mór an tSaoil* (1959), a thóg Seán Ó hEochaidh síos uaidh, chomh maith agus fearacht Mhicil agus Pheig Sayers cuntas béil is bunús leis an téacs.

I measc foilseachán Gaeilge a tháinig ó cheantar Chonamara, a bhfuil gné dhírbheathaisnéiseach iontu, tá saothar *Máire Phatch Mhóir Uí Churraoin: A Scéal Féin* (1995) agus *Peait Phádraig Tom Ó Conghaile: A Scéal Féin* (1997) a chuir Diarmuid Ó Gráinne in eagar, tá *Mise* le Colm Ó Gaora (1943) agus *Saol Scolóige* le Seán Ó Conghaile (1993). Ach is féidir an dá cheann deiridh anseo a rannú mar shaothair phróis de bharr gur cumadóireacht théacsúil atá i gceist leo.

Má ghlactar leis na cuntais dhírbheathaisnéiseacha béil mar rannú ar leith foilseachán ar féidir comparáidí a dhéanamh eatarthu, feictear éagsúlacht sa modh oibre a cleachtaíodh agus sna modhanna eagarthóireachta a cuireadh i bhfeidhm ar an gcuntas i gcás thionscnamh Mhicil le hais na saothar eile. Tugtar anseo míniú níos mine ar an gcaidreamh oibre idir an t-eagarthóir agus an scéalaí nó an reacaire (féach A.1). Déantar iarracht an t-imoibriú sóisialta ba bhunús le tráchtaireacht an chuntais bhéil a léiriú: taifeadadh ar aithris aonair, ar agallaimh, taifeadadh ar aithris i gcomhthéacs comhrá, taifeadadh pleanáilte a dhírigh ar théamaí áirithe agus taifeadadh a rinneadh i gcaoi níos scaoilte agus neamhfhoirmeálta (A.5). Mar chomhlánú eile ar thráchtaireacht Mhicil, pléitear thíos sna haguisíní an coibhneas atá ann idir an cuntas béil agus an córas ortagrafaíoch a chuirtear i bhfeidhm ar an léiriú téacsúil. Feictear anseo gur beag iarracht a rinneadh géilleadh do ghnásanna an téacs phróis; léiriú ortagrafaíoch a réitíodh atá dílis, den chuid is mó, don chuntas a taifeadadh. Is é buntáiste an léirithe seo ná go bhfaightear cuntas téacsúil atá ag teacht leis an aithris bhéil, ach ar an taobh eile cothaíonn laghad na cóiríochta deacrachtaí don léiriú téacsúil toisc go mbaineann an modh oibre seo de leanúnachas agus de shlacht an téacs go minic. Siod é nádúr na tráchtaireachta béil, áfach, b'fhánach an chomparáid í an dá léiriú a mheas leis an tslat tomhais chéanna mar is léir nach ionann gnásanna na cumadóireachta próis agus nádúr na tráchtaireachta béil:

> In oral discourse. . ..the mind must move ahead more slowly, keeping close to the focus of attention much of what it has already dealt with. Redundancy, repetition of the just said, keeps both speaker and hearer surely on the track

> Oral narrative is not greatly concerned with exact sequential parallelism between the sequence in the narrative and the sequence in the extra-narrative referants

> The very reflectiveness of writing – enforced by the slowness of the writing process as compared to oral delivery as well as by the isolation of the writer as compared to the oral performer. . . (Ong 1993: 39-40, 147, 150).

Mar a pléadh thuas, is cuid lárnach de chuntas saoil duine a insint féin ar an scéal; bhainfeadh eagarthóireacht righin, ionraitheach, ríléiritheach go mór d'fhírinne an tsaothair de bhrí go mbeadh sé ag gabháil in aghaidh nádúr amhábhar an chuntais – cur síos Mhicil. Leis an leagan amach a cleachtaíodh anseo, fágadh an smacht ar an insint ina lámha seisean; léiríodh a chuntas i bhfoirm a réitíonn lena chumas agus lena chur in iúl féin seachas le léiriú a d'fhéadfadh eagarthóir a chur i gcrích a d'fhreastalódh ar riachtanais théacsúla atá cothaithe ag gnásanna seanghlactha na léitheoireachta.

Comhthéacs staire an aistrithe go Ráth Chairn

Is gné shuntasach de shaol na hÉireann san aois seo an ghluaiseacht seo ón gceantar dúchais. Aistriú pleanáilte a bhí i mbunú na Gaeltachta i Ráth Chairn a rinneadh ag leibhéal comhchoiteann seachas gluaiseacht an duine aonair óna cheantar féin go háit a raibh cúinsí oibre ní ba fhabhraí ann. Ní téacs staire áitiúla atá curtha i dtoll a chéile anseo, ach stair phearsanta a bhfuil léamha tábhachtacha ar an stair áitiúil ann ó dhaoine a bhí páirteach san aistriú go Ráth Chairn. Níl sé de spás anseo comhthéacs stairiúil an aistrithe a phlé go cuimsitheach sa réamhrá. Tá gnéithe éagsúla de stair an cheantair pléite in altanna agus i bhfoilseacháin cheana (Ó Conghaile 1986: 51-69, 1988: 275-81, 1989: 611-8; Ó Ciosáin 1993: 154-67; Stenson 1986: 107-18; Costigan, B / Ó Curraoin, S. 1987: 28-32; Ó Tuathaigh 1986: 13-31; Mac Aonghusa 1986: 32-50; Ó Nualláin 1986: 70-87; Seoighe 1986: 88-99; Ó Gadhra 1986: 100-19; Mac Donncha 1986: 120-134; agus is iomaí alt nuachtáin a foilsíodh ar an ábhar (Ó Conghaile 1986: 157-59).

Tugtar le fios i léamha Mhicil agus John (3.4.1, 3.4.2 agus 3.4.3) ar stair thosaigh Ghaeltacht Ráth Chairn, go háirithe, gur beag creidiúint a thugann siad do na cúiseanna sochtheangeolaíochta a maíodh a bhí mar bhunús leis an scéim ar fad.   B'fhacthas dóibh gur i dtéarmaí talmhaíochta amháin a pleanáladh agus a cuireadh an scéim aistrithe i gcrích.   Bhí rialtas De Valera ag an am (agus rialtas Mhic Cosgaire roimhe sin) i mbun roinnt eastát de chuid Choimisiún na Talún agus ba sa gcomhthéacs sin a ghéill De Valera d'éileamh na toscaireachta ó Chumann na Gaeltachta[11] a chas leis an 11 Samhain 1932 (Mac Aonghusa 1986: 38) go roinnfí cuid de thalamh Choimisiún na Talún i measc mhuintir na Gaeltachta.

Is beag fianaise atá ann go ndearnadh aon mhachnamh ar na cúinsí sochtheangeolaíochta a bhain le haistriú comhluadar Gaeilge go ceantar

---

[11] Brúghrúpa cearta pobail a bhí sa gcumann seo a raibh Críostóir Mac Aonghusa, Seosamh Mac Mathúna, An tAth. Maitiú Ó Cionnaith agus Micheál Ó Loideáin ina gceannairí air.   Thit an cumann seo as a chéile go gairid tar éis fhoilsiú gheallúint De Valera nuair a d'éirigh easaontas faoin bhfeachtas talún idir an tAth. Ó Cionnaith agus an chuid eile de na ceannairí. Bunaíodh eagraíocht nua ní ba raidicí, Muintir na Gaeltachta, ina dhiaidh sin; ba iad Máirtín Ó Cadhain agus Sean Ó Coistealbha ceannairí an chumainn nua (Mac Aonghusa 1986: 40).

a labhraítear Béarla ann i lár na tíre. Cáintear sa tráchtaireacht laghad an chúnaimh a tugadh dóibh sna blianta tosaigh; tar éis gur aistríodh iad agus gur tugadh comhairle dóibh i dtaobh modhanna nua feirmeoireachta a d'fheilfeadh do thalamh na Mí, fágadh iad le seasamh ar a mbonnaí féin i measc phobal Béarla Chontae na Mí. Rinne an státchóras dearmad ina dhiaidh sin orthu nó gur thosaigh muintir Ráth Chairn ag tarraingt raic sna seascaidí i ngeall gur dhiúltaigh an stát aitheantas Gaeltachta a bhronnadh ar Ráth Chairn mar a bhronn sé ar cheantair[12] eile Ghaeltachta de réir mar a bhí leagtha amach in Acht Gaeltachta na bliana 1956.

Ba ghearr gur thuig siad go raibh siad sa gcás céanna is a bheadh dá mbeidís fanta thiar i gConamara ó thaobh deiseanna fostaíochta de. Tugadh comhluadair mhóra aniar, ach ní dhearnadh machnamh dá laghad ar a mbeadh i ndán do na daoine óga sa gceantar nua seo. Is éard a tharla sa deireadh ná gur thug cuid mhór acu an bád bán orthu féin díreach mar a dhéanfaidís dá mba thiar a bheidís. Tugadh feirm acra is fiche de scoth na talún do gach aon chomhluadar, ach bhí a gclann le tógáil ann faoi na cúinsí céanna eacnamaíochta agus ba í an imirce a tairgeadh don óige mar réiteach éalaithe ar an ngéarchéim shóisialta seo.

Má chuirtear léamha Mhicil agus John le hais cuid den taighde a rinneadh ar an aistriú aniar go Ráth Chairn feicfear oll-laigeacht ar an gcaoi a ndeachthas i mbun na pleanála don scéim. Breathnaíodh, in ainneoin na reitrice, ar an scéim mar cheist a bhain le hathroinnt talún agus le hathlonnú daoine i dtéarmaí pholasaithe talmhaíochta an stáit nua-bhunaithe. Níor tugadh ach aird amaitéarach, a bhí ag teacht le béalchráifeachtaí ginearálta idé-eolaíocht na hathbheochana stáit, ar na himpleachtaí sochtheangeolaíochta arbh éigean do chomhluadair as Conamara déileáil leo san áit nua. Bhí bunú na Gaeltachta i Ráth Chairn ar cheann den fhíorbheagán samplaí sa ré iarchóilíneach ina ndearnadh iarracht deis a thabhairt do mhuintir na Gaeltachta iad féin a léiriú óna gcomhthéacs eitniúlachta féin agus ag an am céanna gabháil i ngleic le hidé-eolaíocht teangeolaíochta ar bhonn níos leithne ná an ceantar dúchais áitiúil agus i dtéarmaí shaol réalaíoch cultúrtha an stáit

---

[12] Bronnadh aitheantas Gaeltachta ar RC i 1967.

Éireannaigh.[13]   Ach srianadh an léiriú seo go mór i ngeall ar an gcomhthéacs neamhréalaíoch idé-eolaíochta a ndearnadh an phleanáil ann agus ar a theoranta is a beartaíodh an scéim.   Níor bhreathnaigh feidhmeannaigh stáit ar an scéim ach mar ghníomhaíocht a bhí ag teacht le polasaithe éiginnte neamhfhorbhartha an stáit nua-bhunaithe i dtaobh fheidhm na Gaeilge sa bhféinmhíniú eitneach Éireannach.   B'fhada idé-eolaíocht chultúrtha na linne ón gcomhthéacs réalaíoch ar cuireadh comhluadair Chonamaracha ann leis an aistriú aniar.   Dóchas dall atá le brath ar an bhfealsúnacht oifigiúil a bhí taobh thiar den phleanáil uile. Ceapadh go n-aimseodh na ceantair nua Ghaeltachta a réiteach féin ina gcomhthéacs nua i ngeall ar an aeráid nua chultúrtha a bhíothas ag iarraidh a chothú sa stát nuabhunaithe.   Dar ndóigh, is éasca le himeacht aimsire agus le sracfhéachaint siar na staire na lochtanna a aithint ar chur chuige an státchórais i dtaobh na pleanála, ach ba shoineanta an mhaise don stát, fiú i dtéarmaí a linne, a cheapadh go dtiocfadh rath ar na ceantair seo ag an leibhéal sochtheangeolaíochta gan an ghníomhaíocht chuí chomhordaithe phraiticiúil i réimsí oideachsúla, cultúrtha agus oibre a bheartú agus a dhíriú ar an dá phobal, muintir Ráth Chairn agus muintir na Mí máguaird.

B'inmholta an bhunfhís a léirigh muintir Chonamara ina n-éileamh go roinnfí cuid de thalamh Choimisiún na Talún orthu.   Caithfear creidiúint a thabhairt do De Valera sa méid is gur aithin sé agus gur thacaigh sé leis an bhfís a bhí acu, ach léiríonn an fhianaise atá anseo sa téacs gur coilleadh an bhunfhís a bhí ann le slamchúis smaointeoireachta faoi na cúinsí soch-chultúrtha, le teoranntacht na limistéar agus le neamhchúram an státchórais tar éis a bhunaithe.

De réir anailís Mhic Aonghusa (1986: 38), níor pléadh aistriú na gcomhluadar Gaeltachta ag leibhéal an rialtais ar chor ar bith agus is cosúil gur i ngeall ar chinneadh pearsanta De Valera géilleadh don éileamh talún a chuathas ar aghaidh leis.   Níorbh achrannach an cinneadh dó é, ar aon chaoi, mar bhí sé ag teacht le polasaithe talmhaíochta an stáit nuabhunaithe i dtaobh athdháileadh talún, ach

---

[13] Mhaífinn gur thug gníomhaíocht liteartha agus pholaitiúil Mháirtín Uí Chadhain, foilsiú an nuachtáin *An tÉireannach*, agus bunú Raidió na Gaeltachta a d'eascair as Feachtas Chearta Sibhialta na Gaeltachta deiseanna den chineál céanna do mhuintir na Gaeltachta.

tharraing an comhthéacs Gaeltachta a bhain leis na haistrithe go Ráth Chairn agus go Baile Ghib sraith eile idé-eolaíochta anuas ar cheist na talún a d'fheil d'íomhá chultúrtha rialtas Fhianna Fáil san am. Seachas an dá ghné den aistriú a réiteach i gcaoi chomhlánaithe, feictear ón bhfianaise anseo nár tugadh aird ach ar an ngné a bhain le hathphlandáil na ndaoine agus go ndeachthas i mbun an chur i gcéill chomh fada is a bhain sé le hiarrachtaí an rialtais an t-aistriú a léiriú mar pholasaí cultúrtha a bhí ag teacht le hidé-eolaíocht na hathbheochana. D'fhéadfadh an ghné sin a bheith i bhfad ní ba lárnaí don scéim dá bpléifí léi ag leibhéal ní ba dhoimhne ná ráitis dhromchlacha a raibh polasaithe seanchleachtaithe mar bhunús leo.

Ach is éard a tharla sa deireadh ná gur pléadh polasaithe teanga ag leibhéal amháin agus go ndeachthas i bun na pleanála praiticiúla ag leibhéal eile. Fágadh na socruithe ba ghá a dhéanamh faoi chúram Choimisiún na Talún go hiomlán agus is cosúil gur réitíodh an t-aistriú go Ráth Chairn mar a réitíodh 'imirce chóilíneachta' eile idir 1935 agus 1939.[14] Leasaíodh an polasaí i dtaobh aistriú grúpaí móra agus bunú 'cóilíneachtaí' i 1939 i ngeall ar an gcostas mór a bhain leis agus i ngeall nach raibh fáil ar réimsí talún sách fairsing a chothódh líon mór comhluadar. Beartaíodh as sin amach go n-aistreofaí comhluadar aonair nó grúpa de thrí nó de cheithre chomhluadar (Ó Nualláin 1986: 73).

Is cinnte, mar a mhaíonn Ó Nualláin (1986: 73), nach raibh cúram i dtaobh leathnú na Gaeilge ar Choimisiún na Talún, ach glacadh leis *ipso facto* gurbh in a bhí ar bun acu ós rud é go raibh an Coimisiún ag plé le haistrithe as ceantracha Gaeltachta. B'éasca an scéim a shamhlú sna téarmaí sin i ngeall ar scaoilteacht na hidé-eolaíochta i dtaobh cúrsaí teanga ag an am. Ba sa gcomhthéacs doiléir seo a meascadh dhá eilimint éagsúla agus samhlaíodh gurbh ionann aistriú nó athlonnú ghrúpa daoine ar chainteoirí dúchais Gaeilge iad agus na cúinsí sochtheangeolaíochta a bhaineann le leathnú teanga.

Rinneadh na socruithe i ndeireadh na dála de réir chleachtas an

---

[14] Ba é *'colony migration'* (Tuarascáil Bhliantúil Choimisiún na Talún 1935, 1973/74 agus 1980) an téarma a d'úsáid Coimisiún na Talún don pholasaí a bhain leis na haistrithe ón iarthar go Ráth Chairn (1935), Cill Bhríde (1937), Baile Ghib (1937), Cluain an Ghaill (1939) agus Baile Ailín (1940) (Ó Nualláin 1986: 73).

Choimisiúin agus bhí súil acu go réiteodh sé seo leis na haidhmeanna teanga a samhlaíodh leis an scéim. Ba faoi oifigeach sinsearach de chuid an Choimisiúin, Seán Mag Fhloinn, a fágadh na cúraimí réitithe tar éis an cinneadh polaitiúil a bheith déanta ag de Valera. Innealtóir cumasach a bhí san oifigeach sin a d'fhoghlaim Gaeilge Chonamara go paiteanta agus a chuaigh i mbun a chuid dualgas i dtaobh an aistrithe go Ráth Chairn i gcaoi thuisceanach taobh istigh den fhráma tagartha a cheadaigh gnásanna a chuid oibre dó. Chuir sé in iúl ar chlár *Féach*[15] ar RTÉ i 1985 gurbh é féin a roghnaigh na comhluadair a bhí le haistriú soir. Aithníonn súil siar na staire anois go raibh a chuid modhanna roghnaithe i dtaobh Ráth Chairn lárnach don rath coibhneasta teangeolaíochta a thàinig ar an bpobal sin le hais phobal Bhaile Ghib, cuir i gcás. Roghnaigh sé comhluadair as an gceantar céanna, as Ceantar na nOileán den chuid is mó, agus chuidigh sin go mór le cothú an mhuintearais ina gceantar nua lár tíre i ngeall go raibh aithne pháirteach, ar a laghad, acu ar a chéile agus gur mhar a chéile cuid mhór an taithí saoil a bhí acu sular bhain siad Ráth Chairn amach. Laghdaíodh go mór dá bharr ar na deacrachtaí a bhíonn ag pobal nua a theacht ar chomhthuiscint i dtaobh a bhféinmhínithe nó a bhféiníomhá féin i gcomhthéacs soch-chultúrtha eile.

Is i ngeall ar an gcomhthuiscint sin maidir leis an dearcadh muintearach a bhí (is atá) ag Muintir Ráth Chairn atá Gaeilge á labhairt i Ráth Chairn i gcónaí, dar liom. Thug an muintearas sin an misneach dóibh le seasamh ar a mbonnaí féin agus gabháil i ngleic lena saol nua i lár tíre in ainneoin doicheall (is naimhdeas scaití) chuid de mhuintir na Mí thart timpeall orthu, neamhchúram an státchórais, agus reitric fholamh agus béalchráifeacht chuid mhór de dhioscúrsa oifigiúil na Gaeilge.

---

[15] 'Ráth Cairn 1935-1985,' *Féach* 15 Aibreán 85, RTÉ.

1. An Saol i gConamara[1]

1.1.1 *Stair mo mhuintire*

Is mise Mícheál Ó Conaire, Micil Chonraí a bhídís a thabhairt sa Máimín orm. Is corrdhuine atá glaoite i ndiaidh a shloinne sa Máimín ná in aon áit eile mórán siar, mar tá sé glaoite i ndiaidh a mháthair nó a athair. Níl a fhios agat cén sloinne mórán atá ar dhuine ar bith siar mara bhfuil eolas an-mhaith agat air. Sin é an chaoi a bhfuil sé, agus sin é an chaoi a raibh sé le mo linnsa, is dóigh go bhfuil sé fós ar an gcaoi chéanna sa Máimín.

Ach rugadh mé sa Máimín agus rugadh m'athair ann, agus déarfainn gur rugadh mo sheanathair ann. Déarfainn gur as Tír an Fhia a tháinig muintir m'athar don Mháimín, ach níl mé in ann mórán a ghoil siar ar mhuintir Thír an Fhia. Tá a fhios agam go raibh go leor col ceatharachaí i dTír an Fhia aige. I dtaobh mo mháthar, as Béal an Daingin a tháinig mo mháthair, de Mhuintir Lupáin, agus déarfainn gur as Camas a tháinig a muintir sin mar bhíodh sí ag caint ar a seanmháthair go minic linn i gCamas: go dtáinig sí fhéin agus a col ceathar ar cuairt aici uair amháin. Nuair a chuadar ag an teach ní raibh aon duine istigh, ní raibh an tseanmháthair istigh ar chor ar bith, is dóigh go raibh sí amuigh ag déanamh rud eicínt agus dúirt a col ceathar léi, Máire Fhiacha a bhí ar a col ceathar, as an Tuairín Muintir Fhiacha, "caithfidh mé rud eicínt a dhéanamh," a deir sí, "go gcuimhneoidh mo sheanmháthair orm." Agus ní raibh a fhios ag mo mháthair céard a bhí ina hintinn ar chor ar bith, céard a bhí sí ag goil a dhéanamh. Agus an chéad rud eile a rinne sí, níor fhága sí snáithe éadaigh uirthi fhéin, bhain sí dhi chuile *bhit* éadach dhá raibh uirthi agus shuigh sí ag an tine. Bhí sí ina suí ag an tine agus mo mháthair ina suí ar an taobh eile den tine nuair a tháinig an tseanmháthair isteach agus d'fhiafraigh sí dhi: "ó, a Mháire, a chroí," a deir sí, "céard a tharla dhuit." Bhain sí scantradh as seanmháthair mo

---

[1] Pléitear an modh eagarthóireachta in Aguisín 1. Léirítear in Aguisín 5 cé acu, MÓC nó SÓC atá i mbun na tráchtaireachta. Mínítear na poncanna . . . a fhaightear sa téacs in A.1.9.2. Tugtar léiriú ar úsáid na lúibíní [..], {..} agus (..) in A.1.9.3.

mháthar. "Rinne mé é sin," a deir sí, "go gcuimhneofar orm," mar shíl an tseanmháthair go raibh sí imithe as a ciall nuair a chonaic sí í agus gan snáithe éadaigh uirthi.

Ar an bhfichiú lá de Lúnasa naoi déag naoi déag a rugadh mise; agus rugadh m'athair ocht déag ochtó haon; rugadh mo mháthair ocht déag seachtó hocht. Bhí m'athair seasca trí bliain nuair a fuair sé bás, an ceathrú lá de Mhárta ceathracha ceathair, agus bhí mo mháthair seachtó, cupla lá roimhe an Nollaig ceathracha hocht.

An méid a bhí sa gclann – bhí seisear sa gclann, bhí beirt deirfiúr agus bhí ceathrar dearthár againn ann. Baba an ceann is sine, rugadh Baba naoi déag deich; rugadh Pádraig naoi déag dó dhéag; rugadh Máirtín naoi déag ceathair déag; rugadh Máire naoi déag sé déag; agus rugadh mise naoi déag naoi déag agus rugadh John naoi déag fiche trí. Ní comhluadar mór a bhí ann ar bhealach mar bhí go leor comhluadair sa Máimín a bhí i bhfad níos mó ná muide. Bhí cheithre dhuine dhéag, déarfainn, i gcomhluadar sa Máimín, bhíodh comhluadair an-mhór ann. Is iomaí uair a bhínn ag smaoiniú cén chaoi a cuireadh a chodladh iad seo i dtithe beaga agus gan ann ach dhá sheomra sa teach, cisteanach agus seomra codlata. Bhí an teach beag againne, ach bhí tithe níos lú sa Máimín le comhluadair a bhí dhá mhéad an comhluadar a bhí againne. Bhíodh muid fhéin. . ., bhí trí leaba mhóra in aon tseomra amháin, agus bhíodh cuirtín ansin idir na buachaillí agus na cailíní. Ach nuair a bhí dhá oiread sa gcomhluadar, níl a fhios cén chaoi a mbeadh cuirtíní idir iad ar fad. Is iomaí uair a bhínn ag smaoiniú air sin nuair a bhínn ag breathú ar na tithe beaga nuair a bhínn ag goil siar as Condae na Mí siar don Mháimín agus ag breathú ar na tithe beaga seo an áit a raibh comhluadair mhóra. Is dóigh go raibh sé an-chrua san am, ar ndóigh, bhí an t-am an-bhocht.

1.1.2 *Baba: mo dheirfiúr*

Bhí Baba ag an scoil nó go mb'éigean di fanacht sa mbaile, agus chuaigh sí ar aimsir soir áit a dtugaidís *Claregalway* air. Níl a fhios agam fhéin cé bhfaca sí nó cén chaoi a raibh a fhios aici go raibh duine eicínt ag teastáil sa teach seo – teach feilméara a bhí ann. In éindí le bheith ag déanamh obair an tí, ag tabhairt cúnamh sa teach, ag tabhairt cúnamh ag plé le beithígh, bhí sí amuigh ar an bhfeilm san am céanna ag obair. Déarfainn go bhain sí bliain amach ann, agus ní raibh ann san am sin ach coróin (*recte:* punt) sa mí, b'in é an pháí a bhí sí a fháil. An chéad rud eile fuair sí isteach san ospidéal i nGaillimh, agus bhí saol i bhfad níos fearr san ospidéal aici agus saol i bhfad níos glaine, agus bhain sí beagán blianta amach san ospidéal nó go dtáinig muid go Condae na Mí. Sin anois an sórt obair a bhí ag Baba nó gur phós sí . . . Tríocha sé a phós sí, tús tríocha sé; agus chuaigh beirt chomhluadar[2] siar san am . . . D'éirigh siad – is dóigh go raibh an iomarca uaigneas orthu i gCondae na Mí agus chuadar siar ar ais aríst go Conamara, comhluadar Jack Choilmín, Mac Donncha a bhí iontu as Inis Oirc, agus Maidhcilín Dheartháir Bheairtle, déarfainn gur Cualáin a bhí iontu sin as Bun an Charnáin nó siar thimpeall an bealach sin. Ach bhí an t-ádh ar Bhaba agus ar an bhfear a bhí pósta aici mar chuireadar isteach ar an teach seo, agus phós fear eile san am céanna a tháinig aniar, Maidhcil Choffey, phós sé bean as Condae na Mí, agus fuair sé sin Tigh Jack Choilmín agus fuair Baba agus a fear fhéin Tigh Mhaidhcilín Dheartháir Bheairtle. B'iontach an tosaí é sin a bhí acu mar bhí an t-ádh orthu go bhfuaireadar é. Tháinigdar ar aghaidh go maith, agus thóigeadar deichniúr clainne, seisear iníon agus ceathrar mac.

1.1.3 *Pádraig agus Máirtín: deartháracaí*

Ach ansin i dtaobh Phádraig, ní raibh sé ag obair in aon áit, bhuel, bhíodh sé ag goil go Béal an Daingin ag tabhairt cúnamh do m'uncail agus d'aint; bhíodar ag fáil sean san am agus ba é a bhí ag déanamh an earraigh dhóibh agus ag breathú i ndiaidh na talúna, agus bhíodh sé ag obair sa Máimín san am céanna in éindí le m'athair ag plé leis an bhfeamainn agus ag plé leis an earrach.

Agus ansin Máirtín, an darna mac, bhí sé fhéin ag plé leis an earrach agus ar an bportach ag déanamh chuile shórt, ach ní dheachaigh sé amach ariamh ag obair. Ní dheachaigh Máirtín taobh thoir de Ghaillimh, ach an oiread liom fhéin, nó go raibh muid ag tíocht aniar go Condae na Mí; ní fhaca muid Gaillimh go raibh muid ag tíocht go Condae na Mí.

---

[2] *Dhá chomhluadar* atá i gceist – stad beag sa gcaint tar éis *beirt.*

Ach chonaic Pádraig, bhíodh Pádraig ag taisteal thart; bhí rothar ag Pádraig, . . .bhí rothar an-ghann san am, ach bhí ceann aige. San am sin chonaic mé rothar ar dhá phunt deich, déanta sa tSeapáin; dhá mbeadh dhá phunt deich agat bheadh rothar nua agat, ach bhí sé an-deacair dhá phunt deich a fháil mar bhí an t-airgead an-ghann. Ach mar a dúirt mé, ní raibh Máirtín – ní raibh sé ag obair in aon áit agus ní raibh mise ag obair in aon áit ná Máire, ach ag obair thimpeall an tí. Bhuel, bheifeá ag plé le móin agus ag tabhairt cúnamh do t'athair sna garrantaí, bhí rud eicínt le déanamh i gcónaí agat; ní raibh tú fágtha i do chónaí. Sin é an chaoi a raibh sé go dtáinig muid go Condae na Mí.

1.1.4 *An teach agus an fheilm*

Bhí muid ina gcónaí i dteachaín beag ceann tuí agus ní raibh ann ach seomra agus cisteanach agus bhí seisear againne agus a n-athair agus a máthair ina gcónaí sa teach sin agus bhíodh muid ina gcodladh – ní raibh ann ach aon tseomra amháin. B'fhéidir, bhíodh na mná ar thaobh amháin den tseomra agus na *boys* ar an taobh eile, agus is dóigh go raibh cineál sórt *iron curtain* eicínt idir muid nach mbíodh muid ag breathnú ar a chéile. Ach bhí an teach an-bheag ach an oiread le go leor tithe eile dhá raibh sa Máimín ag an am. B'fhéidir go raibh tithe ann a bhí níos lú ná mar a bhí againne agus, b'fhéidir, comhluadair níos mó iontu, ach sin scéal eile.

Agus an áit a raibh an teach againn, bhí sé i bhfoisceacht, b'fhéidir, sé nó seacht de chéadta slat don fharraige. Bhí an píosa talúna a bhí againn, mar a deiridís fadó, bhí sé ag goil ó shliabh go farraige. Cheapfainn go raibh suas le naoi nó deich d'acraí talúna . . . idir clocha agus píosaí réidh, píosaí sléibhe agus gach a raibh ann.

Chaitheadh sé an oiread den talamh sin – m'athair agus Pádraig agus Máirtín, ba iad ba shine, agus Baba, bhí sí ag tabhairt cúnamh agus, b'fhéidir Máire, bhí siad ag tabhairt cúnamh anois agus aríst – chaithfí go leor den talamh sin a chur le fataí agus, b'fhéidir roinnt eorna agus coirce, theastaigh an coirce – tuí choirce le haghaidh tuí a chur ar an teach – agus bhíodh turnapaí agus gabáiste, d'fheicinn – bhíodh go leor mealltrachaí móra gabáiste, an ghabáiste mhór sin a dtugaidís *flat Dutch* uirthi. Is iomaí uair a chaitheadh sé ceann acu sin faoi chloigeann na bó nuair a bhíodh sé á bleán, bhídís chomh mór agus go mbeadh a dóthain aici.

1.1.5 *An obair a dhéanadh m'athair*

Cén obair a bhí m'athair a dhéanamh? Bhuel, d'oibrigh sé sin crua, má d'oibrigh aon fhear ariamh crua, ach an oiread le chuile dhuine dhár mhair i gConamara ag an am, chaithfidís oibriú crua le maireachtáil mar ní raibh tada eile le fáil, ní raibh *dole* ná *free beef* ná tada le fáil ag an am, ní raibh airgead ar bith ag tíocht isteach, agus fiú amháin ní raibh a fhios agam an raibh aon duine mórán a bhain linn i Meiriocá a chuirfeadh aon phingin ach an oiread againn as Meiriocá. Tá mé ag ceapadh gur muid an dream ba lú ar bhain daoine muintireach linn, b'fhéidir, sa Máimín ag an am. B'fhéidir go raibh beagán i dTír an Fhia agus Béal an Daingin, muintir mo mháthar agus bhí col ceatharachaí againn i dTír an Fhia ceart go leor.

Ach d'oibrigh m'athair uafásach crua ag déanamh an earraigh, ag socrú talúna, ag baint fheamainne. Bhíodh sé amuigh ó dhubh go dubh, agus ansin bhí sé i bpáirt le fear eile de chomharsa i mbád iomramh. Níl a fhios agam an raibh an clog fhéin ann ag an am [ach solas an lae], nuair a scalfadh an lá isteach nó, b'fhéidir, an coileach, tá mé ag ceapadh gob é an coileach an clog a bhíodh ann. D'imídís leis an ngealach agus theagaidís abhaile leis an ngealach tráthnóna ag baint fheamainne.

Bhí go leor den fheamainn a bhí ag m'athair, bhí sé taobh thoir de Charraig an Logáin, soir áit a dtugaidís Inis Léith (amach ó Leitir Móir) air. Bhí sé cupla míle ó bhaile agus chaitheadh sé a ghoil soir tríd an Droichead – Carraig an Logáin ar maidin roimhe an lá nó de réir[3] an taoille, hé bith cén chaoi a mbeadh an taoille ag imeacht. Bhí sé fhéin agus an chomharsa ansin ar feadh an lae ag baint feamainne le scian, agus lochtófaí an bád ansin; bhíodh frapaí curtha fúithi ar thalamh tirim nuair a d'imeodh an taoille amach uaithi. Chaithidís fanacht ansin nuair a bheadh ualach le tabhairt isteach tráthnóna – b'fhéidir gan ach písín beag d'arán[4] agus b'fhéidir gan tada leis go minic, b'fhéidir go mbeadh

---

[3] /gə l'eːr'/, féach *de réir* in A.2.
[4] /graːn/.

ruainne ime air, má bhí, agus fanacht ansin go dteagadh an taoille faoin mbád aríst a thóigfeadh í. Agus ansin d'iomróidís abhaile siar thrí Charraig an Logáin aríst. D'fhoilmheofaí an bád ansin an tráthnóna sin le í a bheith faoi réir aríst le ghoil ag baint tuilleadh feamainne, b'fhéidir lá arna mháireach. B'fhéidir gur ag an bhfear eile a bheadh an chéad trá eile agus sin é an chaoi a rabhadar ag obair, obair na gcapall a bhí ann. I dteannta an méid sin, chaithfí an fheamainn sin a tharraingt aníos aríst le cliabh, aníos ón gcladach suas ar an talamh . . .

Rud eile freisin a bhíodh m'athair a dhéanamh, bhí sé ina chineál búistéara ar an mbaile. Is iomaí uair a bhíodh sé ag marú caoirigh. D'iarradh daoine de mhuintir na háite é ag marú agus ag glanadh caorach. Ar ndóigh, bhí sé in ann géabha agus éanlaith, agus chuile shórt mar sin a mharú agus a ghlanadh. Sin rud eile a bhíodh sé in ann a dhéanamh, bhíodh sé in ann cléibh agus ciseogaí a dhéanamh.

1.1.6 *An obair a dhéanadh mo mháthair*

Mo mháthair – rinne sí sin í fhéin obair an asail nuair a bhí sí óg, ach i dtaobh an obair a rinne mo mháthair – rinne sí obair an mhúille. Tharraing sí cléibh, tharraing sí feamainn aníos ón gcladach, tharraingneodh sí móin abhaile ón bportach. Bhíodh sí ag sníomh agus ag cardáil agus ag cniotáil. Bhíodh sí ag déanamh geansachaí agus ag déanamh stocaí dhúinn; fúáil a dhéanadh sí, bhí sí ag déanamh léinteachaí dhúinn go raibh muid ag éirí beagáinín náireach le léine baile a bheadh curtha orainn, féachaint le ceannacht corrléine sa deireadh nó bhíodh sí á gceannacht dhúinn, b'fhéidir Tigh Dick nó Tigh Chonnor i Leitir Móir nó in áit eicínt . . .

Tá a fhios agat fhéin le haghaidh seisear againne, agus, b'fhéidir, an t-ochtar againn a chlúdú go minic, bhíodh sí ag déanamh snáithe, bhí tuirne aici, agus í in ann snáithe a dhéanamh as na roilléirí. Tá a fhios agat fhéin nach bhfuil a fhios cén snáithe a bhíodh sí a dhéanamh le haghaidh bréidín a dhéanamh. Agus ansin bhíodh m'athair nuair a bhíodh sé ag deilbh – ise a chaitheadh an snáithe a dhéanamh le haghaidh bréidín, le haghaidh an snáithe agus chuile shórt a thabhairt ag an bhfíodóir nuair a bheadh sé réitithe. Bhí suas le – os cionn trí scór nó gar go maith, b'fhéidir, do chéad caora go minic againn sa

Máimín, de chaoirigh – cladóirí Chonamara – b'fhéidir, cuid acu a mbíodh a n-olann stróicthe dhóibh ag driseachaí, ach tá a fhios agam, ar chuma ar bith, go mbíodh go leor olann orthu agus ansin – sin jab eile a bhíodh ag m'athair ag iarraidh iad sin a bhearradh le siosúr,[5] níl a fhios agam an raibh aon deimheas aige. Bhí sé uafásach crua.

Tá a fhios agam go mbíodh mo mháthair ag tóigeáil – bhíodh cearca aici agus géabha agus lachain. Ní thiocfadh an lá féile nach mbíodh, b'fhéidir, gé nó lacha nó cearc maraithe, agus b'fhéidir go mbíodh muic nó dhó thríd an mbliain. B'fhéidir go dtóigfí an oiread seo muca le díol, b'fhéidir go ngeofaí ceann le marú anois agus aríst, ach corruair a tharlódh sé mar bhí an t-airgead ag teastáil. Bhí an t-airgead gann agus ní raibh aon airgead le fáil. Bhí mé ag caint ar ball ar na lochtaíl mhóna, b'fhéidir nach bhfaighfeá ar locht móna dhá bhfaighfeá dhá phunt deich. B'fhéidir go bhfaigheadh an bádóir trí phunt air nó trí phunt deich; b'fhéidir go mbeadh punt le spáráilt aige sin. Ach sin é an chaoi a raibh an t-airgead ag an am. Sin é an obair a bhíodh mo mháthair a dhéanamh, ag tarraingt aoileach le cléibh agus tarraingt feamainn aníos ón gcladach. Is minic, b'fhéidir go mbeadh muid fágtha ar an iomaire aici sa ngarraí sa gcaoi go gcloisfeadh sí muid dá mbeadh muid ag caoineadh nuair a bhíodh muid ina bpáistí, bheadh pluid nó pluideog casta orainn.

1.1.7 *Comhluadar ar bhain an mí-ádh leo*

I dtaobh an chomhluadar seo – bhíodar muintireach againne . . . Bhíodh muide síos go minic ann nuair a bhí muid ina ngasúir; bhíodh comhluadar mór sa teach . . . Bhí an teach beag ach an oiread le chuile theach i gConamara, tithe beaga, ach nuair a tháinig sé amach sa saol go raibh siad in ann teach níos fearr a dhéanamh, go raibh siad ag fáil deontas le teach níos fearr a dhéanamh, rinne siad é. An lá a raibh siad ag goil ag tosaí ar an mballa, bhí fuil thimpeall an bhalla san áit a raibh siad ag goil á thóigeáil.

Bhí sé á inseacht do m'athair: céard a dhéanfadh sé nó an athródh sé? Níor thaitnigh sé le m'athair. Tá sé an-deacair i gConamara nuair

---

[5] /sisuːr/.

atá tú ag tóigeáil teach – tá go leor obair le fáil leis an áit a réiteach shula dtosóidh tú an teach, obair mhór é. Dúirt sé go dtiocfadh sé chun cinn, go dtóigfcadh sé an teach. Bhí go maith, tóigeadh an teach agus bhí chuile shórt ceart go leor go ceann píosa. D'fhás an chlann suas agus phós duine de na hiníneachaí, phós sí fear as an gCeathrú Rua agus fuair sí bás ar an gcéad pháiste a bhí aici. Phós iníon eile i gCamas, níl a fhios agam cén sórt donacht a fuair sí, ach bhí sí fhéin básaithe roimhe cupla bliain. Sin beirt iníneachaí imithe in achar gearr.

Bhí an mac is sine, bhí sé ag teacht thimpeall in éindí lena leithéidí fhéin, agus b'fhéidir go mbíodh sé ag fáil isteach i corr*scrape* corruair. Bhí sé ag tíocht abhaile an tráthnóna seo nuair a bhí namhaid ag faire air, an fear a raibh rud eicínt ina aghaidh aige, bhuail sé de chloich é agus chuir sé anuas den rothar é agus deir siad gur bhuail sé cupla cloich eile ar an talamh air nuair a bhí sé leagtha aige. Tugadh isteach ansin sa teach ba ghaire dhó é go dtáinig a athair – cuireadh fios ar an athair – agus tháinig an t-athair agus bhí m'athairsa in éindí leis, agus shiúil sé abhaile in éindí leo. An chéad rud eile, fuair sé cineál *fit* agus d'imigh sé as a mheabhair; cuireadh fios ar charr na heaspaicil agus cailleadh an oíche sin é, déarfainn, nó maidin lá arna mháireach san easpaicil. B'in triúr imithe in achar gearr.

Bhí duine eile acu san arm in éindí liomsa . . ., bhí sé ar an Rinn Mhór in éindí liom. Chuaigh sé abhaile ar an deireadh seachtaine, thóig sé bus air fhéin go dtí an Cheathrú Rua – agus trasna i mbád ansin nó i gcurrach. . . Bhí a dheartháir agus duine de na comharsanaí in éindí leis, chuadar trasna an chuan sa gcurrach go dtabharfaidís leo abhaile é, go ngabhfadh sé abhaile in éindí leo mar aicearra mhór a ghoil trasna . . . i mbád. Tá an oiread sin mílte timpeall a ghoil an bealach eile, a ghoil ar an mbóthar. Chuadar trasna, an deartháir, . . . agus comharsa leis, trasna sa gcurrach go mbuailfidís suas leis an deartháir. Chuadar isteach i dtcach ósta píosa, nuair a bhí braon ólta acu chuadar síos go dtí an chéibh. Sé an deartháir is sine an chéad duine a chuaigh isteach sa gcurrach, ansin tháinig an deartháir eile isteach agus sé an fear deireanach a tháinig isteach, an chomharsa a bhí acu, an leaid seo a bhí in éindí leo. Nuair a bhí sé sin ag goil isteach sa gcurrach, sheas sé ar thaobh na curraí. Tá a fhios ag chuile dhuine go bhfuil currach an-éasca í a iontú, caithfidh tú fanacht i lár an churrach i gcónaí, mar dhá seasfá ar thaobh na curraigh,[6] iontóidh an churrach. Nuair a bhí sé ag goil síos ón b*pier* síos go dtí an bád, sheas sé ar thaobh na curraigh agus d'iontaigh sé an currach sa gcéibh. D'iontaigh an currach ar a béal fúithi sa gcéibh, agus bhí an t-ádh airsean mar rug sé ar an bhfeamainn a bhí ag fás ar thaobh na céibhe. Rith sé suas – bhí i ngar do cheathrú míle le ghoil aige go dtí an teach ósta ag inseacht an rud a tharla, agus thug sé anuas cupla duine in éindí leis. Nuair a tháinigdar ní raibh currach ná duine le feiceáil. B'éigean dó fanacht gur scal an lá isteach. Ar maidin fríothadh an deartháir is sine san áit ar iontaigh an currach, bhí sé báite. Oileán a dtugaidís Inis Léith air. . ., fríothadh ar an oileán an churrach agus í ar a béal fúithi agus bhí an deartháir eile istigh fúithi, bhí sé istigh faoin seas, bhí sé báite. Sin beirt eile den chomhluadar imithe.

Ansin bhí mac eile leo i Sasana. . . Is dóigh go raibh sé fhéin cineál achrannach ach an oiread le duine. Bhí sé in éindí le cupla comharsa as Conamara thall i Londain ag pa*l*áil leo. Bhíodh an seanfhear seo ag tíocht isteach sa b*pub* a mbídís ag ól ann ag inseacht an áit a mbíodh sé – an áit a raibh sé blianta roimhe in Éirinn agus na rudaí a rinne sé nuair a bhí sé in Éirinn mar *Black an' Tan* a bhí ann. Bhí a fhios acu seo, nuair a bhí sé ag caint ar an rud a rinne sé go raibh sé ag inseacht na fírinne, gur rinne sé na rudaí brocacha a bhí sé a dhéanamh. Ach tháinig sé ar intinn mo dhuine, . . . nuair a chonaic sé ag goil amach sa m*back* é chuaigh sé amach ina dhiaidh agus chuir sé an scian ann. Agus tóigeadh an triúr acu mar níor inis aon duine cé acu a mharaigh é. Fuaireadar sé bliana an duine san am. Dhá mba[7] duine amháin a dhéanfadh é, dhá gcruthófaí ar dhuine amháin, gheobhadh sé an rópa, gheobhadh sé an chroch. Ach mar gheall go dtáinig an triúr faoi, sin é a shábháil é, mar bhíodar ag crochadh daoine san am i Sasana. Nuair a tháinig sé amach as an bpríosún, bhí a bhean imithe uaidh. Bhí an mí-ádh ar chuile bhealach air.

Sin é a tharla don chomhluadar. Is dóigh go raibh rud eicínt ann go

---

[6] /nə kurə/.

[7] /ɑː mər/.

bhfuair sé tuairisc, go bhfuair sé scéala nuair a bhí an fhuil ar an mbunchloch nó thimpeall an bhalla gan a theach a dhéanamh ann. . . Chaithfeadh sé go raibh rud eicínt, go raibh sé ag fáil fógra. Ach rud amháin a d'fhága mé amach ansin . . ., bhí sé thíos anseo againn i gCondae na Mí. . . Chuir a mháthair litir aige ag rá leis a ghoil abhaile nach raibh sí ag aireachtáil go maith. Tháinig an litir againne. Bhíodh sé ag fanacht idir an teach s'againne agus Tigh Tom Teaimín, mar bean Tom Teaimín, bhí gaol aici leis freisin, bhí cleamhnas idir iad ar bhealach eicínt. Nuair a léigh sé an litir chuaigh sé abhaile. Ní raibh sé mórán achair sa mbaile – nach aisteach an rud, sí fhéin a scríobh an litir – agus ní raibh sé mórán seachtain sa mbaile nuair a cailleadh an mháthair, agus cailleadh óg í. Ní raibh sí scan, b'fhéidir go raibh sí timpeall is trí scóir nó mar sin. Chaithfeadh sé go raibh an mí-ádh ag baint leo.

1.2 *Cúrsaí oibre agus gnásanna maireachtála*

1.2.1 *John ag trácht ar shaol a mhuintire thiar i gConamara.*

Nuair a d'fhága mé Conamara sa mbliain naoi déag tríocha cúig agus nuair a chuaigh muid suas go Condae na Mí, mé fhéin agus mo mhuintir, agus an saol a bhí i gConamara ag an am sin – bhí saol an-chrua ann. Shíl muid nuair a chuaigh muid go Condae na Mí go mbeadh muid sna flaithis, ach mar a deir an ceann eile, ní mar a síltear a bítear. Ach le mo shaolsa a inseacht i gceart – cé mise le ghoil ag caint ar rudaí den tsórt seo – caithfidh mé a ghoil siar agus an saol a bhí ag m'athair agus mo mháthair thiar i gConamara agus an obair a rinne siad agus an chaoi ar mhaireadar ann agus an sclábhaíocht agus chuile shórt a bhain leis an áit, tá sé an-deacair é a chur síos i leabhar ná ar rud ar bith eile.

Tá daoine ag caint i saol an lac inniu go bhfuil obair chrua orthu, ach an saol a bhí ann an t-am ar mhair na daoine siúd, m'athair agus mo mháthair agus chuile dhuine eile a bhí sa Máimín ag an am, ní hé amháin an Máimín ach chuile bhaile eile i gConamara. Bhí an saol uafásach crua, agus mar a deir an ceann eile, ba é an coileach ar maidin a dhúisíodh iad, níl a fhios agam an raibh aon chlog acu, agus is í an oíche a chuirfeadh a chodladh iad, an oíche agus an tuirse, ag obair ó dhubh go dubh, go mórmhór amach san earrach nó shula dteagadh an t-earrach ag deireadh an gheimhreadh ag baint tránnaí feamainne nuair a d'fhaighidís an deis, ag goil amach roimhe an lá, ag goil amach leis an taoille agus ansin a bheith ag baint na feamainne sin agus á líonadh isteach sa mbád agus fanacht ansin i do shuí sa mbád aríst go snámhaíodh an bád aríst le haghaidh í a thabhairt abhaile, í a thabhairt cupla míle agus, b'fhéidir, an bád sin a fhoilmhiú[8] aríst agus í a bheith faoi réir le haghaidh an trá aríst maidin lá arna mháireach. B'uafásach an obair í.

Is minic − ní go minic ach i gcónaí − nuair a bhíodh an fheamainn curtha amach ar an gcéibh, chaitheadh mo mháthair agus an chuid eile den chlann an fheamainn sin a tharraingt suas ar an talamh ina cléibh ar a ndroim, ní raibh aon asal ann ag an am. Ba iad na daoine na hasail agus bhíodar ag déanamh obair an asail.

1.2.2 *Ag réiteach na talúna*

Ansin nuair a bhídís réidh leis an bhfeamainn agus í bainte acu, chaithfí ansin a ghoil ag réiteach na talúna, an talamh a shocrú; agus bhíodh róipíní acu le haghaidh na hiomaireachaí[9] a ghearradh amach.

Ó tharla muid ag caint ar fhataí agus ar chur na bhfataí agus na hiomaireachaí agus ar chuile shórt, tá sé sin tioctha[10] anuas ó aimsir an drochshaoil nuair a bhí an gorta mór sa tír. Mo sheanathair, tá mé a cheapadh go bhfaca sé − chonaic sé − mhair sé ag an am a raibh an gorta ann ocht déag ceathracha seacht. Dúirt na daoine leo fhéin go gcuirfidís fataí agus nach dtarlódh sé aríst chúns a mhairfidís go bhfaighidís bás leis an ocras go mbeadh a ndóthain fataí acu agus sin é an fáth go raibh fear Chonamara, go raibh sé amuigh chomh moch, chomh moch sa ngeimhreadh agus chomh moch ar maidin ag baint na feamainne agus ag réiteach le haghaidh an earraigh agus ag réiteach le haghaidh na bhfataí. Bhíodh chuile theach, bhíodh a sá fataí acu agus, b'fhéidir fataí le ndíol[11] agus fataí le haghaidh síolta agus le tabhairt do

---

8 /al'uː/, *folmhú* sa gC.O.

9 /humərexɪː/, féach iomaire in A.2

10 /t'ukɪː/ ABD den bhriathar tar. (Féach lch. 169)

11 /l'e N'íːl/.

mhuca agus do bheithígh. Chuiridís an oiread agus nach n-ithidís[12] fhéin ar fhaitíos go dtarlódh sé go dtiocfadh aon ghorta aríst.

1.2.3 Fataí

Thosóidís ag cur na bhfataí nó ag réiteach le haghaidh na bhfataí amach i ndiaidh na Nollag. Agus ba é an aidhm a bhí acu an uair sin: neart fataí a chur sa gcaoi nach mbeadh aon ocras orthu ar feadh na bliana. Bhíodh chuile dhuine – bhíodh an oiread seo garrantaí leagtha amach acu le haghaidh fataí a chur. Bhíodh siad socraithe agus réitithe amach acu, ansin chaithfí a ghoil ansin ag baint fheamainne agus í a tharraingt abhaile agus chuile shórt mar sin agus fáil faoi réir; agus b'fhéidir go gcuirfidís mála diúain[13] nó cupla mála diúain, amuigh Tigh Dick, níl a fhios agam fhéin cén luach a bhí ar an mála diúain. B'fhéidir go mbeadh sé seacht nó ocht de scilleachaí, is dóigh. Séard a bhíodh sa diúain seo – tá tír eicínt ann nó áit eicínt a dtugann siad – cén t-ainm atá ar an áit sin? Diúain ab ea? – amuigh in India in áit eicínt. Ón áit sin a baisteadh an t-ainm uirthi a dtugaidís diúain air. Séard a bhí ann: an chréafóg, bhíodh éanachaí agus cnámhannaí agus clúmhach[14] agus chuile chineál brocamas sa stuf seo. Deir siad go raibh sé sin iontach le haghaidh fataí a chur ag fás, agus é sin measctha suas le feamainn. B'fhéidir corrdhuine, dhá mbeadh aol aige, bheadh aol é fhéin go maith. [Agus aoileach ansin os a chionn, aoileach an rud deireanach a chuirfí ar an iomaire.][15]

Bhíodh sciolláin gearrtha ansin, bhíodh mo mháthair iontach ag gearradh sciolláin. An rud a bhíodh fágtha ansin i ndiaidh na sciolláin, sé an t-ainm a thugtaí air: logán. Chaithfí na logáin ag na beithígh. [Bainfí, b'fhéidir, cheithre sciollán as fata amháin,] fata mór. Ní bheadh ar an sciollán ach aon tsúil amháin nó, b'fhéidir, dhá shúil. Bhí a fhios acu sin le ghoil dhó. Le haghaidh na fataí a spáráil ghearrfaí na sciolláin. Amach ansin sa bhFeabhra nó sa Márta bhídís ag cur na bhfataí. Ansin nuair a bheidís curtha ar feadh cupla seachtain agus iad

---

[12] /N'iː əd'iːʃ/.
[13] Féach A.2 maidir le míniú an fhocail seo.
[14] /kluːx/.
[15] Féach A.1.9.3. Caint MÓC atá idir na lúibíní [...].

ag tíocht thrí thalamh, chaithfí a ghoil ansin agus iad a lánadh. Agus ansin nuair a bheidís fásta suas píosa, rud eile – chaithfí a ghoil agus sprae a chur orthu. Sé an chaoi a mbídís ansin, a bhfaca mise m'athair ag cur amach an sprae, ní raibh aon inneall aige, ní raibh aon *sprayer* aige, ach an *bluestone* seo, d'fhaigheadh sé amuigh Tigh Dick é, nó sna siopaí thart, agus é a mheascadh le uisce, uisce te le haghaidh é a leámh. [An mbídís ag cur *washing soda* air?] Aol a chuirfidís air. Gheofá – [bairille socraithe sa ngarraí, bairille dhá scór galún, agus sin é an jab a bhíodh ag na gasúir, é sin a líonadh.] Is scuab roilleoige déanta acu, scuab le haghaidh é sin a chroitheadh. Cineál slaitín bheag í (roilleog) nach bhfásann an-ard. B'fhéidir go bhfásfann sí, b'fhéidir, naoi nó deich d'orlaí nó b'fhéidir níos mó. [Geall le[16] billeog saile atá uirthi, ach is sailín bheag í, níl sí ach troigh go leith.] Dhéanaidís scuab dhi sin; chuirfí an oiread seo acu le chéile agus ruóg a chasadh air agus sin é a bhíodh ag croitheadh an sprae seo ar na fataí.

B'fhéidir amach ansin i mBealtaine nó amach deireadh na Bealtaine, b'fhéidir go mbíodh fataí céadfhómhair curtha agus b'fhéidir go mbeifeá in ann béilí fataí a fháil anois is aríst, corrbharrann a tharraingt. [Rud eile ansin a bhídís (a dhéanamh) – i ngrua na hiomaire a chuirfí plandaí, plandaí gabáiste.] Ní raibh tada den talamh ag goil amú, bhíodh an talamh uiliug tóigthe ar chuile bhealach, bhí sé curtha le rud eicínt . . .

[Ansin nuair a bhainfí na fataí, sin jab eile a bheadh ag na gasúir: ag piocadh fataí. Déanfaí poll ansin dhóibh, poll fataí, déarfainn go mbeadh sé sé horlaí ar domhain. Cuirfí scraith ansin leis na fataí. Bainfí scraith ar an sliabh agus cuirfí an scraith suas i dtosach le na fataí. Dhéanfaí suas mar sin é mar a bheifeá ag déanamh móta beag agus taobh amuigh den scraith chuirfí créafóg . . . leis an sioc a choinneáil amach.]

1.2.4 *An fáth a dtáinig an gorta go Conamara*

Sé an fáth an gorta i gConamara – nuair a tháinig an dúchán – nuair a chuireadar na fataí ar dtús, ní bhídís ag cur sprae ar bith orthu agus ní raibh a fhios tada i dtaobh sprae nó go dtáinig an gorta. Agus nuair a

---

[16] /gʹɑːr lʹe/, díshamhlú ar /l/ agus /lʹ/.

tháinig an gorta agus nuair a tháinig an dúchán ar na fataí agus lobh na fataí, ní raibh tada acu. . .

[Bhí an gorta le feiceáil ann agus tá sé le feiceáil go dtí an lá atá inniu ann mar tá garrantaí ann – Garraí an Duine Churtha, agus tá go leor áiteachaí siar ar cuireadh daoine. Is dóigh go raibh na daoine chomh lag agus nach raibh siad in ann iad a thabhairt ag an reilig, gur cuireadh thú san áit a cailleadh thú, san áit ar thit tú. Bhí sé sin le feiceáil ann nuair a bhí mise ag fás suas.] Bhí garraí in aice linn ag comharsa dhúinn, sé an t-ainm a bhí air: Garraí an Duine Churtha.

Is dóigh gur mhair mo sheanmháthair – mhair sí thríd an ngorta. Rugadh mo mháthair ocht déag seachtó naoi; chuala mé go raibh sí trí bliana níos sine ná m'athair. Is dóigh ansin gur ocht déag ochtó dó (recte 1876) a rugadh m'athair. Ach ansin a gcuid aithreachaí, chuadar thríd an ngorta agus bhí a fhios acu céard a bhí ag tarlú agus cén fáth an gorta. Má théann tú níos géire i dtaobh an ghorta, tá a fhios agat go maith cé ar tharla sé,[17] mar gheall ar Shasana. Sin rud eile! . . . Bhí neart beatha sa tír, ach sin scéal eile. Nuair a chuala Banríon Shasana go raibh na hÉireannaigh ag fáil bháis leis an ocras, séard a dúirt sí: "níl a ndóthain de na míola maraithe fós," a deir sí. Sin é an fáth go raibh fear Chonamara ag cur an oiread seo fataí sa gcaoi go ndéanfaidís siúráilte, hé bith a tharlódh – dhá mbeadh fataí acu go mbeadh beatha acu. B'fhéidir go minic, na fataí a chuirfidís nach mbíodh mórán cuma orthu. Tá a fhios agam go bhfaca mé fataí i gConamara a dtugann siad *Germans* orthu, ní íosfadh an mhuic iad, fataí móra millteacha a bhí iontu. [Tháinig na h*Orange Banners*, fata mór eile a bhí san *Orange Banner*, bhí sé go maith céadfhómhair –] fataí móra céadfhómhair a bhí iontu, agus cinnte[18] a raibh go leor uisce iontu fhéin. [Bhíodar go maith le haghaidh beithígh . . .]

[Nuair a gheofaí caillte iad (daoine) – {céard a tharlaíodh dhóibh?}[19] Bhíodh féar ina mbéal, {ag ithe féir a bhíodar,} – bhíodar ag ceapadh nuair a bhí na beithigh ag maireachtáil ar fhéar go mbeidís fhéin in ann

---

17 /kʹeːr haːrlə ʃeː/. Is dóigh gur giorrú atá i gceist anseo ar an ráiteas: *cén chaoi ar tharla sé.*

18 Foirm iol. de *ceann.*

19 Féach A.1.9.3. Caint SÓC atá idir na lúibíní {...}.

maireachtáil ar fhéar. {Agus sé an chaoi a chuir an féar chun báis iad.}
Agus bhídís ag ithe go leor bia cladaigh, agus bhí sé sin á marú freisin
mar nuair atá tusa ag ithe bairnigh agus faochain agus gan ag ithe
beatha crua ar bith – leis an mbuinneach gheobhaidh tú lag mar níl do
bholg in ann é a sheasamh. Ní raibh an bheatha chladaigh in ann iad
a choinneáil beo.]

Bhíodh m'athair ag rá linn fadó gan siúl ar an áit a raibh an duine
curtha, ag tabhairt ómós don chorp, don té a bhí (básaithe). [Bhíodar
an-chrua mar gheall air sin.] Bhíodh sé ag rá rudaí mar sin, dhá ndéarfaí
gur shiúil tú air nó dhá ndéarfadh duine eicínt eile gur shiúil tú air,
gheofá buille den chaipín, b'fhéidir.

1.2.4.1 Comóradh an Ghorta

Anois tá siad ag comóradh an Ghorta Mhóir, ach ní hin é an chaoi a
bhfeicimse an scéal. Sé an chaoi a bhfeicimse an scéal: nach ag comóradh
ba chóir dhóibh a bheith ach ag caoineadh, comhbhrón a dhéanamh leis
an méid a fuair bás ar feadh an ghorta. Agus cé is ciontaí mar gheall ar
an ngorta? Bhí an oiread cruithneacht agus arbhar sa tír agus a
choinneodh cupla tír beo agus cé a thug amach as an tír í ach Sasana? Sin
iad ba chóir a bheith ag comóradh an ghorta. Ní hiad na hÉireannaigh ba
cheart a bheith á chomóradh; ba cheart dóibh aifreann speisialta a bheith
acu, ag caoineachán ba chóir dhóibh a bheith in áit a bheith ag comóradh
nó, b'fhéidir go mba cheart dóibh a bheith ag comóradh ar bhealach go
bhfuil siad beo agus go mhaireadar agus go bhfuil siad ann inniu gan
buíochas den ghorta agus gan buíochas de Shasana agus gach ar ndearna
sé – tá sé á dhéanamh i gcónaí. Nuair a bhreathnós tú ar an tír níl aon
teach pobail ná caisleán ná rud ar bith sa tír ariamh nach raibh briste,
réabtha, millte ag Sasana agus ag gach a bhain leis, idir Cromail, Éilis na
Muice agus an chráin bhrocach eile sin, Queen Victoria, a dúirt aimsir an
ghorta nach raibh a ndóthain de na míola caillte fós nuair a chuala sí go
raibh na hÉireannaigh ag fáil bháis leis an ocras – an striapach bhrocach.

1.2.5 Comhar na gcomharsan

Bhuel, tá muid ag caint ar tithe i gConamara, b'fhéidir, nach raibh acu
ach bó amháin. Bhí muide beagáinín maith go leor, amantaí bhíodh trí

bhó againn agus, ach an oiread lena bhí mé ag rá ar ball, bhíodh ainmeachaí ar na beithígh. Bhí bó amháin a raibh Buíóg uirthi, bó bhuí a bhí inti; ceann eile, ceann dubh, Sméirín a tugtaí uirthi; agus ceann a cheannaigh muid ó fear eicínt de mhuintir Seoige, sé an t-ainm a thug muid uirthi: Joyce.

Ach ní air sin atá mé ag caint anois, ach ag caint ar amantaí go mbeadh an bhó imithe amach nó, b'fhéidir go mbeadh dhá bhó imithe amach tirim agus nach mbeadh mórán bainne sa teach. Ach, gheofá bainne ón gcomharsain. [Dhá mbeadh teach ann a mbeadh páistí laga ann agus an bhó imithe amach, thabharfá an oiread seo bainne chuile lá mar bhíodh bainne ag teastáil le haghaidh an pháiste. Bhínnse ag goil isteach aige (comharsa) ag iarraidh rud ar bith, bhíodar mar a bheadh aon chomhluadar amháin, agus iad féin ag tíocht go dtí thú ansin ag iarraidh rud ar bith a bheadh (ag teastáil), iad féin ag tabhairt rudaí dhá chéile, nó dhá dteastódh cúnamh uait, thabharfadh an chomharsa cúnamh dhuit. Bhíodar iontach ar an gcaoi sin!] Nuair a bheifeá ag iarraidh ceaintín plúir ar do chomharsa go bhfaighfeá mála as an siopa. Ach chuala mé caint ar leaid eicínt, tháinig sé ag iarraidh: "tá mé ag iarraidh ubh chirce," a deir sé "go mbéarfaidh an chearc."

1.2.6 *Obair na láí*

Dhéantaí an obair sin ar fad leis an láí. Chaithfí láí nua a fháil chuile bhliain agus amantaí bhíodh an láí caite shula mbíodh an séasúr thart, bhíodh an oiread sin obair déanta aici, ag cur fataí ansin i dtalamh cloicheach agus talamh, mar a thugaidís air, talamh an chloich bheag. Nárbh uafásach an obair a bhíodh déanta ag an láí go mbíodh láí caite suas go dtí an loiseac, nó gar go maith dhó, agus go gcaithfí an darna láí a fháil le haghaidh an t-earrach a chríochnú. Sin é a inseos do dhuine i saol an lae inniu cén obair a rinne an seandream a tháinig romhainne. Mara bhfuil siad sin sna flaithis, níl a fhios agamsa, níl seans ar bith ag fear an lae inniu naoi déag naocha is a dó.

Le ghoil siar anois aríst ar an obair sin agus ar an láí agus ar chuile shórt eile. Tá a fhios agam go raibh mé óg go maith fós, níl a fhios agam an ndeachaigh mé ag an scoil fós, ach nuair a bhí mé in aois láí a bheith agam cuireadh láí i gcois dhom. B'in é an bronntanas Nollag

a fuair mé, nó b'in é an peann luaidhe a fuair mé. Ní raibh aon chaint
ar Deaidí na Nollag ná céard a thabharfadh sé.

Ach ó tharla go bhfuil muid ag caint ar Chonamara, an té a chonaic
an scannán a déanadh in Árainn fadó i dtaobh an *Man of Aran,* b'éigean
don fhear a bhí in Árainn a ghoil agus ord a thabhairt leis le fataí a chur.
Is uafásach an rud é dá ndéarfadh duine leat a ghoil ag cur fhataí le ord,
ach sin é an chaoi a mb'éigean d'fhear Árann é a dhéanamh. B'éigean
dó na clocha a mhaolú, agus an fheamainn agus an chréafóg a scaradh
os cionn na gclocha agus ansin an fheamainn agus leasú a chur air, na
fataí a scaradh ansin, agus ansin a ghoil agus iad a chlúdadh aríst.[20]   Ba
daor an fata é, ba daor an ghreim é.

1.2.7 *Olann agus caoirigh*

Ach ansin, nuair a bhí muid ag cur na bhfataí agus an obair seo uiliug
ar fad i gConamara, bhíodh muid ag tabhairt aire do chaoirigh, bhí go
leor caoirigh ag m'athair; bhí suas le cuid mhaith de chéad caora aige
agus bhí go leor obair ag baint leis na caoirigh sin. Mharaíodh sé
corrcheann anois is aríst nuair a theagadh oícheantaí féile, faoi fhéil'
Mártan agus faoi, b'fhéidir, féil' Bríde, faoi Nollaig agus faoi Shamhain,
nó laethantaí féile den tsórt sin.

1.2.8 *Olann*

I dtaobh an olann dhó, nuair a bhainfear an olann den chaora, caithfear
an olann a níochán. Cuimhním fadó go mbíodh pota mór, is dóigh go
mbíodh deich ngalún ann, pota mór *metal,* agus bhíodh sé curtha ar thine
amuigh. Téifí an t-uisce, agus bhíodh dhá chúiléar[21] mhóra, bairille a
ndéanfaí dhá leith dhó. Sin anois bairille dhá scór galún. Nífí an olann,
is dóigh go mbíodh cineál *powder* eicínt acu le cur ar an uisce. Nífí an
olann sna cúiléir mhóra seo, agus de réir mar a bhí sí á níochán,´bheadh
sí á scaradh amach le triomú. Ní dhéanfá é seo ach lá a mbeadh grian ann
nó lá a mbeadh an-triomach ann. Nuair a bheadh an olann triomaithe ar
fad, bheadh sí curtha isteach i mála aríst, ansin an chéad rud eile, roilléirí
a dhéanamh. Sin é an chéad tosaí ar an snáithe: roilléire.

---

[20] /xlu:d ə'ri:ʃt´/, ABR.
[21] Leagan malartach de 'cíléar' (FGB: 339).

An méid a bheadh an bhean a chur ag obair le haghaidh roilléirí. . ., b'fhéidir go dtabharfadh sí an oiread seo den olann léi agus chuirfeadh sí ola a dtugaidís ola bhídh uirthi[22]. . . Chuirfidís ar an olann í sin go ndéanfadh sé éasca é leis an olann a oibriú. Dhéanfadh sí na roilléirí ansin idir – bhíodh dhá charla[23] aici, chuirfeadh sí an oiread isteach idir an dá charla agus b'fhéidir go ndéanfadh sí trí nó ceathair de roilléirí san iarraidh. Bheadh sí á tharraingt an oiread seo uaireantaí idir an dá charla. . . agus bhíodh sí á leagan sin ar an tuirne. Agus nuair a bheadh an oiread seo roilléirí déanta aici, ansin leagfadh sí na carlaí de leataobh agus thosódh sí ag déanamh snáithe as na roilléirí seo.

Ansin nuair a bheadh an oiread seo snáithe déanta aici, b'fhéidir go gcuirfeadh sí snáithe bán agus snáithe glas in éindí, dhá mbeadh sí ag iarraidh an dath a athrú, nó an snáithe bán agus an snáithe glas a choinneáil as fhéin, nó dhá mbeadh sí ag iarraidh an snáithe glas a bheith níos báine, dhá mbeadh sé dorcha, chuirfeadh sí dhá shnáithe in éindí. Nuair a bheadh an snáithe déanta uiliug ansin aici, b'fhéidir go dtóigfeadh sé cupla seachtain uirthi ins na hoícheantaí mar ní bheadh aon am sa lá aici, bhíodh sí ag déanamh obair na feilme sa lá, chomh maith le aire a thabhairt do na gasúir. San oíche – an oiread seo uaireantaí san oíche bhíodh sí ag obair leis an tuirne, agus nuair a bheadh an snáithe déanta ar fad agus é ina cheirtlíní móra – an chéad rud eile: an crann deilbh, agus sé m'athair ansin a thóigfeadh anonn ag cur an snáithe seo ar an gcrann deilbh. Bhí bealach dhó fhéin aige le é sin a dhéanamh, agus bhíodh sé ag goil thimpeall an bhaile ag déanamh an rud céanna. Bhí sé ceaptha go raibh sé go maith ag cur an snáithe suas ar an gcrann deilbh. Níorbh fholáir dhuit a bheith ag breathú air sin le a thuiscint an chaoi a raibh sé déanta. Chaithfeadh sé a bheith déanta ar an gcaoi sin le é a thabhairt go dtí an fíodóir, mar ní thóigfeadh an fíodóir uait é mara mbeadh sé déanta ar an gcaoi sin; bheadh sé i bhfad níos éasca aige a ghoil ag obair air.

---

[22] /olə vʹiː/, féach GCF § 27.

[23] /kɑːrlrə/.

1.2.9 *An tuirne*

[Ba é an príomhrud le haghaidh na holla] an phríomhrud:[24] an olann agus ansin an bréidín. Bhí mo mháthair – bhí sí iontach ar an tuirne. Bhí sí in ann sníomh agus cardáil a dhéanamh. Ba é an *television* a bhí againn an ceol a bhíodh ag an tuirne nuair a bhíodh muid ag goil a chodladh san oíche; bhíodh muid imithe agus bhíodh an tuirne ag obair i gcónaí go mb'fhéidir go mbeadh sé amach ag an dó dhéag san oíche nuair a leagfaí suas é.

1.2.10 *Crann deilbh*

Nuair a bhíodh an snáithe réitithe ag mo mháthair theagadh m'athair ag iarraidh crann deilbhe. Ní raibh aon chrann deilbhe aige fhéin, chaithfeadh sé a ghoil ag duine eicínt den chomharsa le haghaidh iasacht crann deilbhe. Ach bhí sé iontach ag deilbh, chuireadh sé an snáithe suas ar an gcrann deilbh agus é ag siúl síos is suas go mbeadh an oiread sin mílte déanta aige. An té a bhí in ann an snáithe a chur ar an gcrann deilbh, bhí ceird ag baint leis; ní hé chuile dhuine a bhí in ann é a dhéanamh. Ach tá a fhios agam, ar chaoi ar bith, ní ag déanamh gaisce as atá mé, go raibh m'athair in ann é a dhéanamh agus bhíodh sé ag imeacht thimpeall an bhaile ag daoine ag déanamh an rud céanna agus ag cur an snáithe ar an gcrann deilbh.

Ansin nuair a bhí sé sin réitithe chaithfí an snáithe a chur síos i mála agus é a thabhairt go dtí an fíodóir. Bhí seisear againne sa gcomhluadar agus chaitheadh mo mháthair uiliug muid a chlúdú, an snáithe sin a dhéanamh agus nuair a bheadh an bréidín réitithe, chaitheadh muid a ghoil ag an táilliúr leis agus chuireadh sé, b'fhéidir, bríste agus seaicéad orainn, nó b'fhéidir cóta cabhlach nuair a bhí muid óg. Cuimhneach liom fhéin nuair a chuaigh mé ag an scoil ar dtús gur cóta cabhlach a bhí orm, nó cineál sciorta mar a deiridís anois agus bheifeá ag imeacht ar nós cailín beag ann. Bheadh snáithe dearg chun tosaigh ann ag cur beagáinín slaicht air, b'fhéidir *shamrock* déanta ar a thosach de shnáithe dearg agus cupla cnaip taobh thiar ann. B'in é an t-éadach a bhí orainn ag an am.

---

[24] /f'r'iːvrud/.

1.2.11 *Éadach*

[Bhí an cóta cabhlach ort go mbeifeá suas le deich mbliana. Bhí sé déanta mar a bheadh cóta cailín beag san am; bhí an leath síos dhó ina sciorta agus an t-uachtar dhó – bhí na cnaipí taobh thiar. Ansin bhíodh cineál bóna láidir curtha air, bhí an fleainín dúblaithe thimpeall do mhuineál. Ansin bhí muinchillí tugtha isteach agus bhíodh beilt dhubh thimpeall ar bharr an mhuinchille, éadach dubh nó gorm. Ach ní cheapfainn go mbeifeá fhéin in ann é a dhúnadh, sé an chaoi go gcaithfí é a dhúnadh dhuit. Ansin ag goil ag an *toilet*, ná rud ar bith, ní raibh stró ort . . . Léine a bhí taobh istigh dhó, léinín bheag a bhí déanta as mála plúir. Chaithfeadh an mháthair a bheith go maith ar shnáthaid, agus chaithfeadh sí a bheith ag cniotáil. Bhí sé mórán ins chuile mháthair – ag déanamh stocaí agus ag déanamh geansaíochaí, mar bhí an snáithe go fairsing agus bhí neart olla ann . . . Cheapfainn go mbeifeá deich mbliana go bhfágfaí é seo ort, agus b'fhéidir tar éis deich mbliana go bhfaighfeá treabhsar, agus ansin bríste a gheofá, bríste agus cnaipe ag an nglúin ann. Ní raibh aon bhróga ag goil ag an scoil orainn, bhí muid stoptha ón scoil nuair a bhí bróga orainn. Bhí tú in ann siúl ar leac oighire agus siúl ar rud ar bith le do chosa mar bhí craiceann chomh láidir orthu – siúl ar aiteann . . .

Ansin nuair a fuair mé bróga bhí stocaí fada cniotáilte ag goil suas go dtí an bríste, bróga arda láidire agus neart tairní iontu . . . An dream a bhí bocht ní raibh aon bhróga orthu agus ansin lucht an airgid bhí bróga orthu; bhí an dá dhream ann. D'aithneofá lucht an airgid ag breathú ar na gasúir,] ach ní raibh mórán lucht airgid ann mara mbeadh an oiread seo lucht siopaí, nó dochtúirí, nó clann múinteoirí scoile, nó dhá dteagadh duine muintireach leat abhaile as Meiriocá a mbeadh go leor airgid aige . . .

Bhí bean ar an mbaile, bhí sí ag déanamh éadaí le haghaidh cailíní. Bhíodh a máthair fhéin in ann éadaí cailíní a dhéanamh. [Beidh an cailín go mbeidh sí deich mbliana nó dhá bhliain déag – cheapfainn gur rinne a mháthair a chuid éadaigh. Uaidh sin amach is dóigh go bhfuaireadar duine taobh amuigh le haghaidh éadach a dhéanamh.

Bhí an táilliúr ansin ann le haghaidh an duine fásta. Nuair a thiocfadh an fleainín ón bhfíodóir bhí an oiread seo leagtha amach le haghaidh éadach. B'fhéidir go mbeadh cuide dhó le haghaidh pluideannaí, bheadh fleainín bán agus fleainín glas] – bhíodh an fleainín bán le haghaidh pluideannaí agus fleainín glas le haghaidh éadaigh.

[Sin rud nach bhfaca mé mórán ar chor ar bith i gConamara, cóta mór. Ní raibh cóta mór ar aon duine ann, mara mbeadh dochtúr nó sagart ann, níor chaith mórán fear as Conamara cóta mór le mo linnsa, . . .ní cheapfainn go raibh sé á iarraidh.] Ní raibh an aimsir fuar i gConamara, ní raibh sí chomh fuar le Condae na Mí ar chor ar bith. An sioc a bhíodh ann fhéin nó an sneachta a bhíodh ann, ní sheasfadh sé ach lá amháin, bheadh sé imithe aríst [mar gheall ar ghaoithe, mar a déarfá, an sáile, aer an tsáile a bhí ag leámh an tsneachta . . .

Treabhsar fleainín agus bhí go leor de na seandaoine ag caitheamh drár fleainín faoin treabhsar fleainín agus caithfidh tú a rá ina dhiaidh sin go raibh sé beagán fuar i gConamara . . . Ansin chonaic mé m'athair agus báinín ina bhásta aige agus, b'fhéidir, veist os a chionn sin, ach b'fhéidir nach mbeadh seaicéad ar bith air, bhíodh léine taobh istigh den bháinín . . . An t-éadach a bhíodh Dé Domhnaigh orthu, treabhsar glas agus geansaí dubh agus seaicéad dubh, an seaicéad a cheannóidís, sin dream óg; ansin seaicéad glas a bhíodh ar na seandaoine agus veist agus treabhsar glas.] Ó, bhí táilliúirí maithe siar.

1.2.12 *Obair thalúna eile*

Tá sé chomh maith dhúinn a ghoil siar aríst ó tharla go bhfuil an cóta glas críochnaithe againn, caithfidh mé a ghoil siar anois go dtí fear na láí aríst. Níl leath na hoibre déanta fós aige, nuair atá na fataí curtha aige tá go leor rudaí eile le déanamh leis an láí. Tá spréamh le déanamh agus coirce le cur agus an talamh le rómhar, sin nuair atá sé spréite, agus eorna le cur. Má tá aon duine ann nach dtuigeann[25] an focal spréamh: an talamh a fháil réitithe nó rómhraithe le haghaidh coirce nó eorna a chur ann – coirce agus eorna is mó a chuiridís an t-am sin, b'fhéidir go gcuirfeadh corrdhuine beagán seagail. Is cuimhneach liom go mbíodh seagal curtha ag m'athair anois is aríst, b'fhéidir go mbíodh sé aige le haghaidh gnothaí áithrid. Deir siad go mbeadh an seagal go

---

[25] /dˈigˈən/, túschonsan caol ar fhréamh an bhriathair seo.

maith le haghaidh braoinín beag a dhéanamh anois is aríst. Ach an oiread le rud, chonaic mé é sin é fhéin á dhéanamh anois agus aríst, fágfaidh muid é sin go dtí uair eicínt eile.

Nuair a bhíodh ansin an eorna curtha agus an coirce curtha agus é rómhraithe amach agus í mínithe le píce na cheithre ladhar – ní raibh aon *spring harrow* ann mar a bhí againn i gCondae na Mí. Chaithfí ansin an gairdín a dhéanamh, bhíodh go leor síol gabáiste curtha aige, agus bhíodh go leor daoine ag teacht go dtí é ag ceannacht plandaí uaidh amach sa bhfómhar, an ghabáiste mhór a thugaidís uirthi, *flat Dutch*, agus d'fhaigheadh sé ceannacht go leor ar a ghabáiste nó ar phlandaí.

1.2.13 *An portach agus an mhóin*

Nuair a bheidís réitithe ansin leis an obair sin ar fad agus na síolta beaga seo curtha, bhí an portach ansin amach rompu. Chaithfí a ghoil amach ar an bportach ag baint mhóna, chaithfeadh fear an tsleáin an mhóin a bhaint, chaithfeadh duine eicínt eile a ghoil agus í a scaradh agus ní raibh aon deis scartha ann ach píce cheithre ladhair aríst. B'fhéidir go mbeifí in ann dhá fhód a chur ar an bpíce agus a thabhairt amach agus a scaradh an oiread sin achair ó bhaile. B'fhéidir corrdhuine a mbeadh sé den t-ádh air[26] go mbíodh barra aige. Tá a fhios agam nach raibh aon bharra againn fhéin ar chaoi ar bith.

Bhí an t-uafás ag faire ar an móin i dtaobh airgid dhe agus i dtaobh tine dhe. Chaithfí an oiread sin móin a bhaint le cois, le cur ar caladh. Chaithfí í sin a thriomú agus a tharraingt le cléibh ar a ndroim agus í a chur amach ar an mbóthar agus chaithfeadh m'athair ansin asal agus carr a fháil, ní raibh aon charr aige fhéin, carr ar iasacht le haghaidh an mhóin sin a tharraingt síos ó bhóthar Ghleann Trasna síos go dtí Céibh Ghlaise na nUan le haghaidh í a chur i mbád. Nuair a bheadh an lucht sin curtha chun bealaigh agus díolta, b'fhéidir go bhfaighfí dhá phunt air nó dhá phunt deich, níl mé cinnte anois faoi láthair. Tá a fhios agam nach mórán a d'fhaightí air. Deir siad go mbíodh céad cliabh móna a theagadh i lucht báid mhóir, ach níl mé cinnte i dtaobh an uimhir cléibh,

---

[26] /gən taːh erʹ/.

uimhir mhór eicínt ar chaoi ar bith agus tá a fhios ag chuile dhuine céard é lucht báid mhóir de mhóin. Agus í sin a thabhairt soir go Condae an Chláir nó isteach go hÁrainn, nó áit eicínt mar sin le í a dhíol. B'fhéidir go mbeadh punt nó cúig déag ag fear an bháid agus b'fhéidir dhá phunt ag an té a bhainfeadh an mhóin. Ach ní raibh tada ann ach obair chrua.

Ó tharla go bhfuil mé ag caint ar mhóin agus ag caint ar bhádóirí – bhí sé ráite le bádóirí fadó nuair a bhídís ag tabhairt mhóna ó na daoine bochta i gConamara, dá mbeadh an bádóir mór leat ghróigfeadh sé an mhóin thíos i gcabhail an bháid sa gcaoi nach dtóigfeadh sí an oiread sin go mbreathnódh an t-ualach mór agus san am chéanna go mbeadh go leor móna sábháilte agat. Agus ansin an bádóir, mara mbeadh mórán meas aige ort, stuálfadh sé istigh inti – sa mbád – go dtóigfeadh sí, b'fhéidir, ualach go leith seachas mar a thabharfadh an fear eile leis. Tá sé sin ar nós an scéal, an fear a bhí i gCondae na Mí le linn an chogadh, bhí sé ag tabhairt móna go dtí bean as an Uaimh agus carr capaill a bhí aige agus chuir sé barra móna istigh i lár an ualaigh. Nuair a tháinig sé go dtí an bhean seo, bhí sí amuigh ag an ngeata roimhe agus chroch sé an carr den chapall agus scaoil sé anuas an mhóin agus an chéad rud eile, chonaic an bhean an barra ag tíocht amach as an móin agus scantraigh sí: "cé le haghaidh an barra," a deir sí, "nó cén fáth an barra a bheith istigh sa móin agat." "Ó, a bhean chóir," a deir sé, "nach bhfuil a fhios agat go gcaithfidh mé an mhóin a chur isteach dhuit," a deir sé, "ní fhágfaidh mé anseo ar an mbóthar í," a deir sé. "Sin é an fáth," a deir sé, "a bhfuil an barra ann." Níl a fhios agam fhéin cé acu ab fhearr.

1.2.14 *An fómhar*

Sé an chéad rud eile anois a bhí le déanamh, nuair a bhí na fataí is chuile shórt, an lán bainte agus an mhóin bainte, bhí féar le baint. Bhíodh an oiread seo garrantaí beaga ceaptha amach ag m'athair le haghaidh féir tirim, bhíodh taltaí coisnithe aige le haghaidh féar a bhaint ann. D'fhaigheadh sé speal agus bhaineadh sé an féar. Bhí sé ráite leis gur an-spealadóir a bhí ann. Shula mbeadh an aimsir go dona chaitheadh sé suas ar chlaíochaí é agus ar leacrachaí agus ar leachtaí go dtriomaíodh sé é. Dhéanadh sé cocaí dhó agus tharraingeofaí isteach

ansin san iothlainn é nuair a thiocfadh an t-am, le rópaí. Bhíodh rópaí
déanta a mbíodh cineál *block* adhmaid air, chuirfeá an oiread seo féir
isteach ann. Bhí deis eile le haghaidh é a fháisceadh leis an *block* seo
a bhíodh déanta lena aghaidh a raibh cupla poll ann. Chaithfeá é a
iompar ar do dhroim agus é a tharraingt isteach san iothlainn. Nuair a
bheadh an oiread seo féir tarraingaithe bheadh duine eicínt ag déanamh
coca agus duine eile á chaitheamh suas aige agus sin é an chaoi a
dtriomaídís an féar. Chuirfí an oiread seo málaí air – málaí diúain le
haghaidh na bhfataí. Scaoilfí amach na málaí agus chuirfí ar bharr an
choca é agus an oiread seo rópaí air. Ar ndóigh, theastaigh na rópaí i
gConamara le haghaidh é a shábháilt ón stoirm, bhí stoirm uafásach ann
agus ní raibh aon fhoscadh ann ar an ngaoithe aniar níos gaire ná an
Statue of Liberty.

Nuair a bhídís réidh leis an bhféar ansin sé an chéad jab eile: baint
an arbhair agus cuimhneach liom go maith nuair a bhíodh m'athair ag
baint an arbhair, ag baint an eorna le corrán agus leagadh sé ina róití í
agus chaitheadh muide breith ar chuile lán glaice dhi sin agus an
luifearnach a bhíodh ann a bhaint as lena gcuid ladhrachaí. Nuair a
bhíodh muid réidh leis, é a leagan go deas aríst ina ró, b'fhéidir gob í
mo mháthair nó duine eicínt eile den chomhluadar a thiocfadh agus a
cheanglódh é, a dhéanadh dornán dhó. An luifearnach ansin a bhainfí
as, bhíodh go leor glúineach agus broimfhéar agus chuile chineál rudaí,
ní chuirfí amú é, chuirfí de leataobh é agus thriomófaí é sin é fhéin agus
coinneofaí é sin le haghaidh na mbeithígh nó, b'fhéidir, é a chaitheamh
thar an gclaí faoi láthair dá mbeadh cupla bó ocrach ag fairiú ort. Bhí
chuile shórt á chur i dtaisce.

Nuair a bhíodh an t-arbhar ansin bainte, an eorna, dhéanfaí dornáin
dhe agus dhéanfaí stocaí dhó. D'fhágfaí cupla lá é gan aon chaipín a
chur air. Ansin chuirfí a chaipín air agus b'fhéidir ansin go bhfágfaí
cupla seachtain amuigh ansin é go dtarraingeofaí aríst le rópa é ar a
ndroim isteach san iothlainn dhó agus dhéanfaí cruach san iothlainn
dhó aríst. B'fhéidir amach go mbeadh sé amach deireadh an fhómhair
aríst nó amach am eicínt sa ngeimhreadh go dtabharfaí isteach sa teach
é nó isteach sa scioból, an té a raibh scioból aige le haghaidh na ceirde,
agus go mbuailfí le súiste é. Sé an chaoi a mbuailtí an coirce, bhíodh

cloch leagtha ar chliabh agus a bheith sleaiseáil na ndornáin den chloch go mbainfí an grán as, cloch gharbh. De réir mar a bhreathnaím siar ar chuile shórt, ní raibh tada ann ach antró ó thús go deireadh na bliana. Chaithfí an eorna a bhualadh le súiste agus nuair a bheadh sí buailte, chaithfí fanacht le lá feiliúnach go mbeadh an ghaoithe ag goil trasna thríd an teach – d'osclófaí an dá dhoras agus bhíodh mias aige ag cáitheadh na heorna. Bhíodh an lóchán ag goil amach ceann de na doirse nuair a bhíodh an ghaoithe ag tíocht isteach an taobh eile agus amantaí ansin bhíodh an colg chomh láidir ar an eorna tar éis[27] í a bheith cáite, go mbíodh go leor colg i bhfastó i gcónaí dhi, chaitheadh sé é a chur síos i gcúiléar agus tosaí á gearradh sin le láí agus chaithfí í sin a cháitheadh aríst. Bhí sé éasca go leor an coirce a cháitheadh mar bhí an lóchán a bhí uirthi – bhí sé éadrom.[28] Ansin nuair a bheadh sé sin réitithe, b'fhéidir í a chur i mála, b'fhéidir go gcaithfí an máilín beag sa bpoll anois is aríst le haghaidh bloigimín (blogam den phoitín) a dhéanamh ann. Agus deirimse leatsa go mba saothraithe an deoch a bhíodh ann nuair a bhí sé réitithe.

Nuair a bhíodh na dornáin sin ar fad buailte agus cruach déanta aríst dhóibh, bhí gnotha eile dhíobh sin, b'fhéidir aríst go gcaithfí tuí a chur ar an teach. Theagaidís isteach an-*handy* go mórmhór an tuí choirce. Ní raibh aon mhaith leis an tuí eorna, tá mé a cheapadh, le cur ar an díon. Bhí sí ceart go leor le haghaidh leapachaí na mbeithígh, ach is é an tuí choirce a bhíodh ceaptha le haghaidh – le cur de dhíon ar an teach. Bhí sé ceaptha go mairfeadh sí i bhfad níos faide ná aon tuí eile.

Rud eile a raibh an dearg-gráin agam air: ag casadh súgáin agus cén chás é, dá mbeadh rud againn mar a bhí againn i gCondae na Mí ag casadh súgáin, bheadh spóirt agat ag casadh súgáin. Ach séard a bhíodh againn: corrán, agus bhíodh ruainne féir casta thimpeall air sa gcaoi nach ngearrfadh sé do láimh nuair a bheifeá á chasadh timpeall. Agus chaithfeá ansin an súgán sin a chasadh sa gcaoi go mbeadh sé chomh fada sa deireadh go mbeadh a lár ag scríobadh na talúna agus ansin ach a mbeadh sé sin críochnaithe ag m'athair dhéanfadh sé rud

---

[27] /lʲeːʃ/, féach 'tar éis' in A.2.
[28] /eːdərəm/.

dó a dtugaidís coithín air. Bheadh sé á chasadh sin anonn is anall ar a
chéile agus á chasadh timpeall an tsúgáin air go mbíodh lán a ghabháil
sa deireadh ann.

Tá an súgán anois déanta, an oiread seo acu, b'fhéidir cupla
doiséinne. Caithfidh sé anois tuí a tharraingt agus í a fháil faoi réir le
punannachaí a dhéanamh dhi agus í a thabhairt suas ar an teach ar an
dréimire, agus ansin caithfidh sé í sin a chur ar an teach agus na súgáin
a chur os a cionn agus caithfidh sé ansin scibhears,[29] maidí beaga a
dtugaidís scibhears orthu, le sá isteach thríd an tuí agus cupla cor den
tsúgán a chasadh orthu go dtí an chéad scibhear eile le haghaidh an tuí
a choinneáil agus í a choinneáil nach bhfuadódh an stoirm í. Le
haghaidh na scibhears seo a dhéanamh, chaithfeadh sé maidí giúsaí a
fháil. Dhá dtiocfá amach maidin bhreá sa samhradh (drúcht) nó,
b'fhéidir san earrach nuair a bhíodh sioc ann – deir siad nach mbeadh
aon tsioc os cionn an áit a mbeadh an maide giúsaí le fáil. Bhí bior
ansin aige go raibh sé in ann an bior a chur síos go bhfeicfeadh sé cén
doimhne a bhí ar an maide giúsaí; agus ansin nuair a bhí sé faighte
amach aige cén doimhne a bhí air agus cén fad a bhí ann thiocfadh sé,
b'fhéidir, cupla lá ina dhiaidh agus chartfadh sé aníos é agus thóigfí
aníos an maide sin. B'fhéidir go mbeadh sé sin scór troithe nó deich
dtroithe fichead ar fad go minic, nó pé bith sórt crann a bhí ann.
Thóigfí aníos é sin agus ghearrfadh sé ina phíosaí ansin é le sábh,
b'fhéidir go mbeadh sé ocht déag nó naoi déag orlaí le haghaidh na
scibhears a dhéanamh agus scoiltfeadh sé suas na maidí sin le tua.
Bhíodh sé á ngearradh le scian ag cur barr géar orthu agus sin é an
chaoi a bhfaigheadh sé a chuid scibhears.

1.2.15 *Beatha*

I dtaobh na beatha a bhí ann – ar maidin nuair a d'éireofá bhíodh mo
mháthair ina suí, an chéad duine ar maidin, bhíodh an cáca bruite aici ó
san oíche roimhe, b'fhéidir tae, amantaí, b'fhéidir go mbeadh siúcra air
agus amantaí nach mbeadh, agus gheobhadh muid píosa aráin, ar chuma
ar bith, agus ruainne beag ime air. B'in é an bricfeasta: arán, arán bán.

---

[29] /ʃkʹivʹərs/, bunaithe ar *skewer* an Bhéarla.

Bhí arán breá an t-am sin ann. Ní raibh aon chaint ar aon *phan*, b'fhéidir corruair i bhfad ó chéile agus b'fhéidir go mbeadh – agus b'fhéidir go bhfaighfeá ubh, b'fhéidir go n-éireodh leat ubh a bheith agat ar maidin, go gcuirfí síos cúig nó sé d'uibheachaí sa *saucepan* ar an tine.

Ansin amach le haghaidh an dinnéir, b'fhéidir go gcuirfí síos pota mór fataí (ar an gcroch os cionn na tine), líonfaí go béal é. Nuair a bhíodh fataí i ngar a bheith bruite, b'fhéidir go gcuirfí ballach tirim nó mangach tirim, nó breac eicínt den tsórt sin síos i mbarr an phota agus bheadh sé fhéin (an t-iasc) agus na fataí bruite in éindí.

Ansin nuair a bheadh na fataí á dtóigeáil, thóigfí an breac aníos agus chuirfí ar phláta é agus dhóirtfí na fataí ar chiseog. Tá a fhios agam gur ag an gciseog is minicí a bhínn fhéin ag ithe mar bhí mé fhéin ar an gcuid ba hóige den chlann.[30] M'athair agus an dream ba shine, bhídís ag an mbord. Bhíodh muide ina suí, an chuid ba lú, thimpeall na ciseoige agus b'fhéidir go mbíodh cuide den bhreac sin leagtha ar phláta i lár na ciseoige. B'fhéidir go n-éireodh leat scian a bheith agat anois is aríst – agus ag glanadh na bhfataí – agus b'fhéidir go bhfaighfeá braon bainne – ag baint píosa as an mbreac agus ag sloigeadh chorrfhata anois is aríst agus ag ól blogam den bhainne, agus b'in é an dinnéar amantaí go leor agus ansin, b'fhéidir, amantaí eile mharaíodh m'athair caora anois is aríst.

1.2.16 *Pota agus ciseog*

Tóigfidh sé beirt an pota seo a chrochadh ar an tine mar is pota mór – déarfainn gur deich ngalún a bhí sna potaí sin. Déarfainn go bhfuil sé le fáil thuas Tigh John fós. Tóigfidh sé beirt a chrochadh, é a chrochadh ar an gcroch, agus tóigfidh sé beirt é a thóigeáil den chroch. Nuair a tóigfí den chroch – nuair atá sé tóigthe den chroch agus leagtha i lár an urláir tóigfear an t-iasc as barr an phota. Tá cíléar, agus ciseog ar an gcíléar, leagtha freisin i lár an urláir leis na fataí a thabhairt amach ar an gciseog. Agus rud a raibh mé ag déanamh iontas dhó, is iomaí uair a bhí mé ag smaoiniú siar, an pota seo tar éis a bheith ag fiuchadh ar an tine, anois tá sé tóigthe agus é leagtha i lár an urláir, agus

---

[30] Déanann Máire Phatch Mhóir Uí Churraoin tagairt ina seanchas sise don ghnás seo chomh maith (Uí Churraoin 1995: 12).

béarfaidh m'athair air, cuirfidh sé a dhá láimh faoin bpota, agus dóirtfidh sé na fataí isteach sa gciseog, ach go gcaithfidh sé a bheith déanta aige in achar an-ghearr, cheapfainn, mara mbeadh go mbeadh a lámha dóite. Chonaic mé á dhéanamh é nuair a bhí mé óg agus bhíodh iontas agam ann go raibh sé in ann an méid sin teas a sheasamh, ach is dóigh go raibh craiceann láidir ar a lámha de bharr an antró, gob in é an fáth a raibh sé in ann breith ar an bpota ar an gcaoi sin.

1.2.17 *Pota min choirce*

Ansin tráthnóna, chuirfí síos pota min choirce, an mhin choirce a dtugaidís *pinhead* uirthi, an mhin choirce gharbh. Bhíodh mála dhi sin tugtha isteach as Tigh Dick agus bhí sí mórán ins chuile theach thart ag an am. Pota breá dhi sin a chur síos le haghaidh an tsuipéar tráthnóna. Sé an chaoi a n-ití é sin – b'fhéidir go mbíodh *mug* agat agus braon bainne agus spúnóg agus bheifeá ag líonadh do mhuigín amach as an bpota. B'fhéidir, na *bigshots* a bhíodh ag an mbord go mbíodh pláta acu, ach muide thimpeall an phota a bheadh muid agus tabhair leat spúnóg, an *stirabout* a thabhairt aníos as an bpota agus é a chur síos i muigín agus é a chur in do bhéal go mbeadh do dhóthain ite agat. Dhá n-éireodh leat scríobadh an phota a bheith agat, bhí sé an-mhilis ar fad, na screamhógachaí a bhí i bhfastó dhá thóin bhí siad iontach.

Amantaí eile den aimsir, b'fhéidir go marófaí muic, go n-éireodh leat muic a mharú uair nó dhó sa mbliain, nó uair ar chuma ar bith . . . B'fhéidir in áit, mar a déarfá, an bhreac, b'fhéidir go mbíodh píosa bagúin agat mar bhí an t-airgead an-ghann le ghoil ag an siopa ag ceannacht bagúin. [Ní raibh feoil ar bith á ceannacht.] B'fhéidir go mbíodh sicíní – bhíodh mo mháthair – bhíodh go leor lachain agus géabha agus cearca. Ní fhaca muid – ní ag déanamh gaisce atá mé – ní fhaca mé mórán ocrais ar an mbealach sin.

[Rud eile a tharlódh, dhá dteagadh duine ar cuairt agat agus gan tada a bheith lena aghaidh, thiocfadh mo mháthair amach agus bhéarfadh sí ar chearc, an chearc ba ghaire dhi agus bhéarfadh sí uirthi, bíodh sí ag breith nó hé bith cén chaoi – {mharófaí í} mharófaí[31] í mar bheadh

---

31 Is spéisiúil go séimhíonn MÓC túschonsan fhoirm an tsaorbhriathair sa gcás seo ar aithris ar réaladh a dhearthár.

an-ómós don té a dhéanfaí é sin dhó. B'fhéidir go mbeadh an duine seo ag siúl anois anoir as Béal an Daingin nó an Cheathrú Rua, bheadh an oiread sin mílte siúlta aige agus bheadh ocras air nó uirthi, agus tiocfaí amach agus marófaí cearc, mharódh sí cearc. Phiocfadh sí an chearc, bheadh an chearc pioctha in imeacht an oiread seo nóiméadachaí, glanta amach agus curtha síos sa bpota, is beag nach mbeadh an chearc ag corraí agus í ag goil síos sa bpota agus cuirfí cupla oiniún síos léi agus hé bith cén meascán eile a chuirfí síos in éindí leis an – ar an antraith.]

[Sin rud eile, nuair a mharófaí muic, nuair a mharófaí caora, glanfaí na putógaí amach. Bhídís sin glanta agus sciúrtha agus iad scríobtha le scian agus chuile shórt eile agus chuile mheascán a cuirfí air nuair a bheidís glanta líonfaí suas iad – b'fhéidir go mbeadh an mhin choirce nó b'fhéidir go mbeadh plúr nó oiniúin, b'fhéidir go mbeadh tuilleadh glasraí curtha thríothu. Líonfaí na putógaí sin leis an stuf agus, ar ndóigh bheadh an-*feed* nuair a bheidís sin réitithe; bhídís blasta, an-bhlasta. Ní raibh tada ag goil amú ar an mbealach sin.] Bhí ainmeachaí áithrid ar na putógaí sin uiliug: bhí an mhéadail mhór ann, an phutóg is mó sa gcaora; ansin bhí putóg an tsagairt ann, bhí sé ceaptha don tsagart; bhí ceann eile: an inín chrosach; agus bhí ceann eicínt eile ann a dtugaidís an gile dilleach. [Bhí chuile phutóg glanta] – a bhí ceaptha le glanadh. Bhíodh na haebha[32] ansin agus an croí agus rudaí mar sin coinnithe freisin . . . Chaithfí amach cloigeann agus cosa na gcaorach; cosa na muice a choinneofaí.

[Chuile lá féile, oíche fhéil' Mártan, oíche fhéil' tSain Seáin, nó cé na hoíche-fhéilte[33] eile a theaganns ar feadh na bliana] oíche Shamhna – [oíche Shamhna] oíche fhéil' Michíl [oíche fhéil' Michíl. Nuair a bheadh rud eicínt geallta d'oíche fhéile Mártan le marú chaithfeá an beithíoch sin a mharú, ar nós cearc nó coileach, nó hé bith a bhí geallta do Mhárta.[34] Cuir i gcás dhá mbeadh uan a bheadh go dona, déarfá dhá mairfeadh sé, maróidh mé faoi fhéil' Mártan é. Chaithfeá ansin é a mharú, mara marófá é – go dtarlódh rud eicínt dhó, go n-imeodh sé ar aon nós uait agus ó gheall tú do Mhárta é go gcaithfeá é a dhéanamh.

---

32 /nə hiːwə/, féach LASID Iml. 1, mapa 139.

33 /hiːlʹtʹə/.

34 Á thuiscint mar ghinideach.

Rud eile a chonaic – rud faoi fhéil' Mártan nó oíche fhéil' Mártan, nuair a mharófaí caora, nó coileach, dhéanfaí an chroich chéasta ar bhaithis chuile dhuine den chomhluadar le fuil. Níl a fhios agam cén chiall a bhí leis sin, ní bhfuair mé amach ariamh é, ach bhí sé ag tarlú; is dóigh go raibh sé in go leor tithe eile san am. . . . B'fhéidir go raibh pisreogaí[35] ann nó gnás eicínt ag baint leis.]

1.2.18 *An Crompán Mór agus an mhóin*

. . . An Crompán Mór, sin an áit a mbínn ag tarraingt mhóna nuair a bhí mé i mo ghasúr, bhínn ag tarraingt mhóna le asal agus cléibh in éindí le go leor eile anuas ar an gCrompán seo; bhíodh m'athair ag baint mhóna áit a dtugaidís an Droim Mhór air. Clochmhóin a bhíodh ann, bhí togha na móna ann, ach ní fhéadfá mórán a chur sna cléibh mar ní bheadh an t-asal in ann é a iompar. Bhíodh chaon taobh den bhóthar san am sin líonta le cruacha móna. Ní raibh ann ach cosán idir na cruacha le ghoil síos go dtí an caladh, síos go dtí an chéibh.

Is iomaí uair a chonaic mé cheithre bhád mór le taobh a chéile, ceanglaithe den chéibh sin, bhíodar ceann i ndiaidh ceann mar ní raibh ann ach céibh bheag. B'fhéidir, uaireantaí nuair a bheidís ag luchtú na móna go gcaithfidís a ghoil trasna ar chupla bád, b'fhéidir gurb í an bád a bheifeá á luchtú an darna bad nó an tríú bád; bhí cuid acu nach dtabharfadh cead don bhád a ghoil isteach le balla, b'fhéidir nach mbeadh an dream eile réitithe le luchtú agus b'fhéidir go mbeifeása ar an darna nó an tríú bád agus chaithfeá a ghoil trasna ar na báid eile. Scaití bhíodh clárachaí leagtha trasna acu ó bhád go bád. Is iomaí uair a chonaic mé báid á luchtú ar an gcaoi sin, ar chaoi an-antróiteach. Ach anois tá mé i mo sheasamh ar an gCrompán aríst, níl bád le feiceáil; tá an Crompán agus an cnocán a mbíodh an mhóin air – níl tada ann ach neantógaí agus driseachaí agus feothanáin[36] agus é fásta suas. Bhíodh an oiread seo báid iomramh thart ann. Níl aon bhád iomramh inniu ann nó an uair sin a bhí mé ann beagán blianta ó shin. Tá na báid iomramh imithe; tá na báid mhóra imithe agus ní raibh ann ach crompán uaigneach folamh. Sin é a raibh ann.

---

35 /purʃoːgiː/.

36 /foːhɑnɑːn/, feochadán sa gC.O., féach A.2.

1.2.19 *Bádóireacht le taobh Bhéal an Daingin*

Bhíodh dhá uncail liom ann (Béal an Daingin) san am agus dhá aint, fuair duine acu bás cupla bliain ina dhiaidh. Bhínn soir ann ó bhí mé deich mbliana. Bhínn ag caitheamh deireadh seachtaineachaí ann agus uair ar bith a mbíodh traíáil agam bhínn amuigh ann in éindí leo. Bhainfinn an-taitneamh a bheith in éindí le m'uncail (Colm) agus an t-uncail a tháinig as Meiriocá, Máirtín. Bhíodh an-tóir ar iasc ag an mbeirt acu. Is iomaí uair a bhínn amach sa mbád in éindí leo. Sé an chaoi a mbídís ag iascach, bhí cineál cása déanta acu, a dtugadh sé (Colm) glionda air, cheithre mhaide agus bhíodh sé ina chineál cearnóg agus bhíodh an dorú casta thimpeall air sin aige agus bhíodh cupla duán aige ar an dorú agus bhíodh beagán beag luaidhe agus bhíodh píosa de chorc. Bhí mé ag tabhairt faoi deara an chaoi a raibh sé, an rud a bhí sé a dhéanamh san am. Ach faoi cheann píosa rinne sé ceann beag dhom fhéin, rinne sé ceann den obair adhmaid seo agus bhí dorú dhom fhéin ansin agam agus bhí duán agus bhínn ag iascach in éindí leis; bhíodh sé caite amach agam, ní mórán iasc a mharaigh mise, ach bhí seisean á marú. Bhí sé ag marú mangachaí, ballachaí agus níl a fhios agam cén cineál eile a bhíodh sé a mharú . . .

Nuair a bhí sé ag fáil réitithe le ghoil amach, thiocfadh sé síos ag an trá agus buicéad agus láí aige, bheadh a fhios aige an áit a mbíodh na logachaí seo sa trá. B'in é an baoite a bheadh aige. Bheadh sé ag cartadh an ghaineamh leis an láí agus bhíodh sé á bpiocadh agus á gcur isteach sa mbuicéad.

1.2.20 *Bád go Gaillimh*

Bhí mé ag caint ar ghoil go Gaillimh i mbáid. Sé an t-aon bhealach amháin a bhí ann san am é, mara bhfaighfeá – bhí carrannaí caiple ar an mbóthar, bhí jainteannaí agus traipeannaí b'fhéidir, a thabharfadh píosa den bhealach thú. Dhá mbeifeá ag goil go Gaillimh – go dtabharfadh bádóir go Gaillimh thú agus thabharfadh sé ann thú le cúnamh a thabhairt dhó leis an móin a chaitheamh amach in éindí leis. Bhíodh beirt ins chuile bhád, dhá bhádóir ins chuile bhád, sin é a bhíodh san am. Duine eile a thabharfaidís leo, dhá mbeadh aon ghnotha go Gaillimh agat, go dtabharfá cúnamh dhóibh leis an móin a chaitheamh amach. Ansin nuair a bheidís ag goil ar ais – siopa Neachtain nó siopaí móra eicínt i Sráid na Siopaí i nGaillimh, chaithfidís glaoch sna siopaí seo mar bhí an oiread seo lastas le haghaidh siopaí íoctha ann le tabhairt abhaile. Is dóigh gob é lucht an tsiopa a thabharfadh é síos ar an gcéibh, más grósaera nó hé bith céard a bheadh ann, ag an mbád agus an fear seo a bheadh in éindí leo go dtabharfadh sé cúnamh dhóibh é seo a chur isteach sa mbád. Sin é an chaoi a n-íocfá do bhealach, dhá mbeifeá ag goil sna báid . . . Bhí an margadh maith go leor, bhí tú ag fáil – bhí tú ag goil go Gaillimh agus abhaile, agus sin é an chaoi a n-íocfá é, cúnamh a thabhairt do na bádóirí.

1.2.21 *Deiseannaí ag daoine óga i gConamara san am*

Ní raibh mórán deis ag duine óg i gConamara an oiread le mo linnsa nuair a bhí mise ag fás suas ann mar ní raibh aon obair ann. Ní raibh sé an-éasca maireachtáil ar an talamh mar – tá a fhios ag chuile dhuine nach bhfuil mórán talamh i gConamara ach clocha; bhí sé an-antróiteach maireachtáil san am a raibh mise ag fás suas. Chloisinn caint ar go leor acu ag goil soir go Baile Átha an Rí . . . sa bhfómhar nuair a chuirfidís na fataí luatha nó b'fhéidir go mbeadh – teach a mbeadh comhluadar mór ann – go mbeadh duine nó beirt in ann bualadh soir go Baile Átha an Rí leis an earrach a dhéanamh, le beagán airgid a thabhairt isteach. Ní an oiread sin cainte a bhí ar Shasana san am, ach bhí caint ar Mheiriocá – dhá mbeadh duine muintireach leat i Meiriocá go gcuirfeadh siad do phaisinéaracht agat le ghoil go Meiriocá, le cúnamh a thabhairt do do mhuintir sa mbaile. Bhí sé sin amhlaidh. Ach i dtaobh oibre sa Máimín ná thimpeall na háite, ní raibh sé ann. Bhí sé an-chrua san am sin, mara mbeadh – an chéad rud eile, bhí an tArm agat. Bhí go leor acu ag goil isteach san Arm, ag goil isteach ar an Rinn Mhór i nGaillimh. Sin é a raibh ann san am. Bhí an aimsir an-chrua.

1.2.22 *Cónaí ar an sliabh*

San am sin dhá mbeadh leaid óg ag pósadh . . ., ní fhéadfadh sé an bhean óg, nuair a phósfadh sé, a thabhairt isteach mar bhí an teach lán cheana. Agus bhíodar ag déanamh tithe ar na sléibhte – sin é an chaoi ar thosaigh na tithe á dhéanamh amach ar na sléibhte – agus bhí tú in ann teach a dhéanamh an uair sin, ní chuirfeadh aon duine i t'aghaidh marach go gcuirfeadh an chomharsan,[37] agus corruair a chuirfeadh an chomharsan i t'aghaidh le teach a thóigeáil. Nuair a bheifeá ag tóigeáil teach san am sin – ní bheadh a leithéide seo ag iarraidh ach dhá sheomra, cisteanach agus seomra – dhéanfá é sin, b'fhéidir, seachtain nó coicís mar thabharfadh na comharsanaí cúnamh dhuit. Ar ndóigh, bhí neart de na clocha ar aon nós ann. Ansin dóib a gheobhaidís sa trá agus aol a chuirfidís idir na clocha, agus dhéanfaidís urlár dhó seo freisin. Ní raibh caint ar bith ar *cement* a cheannacht ná rud ar bith mar sin, ní raibh mórán costas ar bith ag baint leis – le teach a thóigeáil san am. Ansin ceann a chuirfí air, bhíodh go leor maidí acu agus bhí go leor maidí giúsaí acu, agus chuirfidís an oiread sin de rataí air, agus ansin scraith, agus tuí a chur os a chionn sin. Sin é an chaoi a ndéanfaidís an teach agus, ar ndóigh, sin é an chaoi ar déanadh an teach le céadta bliain, siar faoi Chonamara agus na háiteachaí seo . . .

Thóigfeadh sé ansin garrantaí – ní bheadh sé i bhfad ag tóigeáil claí thimpeall ar chupla acra talúna le haghaidh é a choisint ó chaoirigh agus ó bheithígh a bheadh ar na sléibhte, agus sin é an chaoi a dtosódh an fear óg. Thosódh sé an-antróiteach mar bhí an t-airgead gann. B'fhéidir go gcaithfeadh sé a bheith ina spailpín soir faoi Bhaile Átha an Rí nó áit ar bith a bhfaigheadh sé obair.

Tithe créafóige i gCondae na Mí [38]

Bhí tithe ceann tuí i gCondae na Mí agus sé an chaoi a raibh an teach déanta as créafóg – teach créafóige. Sé an chaoi a ndéanfaidís é, bhí mé ag breathú ar theach amháin á thóigeáil blianta fada ó shin. Créafóg bhuí atá sa gCondae seo agus ghearrfaidís tuí le scian fhéir agus chuirfidís thríd an gcréafóg an tuí agus mheascfaidís an tuí agus an chréafóg lena chéile go mbeadh sé an-bhog, bhídís ag cur uisce thríd. Ansin nuair a bheadh sé measctha acu chuirfidís an oiread seo, b'fhéidir nach gcuirfí ach an oiread seo orlaí ar an mballa chuile lá de réir mar a

---

37 [xuːrˠšən].
38 Féach Noda: nóta (f).

bheadh sé ag triomú. Chuirfí an oiread seo airde ar an mballa chuile lá leis an gcréafóg seo go mbeadh an balla chomh hard agus a bheidís á iarraidh mar dhá dtosódh sé ag báisteach – dhá bhfaigheadh an balla mórán báistí leáfadh sé anuas aríst, thitfidh sé ar a chéile nuair a fhliuchfaí an chréafóg rómhór. Nuair a bheadh an balla tóigthe cuirfí ceann tuí air, ar an teach. Nuair a bheadh ceann tuí air cuirfí sa gcaoi é go mbeadh buntsop mór ag tíocht amach sa gcaoi nach mbeadh an t-uisce, an bháisteach, ag bualadh mórán in aghaidh an bhalla. Nuair a bheadh an balla tirim chuirfidís aol air sa gcaoi nach mbeadh an bháisteach in ann a ghoil isteach thríd an mballa. An fhad is a bheadh aol air agus ceann maith air – tá siad le feiceáil i gCondae na Mí – tá siad déanta le céadta bliain agus ní raibh iontu ach tithe créafóige. Chonaic mé é sin. Ní raibh créafóg Chonamara ar an gcaoi sin. Ní fhéadfá é sin a dhéanamh le créafóg Chonamara, ach bhí tú in ann é a dhéanamh le créafóg Chondae na Mí, créafóg bhuí.

1.2.23 *Maidí*

Ba é an gnás san am é, bhíodh chuile leaid óg – bhíodh maidí acu. Ar ndóigh, b'fhéidir go raibh cupla údar le bheith ag iompar maide san am . . . Feicfidh tú i seanscannán, feicfidh tú iad agus maidí acu . . . Bhíodh an maide á chur ag obair le haghaidh troid, le haghaidh iad féin a choisint. Agus bhí caoi i dtaobh an mhaide, bhíodh an maide acu mar a bheadh claidheamh ag an té a bhí ábalta air. Mar iarraidh ar bith a tarraingeofaí ortsa nuair a bhí tú ábalta ar an maide, bhí tú in ann é a choisint – bhí tú in ann an iarraidh sin a choisint. Is dóigh go raibh go leor gnotha den mhaide.

1.2.24 *Tigh Dick: siopa i Leitir Móir*

I dtaobh Dick – fear iontach a bhí in Dick, fear iontach le haghaidh na mboicht a bhí ann, fear siopa, agus bhí cupla siopa aige i gConamara. Bhí sé ag tabhairt cúnamh dhóibh, ach rud amháin – nach mbeifeá in ann a ghoil isteach i siopa ar bith eile ar feadh na bliana. Chuile phingin a bheadh agat, chaithfeá – bhuel, bhí an ceart aige ar an mbealach sin. Ansin d'íocfadh sé leat é faoi Nollaig. Cuimhním ar na blianta deireanacha a raibh muid i gConamara, bhí sé ag tabhairt mála plúir in éindí le go leor eile faoi Nollaig. Thug sé léintreachaí do chuile dhuine den chlann; bhíodh sé ag tabhairt tae agus siúcra, agus mála plúir.

Nuair a tháinig muid go Condae na Mí, is dóigh go raibh suas le fiche punt ar an leabhar; bhíodh mo mháthair i gcónaí ag caint ar leabhar mhór Dick, bhí sé ag goil idir í agus codladh na hoíche, go gcaithfí Dick a íoc. Agus d'íoc sí Dick, ach b'éigean di – gur as Condae na Mí a d'íoc sí é. Ach má n-íocadh[39] Dick, ní chuir Dick aon litir ariamh ag iarraidh aon airgid. {Nár chuir sé bronntanas aniar an chéad bhliain againn?} Ní raibh mórán mar Dick siar. Bhí a fhios aige faoi Chonamara agus thuig sé iad, {thuig sé i dtaobh na ndaoine agus i dtaobh na háite, thuig sé an saol.}

1.2.25 *Lucht an airgid*

Sin iad lucht an airgid: an múinteoir agus an siopadóir agus na gardaí agus an dochtúr, agus cén dream eile a bhíodh siar ann san am? Ní cheapfainn go raibh mórán eile ann. Níl mé ag rá – fear a raibh bád mór aige an raibh mórán airgid aige . . . {An dream a bhí ag obair ar an talamh nach raibh mórán acu bhíodar ag fairiú ar chupla beithíoch a dhíol nó, b'fhéidir, muic anois is aríst. Ar ndóigh, ní raibh sé éasca iad sin iad féin – chaithfeá an oiread seo blianta ag fanacht leo, bheadh sé dó nó trí de bhlianta shula mbeifeá in ann é a dhíol.} Bhuel, bheifeá in ann muic a chuir amach – bhíodh muid á gcur amach anseo – {sé mhí b'fhéidir.} Bhíodh muid ag plé le muca ansin nuair a bhí mé i gCill Bhríde. Bhí tú in ann muca a chur amach trí mhí, ach chaith tú airgead a chaitheamh léi, ach ní chuirfeá amach i gConamara í {mar ní raibh na rudaí ann an uair sin a bhí ann le do linnsa i gCondae na Mí. Ní raibh aon *phigmeal* ná thada mar sin i gConamara. Ní raibh ann ach, b'fhéidir, eorna agus fataí.} B'fhéidir nach bhfaigheadh an mhuic scaití ach an méid a bheadh d'fhuílleach den dinnéar: bualadh na ciseoige. Bheadh sí scaoilte amach sna garrantaí, an bhfuil a fhios agat. Bheadh sí ag ithe féir agus tochailt léi. {B'fhéidir go mbeadh corrfháinne curtha inti ar fhaitíos go ndéanfadh sí an iomarca tochailt,} le beith á coinneáil siar. Ní raibh aon airgead ag an dream a bhí ag plé le talamh san am sin mar ní raibh aon talamh ann, cé gur mhair daoine air . . .

---

[39] /mɑː ɴ'iːkuː/, neamhchinnteacht sa nglór le linn a ráite.

Má bhí cupla punt ag tíocht isteach agatsa ins na tríochadaí thiar i gConamara, bhí tú ar mhuin na muice mar ní raibh aon airgead ag aon duine ann – ní raibh aon airgead ag aon duine a bhí ag plé leis an talamh . . .

Sé an pointe atá tusa ag iarraidh a fháil amach: idir an gnáthdhuine agus iad seo – cén difear a bhí idir an dá dhream. {Bhíodar sin – bhíodar ina múinteoirí agus ina ndochtúirí agus ina sagairt, bhuel, bhí an dream eile – bhíodar mar a bhí siad agus ní rabhadar ag cur aon tsuim iontu. Dá gcasfaí ar an mbóthar dhuit iad, b'fhéidir go labhrófá leo agus b'fhéidir nach labhrófá. B'fhéidir go labhróidís leat agus b'fhéidir nach labhródh. Ní chuirfeá aon tsuim ann . . .} Bhí tithe ceann slinne acu; ní raibh aon chall faitíos orthu oíche stoirme go bhfuadófaí an díon dhóibh. Agus Conamara, áit a mbeadh stoirm mhór, níl foscadh ar bith ann, níl aon chrainnte ann, áit an-rite é. Sin le rá nach bhfuil foscadh ná dídean ann. Bhíodar seo siúráilte nach dtarlódh sé dhóibh féin . . .

Bhíodar ar aon leibhéal amháin uiliug – an dream seo a bhí ag plé leis an talamh, ní raibh aon duine acu a raibh mórán aige. Bhíodh cuid acu ag goil soir go Baile Átha an Rí ag obair agus ag spailpínteacht is go Condae an Chláir, áit ar bith a bhfaighidís obair le déanamh. Nuair a thosaigh an Shannon (*Scheme*) ansin, chuaigh go leor acu ar an Shannon; chuaigh m'athair ar an Shannon píosa. Ach an oiread le Steven Stiofáinín (Seoige), dúirt sé ar *television* é agus dúirt sé an ceart. Nuair a chuaigh daoine as an áit thiar – chuadar go Sasana – b'éigean an cupla pingin a bhí sa teach a chur acu a thug abhaile aríst iad . . .

Dream ar bith a bhí ag breathú anuas ar an dream eile: Béarla a bhí acu; ní rabhadar sin ag goil ag labhairt Gaeilge. Ar ndóigh ansin, ní raibh an dream eile ag goil ag labhairt Béarla leo, ní raibh mórán scil acu sa mBéarla. Tá a fhios agam mo mháthair agus m'athair ní rabhadar – {bhíodar in ann a mbealach a dhéanamh, sin an méid.} – ach i dtaobh seanchas, ní raibh siad in ann é a dhéanamh. An dream a raibh céim ar bith i gConamara acu, Béarla a bhíodh acu . . . Rud eile, b'fhéidir go mbeidís ag labhairt Béarla sa gcaoi – b'fhéidir go bhfaighidís cic as an gcaoi a raibh fear Chonamara ag labhairt Béarla leo, {go gcloisfidís an drochBhéarla a bhí aige} á tharraingt amach. Bhí na Gardaí ar an gcaoi chéanna, Béarla a bhíodh ag na Gardaí . . . Béarlóireacht astu fhéin. Bhí

sé ag tarlú san am agus nach bhfuil sé beagán níos measa an lá atá inniú
ann.   Tá sé ag tarlú freisin le go leor go gcaithfidh siad Béarla a
mhúineadh dá gclann agus, b'fhéidir, go raibh go leor den cheart acu
nuair a chuadar fhéin go Sasana fadó agus sna háiteachaí – bhíodar ina
n-asail. {Dúirt fear liom an lá cheana nuair a tháinig ina chónaí sa
gCondae seo ní raibh focal Béarla aige, ach corrfhocal agus "mé i
m'asal," a deir sé, "agus chuile dhuine ag magadh fúm." Sé an fáth ar
chuir mé an cheist air: bhí sé pósta agus gasúir aige agus nach raibh sé
ag labhairt Gaeilge leis na gasúir. "Ó," a deir sé, "d'fhéadfá a rá nach
bhfuilim," a deir sé, "nó cen fáth a labhróinn," a deir sé, "tháinig mé
aniar anseo gan focal Béarla agam agus mé i m'asal," a deir sé, "agus
chuile dhuine ag magadh fúm."}

Agus nuair a chuaigh tusa isteach ag an *tech* go Troim thú fhéin agus
cupla duine as Ráth Chairn, ní raibh aon Bhéarla agaibh. Ach má bhí
fhéin thug na gasúir a bhí in éindí libh cúnamh dhaoibh. Ní ag magadh
fúthu a bhí siad. {M'anam nach ea! Bhí leaids mhaithe ann . . . Leaid
– thug sé sin an-chúnamh dhom. Bhíodh sé ag an mbinse in éindí liom
nuair a bhíodh muid ag siúinéaracht agus bhíodh sé ag inseacht dhom
céard a bhí an múinteoir a rá. D'fhoghlaim sé fhéin Gaeilge uaimse.
Bhí neart Gaeilge aige . . .}

B'fhéidir go raibh siad ag spáint go raibh siad níos fearr ná muide
nuair a bhíodar in ann Béarla a labhairt {ag breathnú síos ort a bheidís.
Ach sé an chaoi a raibh sé againne, ní chuir muid aon suim i bhfad
iontu.} Nuair atá tú ag fás suas ní fheicfidh tú tada mar sin.

1.2.26 *Dochtúireacht beithíoch*

An coilleadóir

Bhíodh fear, is dóigh go gcaithfeadh sé a bheith san am, fear mar sin,
bheadh scil i mbeithígh aige a bheith ins chuile bhaile mar ní raibh
mórán dochtúr beithígh thart le mo linnsa, ní raibh aon chaint air. Fear
den bhaile ansin bhíodh sé cáiliúil . . ., bhíodh an-scil i mbeithígh aige,
bhíodh sé ag coilleadh laontaí agus ag coilleadh bulláin ná ag coilleadh
muca, ag coilleadh caoirigh. Bhíodh sé ag tóigeáil maotháin. Sin rud
eicínt a theagadh ar shúile an bheithíoch. Níl a fhios agam fhéin beo

cén fáth na maotháin seo mar ní chuala mé caint ariamh i gCondae na Mí orthu . . .

Bheadh súil an bheithíoch – bheadh uisce ag tíocht aisti. Níl a fhios agam fhéin an mbeadh sé ag fáil dall sa tsúil, an mbeadh sé ag fáil caoch, agus chaithfí féithe eicínt a ghearradh sa tsúil le hé seo a leigheas, chaithfeadh sé fuil a ligean as féithe sa tsúil go leigheasfadh sé an beithíoch. Níl a fhios agam an raibh sé á leigheas nó nach raibh, ach bhíodh sé á dhéanamh seo agus – bhuel gheobhadh an beithíoch biseach. Caithfidh sé go raibh rud eicínt ann, go raibh cumhacht eicínt acu.

Slinneáin

Bhíodh obair eile ansin aige, dhá gcuirfeadh beithíoch – dhá ngortódh sé a ghualainn, dhá gcuirfeadh sé amach a ghualainn, mar a deir siad, go n-imeoidh an cnáimh as a áit sa ngualainn. Sé an deis a bhíodh aige le é sin a chur ar ais, bheadh dhá chláirín beag aige timpeall is trí horlaí go leith nó níos mó ar fad le orlach ar leithead, clárachaí tanaí. Agus ghearrfadh sé an craiceann ag an ngualainn san áit a gceapfadh sé an cnáimh a bheith amuigh agus chuirfeadh sé iad seo thríd an gcraiceann, isteach faoin gcraiceann agus amach aríst, agus chuirfeadh sé an ceann eile trasna ar an gcéad cheann a rinne sé sa gcaoi go mbeadh an péire ag goil thrí chraiceann an bheithíoch. Nuair a bheadh sé críochnaithe aige, shílfeá gur crois a bheadh déanta ar ghualainn an bheithíoch aige. Ansin chasfadh sé ruóig láidir idir an chrois seo a bhí déanta aige agus craiceann an bheithíoch. D'fháiscfeadh sé an-chrua é, agus nuair a bheadh sé sin déanta aige scaoilfeadh sé an beithíoch amach; bhainfeadh sé siúl as an mbeithíoch sa gcaoi go gcuirfeadh an beithíoch isteach an cnáimh ar ais. Bhí sé ráite go raibh sé in ann é a dhéanamh, bhuel gheobhadh an beithíoch biseach, is dóigh go raibh rud eicínt ag baint leis. Ach bhíodh scileannaí mar sin ag daoine, bhíodh duine acu sin mórán ins chuile bhaile ag breathú i ndiaidh rudaí mar sin.

1.2.27 *Tóigeáil cléithín*

Ní fhaca mé an fear seo á dhéanamh, ach bhí fear ar an mbaile ba ghaire dhúinn agus sé an jab a bhí aige fhéin: tóigeáil cléithín. Sin le rá go raibh na heasnachaí ag goil isteach sna scamhógaí agus bhíodh sé ag iarraidh iad a tharraingt amach, ag cur a chuid méarachaí fúthu. Chaithfeá a bheith i do chraiceann aige seo, agus é ag cur na méarachaí isteach faoi do chuid easnachaí á dtarraingt amach. Déarfadh sé go raibh na heasnachaí ag goil isteach in do chuid scamhógaí. Bhí sé sin ag ligean scil air fhéin. Ach bhí go leor in aghaidh an fhear seo; bhí na sagairt ina aghaidh go raibh sé ag briseadh dlí eicínt, ar chuma ar bith. Ní raibh sé ag taitneachtáil an-mhaith leis an gcléir, an obair a bhíodh air. Agus bhíodh an-fhonn air ag plé le mná óga, ag tóigeáil cléithín acu, agus bhí go leor ag tíocht go dtí é san am a bhí ag fáil bháis le eitinn agus bhí seisean ag rá gur cléithín a bhí acu. Bhí an eitinn ar na scamhógaí freisin agus bhí seisean ag rá gob iad na heasnachaí a bhí á dhéanamh – ag iarraidh a bheith á leigheas agus ag baint airgid amach san am céanna. Déarfainn gur mharaigh sé níos mó ná a leigheas sé. Ach bhí an chléir ina aghaidh faoin obair a bhí aige, déarfainn gur gearradh amach ón eaglais san am é go raibh sé ag goil rófhada lena chuid oibre.

1.2.28 *An leitís mharfach*[40]

Níl a fhios agam fhéin an bhfuil tada eile le rá faoin donacht. Bhíodh *stroke* ann agus sé an t-ainm a bhíodh acu air: an leitís mharfach, hé bith cén chiall a bhí acu leis an leitís mharfach? {Is dóigh go dteagann sé ón focal[41] leataobh mharfach.} Bhíodar ag rá gur rud eicínt a tháinig san aer a bhuail é; bhíodar ag ceapadh gur san aer a bhí sé. Bhuailfeadh sé seo thú agus nuair a bhuailfeadh sé thú, d'imeodh an mothú as do thaobh. Sin é an creideamh a bhí acu san am – go raibh sé ag éirí as an áit seo a mbíodh an cogadh, an chéad chogadh domhanda, nach gcuirfí duine ar bith ann – nach raibh mórán á gcur san am agus go raibh siad fágtha an-fhada os cionn talúna, agus go raibh an galra sin ag imeacht san aer.

---

[40] /ʟ'et'iːʃ warəfəx/.
[41] Foirm gan athrú tosaigh.

1.3 *Laethanta scoile agus saol na ngasúr.*

1.3.1 *An scoil I*

Chuaigh mé ag an scoil nuair a bhí mé cúig nó sé de bhlianta. Bhí seanmháistireás ann a dtugtaí Miss Morainey uirthi agus chúns a bhí mé aici sin bhí mé maith go leor. Bheifeá aici sin go mbeifeá sa darna rang agus ansin nuair a chuaigh mé amach ag an máistir, agus ag na múinteoirí eile a bhí sa seomra eile, bheifeá sa tríú rang, ach ba cineál sciúirseáil a bhí a ghoil go dtí an máistir. Bhí dhá mháistir ag múineadh in aon tseomra amháin. Bhí seanfhear ann agus fear óg. Is é an chaoi a mbeadh comórtas idir iad hé bith cé acu is mó a bhuailfeadh gasúir, cheapfainn, a chuirfeadh ag obair an tslat, gob in é an chaoi a raibh sé ag an am. Dhá bhfanfá sa mbaile ón scoil bhí do ghreadadh le fáil agat agus mara mbeadh a fhios agat do chuid ceachtannaí bhí an oiread céanna le fáil agat. Bhí an garda in do dhiaidh agus bhí an sagart i do dhiaidh agus, b'fhéidir go raibh t'athair fhéin in do dhiaidh ar an gcaoi chéanna ag iarraidh thú a chur ag an scoil. Ag goil ag an scoil ag an am a raibh mise ag goil ag scoil Thír an Fhia ní bheadh aon ocras ar maidin ort le ghoil ag an scoil mar bhí a fhios agat cén sciúirseáil a bhí i ndán duit agus b'in é an sórt saol a bhí ag gasúir ag goil ag scoil Thír an Fhia an t-am a raibh mise ag goil ann. Na cupla lá a chuaigh mé ag an scoil sin é a chonaic mé ann.

Dhá ndéanfá rud ar bith as bealach – nó ní raibh call tada a dhéanamh as bealach mar bhí tú buailte. Mara mbeadh a fhios agat do chuid ceachtannaí, bhí an tslat le fáil agat agus, b'fhéidir amantaí, an bhróig a fháil sa tóin nuair a d'imeofá ón máistir. Glaoití suas ag an gclár dubh ort agus gheofá dhá iarraidh ar chaon láimh agus an bhróig sa tóin ag imeacht ar ais dhuit. Sin é an sciúirseáil a bhí gasúir a fháil an t-am a raibh mise ag goil ag scoil Thír an Fhia. Na múinteoirí a bhí ann ag an am nach uafásach atá le freagairt acu, sin é atá le freagairt acu inniu: an drochfhoghlaim a rinne muid ag goil ag an scoil mar níor fhoghlaim muid tada, ach faitíos orainn a ghoil ag an scoil agus ansin mara dtiocfá ag an scoil, bhéarfadh t'athair i ngreim cluaise ort agus d'fhágfadh sé istigh sa scoil thú.

1.3.2 *An scoil II*

Tá mé ag goil ar ais aríst ar bhóithrín na smaointe, bóithrín antróiteach a bhí anseo, bóithrín crua a bhí ar ghasúr nuair a thosaigh sé ag goil ag an scoil den chéad uair. Bhí sé crua ar an bpáiste – bhuel bhí go leor scoltachaí mar é. Bheifeá ag ceapadh nuair a bheifeá ag goil ag an scoil go bhfaighfeá ómós agus meas – agus cúnamh a thabhairt don pháiste le ghoil ar aghaidh sa saol go mbeadh sé in ann obair a fháil, beagán scoil a bheith air le ghoil thríd an saol, ach mo léan, bhí athrú de scéal agam nuair a thosaíos[42] ag goil ar scoil.

Bhí sé ceart go leor agam nuair a bhí mé ag goil ag an máistireás, ní raibh sí ródhona, bhí rudaí réasúnta, ach ní raibh siad chomh maith sin. Ach nuair a cuireadh isteach sa tríú rang mé sin é nuair a thosaigh an trioblóid ar fad, nuair a cuireadh isteach i seomra an mháistir. Bhí dhá mháistir sa seomra seo, fear sean go maith – bhí mise ag ceapadh go raibh – agus fear óg, nuair a chuaigh mé isteach sa tríú rang. Bhí rudaí ag tarlú, bhí mé ag breathú ar ghasúir á mbualadh, níor buaileadh mé fhéin fós, níor buaileadh mé go ceann cupla lá, ach bhí mé ag breathú ar ghasúir á mbualadh ar bheagán údair. Mara mbeadh a fhios agat – mara mbeifeá in ann do *lesson* a léamh go maith, nó mara mbeifeá in ann do chuid *sums* a dhéanamh, gheobhaidh tú[43] beagán traíáil, agus mara dtóigfidh tú suas go sciobtha é, má bhí tú ag titim siar sa rang, bhífear[44] ag iarraidh thú a thabhairt chun cinn leis an maide agus bhí sé sin á úsáid gan aon teorainn[45] in áit an rud ba cheart dó fhéin a mhúineadh don ghasúr, anois bhí sé ag iarraidh é a bhualadh isteach ann, in áit an gasúr a bheith ag tóigeáil é seo isteach sa deireadh bhí asal déanta den ghasúr aige. Ní raibh a fhios aige cén uair a bheadh sé ceart nuair a bhíodh sé ag tabhairt freagra ar na ceisteannaí a bhí ag goil air agus sa deireadh sé an maide i gcónaí a bhí ag obair. Glaofaí suas ort an áit a raibh an clár dubh go mbeidís uiliug ag breathú ort agus thabharfaí dhá iarraidh dhuit ar chaon láimh agus nuair a d'iontófá thart ag goil isteach in d'áit thabharfadh sé an bhróig sa tóin dhuit.

---

[42] FT gan a bheith i suíomh macallach.

[43] Tá briseadh i sraith na n-aimsirí anseo.

[44] SB AC de 'bí.'

[45] /toːrhəN´/, féach A.2.

Chrochfadh sé den talamh thú leis an mbróig. Nárbh uafásach an sciúirseáil é sin a thabhairt do ghasúr ar bith, an gasúr sin a bhí ag tosaí a shaol, a bhí ag goil amach sa domhan mór agus asal déanta ag an múinteoir seo dhó. Bhí sé crua agus bhí sé thar a bheith crua. Bhí sé chomh crua nuair a bheinn ag goil ag an scoil ar maidin nach mbeinn in ann tada a ithe. Bhí a fhios agam céard a bhí i ndán dom nach mbeadh aon ómós le fáil agam ach an maide ar feadh an lae . . .

Dhá leagfaí amach chuile mhúinteoir a bhí ag bualadh gasúir san am, ní bheadh mórán múinteoir le fáil, agus ba mhaith an ceann dhá gcuirfí amach as na scoltachaí iad mar ainmhithe a bhí (ins) an chuid[46] is mó acu,. . . Rinne siad an brocamas ar feadh na mblianta. Is iomaí gasúr a tháinig amach as an scoil a raibh mise aici agus ní raibh sé in ann a ainm a scríobh agus chaithfidís a bheith ag goil ag an scoil go mbeidís cheithre bliana déag. Cheithre bliana déag de spídiúlacht! Spídiúlacht tugtha dhóibh ar feadh cheithre bliana déag agus an sagart paráiste ag breathú ar an rud sin. Bhuel, an té a thug an spídiúlacht domsa tá súil agam go bhfuil sé fhéin ag fáil spídiúlacht inniu in Ifreann agus nach bhfuil an tsíoraíocht sách fada aige as ucht an bhail a chur ar pháiste atá ag tosaí a shaol . . .

Rud amháin a bhí ag tarlú, bhí an sagart agus an garda agus an múinteoir – bhíodar in aon bhun amháin. Ní raibh tú in ann do bhéal a oscailt. Tá a fhios agam go ndeachaigh mé ag scéiméaracht. Chuaigh daoine nach mé ag scéiméaracht. Chonaic mé leaid amháin agus tugadh an fhuil amach thrína chraiceann le maide, amach thrína dhroim agus níor déanadh tada faoi, bhí an máistir ag múineadh go ndeachaigh sé ar pinsean. Is é an chaoi a raibh sé ag an am dhá dtiocfá in aghaidh sagart, bheifeá mórán gearrtha amach as an bparáiste, chuirfeadh sé an méid eile den pharáiste in t'aghaidh. Ag goil in aghaidh sagart beannaithe, bhí sé beannaithe ceart go leor, bhí sé mallaithe!

1.3.3 *Múinteoir i Leitir Móir i gcaitheamh na dtríochaidí*

Sin fear nach raibh go dona, Máirtín Ó Conámha, fear iontach a bhí ann, múinteoir iontach. Bhí an oiread scoláirí ag an bhfear sin,

---

[46] Dúradh é seo gan an réamhfhocal ann nó d'fhéadfaí é a léamh mar 'in an' agus an t-alt a bheith fágtha ar lár.

d'iontaigh sé amach an oiread scoláirí, níos mó ná a d'iontaigh aon áit
i gConamara, agus níor bhuail sé aon pháiste ariamh. Bhí sé in ann an
páiste a thabhairt leis sa scoil, bhí an páiste ag goil ag déanamh chuile
shórt dhó. Ní raibh sé ag goil ag cur isteach tada sa bpáiste le maide.
Chonaic mé Máirtín Ó Conámha, chonaic mé cupla uair é, chonaiceas,
agus chuala mé m'athair agus mo mháthair ag caint air – bhí an-cháil air
– gur an-mhúinteoir a bhí ann, agus go raibh fonn ag na gasúir a ghoil
ag an scoil. Ní raibh aon chall gan a ghoil ag an scoil, agus ní raibh
siad ag scéiméaracht ná rud ar bith mar sin – duine ar bith a bhí ag goil
go dtí Máirtín Ó Conámha – mar ní raibh aon chall dhó leis. Ní hionann
é sin agus an chuid eile i dtaobh Chonamara. An chuid is mó de na
scoltachaí – bhí údar acu le ghoil ag scéiméaracht.

1.3.4 *Jabannaí na ngasúr*

Chaitheadh muid na laethantaí – bhíodh muid ag an scoil go dtí an
trí a chlog agus ansin ar an mbealach abhaile, is dóigh go mbeadh sé
leathuair th'éis a trí nuair a théadh muid abhaile agus, b'fhéidir go
gcaithfeadh muid a ghoil ar an bportach ag iarraidh mála móna;
b'fhéidir go gcaithfeadh muid a ghoil agus ualach raithní a bhaint;
b'fhéidir go gcuirfí ag fosaíocht muid anois is aríst, amannaí áithrid den
bhliain nuair a bhíodh an t-arbhar ag fás, agus go leor féar thart, na
beithígh a choinneáil amach as an arbhar. Bhí sé an-deacair istigh in
aon gharraí beag amháin, arbhar curtha in áit agus, b'fhéidir, féar agus
tomachaí ag fás in áit eile. Chaithfeá na beithígh a choinneáil amach as
an arbhar agus dhá bhfeicfí aon ghreim ite ag an mbó den arbhar,
b'fhéidir go bhfaighfeá buille den chaipín an chéad lá eile. Jabannaí
beaga go leor, chaithfeadh muid tráthnóna a ghoil agus na lachain uiliug
a thabhairt isteach, go mbeifeá á gcuartú agus iad a chur abhaile isteach
i bpúirín, rudaí beaga den tsórt sin.

1.3.5 *Caitheamh aimsire na ngasúr*

Ag bualadh deis

Sé an caitheamh aimsire is mó a bhíodh againn, tráthnónachaí breá
sa samhradh: ag bualadh deis a thugadh muide air. Bhíodh daoine eile

ag tabhairt ag bualadh poc air. Sé an chaoi le é sin a imirt, b'fhéidir go mbeadh naonúr nó deichniúr gasúir ann, is dóigh go mbeadh cúigear ar an taobh nó ceathrar ar an taobh nó seisear ar an taobh nó hé bith cé mhéad gasúr a bheadh ann, dhéanfaí dhá leith dhóibh. Nuair a bheadh dhá leith déanta ansin den méid a bheadh ann chaithfí suas pingin nó b'fhéidir leithphingin agus thóigfeadh duine eicínt de na ceannfoirteachaí *head* nó *harp* agus hé bith cé a ghnothódh, siad a mbeadh an deis acu, siad a bheadh istigh agus chaithfeadh an dream eile a ghoil amach agus scaipeadh thart. Ansin bhíodh maide corruair nó slis ag an té a bheadh ag bualadh deis, amantaí nach mbeadh agat ach do bhois nó do láimh. Chaithfeadh duine ansin den dream a bheadh i t'aghaidh, chaithfidís an liathróid a chaitheamh suas agat. Bhí rialachaí áithrid ansin leagtha amach, dhá mba rud é go mbeadh poll uisce ná tada[47] ann agus dhá gcuirfí an liathróid san uisce bheifeá dóite, nó b'fhéidir, dhá gcuirfeá isteach in áit eicínt thar claí í amach i ngarraí duine eicínt eile bheifeá dóite, nó b'fhéidir dhá mbéarfadh duine eicínt as an aer uirthi bhí tú dóite, agus dhá mbuailfí ort ag goil isteach ná amach í bhí tú dóite.

Bhí na rialachaí leagtha amach agus ní mar a chéile a bhíodh na rialachaí ins chuile áit, bhí sé sa gcaoi a raibh an áit leagtha amach. Ach ansin nuair a chaithfí an deis agat agus nuair a bhuailfeá í dhá mba rud é go mbeifeá in ann a ghoil amach go dtí leithchéad slat go dtí an áit a dtugaidís an chailligh air, chaithfeá do chois a leagan ar an gcloich sin agus a bheith rite isteach aríst shula bhfaighfí an liathróid, nó shula mbeadh sí faighte ag aon duine. Dhá mbeadh sí faighte agus í a chaitheamh leat agus í a bhualadh ort bhí tú dóite. B'fhéidir ansin an chéad duine eile nuair a bhuailfeadh sé fhéin poc uirthi, b'fhéidir nach mbeadh an oiread ádh air leis an gcéad duine agus chaithfeadh sé a ghoil ar an áit a dtugaidís an chlis air, mar gheall gur chlis tú. Bhí cloich eile istigh in aice leat. B'fhéidir go mbeadh sé naoi nó deich de shlata uait agus chaithfeá do chois a leagan uirthi sin. Agus ansin an tríú duine nuair a bhuailfeadh sé fhéin í agus b'fhéidir amantaí go mbeadh beirt nó triúr i ngreim láimhe ina chéile ar an gclis ag fairiú ar dheis le rith

---

[47] /nɑː hadə/.

amach, agus b'fhéidir dhá dteagadh leaid maith a mbeadh iarraidh bhreá
aige, chuirfeadh sé liathróid amach i bhfad agus rithfeadh na triúr nó
ceathrar uiliug amach agus isteach aríst shula bhfaighfí an liathróid. Sin
é an chaoi a raibh an *game* ag goil ar aghaidh. Ach ansin dhá mbuailfí
an liathróid ar aon duine bhí tú dóite, agus chaithfeása a ghoil amach
agus chaithfeadh an dream eile a thíocht isteach. Ba an-chaitheamh
aimsire é ar feadh píosa breá de thráthnóna sa samhradh agus bhíodh
an-spóirt á dhéanamh.

Bhíodh rudaí eile, bhídís ag caitheamh léim ar airde agus léim ar
fhad, ag caitheamh meáchain. Bhíodh ceann eile a dtugaidís léim an dá
fhóidín, ach ní raibh sé an-mhaith. Bhí caitheamh aimsire go leor ar
an mbealach sin. Sa samhradh ansin théidís síos ag an bhfarraige agus
b'fhéidir go mbeadh siad an oiread sin uaireantaí ag snámh, laethantaí
breátha sa samhradh.

Léim an dá fhóidín

[Le léim an dá fhóidín a dhéanamh nó an chaoi a ndéanfaidís é:
leagfaidís dhá fhód móna ar bhruach portaigh agus sheasfadh an fear a
bheadh ag goil á dhéanamh ar an dá fhód. Portach é seo, b'fhéidir, a
bhfuil uisce ann, portach a bhfuil an mhóin tar éis a bhaint agus tá sé
ar bhruach an phortaigh agus caithfidh sé léim a chaitheamh síos sa
lagphortach, tá sé ar an mbruach ard, tabharfaidh sé léim síos sa
lagphortach, ach tá sé ina sheasamh ar dhá fhód agus nuair a thabharfas
tusa léim de dhá fhód imeoidh an dá fhód siar uait mara bhfuil tú
an-chúramach agus críochnóidh tú istigh sa bportach.]

"Scaoilí tharaibh é, faic!"

Ansin san oíche, oícheantaí fada geimhreadh, bhídís ina suí thimpeall
na tine agus bhíodh cleasannaí acu, ag déanamh pictiúr sa luaithe agus
rudaí den tsórt sin. Bhí géim eile ansin ann a dtugaidís: "scaoilí tharaibh
é, faic". Bhíodh ró gasúir thimpeall ar an urlár agus bhíodh píosa beag
gearr de rópa agus snaidhm uafásach crua curtha air; bheadh duine
ansin ina sheasamh istigh i lár báire agus bhíodh sé ag iarraidh an rópa
seo a fháil amach. Bheifeá ag cur an rópa thimpeall thíos faoi t'ioscadaí
anonn go dtí an chéad duine eile agus ansin dá bhfaighfeá deis

thabharfá iarraidh sa tóin dhó nó sa droim dhó agus déarfá: "scaoilí tharaibh é, faic". Sé an faic an iarraidh a gheobhadh an leaid agus amantaí b'fhéidir go mbeadh an leaid a bheadh istigh go mbeadh sé ag caoineadh, bheadh an oiread sin iarrantaí buailte air shula bhfaigheadh sé amach an rópa. An té a bhfaigheadh sé an rópa aige, sin é a chaithfeadh a éirí ansin aríst agus a ghoil isteach ina áit, a ghoil isteach sa bhfáinne agus bheadh sé féin ag fáil na n-iarrantaí aríst nó go mbeadh sé in ann breith ar an bpíosa seo de rópa. Ba cineál cleas a bhí ann, ní raibh sé an-deas ar bhealach, ach chonaic mé go leor den obair sin ag goil ar aghaidh.

Lá an dreoilín

Píosa caitheamh aimsire eile a bhíodh freisin againn: lá an dreoilín. Bhíodh an oiread seo gasúir bailithe thart agus seachtain roimhe lá an dreoilín. Théidís amach ag iarraidh breith ar an dreoilín, ag imeacht thrí gharrantaí agus thrí thomachaí agus thrí sceacha is chuile áit ag iarraidh breith air. Is é an dlí a bhí san áit s'againne fadó – mara mbeadh an dreoilín beo agat istigh i gcrúiscín, ní bhfaighfeá aon phingin. Dhá mbeadh duine in éindí leat ag breith ar an dreoilín ar chaoi ar bith – bhíodh faisean ag dreoilíní i gConamara – bhídís istigh i sciobóil bheaga in áiteachaí, agus b'fhéidir go dtéifeá amach san oíche. Bheidís amantaí sa mbuntsop agus go bhféadfá breith orthu, ach ba é an jab ansin é a choinneáil beo. Bhí staidéar déanta agat an tseachtain roimhe ar an áit a mbeadh an dreoilín le fáil. Dhá n-éireodh leat an dreoilín a bheith beo agat agus é istigh sa gcrúiscín agus a ghoil thart ó theach go teach, b'fhéidir go mbeadh ceathrar nó cúigear ann, b'fhéidir go mbeadh duine acu a mbíodh orgán béil acu ag casadh ceoil má bhí aon duine in ann amhrán a rá, aon duine a bheadh in ann píosa damhsa[48] a dhéanamh is, b'fhéidir go bhfaighfeá cupla pingin. Ach ní raibh tú ag déanamh moille in áit ar bith ach ag imeacht thart chomh scioptha in Éirinn agus a d'fhéadfá agus cupla pingin a bheith déanta agat shula mbeadh sé ina thráthnóna. Roinnfí an t-airgead uiliug ar deireadh agus b'fhéidir go mbeadh sé nó seacht de phingineachaí, b'fhéidir go mbeadh scilling nó,

---

[48] /damsə/.

b'fhéidir, dhá scilling. Ní bheadh a fhios agat céard a bheadh le fáil ag
chuile dhuine i ndeireadh an lae, agus théidís ansin ag an siopa agus
b'fhéidir go gceannaídís milseáin, *sweets*, mar a deireadh muid, de
chuile chineál, *sweets* chrua go minic.

Tine chnámha

Amach sa samhradh ansin – oíche na tine chnámha. Sin oíche a
mbíodh an-ghéim freisin ann. Bhíodh an oiread seo rudaí bailithe:
seanmhaidí agus móin agus reaigeannaí agus chuile chineál rud, hé bith
cén fáth na cnámhannaí, bhíodh an oiread sin cnámhannaí caite isteach
sa tine chnámha. Théidís thart ag cuartú braon ola mhór ó chuile theach
le haghaidh an tine a dhéanamh níos fearr. Dhéanfaí liathróid de na
reaigeannaí agus chaithfí isteach sa tine í agus bheadh sí an oiread sin
achair ag dó. Séard a bhídís a dhéanamh leis na reaigeannaí: bhíodh an
oiread seo reaigeannaí bailithe acu, seanmhálaí agus seanphíosaí de
phluideannaí agus seantreabhsair agus rudaí mar sin.   Bhíodh
mealltrachaí déanta acu dhíobh chomh mór le *football* agus, b'fhéidir
cuide nach mbeadh chomh mór sin. Agus ansin bhí an ola mhór thíos i
mbuicéad acu agus thumfaí na mealltrachaí síos san ola mhór. Ansin
nuair a bheadh an tine lasta agus é amach go maith san oíche agus
lasfaidís na mealltrachaí seo agus bhídís ansin á gcaitheamh suas san aer.
Bhí cuide de na leaids a bhí in ann breith air agus é a chaitheamh suas
aríst mar solas na hola mhór ní dhófadh sé thú mara gcoinneofá i bhfad
in do láimh é. Bheifeá in ann breith air agus é ag tíocht anuas as an aer
agus é a chaitheamh suas aríst. Nuair a bhí an oiread sin scórtha acu sin
ag goil suas anuas in éindí b'iontach an rud a bheith ag breathnú orthu.
Nuair a bhreathnófá uait siar ar Chill Chiaráin nó siar ar Inis Bearchain,
nó síos ar an Trá Bháin, nó soir ar an gCeathrú Rua, ar chnocán ard a
bheadh an tine acu agus d'fheicfeá na rudaí céanna ag tarlú i bhfad uait
ar fud Chonamara uiliug. B'iontach an radharc a bhí ann fadó nuair a bhí
muid óg, ach níl caint ar bith ar rudaí mar sin anois. Is mór an truaí é!

1.3.6 *Cur síos ar thórramh*

Tá mé ag goil ag caint ar an mbás aríst, seanfhear a fuair a bás ar an
mbaile agus sé an chéad tórramh a raibh mé ariamh uirthi. Níl a fhios

agam an raibh mé ach cheithre bliana déag d'aois nó chúig bliana déag, mé fhéin agus leaid a bhíodh ag *pal*áil liom thart. Ba mhaith linn fáil amach céard a bhí ar bun – ní raibh an leaid a bhí in éindí liom ar aon tórramh ach an oiread, ar nós chuile dhuine óg ag iarraidh fáil amach céard a bhí ag goil ar aghaidh. Tá a fhios agam go dtáinig muid isteach i dteach na tórramh, bhí go leor daoine istigh ann. Bhí sé timpeall is titim na hoíche. Níl a fhios agam cén t-am de bhliain anois a bhí ann, ach bhí sé ag fáil dorcha . . . agus bhí na lampaí á lasadh. Nuair atá tú óg mar sin ag goil ag áit don chéad uair tá tú ag baint lán na súl as chuile shórt atá tú a fheiceáil ag breathú ar an marbhán ina luí ar an mbord. Seanfhear a bhí ann, mo dhuine bocht, agus é ina luí mín marbh. Bhí an bheirt againn ag cur na súile thríd ag ceapadh go gcorródh sé. Cén fáth a raibh sé chomh ciúin? Is dóigh nár thuig muid i gceart cén chaoi a mbeadh duine nuair a bheadh sé básaithe mar siod é an chéad duine a chonaic muid. Bhí sé ina luí ansin mar a bheadh comhla leagtha ar an mbord agus bráillín os a chionn. Bhí leaba déanta den bhord ach bráillín gheal agus piliúr faoina chloigeann, agus bhí cineál ansin bráillíní anuas as na rataí os cionn an bhoird, bhí sé ina chineál *canopy* ag tíocht anuas ó rataí an tí, agus bhí an ceann a bhí leis an mballa bhí sé sin ag tíocht anuas ag clúdú an bhalla go dtí an bord agus an ceann a bhí taobh amuigh bhí sé cupla troigh suas ón mbord os cionn an mharbhán.

Bhí ansin bord beag agus pláta mór bán air agus é líonta le tobac gearrtha ar an mbord seo agus píopaí cailce leagtha thimpeall. Sin é an chéad uair a chonaic mé píopaí cailce á gcur ag obair. Bhí dhá choinneal lasta le taobh an mharbhán, ceann ag a chosa agus ceann ag a chloigeann. Bhí daoine ag caint le chéile, ag inseacht scéalta dhá chéile, bhí an chisteanach lán le daoine. An chéad rud eile, bhí cupla buidéal poitín ag goil thart agus *mug*annaí agus cupáin á thabhairt do chuile dhuine a d'ólfadh é, idir a bheith ag ól agus ag caitheamh tobac, agus ag inseacht scéalta – sin é an chaoi a bhfaca mé an tórramh.

Faoi cheann píosa nuair a bhí mé istigh, b'fhéidir go raibh sé suas leis a haon dhéag an t-am seo, shiúil trí bhean isteach le seálta dubha agus cótaí dubha . . . agus ní mórán go bhfeicfeá a n-éadain ar chor ar bith agus chuadar anonn os cionn an mharbhán. Thosaíodar de ghlór íseal

ag caoineadh, agus ní caoineadh a thabharfá air: "óchón agus óchón ó."
Thosaíodar an-íseal agus ansin chuireadar neart ann, an triúr ag tíocht
le chéile ag caoineadh.   Scantróidís thú agus iad ag coinneáil orthu
chomh hard an triúr acu in éindí agus iad thall os cionn an mharbhán.
Ansin thiocfadh siad íseal scaití, an-íseal, agus thiocfaidís suas aríst sa
nglór chomh hard.   Bhuel le iad seo a fheiceáil den chéad uair bhí sé
beagán scantrúil, an cineál sin caoineadh . . . Is dóigh go raibh braon
ólta ag an triúr acu agus choinníodar orthu ar feadh timpeall is deich
nóiméad nó ceathrú uaire.   An chéad rud eile, stopaíodar agus chuadar
síos leo fhéin i gcoirnéal den chisteanach agus shuíodar síos.   Faoi
cheann píosa ansin dúirt duine de na fir an páidirín.   Nuair a bhí an
páidirín thart faoi cheann píosa bhí na deochannaí á dtabhairt amach,
bhí tobac á chaitheamh, bhí scéalta á inseacht, agus bhí sé sin ag
coinneáil air.   Amach san oíche ansin aríst tháinig siad seo le chéile aríst
agus thosaíodar ag caoineadh . . .

   Rud eile nach raibh ag tarlú, ní raibh aon duine ag croitheadh láimh
le chéile mar atá inniu ann.   Ní raibh láimh ar bith á chroitheadh.
Labhróidís le chéile, ceart go leor, i dtaobh an mharbhán nuair a
thiocfadh fear ná bean isteach ag caint ar a shaol agus ar a shaothar.

   D'fhan muid ann go dtí píosa maith den oíche agus sa deireadh
chuaigh an bheirt againn abhaile mar bhí sé rófhada, bhí sé, is dóigh,
ag goil ina mhaidin nuair a chuaigh muid abhaile.   Tháinig muid thart
aríst lá arna mháireach mar bhí fios ag teastáil céard a bhí ag tarlú.   An
chéad rud eile chonaic muid fear ag déanamh bosca agus ba shiod é an
chontra, clárachaí adhmad geal aige agus é á ngearradh suas.   Rinne sé
bosca mór fada agus bhí an bosca caol ar thaobh agus leathan ar an
taobh eile.   Ach ní raibh aon chontra á ceannacht san am.   Sé an
siúinéara a bhíodh ar an mbaile, nó an baile ba ghaire dhó, a dhéanfadh
an chontra.   Ach san am sin d'fhágfaí an marbhán sa teach dhá oíche.
Ní thabharfaí go dtí an séipéal é ar nós an lá atá inniu ann, bhíodh sé
dhá oíche agus dhá lá á thórramh.   Ansin tóigfí amach é, cuirfí ar charr
capaill é go dtí an reilig . . .

   Bhí na trí bhean dhubh seo i ndiaidh an chontra nuair a tóigeadh an
chontra de charr an chapaill agus bhí an sinneán céanna caoineadh acu
ag tíocht i ndiaidh an chontra.   Nuair a ligeadh síos an corp san uaigh

bhíodar os cionn na huaigh agus bhí an *rhythm* chéanna caoineadh acu. Choinnigh siad orthu nó gur thosaigh an sagart ag guidhe. Nuair a bhí an guidhe agus chuile shórt thart tháinigdar aríst os cionn na huaighe, agus an uaigh clúdaithe isteach, agus thosaíodar aríst lena gcuid – déarfaidís gur '*keen*' an t-ainm a bhíodh ar an gcineál caoineadh sin, ach ba chaoineadh áithrid é agus chuala mé daoine ag rá go mbídís íoctha san am sin, go bhfaighidís rud eicínt, go gcaithfeadh duine a bheith go maith ag caoineadh le bheith tóigthe isteach an áit a mbeadh sé seo ag tarlú – an áit a mbeadh daoine básaithe. Mara mbeifeá go maith ag caoineadh nach dtóigfí isteach thú, go gcaithfeadh ainm a bheith ort go raibh tú go maith ag caoineadh mar a bheadh duine a bheadh go maith ag casadh amhrán. Ach bhí sé beagán aisteach dhomsa nuair a bhí mé óg agus ag breathú air seo den chéad uair. Ach níor chuir duine ar bith eile suim ar bith ann mar ba é an gnás é san am.

1.4 *Scéalta faoi shagairt agus an creideamh i saol na ndaoine*

1.4.1 *Deartháir a cailleadh tar éis a thíocht ar an saol*

Rinne siad (Ádhamh agus Éabha) peaca: peaca ár sinsir,[49] peaca atá teagtha anuas ó Ádhamh agus Éabha, an peaca sin a bhíonns ar an bpáiste nuair a thiocfaidh sé ar an saol. Aingeal i gcruth páiste tá peaca air! . . . Fuair deartháir dhomsa bás tar éis é a thíocht ar an saol. Ní chuirfí sa reilig é ná níor cuireadh le blianta ina dhiaidh mar ní fhéadfaí an páiste sin a chur isteach in éindí le naoimh a bhí curtha sa talamh beannaithe seo. Naoimh a bhí istigh ar fad sa reilig! Naoimh atá ins chuile reilig agus chuile pheaca ar déanadh ariamh – an chuid is mó acu seo rinne siad é. Ina dhiaidh sin fhéin ní fhéadfadh an t-aingeal seo a ghoil isteach in éindí leo, bhí a anam salach ag an bpeaca. Cuireadh an páiste seo ar thamhnóg sléibhe gan claí, gan fál thimpeall orthu; bhí go leor curtha in éindí leis, cead ag beithígh agus ag caoirigh a bheith ag siúl orthu mar ní aon Chríostaí a bhí ann. Bhí sé taobh amuigh den teorainn. Is beag a cheapfá a bhí ag an fear óg agus ag an mbean óg seo nuair a bhí siad ag cruthú an pháiste sin le grá go raibh siad fhéin

---

[49] /ʃinˈʃiːr/.

ag déanamh peaca freisin . . . Ach tá sé tarlaithe do chuile fear agus
bean óg atá i ngrá agus leis an ngrá sin cruthóidh siad páiste – tá siad
a dhéanamh[50] peaca más cóir géilleadh don eaglais. Ansin tá an bhean,
tar éis an páiste seo a chur ar an saol, tar éis an t-aingeal seo a chur ar
an saol – tá sí salach tar éis é sin a dhéanamh. Caithfidh sí a ghoil ag
an sagart, isteach i dteach an phobail agus í fhéin a ghlanadh.

1.4.2 *An sagart a tharraing bean i ndiaidh curraigh*

Ach an oiread leis an sagart a tharraing bean i ndiaidh bád trasna
Chuan an Fhir Mhóir ó Thír an Fhia go dtí An Cheathrú Rua, tharraing
sé i ndiaidh currach í, an bhean seo, bhí gaol agam fhéin léi. Tharla sé
go ndeachaigh a fear go Meiriocá, fear na mná seo – bean bhocht, thug
muintir dhó a bhí thall i Meiriocá anonn é le airgead a shaothrú lena
chlann a thóigeáil. Ach bhí go maith, bhí fear den bhaile ag tíocht
isteach ann nuair a bhí sé imithe go Meiriocá ag déanamh jabannaí
agus, b'fhéidir, ag cur fhataí don bhean bhocht seo. Ach san am céanna
tháinig an fear seo thar teorainn, chuir sé cúram páiste ar an mbean seo,
an fear a bhíodh ag tíocht isteach ann; agus bhí sé sin uafásach san am.
Tabharfaí t'ainm amach den altóir – nó tugadh amach den altóir é.

Ach tharraing sé an bhean bhocht sin i ndiaidh curraigh ó Thír an
Fhia go dtí An Cheathrú Rua agus rópa ceanglaithe uirthi, rópa faoina
lár agus í i ndiaidh an churrach. Nárbh uafásach an rud ag duine le
déanamh é, duine sagart a cheapfá a bheadh ag déanamh dlí Dé go
mbeadh truaí aige dhi faoin rud a tharla dhi. Ach ní shin é a rinne sé,
thug sé sciúirseáil di, bhuail sé í agus í a tharraingt i ndiaidh curraigh.

1.4.3 *Sagairt agus poitín*

Bhí sagairt eile thart le mo linnsa freisin, sagairt a tháinig le déanamh
away leis an bpoitín. Ní raibh teorainn ar bith leis an méid a rinne siad
sin, an méid daoine a bhuail siad. Buaileadh mo mháthair agus ní raibh
de shiocair í a bhualadh ach í a ghoil ar a glúine róghar do bhosca an
fhaoistean nuair a tháinig sé taobh thiar di agus thug sé iarraidh sa
gcluais di agus bhí sé sin ag goil di go bhfuair sí bás mar gheall gur

---

[50] /jiːnə/.

bhuail sagart í. Bhí sé sin ar a hintinn go dtí an lá ar cailleadh í gan údar ó Dhia anuas, ach go raibh sí ar a glúine róghar do bhosca an fhaoistean.

Nuair a bhídís ag tabhairt faoistean – na sagairt seo, is é an chéad rud a d'fhiafrófaí dhíot, agus fiafraíodh dhíom fhéin é agus mé an-óg san am, an raibh m'athair ag déanamh poitín, an bhfaca mé ag déanamh poitín é, nó an raibh sé ag díol poitín, nó an raibh aon bhaint ag m'athair le poitín? Tá a fhios agam gur rinne sé poitín blianta roimhe seo, chonaic mé ag déanamh cupla *turn* é; sin é an méid. Ach dúirt mise nach raibh. Níl a fhios agam cén fáth ar dhúirt mé é sin mar bhí mé ag inseacht bréag san am céanna; agus nuair atá tusa ag goil ag an bhfaoistean ní fhéadfaidh tú bréag a inseacht don tsagart. Má insíonn,[51] tá peaca marbh déanta agat . . .

Chuirfeadh sé ceisteannaí mar sin ar chuile dhuine i dtaobh an phoitín, an raibh do mhuintir á dhéanamh nó an raibh siad á dhíol nó an raibh siad á cheannacht, nó an mbíodh t'athair ar meisce le poitín? Bhí na ceisteannaí sin ar an ngasúr, cuireadh orm iad agus nuair a bhí na ceisteannaí sin thart: "bhuel, anois tosaigh ar t'fhaoistean! "Cén t-achar ó bhí tú ag an bhfaoistean cheana?" Bhí na ceisteannaí seo curtha ort shula dtosófá t'fhaoistean – bhí sé sin uafásach – leis an duine ag déanamh spíodóireacht ar a chomharsa sa gcaoi a raibh sé déanta amach acu. Bhí a fhios ag an sagart ansin cé a bhí ag déanamh an phoitín agus cé a bhí á dhíol mar bhíodar fhéin ag spíodóireacht ar a chéile agus b'fhéidir ansin nuair a thiocfadh fear a bhí á dhéanamh agus á dhíol go séanfadh sé nach raibh sé á dhéanamh ná á dhíol, agus bhí a dhóthain i ndán dó sin.[52]

Chonaic mé fear amháin ar a dhá ghlúin agus muid ag goil isteach tráthnóna sa séipéal agus é (an sagart) ag cur ceisteannaí air, agus bhuailfeadh sé iarraidh ar thaobh dhá leiceann agus an chéad rud eile bhuailfeadh sé ar an taobh eile é. B'uafásach an spídiúlacht é sin a thabhairt do dhuine ar bith. Bhuail siad a bhean le *parasol* agus mná

51 /maː inˈʃiː/.
52 Tá nósmhaireacht na sagart agus modhanna oibre na misiún i dtaobh an phoitín pléite ag Ó Conghaile (1981: 31); straitéis phleanáilte chomhordaithe a chleachtaíodh na sagairt in aghaidh na stiléireachta.

nach iad a bhí ag déanamh an phoitín agus a bhí ag séanadh nach raibh siad á dhéanamh mar bhí faitíos orthu.

Bhí sé ag seanmóir mórán chuile oíche ar an bpoitín ag inseacht go raibh siad ag déanamh obair an diabhail. Cuimhneach liom oíche amháin, bhí muid ag éisteacht leis ag seanmóir. San am sin sna séipéil a mbíodh muid ag goil go dtí é, ní bhíodh suíocháin ar bith, ní bheadh áit suite ar bith. Sé an chaoi a mbeadh chuile dhuine ina sheasamh, mná ar thaobh amháin agus fir ar an taobh eile. Ach bhí sé an oíche seo – bhí sé ag tabhairt amach faoin bpoitín, na mallachtaí a bhíodar a tharraingt anuas orthu fhéin ó Dhia, nach mbeadh aon ádh orthu. Bhí sé gaibhte chomh dona agus go raibh sé ag rá leo: "chuir na Giúdaigh chun báis ár slánaitheoir, chuireadar chún báis é, ach tá sibhse ag siúl air chuile lá," agus an chrois thuas san aer aige agus bhíodh chaon uaill aige ar an altóir. An chéad rud eile chaith sé an chrois amach os cionn na ndaoine agus buaileadh ar an mballa í – bhí mé ag breathú uirthi agus mé i mo leaid óg – buaileadh ar an mballa í os cionn bhosca an fhaoistean agus thit sí anuas. "Siúiligí anois air!" a deir sé, "siúiligí air!", agus nuair a bhí an oiread seo ráite aige chaithfeadh sé ar a dhá ghlúin ar an altóir é fhéin, chuirfeadh sé a dhá láimh suas san aer ag iarraidh ar Dhia a bheith trócaireach leo, maithiúnas a thabhairt dhóibh. Bhí sé ar an ealaín seo ar feadh an oiread seo nóiméadachaí agus scantródh sé thú san am an chuma a bhí sé a chur air fhéin agus na deora ag tíocht anuas ar a éadan. B'iontach an t-aisteoir a bhí ann, bhí sé iontach. Bhí duine acu níos fearr ná an duine eile ag caint, ach ní raibh teora ar bith leis an bhfear seo.

Ansin bhíodh sé ag rá leo chuile bhlas a bhí acu a thabhairt go dtí teach an phobail, a bhain leis an bpoitín, gan rud ar bith a fhágáil nach dtabharfaidís go dtí teach an phobail: an poitín agus an oirnis a bhí acu a thabhairt ann agus mallacht Dé a chur ar an té nach dtabharfadh. Thugadar go dtí teach an phobail é, chuile shórt dhá raibh acu le faitíos. Bhíodh sé ansin ina charnán amuigh ar aghaidh teach an phobail, idir photaí, bairillí, *worm*, ceaigeannaí agus chuile shórt eile a bhain leis agus an poitín é fhéin tugtha ann ina ceaigeannaí. (Ansin chaith sé ola orthu agus dhóigh sé iad, bhí deireadh curtha leo san am sin.)

Ach ansin nuair a bhí sé sásta go raibh chuile dhuine – chuile shórt tugtha go dtí teach an phobail acu, an oíche áithrid seo ansin dúirt sé leo go mbeadh sé ag cur gealla orthu, nach ndíolfaidís, nach n-ólfaidis, nach ndéanfaidís aon phoitín an t-achar a mhairfidís. Dúirt sé le gach duine a bhí sa séipéal a láimh dheas a chur suas agus a bheith dílis nuair a bhíodar ag rá na bhfocla seo ina dhiaidh. Chuireadar suas a lámha agus chaithfidís na focla seo a rá ina dhiaidh – nach ndíolfaidís, nach n-ólfaidís, nach ndéanfaidís, nach mbeadh baint ná páirt d'aon phoitín acu an fhad is a mhairfidh siad. D'iarrfadh sé ar Dhia ansin, sé an chaoi a ndéarfadh sé: go seargfaidh an láimh nach bhfuil fíor. Sin le rá go n-imeodh an mothú as do láimh mara raibh sé ag tíocht ó do chroí an rud a bhí tú a rá. Nárbh uafásach an rud le rá ag sagart é, ag guidhe díoltas ar na daoine bochta seo.

Dhá mbeadh Críost ar an mbealach sin nuair a bhi sé ar an talamh cé mhéad duine a leanfadh é, cé mhéad duine a d'éistfeadh leis. Ní bheadh mórán creideamh sa saol inniu, dhá mbeadh sé ar an gcaoi sin. Ach nuair a fuair siad cead é seo a dhéanamh ní raibh a fhios acu cé stopfaidís, nuair a fuaireadar orlach ní troigh a thóigeadar, chuadar níos faide ná sin.

Oíche amháin thugadar an fear seo amach ar an altóir, dúirt siad leis an slua go raibh sé ag goil ag spáint an diabhal anocht dóibh. Bhí an diabhal teagtha ann mar gheall ar an bpoitín agus dúirt sé: "ba shiod é an diabhal," a bhí sé ag goil a spáineadh dhóibh mar níor thug an fear seo mórán géilleadh céard a bhí ar bun acu. Tháinig sé ag teach an phobail, ar chuma ar bith, dúradh leis, is dóigh gob in é an fáth ar dúradh leis é go dtabharfaí amach ar an altóir é. Agus tugadh amach ar an altóir é, fear bocht a raibh féasóig air. Fear nach raibh, b'fhéidir, a bhricfeasta ná mórán leis an dinnéar aige, agus iad seo a bhí ag at leis an méid a bhíodar a ithe, ag tabhairt an fhear bocht sin amach, ag déanamh pléisiúr agus ag magadh faoi ar an altóir, chuirfeadh sé ag smaoiniú thú cén sórt daoine a bhí sna sagairt seo. Is uafásach an úsáid a bhíodar ag déanamh[53] den chailéar a bhí ar a muineál ag goil thart ag bualadh daoine.

Ach meas tú an ndéanfaidís an lá atá inniu ann é nó an dtabharfaí mórán géilleadh dhóibh? Sé an chaoi a mbeadh an t-aos óg ag magadh

---

[53] /dˈiːnə/.

fúthu. Ach i gConamara an t-am sin bhí daoine bochta ann nach raibh
mórán oideachas orthu. Dhéanfaidís an rud a déarfaí leo; bhíodar umhal.

1.4.4 *Sagart a mharaigh fear óg*

Sé an rud eile a tharla i dtaobh sagart, bhí an fear óg seo bhí sé ag
goil in éindí leis an gcailín seo. Níl sé mórán mílte as an áit seo a bhfuil
muid anseo ina gcónaí,[54] b'fhéidir gur tharla sé fiche bliain ó shin, agus
chuir sé i dtrioblóid an cailín seo agus ní raibh sé ag goil á pósadh. Ach
tháinig an sagart go dtí é an lá seo, go dtí an teach go dtí é, agus
d'fhiafraigh sé dhó céard a bhí sé ag goil a dhéanamh, agus níor thug
sé mórán freagra air, ar an sagart, céard a bhí sé ag goil a dhéanamh.
Chuir sé olc ar an sagart sa gcaoi ar fhreagair sé é, agus an chéad rud
eile tharraing sé dorna air, bhuail sé é, an fear óg, agus chuir sé anuas
é. Sagart óg a bhí anseo, sagart láidir. Chuir sé é anuas ar an talamh é
agus nuair a thit sé buaileadh a chloigeann faoi chloch, agus tugadh
isteach don Uaimh é san ospidéal, ach fuair sé bás.

Níor déanadh tada faoi sin. Níl a fhios agam an raibh an chúirt fhéin
ann, gan caint ar é a chur i bpríosún. Mar a dúirt mé cheana, bhíodar
ag tóigeáil go leor orthu fhéin nach raibh aon chall dhóibh leis. Tá fir
ornaithe ina sagairt agus go leor acu ní cheart dhóibh a bheith ina
sagairt, tá an rud céanna ag baint le mná rialta agus an rud céanna ag
baint le banaltraí. Casadh sagairt orm nár cheart a bheith ina sagairt,
agus mná rialta – tá corrchaora dhubh thríothu freisin, agus banaltraí –
chonaic mé banaltraí iontach, banaltraí a thabharfadh chuile chompóirt
dhuit nuair a bheifeá go dona agus chonaic mé an taobh eile. Chonaic
mé banaltraí agus ní cheart dóibh a bheith os cionn teach cearc mar ní
raibh a fhios acu – ní raibh aon nádúr iontu. Caithfidh beagán nádúr a
bheith i mbanaltra.

1.4.5 *Sagairt agus lucht cúirtéarachta*

Chonaic mé sagart eile agus bhíodh sé ag goil amach san oíche agus
maide draighin aige, ag goil amach ag cuartú dream óg a bhíodh ag
cúirtéaracht thart ar na bóithrí. Dhá gcasadh aon duine leis ar na bóithrí

---

[54] Ráth Chairn.

nó ag cúinneáil in aghaidh an bhalla nó in áit ar bith mar sin, go mbeadh a fhios aige go raibh siad ag leanacht don chúirtéaracht, gheobhaidís an maide draighin agus thiocfadh sé go dtí a n-athair agus ag a máthair ag iarraidh an cailín sin a choinneáil sa mbaile. Ach ba mhaith liom a bheith ag breathú air an lá atá inniu ag goil amach san oíche, ní cheapfainn gur mórán aird a gheobhadh sé agus b'fhéidir go mbeadh an t-ádh air dhá dteagadh sé isteach slán, é fhéin agus a mhaide draighin.

Ach an oiread le sagart eile a bhí an paráiste is gaire dhúinn anseo, seantsagart a bhí ann agus dhá ndéarfá go raibh tú ag goil in éindí le cailín óg, d'fhiafródh sé dhíot an raibh tú ag goil á pósadh. B'fhéidir go ndéarfá nach raibh a fhios agat. Dhá ndéarfá nach raibh, "cén fáth a raibh tú ag goil ag an bhfaoistean, tá tú ag goil in éindí léi agus níl tú ag goil á pósadh." An chéad rud eile ní thabharfadh sé aspalóid dhuit, nó ní thabharfadh sé maithiúnas ar do pheaca go ngeallfá go dtabharfá suas í, gan a bheith ag goil in éindí léi mara raibh rún agat í a phósadh. Is beag nach ngearrfadh sé amach ón eaglais thú. Níl sé an oiread sin blianta ó bhí sé thart anseo, timpeall is, b'fhéidir, os cionn fiche bliain, an paráiste is gaire don pharáiste seo. Ó, bhí rudaí mar sin ag tarlú, bhíodar ag tóigeáil obair mhór orthu fhéin, obair nach raibh aon chall leis.

1.4.6 *Sagart agus faoistean*

Bhí sagart eile, chloisfinn m'athair agus mo mháthair ag cur síos air, bhí sé i bparáiste na Ceathrú Rua. Nuair a thiocfá ag an bhfaoistean ag an sagart seo, dhá mbeadh do pheaca chomh héadrom is go ndéarfá leis: "chaith mé cloch le éan" , chuirfeadh sé uaill as fhéin i mbosca an fhaoistean: "Cén fáth ar chaith tú an chloich leis an éan nó céard a bhí an t-éan a dhéanamh ort". Sin comórtas leis na peacaí eile a d'inseofá, chuile pheaca a d'inseofá, bheadh sé ag cur béic as fhéin: "cén fáth a rinne tú é". Chaon scréach aige sa mbosca an fhaoistean. Chuile rud dhá dúirt tú bhí chuile duine taobh amuigh de bhosca an fhaoistean ag éisteacht leis. Cheapfainn gob é an chaoi a raibh sé sa gcaoi go gcuirfeadh sé náire ort nach ndéanfá aon pheaca. Ach séard a bhí sé a dhéanamh, bhí go leor daoine nach raibh ag inseacht a bpeaca dhó mar bhí faitíos acu roimhe agus rud eile bheadh a fhios ag chuile dhuine cén peaca a rinne tú mar bhídís ag éisteacht thimpeall bhosca an fhaoistean.

Ach an oiread leis an sagart paráiste a bhí anseo againn naoi déag tríocha cúig, (An tAth. Michael Conlon), fear as Tír Chonaill a bhí ann, fear sean, is dóigh go raibh sé ag breith suas ar cheithre scóir san am agus ní raibh aon Ghaeilge aige, b'fhéidir go raibh corrfhocal. Nuair a bheadh sé ag seanmóir agus ag caint ar mhuintir na Gaeltachta . . ., déarfadh sé leo nuair a bheidís ag goil ag an bhfaoistean aige a ghoil ag a chluais dheas. Dúirt sé go raibh Gaeilge ina chluais dheas, ach déarfainn gurb é an chaoi a raibh sé go raibh an chluais eile bodhar. Ní ag an gcluais dheas a bhídís ag goil ach ag an gcluais a bhí bodhar mar bheadh a fhios acu go maith nach dtuigfeadh sé go mbeidís in ann rud ar bith a inseacht dó agus ní thuigfeadh sé iad. Ach bhíodh *queue* ag a chluais chlé agus tá a fhios agat fhéin cén fáth.

1.4.7 *Sagart agus carthanacht*

Scéilín beag eile faoi shagairt: bhí an fear seo, bhí sé pósta agus an oiread seo gasúir aige, dúirt sé leis fhéin go gceannódh sé bó le haghaidh na ngasúir go mbeadh bainne acu. Ach níor chuimhnigh sé mar is ceart air fhéin mar ní raibh mórán talamh aige ach timpeall is acra, agus ansin bhíodh an t-acra fada aige ar an mbóthar leis an mbó, agus bhí beagán contúirt ansin freisin. Dúirt duine eicínt leis a ghoil go dtí an sagart paráiste mar bhí talamh aige i ngar dhó go dtabharfadh sé áit bó dhó agus dúirt an sagart paráiste nach dtabharfadh go raibh an iomarca beithígh aige ar an talamh. Ansin dúirt duine eile leis go raibh talamh ag an ministéara timpeall is míle uaidh go dtiocfadh sé go dtí an ministéara.

Chuaigh sé go dtí an ministéara agus thug an ministéara é sin dó, ach go gcaithfeadh sé a ghoil ag seirbhís Dé Domhnaigh sa séipéal Protastún a leithéide seo d'am agus gheall sé dhó. Rinne sé é sin, bhí sé ag goil ag seirbhís sa teach Protastún. Ansin bhuail beagán eagla air go raibh sé ag déanamh rud as bealach agus thosaigh sé ag goil ag aifreann, an chéad aifreann sa séipéal, ní mhaith leis a chreideamh a thabhairt suas mar gheall ar aon bhó. Casadh an sagart paráiste leis an lá seo. Chuala sé an rud a bhí sé a dhéanamh, agus d'fhiafraigh sé dhó cén fáth a raibh sé ag goil ag seirbhís. "Tá mé ag goil ag seirbhís," a deir sé, "le féar le haghaidh an bhó a fháil agus tá mé ag goil ag an aifreann," a deir sé, "le mo anam a shábháil." Sin é an freagra a thug sé ar an sagart.

1.4.8 *Sagart agus Ifreann*

Bím ag smaoiniú siar – tá an duine ag smaoiniú siar ar an athrú atá teagtha ar chuile shórt ó bhí mise ag fás suas ins na tríochadaí nó sna ficheadaí, an chaoi a raibh an sagart san am sin agus an chaoi a bhfuil an sagart an lá atá inniu ann, tá athrú mór air, b'fhéidir gur athrú le feabhas é.

Mar a dúirt mé cheana faoi na sagairt, dúirt mé nach raibh teora ar bith leis an méid a bhíodar a dhéanamh agus a rá leis na daoine. Bhí faitíos roimhe an sagart mar dhá mbeifeá in aghaidh sagart, bheifeá in aghaidh an pharáiste, d'iontódh chuile dhuine sa bparáiste in t'aghaidh. "Ó, sin é an duine atá in aghaidh an tsagairt." In áit ar bith a dtiocfá, bhí tú in do chaora dhubh. Bhí an *power* sin ag an sagart go raibh sé in ann na daoine a thabhairt leis, san am céanna go raibh sé crua ar na daoine ar a lán bealaí.

Ní chloisim anois caint ar bith ar Ifreann nó meas tú an bhfuil Ifreann imithe uiliug nó an bhfuil duine ar bith ag goil go hIfreann nó an bhfuil deireadh curtha leis? Mar shampla, sa gCarghas tá muid in ann anois feoil a ithe chuile Aoine den Charghas ach Aoine an Chéasta. Níl aon troscadh le déanamh ach an chéad Chéadaoin den Charghas. Ach meas tú na daoine seo a d'ith feoil Dé hAoine agus a rinne peaca, an bhfuil siad sin in Ifreann agus tá muide ag fáil *away* leis? Tá siad seo in Ifreann mar gheall peaca a dhéanamh san am; d'itheadar feoil Dé hAoine, agus de réir an tsagairt b'in peaca marbh, go mórmhór sa gCarghas. Agus tá muide anois an lá inniu ann – cead againn feoil a ithe Dé hAoine. Ní thuigim é sin, an té a d'ith é blianta ó shin go bhfuil siad in Ifreann agus tá an t-ádh orainne ní bheidh aon chall dhúinn a ghoil go hIfreann. Feictear dhom nach bhfuil sé sin ceart.

Ní chloisim mórán caint ar bith ar Ifreann i seanmóir. Fadó nuair a bheadh an sagart ag déanamh seanmóir ar Ifreann agus ar na pianta a bhí in Ifreann – mar a deir sé fhéin, *brimstone* agus chuile shórt a raibh teas ann, bhí sé ag baint leis. B'uafásach an rud duine a chaitheamh isteach i dtine, is cuma sa diabhal céard atá déanta aige. Ach feicthear dhom go raibh sé uafásach ar Dhia duine a chaitheamh isteach thál[55] go gob é a chruthaigh é.

---

[55] *tharla go.*

Nuair a bheadh an sagart ag caint faoi phianta Ifreann – na daoine sa
tine, is beag nach mbeifeá ag fáil teas na tine i dteach an phobail ag
éisteacht leis go mbeadh an tine do do bhualadh san éadan. Bhí sé sin
curtha isteach ionat go raibh sé chomh huafásach sin – ceart go leor
pian achar gearr, ach pian gan deireadh ar bith. Ní raibh deireadh ar
bith leis an bpian seo, gan tús gan deireadh. Á, níl a fhios agam, tá sé
sin go dona. Bhuel, bhí sé sin curtha isteach sna daoine san am, mar
bhí faitíos roimhe Ifreann acu.

1.4.9 *Creideamh na bProtastún*

Ach ag goil siar ag caint ar Ifreann. Bhí faitíos ar na daoine faoi
Ifreann. Ní raibh tús ná deireadh leis an bpian a bheadh ort in Ifreann.
Ach an oiread le scéilín beag faoi dhá chailín a bhí ag súgradh sa tsráid,
agus bhí liathróid acu, cailín beag Protastún agus cailín beag Caitliceach.
Bhí liathróid acu agus tháinig an liathróid amach i lár an bhóthair agus
lean an cailín beag Protastún amach í, tháinig carr agus maraíodh an
cailín beag. Bhí an *pal* ansin – bhíodh sí ag cuimhniú i gcónaí ar an
gcailín beag, ar an *pal* a bhí aici, agus san oíche thosódh sí ag
caoineadh. Nuair a fiafrófaí dhi cén fáth a raibh sí ag caoineadh: "ó," a
deir sé, "tá an cailín beag seo in Ifreann," a deir sí, "mar ní Caitliceach
a bhí inti," agus mara mbeifeá in do Chaitliceach san am Ifreann a bhí
i ndán duit, agus bhí sé curtha isteach sa gcailín beag seo go raibh a
pal, go raibh sí istigh sa tine. Dhúiseodh sí seo san oíche agus thosódh
sí ag scréachaíl go raibh an cailín beag seo sa tine.

Mar bhí sé sa g*Catechism* a bhí agamsa nach raibh aon duine
sábháilte taobh amuigh den chreideamh Caitliceach . . . go raibh chuile
dhuine eile ag goil go hIfreann, go raibh an t-ádh linne go raibh muid
ina gCaitliceachaí; mar dhá mbeadh muid in aon chreideamh eile, ní
raibh tada i ndán dúinn ach Ifreann.

Ní raibh aon chead ag an gCaitliceach a ghoil ar shochraide Protastún,
ní raibh aon chead aige a ghoil i séipéal Protastún. Chaithfeadh sé é sin
a inseacht sa bhfaoistean go raibh sé istigh i séipéal Protastún. Is beag
nach raibh cead agat caint le Protastún go raibh sé chomh dona sin san
am. Ní raibh aon Phrotastún thimpeall orainne, ní raibh a fhios againn
tada faoi aon Phrotastún san áit a raibh muid. Ní cheapfainn go raibh

aon Phrotastún taobh thiar de na droichid (Béal an Daingin), an áit a raibh mise i mo chónaí. Is dóigh go raibh muid ag ceapadh gur cineál beithíoch aisteach eicínt a bhí sa bProtastún. Bhí sé sin déanta amach go gcaithfeá a bheith in do Chaitliceach le bheith sábháilte.

Ach ag goil siar ar Phrotastúin agus ar chreideachaí eile – ansin bhí athrú mór nuair a tháinig muid aniar go Condae na Mí. Tá a fhios agam go raibh mé ag obair ag feilméara agus Protastún a bhí ann, fear an-deas a bhí ann. Bhí mise ag ceapadh go mba cheart adharca a bheith ar Phrotastún, nach mba cheart go mbeadh sé cosúil le duine nádúrtha ar bith. Ach fear deas a bhí ann agus bhí sé iontach maith mar bhíodh muid ag obair nuair a thiocfadh an fómhar, bhíodh muid ag obair in éindí leis.

Rud amháin a dúirt sé lá a chuir ag smaoiniú mé – tá mé ag smaoiniú ó shin air. Bhí cleachtadh ar Chaitliceachaí aige a bheadh ag obair in éindí leis. Nuair a chloisfidís an clog ag bualadh i dteach an phobail, bhainfidís a gcaipíní dhíbh fhéin. Bhíodh seanchlabhstar de chaipín ormsa freisin in éindí le chuile leaid óg eile san am, ach ní ligeadh an faitíos orm mo chaipín a bhaint dhíom ar fhaitíos go mbeadh sé ag breathú orm go bhfeicfeadh sé mé. Dúirt sé, ar chuma ar bith, an lá seo – is dóigh go raibh sé ag ceapadh nach Caitliceach ar bith a bhí ionam. Deir sé: "níl tú ag rá do chuid paidireachaí," a deir sé, "nuair atá an clog ag bualadh," a deir sé, "mar atá an chuid eile." "Ó," a deirimse, "bím corruair." "Bhuel, abair do chuid paidireachaí," a deir sé. Cuimhneoidh mé choíchin air sin. B'fhéidir go raibh sé ag ceapadh go raibh faitíos agam roimhe fhéin mo chaipín a bhaint dhíom agus mo chuid paidireachaí a rá. Sin é an chéad uair a chuir mé eolas ar Phrotastún, nuair a tháinig mé go Condae na Mí, agus ní raibh mé in ann tada a rá leo, ach gur dream iontach deas a bhí iontu, b'fhéidir i bhfad níos deise ná go leor den dream a raibh mise ag baint leo ar a lán bealaí.

Bhí aithne agam ar fhear amháin, bhínn ag caint leis. Bhí a bhean ina Caitliceach. Fear an-deas a bhí ann. Is iomaí uair a bhínn ag caint i dteach ósta leis. Bhí braon ólta an oíche seo aige, ar chuma ar bith, agus bhí sé ag caint ar an gcreideamh Caitliceach. Tarraingíodh[56] anuas an creideamh. Deir siad nár cheart creideamh ar bith a tharraingt anuas

---

[56] /tarəN'uː/, ach /tarN'iːw/ is coitianta sa bpearsa seo.

nuair atá tú i dteach ósta, ach níor rinne muide mórán cainte faoi mar fear nach ndéanfadh mórán cainte i dtaobh rud ar bith é. Dúirt sé go raibh braith air uair amháin iontú ina Chaitliceach. Dúirt sé é sin liom. "Ach nuair a fheicim," a deir sé, "an chaoi a bhfuil na Caitliceachaí ag goil ag an aifreann," a deir sé, "tá tú ag ceapadh go bhfuil siad iontach," a deir sé, "ach má tá déileáil ar bith agat leo, tá siad ag iarraidh a bheith ag oibriú an chloiginn ort. Is iomaí uair a bhí mé ag cuimhniú air sin," a deir sé. "Tá siad amuigh," a deir sé, "ag iarrraidh an ceann is fearr a fháil ort." Dúirt sé go mbíodh sé ag smaoiniú ar rud mar sin, go mb'fhéidir go mb'fhearr dhó fanacht ar an gcaoi a bhfuil sé.

1.4.10 *Asarlaíocht*

Tá muid ag athrú anois go dtí cineál asarlaíocht nó seanmhná a bhí ag leigheas daoine fadó. Bhíodar ag ceapadh go raibh cumhacht acu, is dóigh gur cumhacht ón diabhal a bhíodar seo a fháil; bhíodar fhéin ag ceapadh go raibh, ar chuma ar bith. Agus bhí rudaí ag tarlú; chuala mé m'athair agus mo mháthair – bhíodar ag caint fadó go raibh bád amuigh ar an gcuan lá ciúin agus gur *sink*áil an bád gan aon údar. Bhíodh daoine ag rá – ceann de na seanmhná seo a chonaic an bád, le cumhacht an diabhail gur bháigh sí an bád.

Sé an chaoi a raibh siad seo ag obair, dhá mbeadh duine tinn sa gcomhluadar, thiocfá go dtí iad seo ag iarraidh leigheas orthu, mar a thiocfá go dtí dochtúr. B'fhéidir nach dtiocfadh an tseanbhean ag breathú ar an té a bheadh tinn ar chor ar bith, ach chaithfeá chuile shórt a inseacht di faoin duine – is dóigh nach raibh sí ag goil á dhéanamh in aisce.

Ag baint luibheannaí a bheidís seo, cineál luibheannaí áirithe a bhí sa talamh, agus chaithfidís a ghoil amach ar maidin nuair a bheadh an ghrian ag éirí, nó roimhe éirí na gréine. Deir siad go mbídís ar a nglúine, ag imeacht ar a nglúine ins na garrantaí ag cuartú na luibh[57] seo, is dóigh gur luibheannaí a bhí an-ghann – go raibh cumhacht ar leith ag baint leis an luibh seo. Agus deir siad rud ar bith a d'fheicfidís nuair a sheasfaidís suas ag tíocht ar ais go dtí a dteach fhéin, más duine, beithíoch nó cé bith cén sórt rud é fhéin, nó cén sórt duine go maróidís

---

[57] /liv´/, ainmneach uathu in áit iolra.

é sin in áit an té a bhíodar ag goil a leigheas, gob in é an sórt cineál diabhlaíocht a bhí acu. Sin é an seandream ag rá fadó go raibh a leithéidí ann, bhíodar, is dóigh, sna ficheadaí agus nuair a bhí mé fhéin ag fás suas, chloisfinnse caint orthu go mbíodh cumhacht acu . . . Má bhí cumhacht acu, is dóigh gob é an diabhal a bhí á thabhairt dhóibh.

1.4.11 *Cleamhnas agus pósadh*

I dtaobh an fear a bheadh ag goil amach ag cuartú mná: bhí bealach dhóibh fhéin acu san am. Ní raibh mórán duine ar bith, fear óg ná bean óg, ag cúirtéaracht san am sin. Is dóigh go raibh sagairt ina aghaidh, go raibh sagairt an-mhór i ndiaidh fear óg agus bean óg a ghoil amach in éindí san oíche ag cúirtéaracht mar bhíodh an sagart amuigh ar na bóithrí agus an maide draighin aige agus bhíodh faitíos roimhe an sagart acu. Ní raibh mórán dhó sin ann go dtí le blianta gearra anuas i gConamara – bhuel, blianta gearra – sin blianta shular fhága muide Conamara, air sin atá mé ag caint. Sé an chaoi a dhéanfaí *match* nó go bhfaighfí bean do chuile dhuine a bheadh ag cuartú mná dhá mb'fhéidir bean a fháil dhó. Ní fheicfeadh sé aon bhean ach an lá a spáinfí dhó í, nó an oíche a spáinfí an bhean dhó go dtí an lá a mbeadh sé á pósadh. Thiocfadh sé fhéin agus comrádaí leis amach ag cuartú mná, b'fhéidir go dtiocfaidís mílte ó bhaile ag siúl an chuid ba mhó dhó mar ní raibh mórán deis taisteal ann san am . . . Bhíodh tuairisc curtha acu cén áit nó baile a dtiocfaidís ag cuartú na mná agus, ar ndóigh, bhíodh comhluadar ansin a mbíodh ceathrar nó cúigear iníon ann. Nuair a thiocfaidís isteach sa teach a mbeadh na mná óga ann – is iondúil gur tráthnóna a thiocfaidís isteach ann, ní sa lá mar is dóigh go mbíodh an fear a bhíodh ag cuartú na mná beagán náireach san am, go mbíodh sé cúthail agus go mba mhaith leis an oíche a bheith ag taisteal aige, an oíche a bheith aige ag críochnú suas sa teach. Nuair a thiocfaidís isteach i dteach a raibh triúr nó ceathrar mná ann, nó b'fhéidir cúigear mná óga, ba í an bhean is sine, an inín is sine ba mhó ab fhearr leis an athair is an mháthair le cleamhnas a dhéanamh, leis an inín ba sine sa gcaoi go mbeadh seans maith ag na cinnte a bhí níos óige ná í. Rud eile, dhá mbeadh an inín is sine, dhá mbeadh sí níos slachtmhaire[58] ná an

---

[58] /slaxtər'ə/.

chuid eile b'fhéidir go gcoinneofaí píosa maith sa teach í mar sin í a spáinfí, an té is slachtmhaire a spáinfí don fhear a bheadh ag cuartú na mná. Spáinfí an ceann seo dhó. Ní fheicfeadh sé mórán na hiníneachaí eile, ach spáinfí í seo agus . . . nuair a bhí an lampa á lasadh b'fhéidir nach mórán solais a cuirfí ar an lampa san oíche nuair a tabharfaí isteach an cailín seo sa gcaoi nach bhfeicfeadh sé rómhaith í. D'inseofaí a hainm dhó. D'inseodh ansin an fear a bhí ag déanamh an – an fear teangan a bhí aige, d'inseodh sé dhóibh chuile shórt faoin fhear a bhí ag iarraidh na mná: cén talamh a bhí aige nó cé na beithígh a bhí aige, cé na caoirigh a bhí aige, nó cén sórt fear a bhí ann. Chuile shórt d'inseodh an fear teangan é – fear teangan atá mé a thabhairt air, ach an fear a bhíodh in éindí leis. Nuair a bhíodh chuile shórt insithe agus chuile shórt socraithe agus an buidéal fuisce nó an buidéal poitín, nó hé bith cén sórt buidéal a bheadh ann tugtha amach agus iad ag ól socrófaí lá an phósta. An t-am sin, b'fhéidir nach mbeadh sé ach seachtain nó coicís tar éis an match a dhéanamh. Ní raibh an oiread rudaí ag baint leis an lá atá inniu ann.

Nuair a bheadh sé sin socraithe cuirfí ceist ansin – ba mhaith leo déanamh siúráilte ansin go raibh an fear seo ag inseacht na fírinne. B'fhéidir gur ag inseacht bhréag faoin fhear seo a bhí sé, b'fhéidir nach raibh an oiread sin stoc ná rud ar bith aige ar an gcaoi sin. Chaithfidís fáil amach dháiríre céard a bhí aige. Agus an t-aon fhear amháin a bhí in ann é sin a fháil amach dhóibh: an sagart paráiste a bhí acu féin. Thiocfadh sé sin ag caint leis an sagart paráiste an fhir[59] agus gheofaí amach chuile shórt – céard a bhí aige. Agus má bhí sé feiliúnach le haghaidh na hiníne bheadh chuile shórt ceart go leor.

An iníon a spáineadh dhó ní shin í an iníon a phósfadh sé, an iníon ba míshlachtmhara a phósfadh sé. Bhí an ceann slachtmhar – sin í an ceann deireanach a phósfadh, dhá bhféadaidís é, mar bhí sí sin ag cur amach an dream nach raibh chomh slachtmhar léi. An ceann ba mhíshlachtmhar[60] ba í a phósfadh i dtosach agus ainm an chailín sin a tabharfaí dhó. Go dtí lá an phósta ní fheicfeadh sé aríst í go bhfeicfeadh sé an ag altóir í, ní fheicfeadh sé ach aon uair amháin í go bhfeicfeadh

---

[59] Dúradh an t-alt dúbailte sa struchtúr ginidigh seo, ach bhí stopadh beag sa gcaint tar éis *paráiste* san abairt seo.
[60] Foirm chomparáideach gan infhilleadh.

sé ag an altóir í. Nuair a fheicfeadh sé ag an altóir í, is dóigh mar nár rinne sé an oiread sin breathú uirthi le solas dorcha lampa gur shíl sé go raibh siad ceart. Ní chuimhneodh sé choíchin go raibh rud ar bith mar sin ag tarlú.

Bhídís ag oibriú an chloiginn ar an bhfear a bhí ag cuartú na mná. Deir siad caoi eile a bhídís á oibriú: beirt deirfiúr – nuair a bhíodh an beirt deirfiúr ag an altóir, an ceann ba slachtmhar aríst a spáinfí dhó, ach nuair a bhíodh an bheirt acu ag an altóir d'athróidís áit ag an altóir sa gcaoi go mbeadh an ceann ba mhíshlachtmhar ba ghaire dhó agus b'in í an ceann a phósfadh sé. Deir siad go raibh sé sin ag goil ar aghaidh i gConamara agus, b'fhéidir go raibh sé ag goil ar aghaidh in áiteachaí eile chomh maith céanna.

An chaoi a rabhadar feisithe lá a bpósta

An t-éadach a bhí orthu! Bhí cóta dearg gibíní ar an mbean óg le trí ró *velvet* agus bhí cineál seaicéad os cionn an chóta, seaicéad a bhí déanta as fleainín glas agus bhíodh an seaicéad seo thíos ina mbásta. Bhíodh cailéar mar a bheadh cailéar *tunic* a raibh *hook an' eye* ina huachtair agus ró cnaipí dubha suas i lár báire, agus faoi na cnaipí dubha seo bhí téip dhubh curtha . . . agus bhíodh téip dhubh thimpeall ar mhuinchillí an seaicéad seo agus seál ansin os a cionn sin. Sin é an feisteas a bhí ar an mbean óg. Na bróga a bhí uirthi – bróga laga arda ag goil suas leath a colpa. Ach bhí an cóta ag goil síos go dtí na rúitíní. Ní raibh sé an-éasca cén t-achar a bhí na bróga ag goil suas a fheiceáil.

An chulaith a bhíodh ar an bhfear nó an chaoi a raibh sé feistithe – bhíodh culaith ghlas ceanneasna agus treabhsar glas, veist ghlas agus seaicéad glas agus léine den stuf céanna, léine fleainín, agus deir siad go mbíodh mórán chuile dhuine acu ag caitheamh drár fleainín faoin treabhsar glas. Bhíodh an drár fleainín déanta as bréidín bán. Agus bróga tairní a mbíodh crú ar a mbarr agus crú ar a sáil. Sin é an chaoi a raibh an fear óg feistithe.

Béilí lá an phósta

Ansin nuair a thiocfaidís abhaile teach na máthar, máthair na mná, sin é an áit a mbíodh an béilí réitithe. Sé an béilí a bhíodh ann san am:

arán agus tae agus cácaí *currants,* agus bagún agus uibheachaí. Sin é an bricfeasta a bhíodh rompu. Nuair a bheadh sé sin thart agus an chisteanach glanta suas thosódh an ceol agus choinneodh an ceol ar bun go mbeadh sé domhain san oíche. Ceol, damhsa agus amhráin, agus daoine ag damhsa astu fhéin. An fear is fearr ansin a bhainfeadh moirtéal, fear a bheadh ag damhsa as fhéin bhíodh sé sin molta go haer mar bhí sé ag baint níos mó torann as an urlár ná a bhí an méid eile. An té is mó torainn a bhainfeá amach as an urlár bhí tú ag fáil marcannaí air sin.

Ach ní raibh caint ar bith san am sin ar mhí na meala. Bheadh an bhainis thart ansin agus thiocfadh an obair ar aghaidh lá arna mháireach. Ní raibh caint ar rud ar bith eile ach obair, hé bith céard a bhí le déanamh nó hé bith cén t-am den bhliain a bheadh ann, an ghnáthobair sin í a dhéanfaí.

Scéal faoi phósadh i gConamara le mo linn fhéin

Ach an oiread leis an scéal a chuala mé i dtaobh an phósadh seo a tharla i gConamara le mo linn fhéin. Bhí triúr deartháir ann agus bhí siad ag éirí tuirseach ag réiteach dhóibh fhéin. Chaithfeadh duine acu a ghoil abhaile agus an dinnéar a réiteach den phortach nó anuas as an gcladach nó hé bith cén áit a mbeadh sé go mbeadh an dinnéar ag an triúr in éindí. Chaithfeadh duine acu an bricfeasta a dhéanamh agus chaithfeadh duine an tae tráthnóna a dhéanamh. Chaithfeadh duine acu an níochán a dhéanamh agus an teach a choinneáil glan. San aimsir dheiridh bhíodar ag fáil an-tuirseach den obair seo agus chuireadar a n-intinn le chéile go gcaithfeadh duine acu bean a thabhairt isteach, go mbeadh bean an-fhóinteach sa teach le obair an tí a dhéanamh agus breathú i ndiaidh rudaí taobh amuigh chomh maith céanna. Ach bhí go maith, chuireadar ar chrainnte é, trí chrann, an deartháir a tharraingneodh an crann is faide chaithfeadh sé sin pósadh. Chuireadar ar chrainnte é agus tharraing duine acu an crann is faide agus ní raibh goil as aige, chaithfeadh sé a ghoil amach agus bean a chuartú agus fuair sé an bhean. Is dóigh go raibh neart airgid sa teach seo, go raibh sé go maith as, agus gur mhaith le bean seans a fháil air a thíocht isteach ann.

Bhí chuile shórt ag imeacht ceart go leor agus bhí sí ag níochán don triúr agus ag réiteach béilí don triúr, bricfeasta, dinnéar agus suipéar, agus chuile shórt mar sin go ceann píosa, agus d'éirigh sí tuirseach den obair seo. Cén fáth a mbeadh sí ag réiteach don triúr. Rinne sí suas a hintinn nach réiteodh sí ní ba mhó ach dhá fear fhéin. Bhí go maith nuair a tháinig an méid eile isteach – nuair a tháinig an triúr isteach ní bhíodh ach aon dinnéar amháin réitithe. Ní bheadh ann ach aon bhricfeasta amháin ar maidin agus aon tae amháin tráthnóna agus aon éadach amháin nite. D'éirigh siad gorm ansin – an dá dheartháir eile. Cén fáth a raibh an obair seo ag goil ar aghaidh. Bhíodar ag tabhairt amach: "cén fáth ar phós muid thú, nár phós an triúr againn thú le breathú ina ndiaidh?" Ach ní raibh sí sásta leis sin. Dúirt sí nár phós sí ach aon duine amháin ag an altóir agus gob in é an t-aon duine amháin a raibh sí ag goil ag breathú ina dhiaidh an fhad is a mhairfeadh sí, go gcaithfeadh an bheirt eile iad fhéin a réiteach orthu fhéin nó déanamh dhá uireasa. Tharla sé sin i gConamara, ní aon scéal déanta suas é – tharla sé.

1.4.12 *Cleamhnas á dhéanamh do John*

Mo dheartháir fhéin, thiar i Leitir Calaidh ansin, blianta fada ó shin – bhíothadh ag iarraidh bean a fháil dhó fhéin. Cuimhním go maith air, chuaigh muid siar as an teach seo. Bhí gaolta ag an gcomhluadar le muintir an tí, . . . bhí dearthair John (MÓC) pósta ag deirfiúr bean an tí, sin é an fáth a rabhadar ag iarraidh an bhean a ghoil amach do John. Ach ní raibh a fhios ag John mórán faoi nó go dtáinig muid isteach ann . . ., is dóigh go raibh buidéal poitín ag John Hynes, deartháir Bhríd, ag goil isteach, tá a fhios agam, ar chuma ar bith, go raibh muid ag ól. Ní raibh a fhios ag John céard a bhí suas i dtosach; bhí sé siúlta isteach ann. B'fhéidir go mb'fhearr dhá n-insífí beagán dhó céard a bhí ar bun, ach níor tharla sé ar an gcaoi sin. Bhí an oíche á caitheamh agus bhí athair na mná ag iarraidh focla a chur siar ina bhéal, ach ní raibh a fhios ag John cén chiall a bhí leo, b'fhéidir go raibh beagán barúil aige san aimsir dheiridh dhó cén chiall a bhí leo; nár mhaith leis a inín fhéin a ghoil go Meiriocá, go mb'fhearr leis dhá mbeadh sí ag maireachtáil sa tír . . ., mar a bhí an chuid eile acu i Meiriocá agus ní thabharfainn aon mhilleán dhó air sin. Dúirt sé: "tá an iníon atá agamsa sa mbaile agus níl fear ar bith ag tíocht á hiarraidh," agus bhí sé ag cur focla i mbéal John i gcónaí . . . Ní raibh John ag rá mórán, is dóigh go raibh sé cúthail san am céanna, bhí barúil aige go raibh chuile mhéir á shíneadh i dtaobh John, bhí a fhios aige ansin céard a bhí suas. Ach níor dhúirt sé leis an athair go bpósfadh sé í nó nach bpósfadh.

Nuair a bhí an oíche caite agus muid ag goil abhaile bhí a fhios aige go maith céard a bhí ag tarlú agus dúirt sé liom fhéin: "cén chaoi a dtabharfaidh mé isteach an bhean seo," a deir sé, "ag Máirtín agus ag Máire," mar bhí deirfiúr agus deartháir sa mbaile ag an am. "Bhuel," a deir mise, "níl sé ag iarraidh ort í a thabhairt isteach láithreach; níl aon chall dhuit í a thabhairt aníos amáireach leat," a deir mise, "ná seachtain ó amáireach ná, b'fhéidir, bliain ó amáireach," a deir mise. "B'fhéidir go dtabharfaidh sé bliain de thraíáil dhuit," agus deir mise: "níl aon chall dhuit í a thabhairt isteach ag Mairtín ná Máire. Nach ndéanfaidh éanachaí an aeir nead agus ligfidh siad an t-ál amach? Cén fáth," a deir mise, "nach mbeifeá in ann teach a dhéanamh, nach bhfaighfeá deontas le haghaidh a dhéanamh." Ach níor rinne sé tada agus chuaigh an cailín bocht go Meiriocá agus tá sí ag maireachtáil fós i Meiriocá.

1.5 *Béal an Daingin agus Muintir Lupáin*

1.5.1 *Béal an Daingin*

Tá mé ag goil ag caint anois ar ghoil amach go Béal an Daingin mar b'as Béal an Daingin a tháinig mo mháthair, bean de mhuintir Lupáin a bhí inti; agus bhí uncail agus dhá aint dhom amuigh i mBéal an Daingin agus théinn amach ann go leor deireadh seachtaineachaí. Ar ndóigh, bhínn ag déanamh jabannnaí beaga dhóibh siúd ag fosaíocht na mbeithígh agus á gcur abhaile, ag déanamh obair den tsórt sin. Ag imeacht sa mbád in éindí le m'uncail, b'fhéidir anonn go Ros Muc siar Tigh Phat Conraí ar an nGairfeanach ag siopadóireacht agus ag iarraidh málaí plúir agus rudaí den tsórt sin, agus ag iascach amuigh ar an gcuan. Nuair a bhíodh sé ag iascach amuigh ar an gcuan, bhí buráit[61] ann, agus

---

61 Féach FGB *bráite* (ceannfhocal), *buráite, muráite*; FFG *muráite*; Ó Máille (1974: 147) *muráite, baráite*.

chaitheadh sé ansin teach i Ros Muc agus binn a theach fhéin, Tigh
Choilm Uí Lupáin, agus teach pobail Ros Muc agus teach eicínt eile, níl
a fhios agam anois cén áit a raibh teach eile, ach chaitheadh sé na trí
theach a thabhairt díreach ar a chéile, agus chaitheadh sé teach eicínt
eile thoir i gCamas agus áit eicínt eile thiar in Inis Treabhair agus nuair
a bheidís sin uiliug tugtha ar a chéile aige, bheidís ar aon líne amháin,
chaithfeadh sé síos an dorú ansin, agus diabhal fhios cé na ballachaí a
tharraingíodh sé isteach. Ach níl a fhios agam fhéin an bhfuil a fhios ag
mórán i saol an lae inniu cá bhfuil na marcannaí sin. B'fhéidir anois go
bhfuil mise ag goil amú cineál ar na marcannaí mé fhéin, ach is mór an
truaí go bhfuil dearmad déanta ar a leithéide de rudaí.

. . . Sin é a bhíodh muid a dhéanamh an t-am sin – isteach is amach
go Béal an Daingin ag tabhairt cúnamh do m'uncail agus do mo dhá aint.
Bhíodh m'athair ag baint mhóna amuigh ann, bhíodh sé ag cur mhóin ar
caladh ann. Theagadh bád ann ag tabhairt na móna uaidh. Tá a fhios
agam, ar chuma ar bith, go mbínn ag tarraingt na móna aníos áit a
dtugadh siad An Droim Mhór air, mé fhéin agus deirfiúr agus deartháir
liom b'fhéidir, go dtí an Crompán Mór i mBéal an Daingin, ag tarraingt
clochmhóin agus dhá dtitfeadh fód den mhóin sin sa gcois ort bheadh
*jump*áil agat – dhá chliabh, ba le m'uncail an t-asal a bhíodh agam.

Ach bhíodh go leor daoine eile freisin chomh maith linn ag tarraingt
mhóna ar caladh, muintir an bhaile. Bhí fear amháin ann agus bhí sé
asal aige, agus bhí sé in ann iad uiliug a *ghuide*áil[62] agus péire cléibh
ar chaon cheann acu. Nuair a bhídís ag líonadh na gcléibh, ní bheadh
agat orthu ach bord an chléibh agus ní raibh aon bhaol go dtitfeadh aon
fhód. Bhí an mhóin uafásach trom, clochmhóin a thugaidís uirthi. Bhí
an fear seo in ann na seacht n-asal a sheoladh roimhe mar a bheadh sé
ag seoladh beithígh roimhe. Bhíodh an-tsaol ann ag an am agus spóirt
agus greann agus rudaí mar sin.

Níl mé réitithe fós le Béal an Daingin. Sé an caitheamh aimsire ansin a
bhíodh againn sna hoícheantaí fada sa ngeimhreadh: theagainn fhéin agus
m'uncail, b'fhéidir go mbeadh sé tuairim is leithmhíle ó bhaile, bhí
seanfhear ann a mbíodh an t-uafás scéalta aige, chuile scéal a chuala tú

[62] /jaiɖɑːl/.

ariamh, scéal fiannaíocht agus chuile chineál scéal. Bhí na scéalta sin
tugtha anuas aige óna athair agus óna sheanathair[63] ó siar na céadta bliain.
Sin é an t-aon chaoi amháin a dtáinig na scéalta seo: na gaiscíochaí móra
a bhí in Éirinn fadó, scéal Chlann Lir agus Clann Uisnigh agus Clann
Tuireann agus chuile chineál clann dhá raibh ariamh ann, na Fianna uiliug,
Fionn mac Cumhail agus Oisín, Oisín agus Naomh Pádraig agus gach a
raibh acu ann uiliug. Bhí na scéalta seo ag an bhfear seo. Go ndéana Dia
trócaire air! Ní bheidh a leithéide aríst ann. Thóigfeadh sé oíche fhada,
bhuel, b'fhéidir nach mbeadh an oíche an-fhada mar ba fear é a bhíodh
ag obair, theastaigh uaidh a ghoil ag obair ag an am mar ní raibh mórán
airgid le fáil. Ach deireadh sé: "teagaigí lá arna mháireach agus
críochnóidh muid an scéal," bhí an scéal chomh fada sin. Meas tú an
bhfuil mórán in ann scéalta mar sin a inseacht inniu? Tá faitíos orm nach
bhfuil . . .

Tá go leor seanchais imithe uainn faoin gcréafóg nach gcloisfear go
brách agus is mór an truaí é. Ach i dtaobh tuilleadh den tseanchas, tá a
fhios agam, ar chuma ar bith, nuair a bhínn fhéin agus m'uncail ag goil go
dtí teach fear na scéalta go dtugadh sé leis píosa beag iarainn ina láimh
aige tuairim is troigh go leith ar fad. Agus nuair a bhíodh an oíche caite
agus b'fhéidir an oíche dubh, shádh sé an píosa iarainn seo i bhfód móna,
fód a bheadh leathdhóite, go mbeadh deargadh maith ar chaoi ar bith air
agus shádh sé an bior trasna thríd. Agus sin é an deis solais a bhíodh
againn ag tíocht abhaile. Dhá mbeadh cineál *breeze* beag gaoithe ann
bheadh an fód i ngar a bheith caite nuair a bheadh an duine sa mbaile.
Bhí suas le tuairim is leithmhíle le ghoil againn. Ní raibh aon chaint ar aon
flashlamp an t-am sin . . . B'uafásach an rud ag imeacht trasna na gcnocáin
thar chlaíochaí ach go mbíodh eolas a bhealaigh aige, níl a fhios cé na
clocha agus na carraigreachaí a chasfaí dhúinn, san am céanna nuair a bhí
duine óg ach bhí m'uncail, go ndéana Dia trócaire air, sean go maith ag
an am – bhíodh muid in ann a mbealach a dhéanamh. Níl a fhios cé na
scéalta agus na hamhráin a bhíodh aige. Ach faraor, ní aon fhear amhráin
a bhí ionam, is mór an truaí nach bhfuil siad bailithe síos, ar ndóigh, is
dóigh go bhfuil siad bailithe síos uiliug anois.

---

63 /oːn ahərˊ əgus ənə 'hanˌahərˊ/.

1.5.2 *Stuifíní*

Siod anois caitheamh aimsire eile a bhíodh ag m'uncail. Thug sé an samhradh seo mé soir an áit a dtugaidís an tAibhnín air, áit a mbíodh stuifíní le fáil, éiscín beag a bhíodh ag tíocht aníos ón bhfarraige agus ag goil suas ar an loch. Bhí sé tuairim is ceathair nó chúig orlaí ar fad, breaicín beag dubh. Theagaidís aníos ina mílte ag goil suas ar an loch, ag síolrú. Bhí deis ag fear an Aibhnín le breith orthu seo, bhí sórt claí déanta aige ar chaon taobh den tsruthán agus bhí mála mór fada a raibh cineál fonsa ina bhéal a choinneodh osclaithe é. Bhí maide fada ansin os cionn an fonsa a bhí i bhfastó idir na clocha. Leagfaí cloch ar an maide seo agus bhíodh an mála mór seo ag imeacht le fána leis an sruth. Nuair a d'fheicfí na stuifíní ag goil aníos ina mílte, b'fhéidir go mbeadh an oiread seo mílte acu ann. D'fheicfeá ag goil aníos iad. Nuair a bhídís san áit chúng seo den tsruthán léimfeadh fear ina bhróg agus ina threabhsar, gach a mbeadh ann, isteach taobh thiar dhóibh agus thosódh sé ag réabadh le maide san uisce. Chuirfeadh sé uiliug isteach sa mála iad agus ansin nuair a bhídís curtha isteach sa mála aige tharraingníodh sé aníos an mála, chaitheadh sé suas ar an gcladach é agus b'fhéidir go mbeadh ceathair nó cúig de dhoiséinneachaí faoitíní (stuifíní) nó, b'fhéidir, níos mó tóigthe aige. Agus ansin chuirfí síos an mála aríst agus ansin tráthnóna nuair a bheadh an oiread seo de na stuifíní seo tóigthe, hé bith cé mhéad duine a bheadh ann, roinnfí na stuifíní seo uiliug orthu. Tá a fhios agam, ar chuma ar bith, go bhfaigheadh muid fhéin a gcuid acu mar muintir an Aibhnín ní rabhadar gann ná gortach nuair a bhídís ag roinnt. Roinnidís amach go fial fairsing ar chuile dhuine, gach a mbeadh ann.

1.5.3 *An teach*

Bhí an teach timpeall is cheithre chéad slat nó os a chionn ón bhfarraige, bhí sé thuas ar ard, sé an chaoi a mbeifeá ag goil síos le fána nuair a d'fhágfá[64] an teach thrí na garrantaí go dtiocfá go dtí an cladach. Bhí céibh bheag déanta thíos ansin faoin teach agus bhí áithe taobh thiar de nuair a bhí sé ag plé le poitín . . . Bhíodh clochar mór ann

---

[64] /dɑːɣɑː/. Níor díghlóraíodh consan deiridh na fréimhe /ɣ/ faoi thionchar mhoirféim an 2p. ua. MC sa gcás seo, féach A.1.7.5.4.

agus sé an t-ainm a thabharfadh sé ar an gclochar: Clochar na gCoiníní, agus bhíodh sé (a athair) ag cur súilíní ribe agus ag marú corrchoinín in éindí leis an iasc san am.

1.5.4 *Cloch ar aghaidh an tí*

Bhí cloch amach ar aghaidh an tí, ní ar aghaidh an tí ach ag binn an tí, timpeall is deich slat amach ó bhinn an tí agus bhíodh Colm ag déanamh go leor oibre ar an gcloich sin, ina cineál, mar a bheadh siúinéara, fear adhmaid, bhí sí ina bhinse aige – chuile shórt a bheadh le déanamh. Is iomaí uair a chonaic mé agus bior fada iarainn aige agus é ag déanamh crúca dhó le cur ar chleith le bheith ag baint choirlí. Théifeadh sé – bhí sé dearg sa tine aige, thiocfadh sé amach ar an gcloich seo agus an casúr aige agus é dhá lúbadh ag déanamh crúca dhó le cur ar chleith.

1.5.5 *Bás Aint Máire*

Chonaic mé rud eile ag tarlú ina dhiaidh, rud a chuir an-bhrón orm nuair a cailleadh Aint Máire, bhí sí píosa maith go dona, is iomaí uair a bhínn ag breathú uirthi agus ba rud nuaí liomsa an uair sin ag breathú ar dhuine dona.   Corruair d'éireodh sí ag an tine, ach bhí sí ag caitheamh an chuid is mó de na laethantaí sa leaba ach a bhfuair sí[65] bás. Ach nuair a tháinig fear den bhaile ag déanamh contra agus b'in í an bhinse a bhí ag an bhfear sin, an chloich seo, ar an gcloich seo a bhí sé ag obair.   Bhí an chloich seo timpeall is cheithre troithe ar fad le cupla troigh ar leithead agus cupla troigh ar airde agus uirthi sin a bhí – déanadh go leor oibre ar an gcloich sin. Ní fhaca mise aon chontra á déanamh ariamh go dtí an t-am sin agus mé i mo ghasúr ag breathú air ag déanamh bosca fada, bhí sé leathan ar cheann agus caol ar an gceann eile.   Is dóigh gur ar an gcloich seo a déanadh contra le haghaidh Pheige, Phádraig agus Seán a fuair bás leis an bhfiabhras tar éis an chogadh mór mar bhí *black flu* ann an t-am sin. Bhí an triúr básaithe taobh istigh de trí seachtainí agus ní raibh aon leigheas lena aghaidh san am, dhá dheartháir agus deirfiúr de Cholm.

---

[65] /axə wuər ʃiː/. Tá feidhm an chónaisc ama acht go [aːxə] i nGaeilge na Gaillimhe pléite ag Ó Buachalla (1972: 148-50).

Nuair a tóigeadh amach í, bhínn ag breathú ar na daoine á tóigeáil amach, cuireadh isteach sa gcontra í, tugadh síos ag an gcladach í isteach i mbád soir go Camas, mar thoir ansin a bhí a muintir curtha. Ní dheachaigh mise soir ar an tsochraide[66], is dóigh nach bhfuair mé cead a ghoil soir . . . Bhí mé i mo shuí anois ar an gcloch seo, cloch dhá mbeadh caint aici a bheadh in ann scéalta a inseacht. Tráthnóna amach sa samhradh a bhí ann, ní raibh aon duine thart agus mé ansin le mo chuid smaointe ag breathú ar an ngrian ag goil síos taobh thiar de Chnoc Mordáin, tráthnóna deas sa samhradh agus an lonradh a bhíonns an ghrian a chaitheamh ar an gcuan agus an cuan ina chlár gan smeámh as aer agus mise le mo chuid smaointe mo shuí ar an gcloich seo ag breathú siar ar an gCora Bháin, ag breathú ar an gCora a bhínn féin agus Máirtín ag iascach agus mo dhorú agam fhéin in éindí leis á chaitheamh amach den aill ag inseacht dhom le é a dhéanamh.

1.5.6 *Colm Ó Lupáin*

Ag smaoiniú nuair a bhínn ag goil siar in éindí le Colm Ó Lupáin siar ag Tigh Phat Conraí, An Ghairfearnach a thabharfadh sé ar an áit a raibh Peait Chonraí ina chónaí. Is cuimhneach liom an chéad lá a dtáinig mé siar sa mbád in éindí leis. Tharrraing sé an bád isteach timpeall is cupla céad slat ón siopa – agus léimneacht amach ansin – ní raibh aon chéibh ann – ach léimneacht amach ar aill a bhí ann as an mbád go ndeachaigh muid suas Tigh Phat Conraí. Bhí muid istigh sa siopa agus bhí sé fhéin agus fear an tsiopa ag caint le chéile agus d'fhiafraigh fear an tsiopa dhó cé mba leis an gasúr a bhí in éindí leis, cé é fhéin nó cé leis é agus dúirt sé leis, sé an freagra a thug sé ar fhear an tsiopa: "sé t'ainm agus do shloinne fhéin atá air," mar Maidhcil Conraí a bhí ar fhear an tsiopa, ba é a athair, Peait Conraí, ba leis an siopa – sé a athair a bhí sa siopa blianta fada ó shin. "Más mar sin é," a deir sé, "caithfidh mé bronntanas a thabhairt don fhear óg seo," agus líon sé páipéar mór *sweets* measctha, bhí siad measctha aige, cuimhním go maith air, agus thug sé dhom iad. Fear iontach deas a bhí ann agus blianta fada ina dhiaidh bhí mé ag caint leis agus d'inis mé an scéal dhó . . .

---

[66] /toxriːdˈə/.

Fir Chonamara ag tabbairt súil tbart ar tbaillte na Mí.

Nuair a d'fheicfinn thimpeall ar an gcloich seo a raibh mé i mo shuí, daoine ag tíocht ag iarraidh buidéal fuisce, ag caint le Colm Ó Lupáin ag seanchas ar an saol, ag caint ar bháid, ag caint ar iascach, Colm agus é ag léamh an pháipéir mar ní raibh mórán thart san am sin a bhí in ann léamh. Fear é a bhí go maith ag scríobh agus ag léamh agus bhí sé ag rá ariamh nach mórán oideachas a fuair sé nuair a bhí sé ag fás suas ag goil ag an scoil nuair a scaoilfí amach na beithígh as an seomra ranga le na gasúir a ligean isteach. Bhí an múinteoir ag imeacht ó theach go teach áit ar bith a bhfaigheadh sé áit le na gasúir a ligean isteach. Bhíodh sé ag rá ariamh gob in é an chaoi ar fhoghlaim sé. É fhéin a d'fhoghlaim é fhéin. Bhíodh sé ag léamh i gcónaí. Bhíodh sé ag fáil leabhartha ó dhaoine, leabhar ar iasacht agus choinnigh sé suas é sin mórán go dtí an t-am a cailleadh anseo é naoi déag ceathracha ceathair, i gCondae na Mí atá sé curtha. Choinnigh sé suas an léamh ar feadh a shaoil agus nuair a bhíodh Pádraig ag léamh, ná aon duine ag léamh bhíodh sé ag ceartú, ag rá leis nach raibh sé ag rá na bhfocla ceart. Bhíodh sé ag ceartú i gcónaí mar a bheadh[67] múinteoir ann, mar bhí sé ag tabhairt cúnamh do dhaoine le léamh a dhéanamh.

Bhí sé lá amháin i nGaillimh, bhí sé ag rá liom, agus é ina fhear óg agus is dóigh go raibh na *peelers* ag teastáil san am agus bhí aithne aige, ní raibh a fhios agam ar *sergeant* a bhí ann, bhí aithne aige air mar bhíodh sé síos go Gaillimh ins na báid, rud ar bith a bheadh ag teastáil, rud faoi leith a bhíodh uaidh thiocfadh sé síos go Gaillimh mar bhí an Crompán lena thaobh agus bhí an Crompán san am sin mar a bheadh áras, an áit a mbeadh busannaí. Má bhí tú ag iarraidh a ghoil go Gaillimh ní raibh ort ach a ghoil siar go dtí an Crompán agus iarraidh ar dhuine de na bádóirí thú a thabhairt go Gaillimh agus bheifeá aníos aríst in éindí leis.

Ach bhí sé lá ag siúl i nGaillimh a deir sé, agus casadh air an *peeler* – *peelers* a bhí ann san am – agus d'fhiafraigh sé dhó an mbeadh fonn air a ghoil isteach sna *peelers*. Bhí Colm – bhí sé os cionn sé troithe ar airde, fear an-déanta a bhí ann, fear crua. Dúirt Colm leis nach raibh mar bhí an dá dheirfiúr sa mbaile san am agus ní raibh mórán deis aige

---

[67] /mar ex/.

le ghoil. "Teara uait go dtí an beairic ar aon nós," a deir sé. "Bhuel," a deir, "le sásamh intinne a thabhairt duit tiocfaidh mé in éindí leat go dtí an beairic." Ach, chuaigh sé isteach sa mbeairic, ar chuma ar bith, in éindí leis an ngarda agus chuir sé scrúdú air mar is dóigh go raibh sé ag ceapadh ó tharla gur as Conamara é nach mbeadh mórán oideachas aige. Chuir sé beagán scrúdú air agus, ar ndóigh, ní raibh stró ar bith ar Cholm hé bith cén scrúdú a cuireadh air a *phassáil*, agus dúirt sé leis a ghoil isteach sna *peelers* nó "mara dtiocfair," a deir sé, "gheobhaidh tú – caillfear bocht thú," agus bhí Colm ag cuimhniú air sin go dtí an lá a fuair sé bás. Is dóigh nach raibh sé i ndán dó a ghoil sna *peelers*.

Fear iontach a bhí ann, an-chomharsa a bhí ann, fear réchúiseach. Nuair a bhfuair[68] sé bás, tháinig Costigan isteach, an múinteoir a bhí anseo –[69] bhí sé leagtha amach sa seomra ar chúl na tine. Cuimhním – bhí mé istigh sa seomra nuair a tháinig Costigan isteach, agus dúirt sé go raibh an-fhear tar éis bás, an-scoláire, a deir sé, den seantsaol.

Ach tá mé ag goil ar ais aríst as Ráth Chairn go dtí an áit a rugadh agus a tóigeadh Colm, é fhéin agus a chuid deirfiúrachaí (agus deartháracha). Bhí Colm, Seán, Pádraig, agus Micil agus Máirtín; bhí Bríd, Máire, Peige agus Áine, b'in í mo mháthair, sí ba hóige. Bhí comhluadar mór acu ann. Bhí Colm – bhíodh sé ag léamh i gcónaí do mhuintir an bhaile agus ba é an *radio* agus an *television* a bhí ann san am é, scéal ar bith a bhí uathu bhíodh a fhios ag Colm é mar bhíodh na páipéir faighte aige, bhí an-tóir ar léamh aige ar feadh a shaoil.

1.5.7 *Colm Ó Lupáin agus an scoil scairte*

Tá mé ag goil siar ar shaol Cholm Ó Lupáin, ocht déag seachtó haon a rugadh é, is dóigh gur mhair a athair thríd an ngorta, is dóigh go raibh sé in ann scéal a inseacht faoin ngorta agus an chaoi a dtáinig sé thríd an ngorta. Mar a dúirt mé cheana, fear mór a bhí ann le scríobh, níl mé ag rá gur scríobh sé aon leabhar, ach bhí sé ag scríobh do mhuintir an bhaile agus bhí sé ag léamh dhóibh . . . agus san am céanna i mBéarla a bhíodh sé ag scríobh. Tá mé siúráilte nach raibh sé in ann aon Ghaeilge a scríobh, mar nuair a bhíodh na múinteoirí seo ag goil thart

---

[68] /wuər´/.
[69] Deireadh le Taobh A den téip.

ag múineadh, mar a deir siad i mBéarla: *the hedge school master,* ag goil i bhfolach ag múineadh gur Béarla a bhí acu. Mar a dúirt mé cheana, nuair a chuirfí na beithígh amach as an stábla go dtiocfadh na gasúir isteach, bhuel sin é a bhí sé a rá nach raibh sé in aon teach scoile ceart ariamh agus gur i mBéarla a bhí sé ag scríobh agus ag léamh . . .

1.5.8 *Máirtín Ó Lupáin*

Agus bhí Máirtín an t-am seo sa mbaile as Meiriocá agus thiocfadh Máirtín siar chuile lá go dtí ard a bhí os cionn an Chrompán Mór, siod é an áit a mbíodh na báid á lochtú agus bhí claí ansin, claí a bhí trasna garraí mór, claí ard a bhí ann, bhí sé níos airde ná aon chlaí eile thart. Agus ní raibh sé críochnaithe, shílfeá gob é an chaoi a raibh sé ag goil ag déanamh dhá leith den gharraí seo blianta ó shin, ach níor críochnaíodh an claí.

Bhí sé blianta maith ina dhiaidh nuair a chuala mé nuair a cailleadh a thriúr deartháir agus a dheirfiúr le fiabhras. Tiugadh[70] fiabhras an t-am sin mar a thiocfadh fliú sa lá atá inniu ann agus ní raibh mórán lena aghaidh . . . Fuaireadar bás óg; d'imigh Máire go Meiriocá agus thug sí anonn Máirtín. Ach nuair a tháinig Máirtín abhaile, bhíodh sé thiar ag an gclaí seo ag breathú i gcónaí air agus ag breathú siar os cionn an Chrompán Mór agus síos ar bhóthar síos go dtí an Baile Láir a bhí ag goil síos go dtí íochtar an Daingin, bhí timpeall is leithmhíle den bhóthar sin le feiceáil aige san áit seo agus is dóigh gur b'é an chaoi a raibh sé ag súil le litir as Meiriocá mar scaradh óna mhuintir é de bharr é a bheith ag déanamh, mar a deir sé fhéin, *moonshine,* mar dhá bhfanfadh sé i Meiriocá san am gheobhadh sé príosún mar bhí sé in aghaidh an dlí a bheith ag déanamh ól san am sin; ní raibh aon ól ceadaithe agus sin é an fáth a dtáinig sé fhéin agus a mhac agus a bhean anall, go n-imeodh rudaí thart. Bhí rún aige a thíocht ar ais aríst go Meiriocá, ach ní tháinig sé ar ais ariamh. Sin é an fáth go mbíodh sé ar an gcnocán sin, mar fear an phosta ba as an Aibhnín é, agus nuair a thiocfadh sé abhaile – nuair a bhíodh sé ag goil – tar éis a chuid jab[71] a dhéanamh, dhá mbeadh aon

---

[70] /tˈugǝx/, bunfhoirm AGC.
[71] Foirm uatha.

leitir aige le haghaidh Mháirtín nó le haghaidh an tí, trathnóna a thabharfadh sé dhó iad agus chuile thráthnóna bhíodh Máirtín thiar ansin.

1.5.9 *Bríd Ní Lupáin*

Ach i dtaobh Bhríd, scéal Bhríd, bhí Bríd Ní Lupáin pósta ag fear a dtugaidís Páidín Láidir air. Bhíodar ina gcónaí áit a dtugaidís Baile an tSléibhe air ag íochtar Ros an Mhíl ansin, bhí sé i ngar do *Station* an *Water-guard*. Bhí feilm bheag talúna ansin aige. Séard a bhí i Páidín Láidir fear beag a bhí ann, níl a fhios agam cén fáth a tugadh an leasainm sin air: Páidín Láidir, Páidín Ó Cualáin.[72] Sé an tslí mhaireachtála a bhí ag Páidín – bhíodh asal aige, ach an oiread le Pádraig Ó Conaire – bhí asal mór dubh aige agus bhí dhá chléibh déanta aige le haghaidh a bheith ag tabhairt bainbh as Gaillimh, dhá chléibh mhóra a bhí anseo. B'fhéidir go dtabharfadh sé sé bhanbh as Gaillimh ins chaon chliabh. Bhíodh sé fhéin ag marcaíocht ar an asal taobh thiar de na cléibh scaití agus d'éireodh sé, b'fhéidir, ag a trí nó a ceathair a chlog ar maidin agus, b'fhéidir go raibh os cionn fiche míle le ghoil isteach go Gaillimh aige ar an margadh, agus b'fhéidir go bhfaigheadh sé doiséinne bainbh agus thiocfadh sé thart lá arna mháireach á ndíol sin le duine ar bith a mbeadh bainbh ag teastáil uaidh. Is dóigh nach raibh mórán ar na bainbh san am . . . Ach nuair a fuair Páidín bás, dhíol m'aint Bríd amach mar ní raibh aon chlann acu, bhí sí uaigneach léi fhéin ann agus tháinig sí ar ais ag a muintir go Béal an Daingin aríst. Nuair a bhí muide ag tíocht go Condae na Mí i naoi déag tríocha cúig tháinig sí fhéin agus Colm in éindí linn as Béal an Daingin; agus ba í an chéad bhean í a cuireadh[73] i reilig Áth Buí naoi déag tríocha seacht, ní mhair sí ach cupla bliain i Ráth Chairn.

1.5.10 *Cloch agus claí*

I dtaobh na talamh, an chaoi a bhfuil sé imithe fiáin mar nuair a bhí muide i gConamara fadó, bhínn ag breathú ar m'athair agus ní raibh dris, feothannán, neantóg, ná créachta, ná salachar ar bith, bhí chuile

72 /ə kuːlaːn′/.
73 /kuruː/, /r/ sa bhfoirm agus ciall *adhlacadh* i gceist agus /r′/ sa ngnáthchiall.

shórt bainte aige. Sé an obair a bhíodh air nuair nach mbeadh sé ag plé leis an earrach, ag baint na clocha as na garrantaí agus á gcur isteach sa gclaí, ag déanamh claíochaí níos airde, ag glanadh na talúna san am céanna agus dhá mbeadh an chloich mhór ansin ann nach mbeadh sé in ann iompar le grónnaí, bhíodh Pádraig in éindí leis agus dhá mbeadh gnaithe mhór ann, b'fhéidir go dtiocfadh duine den chomharsain, cupla duine den chomharsain isteach ag rabhláil na cloch sin in éindí leo go gcuirfí isteach sa gclaí í. Ach ansin bhíodh clocha ann nach mbeidís in ann a rabhláil, bhí sí róthrom agus chuirfeadh sé tine uirthi – is dóigh go dtóigfeadh sé roinnt móna – agus nach phléascfadh[74] an chloich nuair a bheadh an tine an fhad sin agus nuair a bheadh cupla leith déanta den chloich, bhí sé in ann í a chur isteach sa gclaí.

Rudaí eile a bhíodh sé a dhéanamh, bhíodh iarann a dtugaidís *jumper* air, bhí sé sin faighte aige, ní raibh aon cheann acu aige bhíodh ceann ar iasacht aige; agus thóigfeadh sé an oiread seo achair ort poll a dhéanamh sa gcloich le *jumper*. Bheadh tusa ag coinneáil an *jumper* – an bolta iarainn seo – agus barr géar (leathan) air agus duine eile á bhualadh ag ord, agus chuile bhuille a bhuailfeadh sé ar an *jumper* chasfá an t-iarann agus bheifeá ag cur braon uisce isteach sa bpoll san am céanna agus sin é an chaoi a mbeadh sé go mbeadh an poll déanta cupla orlach, nó hé bith cén t-achar orlaí a déanfaí é, agus dhéanfadh sé trí cinn acu sin i ndiaidh a chéile i lár na cloiche; agus nuair a bhí sé sin cróchnaithe aige, bhí ging iarainn aige agus chuirfeadh sé isteach sa gceann a bhí i lár báire agus thabharfadh sé iarraidh den ord dhe agus chuirfeadh sé isteach sa gceann a bhí ar chaon taobh dhó sin agus thabharfadh sé iarraidh den ord den ghing iarainn seo agus sa deireadh dhéanfadh an chloich dhá leith. Bheadh siad níos éasca nuair a bheadh dhá leith déanta dhóibh a bheith á n-iontú le gró go gcuirfí isteach sa gclaí iad.

---

[74] /ɴax fʲlʲeːskəx/, réaladh séimhithe ar lorg *nach*.

1.6 *Poitín*

1.6.1 *Déanamh an phoitín*

Tá muid ag goil ag caint ar phoitín anois píosa. {Bhí muintir mo mháthar, bhí siad go maith, bhí a fhios acu chuile shórt i dtaobh poitín óna thosach go dtí críochnú chuile shórt. Bhí sí fhéin agus a muintir i mBéal an Daingin – bhíodh siad ag déanamh poitín go minic agus bhí beagán eachtraí acu anois is aríst. Uair amháin, ar chuma ar bith, bhíodar ag déanamh poitín agus déanadh spíodóireacht orthu agus tóigeadh Colm. Níl a fhios agam cén *fine* a fríothadh air, ach is dóigh go raibh sé sách crua – go mór an jab é a íoc.[75] Tháinig bean an chomharsa ag déanamh comhbhrón leis mar gheall gur tóigeadh é agus gur *fine*áladh é. Dúirt an bhean seo le Colm: "hé bith a rinne spíodóireacht ort nár fheice sé Dia." "Ó, a bhean chóir", a deir sé, "ná habair! Go bhfeice sé Dia roimhe mhaidin."} Bhí sí sin ag goil ag tabhairt traíáil mhaith dhó.

B'é an áit ab uaigní a bhídís ag déanamh an phoitín, thíos le cladach sa gcaoi nach gceapfadh aon gharda go mbeadh a leithéide á dhéanamh ann. {I gConamara bhí áithe acu ansin le haghaidh cruachan ag go leor tithe i gConamara thíos le cladach, mar dhá dtóigfí aon duine – dhá mbeifeá ag obair in áithe agus thú á thóigeáil rithfeá agus níl acu ach an t-arbhar, dhóirtfidís é sin agus mhillfidís é; ní raibh aon duine in ann déanamh amach cé mba leis an áithe mar bhí sé déanta sa gcladach agus ba le cabhlach Sasana an cladach.} Ní raibh aon bhaint den chladach agat.

{Ach bhí eachtra beag eicínt eile ann. Bhí ceaig fuisce i bhfolach ag Colm, bhí sé le cladach in áit eicínt. Tá mé ag ceapadh go raibh an oíche an-dubh agus chuaigh mo mháthair in éindí leis, ní raibh sí pósta ag an am, chuaigh sí in éindí leis go bhfaigheadh sé an ceaig fuisce. B'fhéidir go raibh daoine thíos ag an teach a bhí ag ceannacht fuisce. Bhí an oíche an-dubh dorcha agus nuair a bhí siad ag goil síos go dtí an áit a raibh an ceaig curtha i bhfolach aige sheas sé ar chat nó easóg nó rud eicínt a chuir síon uafásach as agus, ar ndóigh, scantraigh mo mháthair: "ó, fág aige é! fág aige é! fág aige é!," a dúirt sí. "M'anam nach

---

[75] Frása copaile atá anseo.

bhfágfaidh,"[76] a deir Colm, "m'anam nár chaill tusa aon bhlas leis." . . .}

Ach tharla rud eicínt freisin i dtaobh poitín, i dtaobh séipéal Leitir Mealláin – thiar ar na hOileáin bhíodar ag déanamh poitín, thiar ar Inis Oirc nó Inis – agus ba é an comhartha a bhí ag an mbean a bhí taobh amuigh dhá bhfeicfeadh sí na Gardaí ag tíocht, mar bhí an *bell* taobh amuigh, ní raibh sé i bhfastó do theach an phobail, agus chuaigh sí isteach, ar chuma ar bith, nuair a chonaic sí na Gardaí ag goil siar agus bád *rubber* acu agus thosaigh sí ag greadadh an *bhell*. Bhí sé seo, b'fhéidir, ag a dó dhéag san oíche le comhartha a thabhairt don dream a bhí ar an oileán, ach ní raibh sí in ann é sin a dhéanamh ach aon uair amháin mar cuireadh glas ar an m*bhell* ansin, ach shábháil sí uair amháin iad.

Ach ag goil ar ais go Béal an Daingin, is iomaí uair a bhí Colm ag inseacht dom, nuair a bhíodh sé á dhéanamh bhídís ag feiceáil rudaí. Ach b'fhéidir gur an iomarca ól a bhí déanta acu. Ach le toradh maith a bheith ar an bpoitín leagfaidís *jug* agus gloine amach ag na daoine maithe, b'fhéidir cupla uair san oíche agus nuair a thiocfadh sé ar ais i gcónaí bhíodh an *jug* folamh agus nuair a bheadh a ndóthain ólta acu bheadh an *jug* iontaithe bun os cionn. Sin le rá go raibh a ndóthain . . . Bhí sé sin anois fíor. Is dóigh gur duine eicínt den bhaile a bhí á ól . . . Deir siad ansin go mbíodh an-toradh ar an bpoitín nuair a tharlódh sé sin. Ansin bhíodh sé ag déanamh poitín oíche eile agus bhí an tine ag goil as faoin bpota air, bhí sé á rá sin. Nuair a bheadh sí lasta cuirfí as aríst í; bhí sé ag ceapadh gur comhartha a bhí sé a fháil – déarfainn gob in é an t-am a rugadh air.

Ansin nuair a bhí an bheirt acu ag tíocht aníos Bhéal an Daingin nuair a casadh an oiread seo madraí dhóibh, nó céard a casadh ar an mbóthar dhóibh agus iad an-deireanach ag tíocht abhaile, bhí sé an dó nó an trí a chlog. {An oiread seo caiple agus madraí mar a bheadh cineál *hunt* ann.} Ní fhaca ann ach duine acu é, déarfainn. {Ní fhaca Colm ar chor ar bith iad. Chonaic, chonaic! Nár dhúirt sé: *"that's a good dogeen,"* a thug sé ar an madadh mór.} Níl a fhios agam an bhfaca sé an oiread le mo mháthair. Bhuel, bhí sí á rá sin go dtí an lá a cailleadh í go bhfaca sí an oiread seo ar an mbóthar an oíche sin {mar a bheadh *hunt* anois

---

[76] /nax waːghə/.

in aice le Tigh Réamonn Liam.} Agus tá mé ag ceapadh gur duine nach raibh ól aige ariamh – níor ól sí aon deoir ariamh . . .

Caithfidh muid a ghoil ar ais anois go dtí an Máimín ag déanamh – bhuel, ní fhaca mise ag déanamh – ach dhá *turn* sa Máimín. Séamas Beag a rinne ceann acu agus Colm Ó Lupáin an ceann eile. Déanadh ceann acu – garraí síos ón teach, cén t-ainm a thabharfá ar an ngarraí seo: Garraí an Lao – bhí sé i ngar do Gharraí an Chrainn, garraí a raibh an crann ann a bhí ag síneadh leis, taobh thíos den chlaí a dhéanadh é. Sé Séamas Beag a rinne é sin, agus sé Colm Ó Lupáin a rinne istigh i dteach na bó, sa scioból é. Sin an méid a chonaic mé á dhéanamh, ach is dóigh gur déanadh níos mó ná sin ann ach níor déanadh le mo linnsa mórán ann.

1.6.2 *Oirnis an phoitín*

Ach ansin nuair a tháinig muid go Condae na Mí – ní raibh aon chaint ar aon phoitín nó go bhfuair m'athair bás, Márta ceathracha ceathair a fuair sé bás. Bhí sé sé mhí básaithe nuair a bhuail an smaoineamh duine eicínt. Is dóigh gob é Pádraig é, agus rinne sé fhéin an stil uiliug; rinne sé an *worm* agus an *arm* agus an pota. {Sé an sórt pota a bhí ann: pota mór millteach a chrochadh ar an tine agus chuir sé clár adhmad air} – Sin é an chéad phota, sin é an chéad iarracht a déanadh. An bhfuil a fhios agat na potaí móra a bhfuil trí chois orthu? agus cuireadh clár adhmaid air agus cuireadh caipín buicéad bun os cionn . . ., ach ní raibh mórán toradh air sin. {I ndiaidh sin fhéin baineadh braon beag dhó.} Ach ansin nuair a déanadh aríst é, déanadh níos fearr é mar ní raibh – bhí deacrachtaí ag baint le bheith ag déanamh braich. Chaithfeá an braich[77] a chur ag bogadh ar feadh dhá oíche agus dhá lá. Agus cé mhéad cloch arbhair a chuirfeá ag obair? {B'fhéidir go gcuirfeá leathbhairille nó rud eicínt mar sin.} Leathbhairille: sin céad meáchain – fan go fóilleach nach sé clocha déag atá i mbairille eorna, cheithre clocha déag i mbairille coirce agus fiche cloch i mbairille cruithneacht – céad meáchain, is dóigh, a chuirfeá ag obair, agus b'fhéidir go gcuirfeá cupla cloch coirce thríd le é a bhaint den dabhach. Cuirfidh tú ag

---

[77] /ə braː/.

bogadh ar feadh dhá oíche is dhá lá, agus tóigfidh tú amach ansin é as an uisce agus ligfidh cead dó silt ar feadh lá eile nó dhá lá. Cuirfidh tú ansin ar an urlár é, agus cuirfidh tú timpeall is troigh ar airde ar an urlár nó go dtosaí sé ag fás – tosóidh na fréamhrachaí i dtosach. Nuair a thosóidh na fréamhrachaí ag cur amach caithfidh tú é a scaipeadh ar an urlár sa gcaoi nach mbeidh sé ach cupla orlach ar airde, agus caithfidh tú é a iontú faoi dhó chuile lá. Tá an gráinne ag iarraidh a bheith ag tíocht ar aghaidh; tá sé ag iarraidh fás agus tá tusa á chur ar gcúl, agus dhá fhad á bhfuil tú in ann é sin a dhéanamh is amhlaidh is mó a bheas toradh agat mar beidh an gráinne ag fáil géarú, nach ea, bhídís ag rá – ag iontú ina phlúr. Trí seachtainí an rud is faide, cheapfainn, a bheifeá in ann é a choinneáil siar. Tá sé ceart go leor i dtaobh na fréitheachaí,[78] ach ansin nuair a thosós an tsleá ag tíocht amach caithfidh tú é a chur ar an áithe ar an bpointe agus é a thriomú, nó mara ndéanfaidh tú é sin beidh an mhaith uiliug imithe as an ngráinne. Nuair atá sé triomaithe ansin agat ar an áithe – bhuel, ansin ní raibh aon áithe i gCondae na Mí agus chaithfeá a bheith ag smaoiniú cén chaoi a raibh tú ag goil á – agus gan fios a bheith ag duine ar bith air go raibh tú ag goil á dhéanamh, go gcaithfeá é a dhéanamh cúramach. Cén chaoi a bhfuil sé ráite: "Más scéal rún é, ná cloise[79] triúr é!" Bhí muide ag iarraidh gan aon duine taobh amuigh den teach cloisteáil céard a bhí muid a dhéanamh.

Chuimhnigh sé ansin . . . pota a chuir sé ar an tine i dtosach, pota mór agus ní bheadh tine an-mhór faoi, agus bheadh sé á iontú istigh sa bpota ag iarraidh an gráinne a thriomú. Ach ansin, bhí sé ag smaoiniú i gcónaí, Pádraig, rinne sé ansin cineál *tray* as *perforated zinc* agus chuir sé fráma air . . . Chuirfeadh sé an *tray* seo os cionn na tine nuair a bheadh sé ag goil a chodladh; ní bheadh an tine an-mhór agus bheadh sí cruaithe[80] ar maidin.

Ansin nuair a bhí sé sin déanta bhí deacrachtaí eile ag baint leis; cén chaoi a raibh sé ag goil á mheilt. Dhá dtabharfadh sé siar ag Newman sa muileann (in Áth Buí) é, chuirfí isteach in éindí le rudaí eile é –

---

[78] Leagan iolra de *fréamh*, féach A.2.

[79] Foirm an 2 p. ua. MO anseo le feidhm an 3p. ua. /klɪʃəx/ sa réaladh rialta ag MÓC agus SÓC.

[80] /kruəiː/. ADB.

d'fhéadfadh sé tarlú. Bhí sé ag smaoiniú cén chaoi a meilfeadh sé é –
níl a fhios agam cén chaoi a bhfuair sé an *crusher* a bhí Tigh Choffey,
cén chaoi a bhfuair sé amach go raibh sé ann? {Bhí sé in *auction* in Áth
Buí agus cheannaigh sé é.} Bhí ríméad air nuair a fuair sé é sin! Ansin
bhí sé sin aige le é a mheilt; bhí sé coinnithe istigh i gcónaí aige, ní raibh
rún ar bith ag goil amach céard a bhí ag tarlú. Ansin nuair a bhí sé
meilte bhí chuile shórt eile an-éasca le déanamh. Ansin é a chur ar an
dabhach nó a chur ar an mbairillí.[81]   Cé mhéad a chuirfeá i chuile
bhairille? {Seacht gcloch a chuirfeá, cheapfainn, i mbairille.} Nuair atá
an rud meilte, bhfuil a fhios agat, tá sé i bhfad níos mó. Chaithfeadh sé
an t-uisce a bheith i ngar a bheith ag fiuchadh nuair a chuirfeas tú air
é . . . Ní fhéadfadh sé a bheith ag fiuchadh. {Sin é an chéad uisce a
chuirfeas tú air . . . caithfidh tú ansin a bheith á mheascadh sin ar feadh
an oiread seo, cupla uair ar chuma ar bith, trí nó ceathair d'uaireantaí á
mheascadh agus caithfidh tú ansin é a shéalú amach.} Bhí rud déanta
le cur síos le taobh an bhairille; bhí plug in íochtar sa mbairille le
tarraingt, corc in íochtar ann. Chuirfeá an leaid seo síos sa gcaoi nach
dtiocfadh amach ach an t-uisce {ní an t-uisce a bhí ann ach an sú} agus
de réir mar a bheifeá – ag tíocht amach bheifeá á chaitheamh isteach i
mbairille eile. Chuirfeá an darna huisce ansin air. { Bhí an darna huisce
fiuchta} le go mbainfeá níos mó as. {Chuirfeadh daoine an tríú uisce air.}
Nuair atá chuile shórt bainte ansin agat as, tá sé curtha ar ais ar an
mbairille, b'fhéidir go bhfuil dhá bhairille anois agat lán. {Ní bheadh
siad lán, b'fhéidir go mbeidís os cionn leath an cheann, níos mó ná
leath. Ansin chuirfeá gabháil air; ní fhéadfá aon ghabháil a chur air go
mbeadh sé teas bainne na bó.}

1.6.3 *Teas an uisce*

{Nuair atá an bhraich déanta agat agus an mheilt agus chuile shórt,
caithfidh tú í a chur ar an mbairille nó ar an dabhach. Ansin caithfidh
tú an t-uisce a chur sa mbairille nó sa dabhach agus caithfidh sé a bheith
ag teas áithrid – sé an chaoi a raibh sé ag fear Chonamara: chuirfeadh
sé a láimh síos sciobtha, tharraingneodh sé thrasna mar sin thríd an

---

[81] Meascán idir uatha agus iolra.

uisce, dhá bhfágfá ann í go ndófadh sé thú, ach go mbeifeá in ann é a dhéanamh sa gcaoi nach ndófadh sé thú. Sin é an teas a bhíodh aige. Chuirfeadh sé air ansin an eorna mheilte. Dhóirtfeadh sé – chaithfeadh sé an bhraich síos ann – é agus thosódh sé ag meascadh agus d'fhágfadh sé ann é is go gcuirfeá ag meascadh, anois agus aríst. Láí a bheadh aige á meascadh nó sluasaid go mbeifeá in ann í a chartadh thrína chéile níos fearr. B'fhéidir go bhfágfá uair ann é.

Ansin bhí cineál deis acu le haghaidh í a shéalú, a dtugaidís an scuab air, . . . bhí sé déanta as slatachaí sailí, cineál gabhlóg agus cois as. Na slatachaí sailí a choinneodh an síol anuas gan a ghoil amach, agus d'imeodh an sú ansin thríd sin. Nuair a shéalófá amach ansin é, bhuel ansin dhá mbeadh sé séalaithe agat, chuirfeá isteach an corc aríst agus chuirfeá an oiread céanna uisce aríst air. D'fhéadfá an t-uisce a chur an darna huair – d'fhéadfá é a chur ag fiuchadh air. Ansin é a fhágáil – é a mheascadh suas agus é a fhágáil uair eile nó mar sin, . . . nuair a bheadh sé sin carta go maith agat agus measctha, é sin a tharraingt ar an gcaoi chéanna aríst. Ansin nuair a bheadh an dá stuf curtha isteach sa mbairille agat, b'fhéidir go mbeadh os cionn trí cheathrúnaí bairille agat, leann a thabharfaidís air, ach ní bheadh sé ina leann fós nó go gcuirfeá an ghabháil air.

1.6.4 *An ghabháil*

Ní fhéadfá an ghabháil a chur ansin air go mbeadh sé sách fuaraithe go dtí teas do chuid fola nó teas bainne na bó, a deiridís fadó; teas bainne na bó tar éis a bleán a bheadh ann. Chuirfeá an ghabháil ansin air – d'fhágfá ag gearradh ansin é go ceann dó nó trí de laethantaí, nó bheadh sé ag gearradh nó go stopfadh an gearradh, go stopfadh sé ag fiuchadh, [go n-imeodh an cúr dhó].

Bheadh cuide den mhin sin fágtha agat nach raibh fiuchta uiliug agat, b'fhéidir go mbeadh trí nó ceathair de chlocha den bhraich fágtha agat tirim, agus mheascfá é sin suas i cineál soitheach[82] eicínt eile agus chuirfeá uisce te uirthi agus mheascfá suas é, agus ansin dhóirtfeá isteach ansin aríst isteach sa mbairille céanna agus thabharfadh sé sin an gearradh

[82] /seːx/.

ar ais aríst. Thosódh sé ag gearradh aríst ar feadh cupla lá eile. Sin é a dtugann siad an caipín air. [An fhad is a bheas sé ag gearradh beidh an grán coinnithe suas i mbarr an bhairille. Nuair a stopfas an gearradh titfidh an grán síos agus nuair a fheicfeas tú é sin tite síos, tá tú ag goil á chur ar an bpota.] . . . Beidh an rud tite síos ar íochtar, ní mhaith leo an t-íochtar a chur ag obair ar chor ar bith mar ní bheadh ann uiliug ach gabháil. Sin a dtugaidís an bhraichlis[83] air, fágtha ar thóin an bhairille.

Chuirfeá é sin isteach sa bpota ansin agus chuirfeá an *worm* i mbairille eile. Chuirfeá an t-*arm* agus an caipín ar an bpota, . . . dhúnfá suas ansin é le stuf a dtugaidís *lutten*[84] air, déanta as min choirce agus uisce, cineál cáca a bhí ann, sa gcaoi nach dtiocfadh gail amach; bhí sé sin thimpeall ar an gcaipín agus thimpeall ar an *arm* agus thimpeall ar an áit a raibh an t-*arm* ag goil isteach sa *worm* agus isteach sa bpota. Ansin tine mhaith agus é a thabhairt timpeall ansin. [Nuair atá sé tioctha[85] timpeall laghdóidh tú an tine] sa gcaoi go mbeidh sé ag fiuchadh go deas réidh. Ní fhéadfaidh aon fhiuchadh mór a bheith aige, mar dhá mbeadh fiuchadh mór aige b'fhéidir go gcuirfeá an caipín in aer dhó [go gcuirfeá chuile shórt síos thríd an *worm*] – fiuchadh ar éigin agus ansin é a fhágáil ag fiuchadh mar sin go deas réidh go dtiocfaidh sé seo á lasadh.

[Beidh tú ag blaiseadh dhó san aimsir dheiridh go bhfeicfidh tú an bhfuil mórán den fuisce ann. . .] Caithfidh sé a bheith á lasadh le bheith á tharraingt. Nuair a stopfaidh sé á lasadh ansin é a chaitheamh suas. [Hé bith céard a bheas ansin agat, líonfaidh tú an pota aríst leis an stuf céanna, má tá lán dhá phota nó trí phota agat. Nuair atá sé sin tarraingaithe agat glanfaidh tú do phota agus do *worm* agus cuirfidh tú isteach an {an tsingleáil[86]} singleáil.] Dúnfaidh tú suas ar an gcaoi chéanna é, cuirfidh tú do chuid *lutten* ag obair. Nuair a bheadh sé ansin an darna huair,[87] sin í an dúbláil.

---

[83] /bralʲiʃ/. Féach Ó Máille (1974: 24) [bra(h)lʲəʃ] ar an bhfocal seo. Deir Williams (1976: 308) gur [braːlʲeːʃ] a chuala sé féin ar an gCeathrú Rua.

[84] Is é 'lúitín' an leagan ortagrafaíoch a thugann Ó Conghaile (1974: 66) ar an bhfocal seo. Cineál plástair déanta as min choirce a choscann sceitheadh gaile atá ann. Ach foghraíocht an Bhéarla is bunús leis an réaladh atá ag MÓC agus SÓC air: [lʲuːtʲin].

[85] /tʲukiː/ ADB an bhriathair neamhrialta *tar*.

[86] /tʲiːŋʲglʲaːlʲ/.

[87] /huərʲ/, is dóigh go bhfuil h-tosaigh anseo ar lorg ghuta deiridh na horduimhreach.

1.6.5 *Tús an phota*

{Dhá mbeadh stuf maith ansin a bheadh agat, bheadh sé chomh láidir. Chuala tú caint ariamh ar thús pota? Bheadh sé go maith le haghaidh cnámhannaí nó daoine a mbeadh tinneas cnámha orthu nó pianta cnámha. Bhídís á chuimilt isteach ina nglúine agus ina gceathrúnaí, ach tá mé ag ceapadh gur mó a d'ólfaidís ná a chuimleoidís. Tá mé ag ceapadh gur ón taobh istigh a bhíodh an leigheas ag tíocht.} Nuair a bhíodh muid á dhéanamh fadó, sé Pádraig a bhí á dhéanamh sa teach san am sin. Bhí mise ag obair ag Walker – bhí tú fhéin (SÓC) ag obair ag Walker – agus bhíodh cúite ag bean Walker. Chuala sí caint go raibh poitín iontach le cuimilt den chú le haghaidh é a dhéanamh aclaí. Bhí go maith, thug mise buidéal aici, ó, bhí mise in ardréim ansin. D'fhéadfá a rá go rabhas! Agus bhí na cúite ansin ag gnóthachaint. Ní ligfeadh Walker mise chun bealaigh an fhad is a d'fhan mé aige . . ., agus lig mé síos ansin é mar gheall ar sheandiabhal a bhí thoir i g*Kilbride*, agus mé ag obair ó dhubh go dubh aici sin. Is mé a shiúil isteach ann . . . {Tá muid réidh leis an bpoitín anois; tá an poitín thíos sa mbuidéal agat le díol.} Féadfaidh tú anois braon a ól!

1.6.6 *Pádraig ag tarraingt uisce don phoitín*

Bhí sé deireanach go maith san oíche, oíche spéirghealaí a bhí ann agus bhí sé ag tarraingt uisce anoir as an ngarraí anoir, bhíodh poll ann, bhíodh beithígh ag ól ann. Bhí uisce gann ag an am, agus b'éigean dó a ghoil soir anseo ag iarraidh uisce, . . . idir a dó is a trí ar maidin, agus d'airigh sé an fear ag goil aníos ar b*hicycle*, aníos an bóthar. Bhí dhá bhuicéad uisce aige, agus bhí na beithígh sa bpáirc, agus chrom sé ar chúl na bó go ligfeadh sé thairis an duine a bhí ag goil aníos ar an m*bicycle*. Chonaic an fear a bhí ar an m*bicycle* – chonaic sé an fear agus bhí a fhios aige gur m'athair a bhí ann a bhí caillte le roinnt blianta roimhe sin. Bhí sé ag ceapadh gur m'athair a bhí ann ag bleán na bó roimhe an lá. Ar ndóigh, níl a fhios cén siúl a bhí aige . . . suas an bóthar, bhí sé scanraithe. Ní chuala muid aon bhlas mar gheall air faoi cheann cupla bliain ina dhiaidh. [Ní mhaith le aon duine a rá go raibh Maidhcilín Conraí á fheiceáil] go raibh m'athair le feiceáil tar éis a bháis.

Sin a shíl sé a bhí ann. Ach fágadh mar sin é, bhí sé blianta fada ar an gcaoi sin.

1.6.7 *Láidireacht an phoitín*

Sé an chaoi a bhfuil sé, má tá tú ag goil á dhíol caithfidh tú é a dhéanamh sa gcaoi go mbeidh an duine in ann é a ól agus le é sin a dhéanamh ansin níl ann ach aon chaoi amháin. Cén fear a bhí á rá, as na hOileáin – nuair a cailleadh Johnny Teaimín sin é an chéad uair a chuala mé é sin: an chaoi a bhfaigheadh sé sin amach an raibh sé láidir nó lag. Gheobhaidís amach freisin i dtaobh súil a choinneáil air. Nuair a chroithfeas tú an buidéal má choinníonn sé súil an oiread seo achair, d'fhéadfadh sé a bheith láidir. {Agus má tá súile deas mín air, tá sé láidir. Ach má tá súile frag air, níl súile frag molta} tá sé lag. D'fhéadfadh sé ansin gan mórán súil ar bith a chur air ag déanamh go mbeadh sé an-láidir, ar nós *castor oil*. Dúirt an fear seo, ar chuma ar bith, chonaic mé á dhéanamh é. Ní raibh ort ach ruainne im a chaitheamh isteach sa ngloine agus má theagann an t-im go dtí íochtar an ghloine, tá sé láidir. Ansin bíodh dhá spúnóg – agus cuir braoiníní beaga uisce sa ngloine nó go dtiocfaidh an t-im in uachtar . . . Bhuel, ansin tá sé in ann é a ól; tá sé nádúrtha le é ól.

1.6.8 *Díol an phoitín*

Bhí sé (Pádraig) ag déanamh pingineachaí san am mar bhí fear in Áth Buí agus bhíodh áit i mBaile Átha Cliath aige agus bhíodh sé á thabhairt dhó sin, bhíodh sé ag obair aige corruair, agus thabharfadh sé buidéal dhó sin agus thabharfadh sé go Baile Átha Cliath dhó é. Rud nuaí a bhí san am sin ann; ní raibh mórán an t-am sin, má bhí leathchoróin nó dhá scilling an buidéal. {Ach airgead maith san am a bhí ann, b'fhéidir amach sa deireadh go raibh sé punt an buidéal.}

Chuala mé an fear seo sa gcaoi a raibh mé ag caint leis le gairid. Dhá mbeifeá ag iarraidh deoch dheas a dhéanamh as: *mixed fruit*, a deir sé, Béarla a bhí aige – punt dhó sin agus cuir buidéal poitín thríd agus fág ar feadh coicís agus tá tú in ann ansin é a shéalú amach as sin. Cheapfainn – nuair atá tú á ól agus é láidir, tá tú á ól sin síos ar do phutógaí, nach bhfuil a fhios agat go maith go bhfuil sé sin ag déanamh damáiste uafásach? Chaithfeadh sé go mbeadh! Rud a chaithfeas tú sa tine agus lasfaidh sé, agus nach bhfuil sé ag lasadh do chuid putógaí agus níl a fhios agat é . . .

Bhfuil a fhios agat, bhí an sagart ag tabhairt amach faoin bpoitín mar gheall ar rudaí a bhí ag tarlú. Tharla rudaí go leor, sin an fáth a dtugadar amach faoin bpoitín le haghaidh deireadh a chur leis. B'fhéidir go raibh údar eile freisin leis mar nach raibh an rialtas ag fáil aon airgead as. Bhí go leor eile, nuair a bheadh duine ar meisce bhí a chiall caillte aige nuair a thiocfadh sé rófhada leis. Shílfeá ansin nár tharla sé chuile áit i gConamara a raibh siad, chuadar thart – nach raibh siad i Ros Muc? {Chuile áit.}

Níor thug (Pádraig aon aird ar na sagairt) mar bhí sé á thabhairt do shagairt; bhí sagairt á ól. D'fhéadfá a rá go raibh sagairt á ól agus an-tóir acu air. Ní raibh aon dochar ann mar, is dóigh, dhá mbeadh sé ólta ceart, gan asal a dhéanamh dhuit fhéin leis. Duine ar bith a chailleanns a chiall leis, bhuel sin – ag an duine fhéin atá sé sin.

{Má chuireann tusa poitín, tar éis a dhéanamh, poitín breá láidir, a chur isteach i gceaig daraí agus má fhágann tú bliain sa dair é, beidh dath tugtha dhó den dair, agus ansin dhá bhfágfá deich mbliana ann é, bheadh dath Jameson air. Bhfuil tusa ag ceapadh anois go bhfuil Jameson ná iad seo ag cur poitín isteach i gceaigeannaí agus á fhágáil deich mbliana? [D'fhéadfá a rá nach bhfuil!] Bhíodh siad á dhéanamh fadó, ach níl siad á dhéanamh anois. An poitín a dhéanfá inniu nó an fuisce a dhéanann siad inniu, tá siad sin ag rá go mbeifeá in ann é sin a ól amáireach agus é daite. Tabharfaidh sin *your old Irish Whiskey* air!} . . .

Ní raibh a fhios ag aon duine ariamh; níor díoladh deoir i Ráth Chairn. Níor tugadh aon phoitín d'aon duine ariamh, b'fhéidir go raibh corrsagart[88] a bhí – a thabharfadh sé fhéin buidéal dhó. Tugadh do chorrshagart é ceart go leor, ach ní bhfuair aon duine as Ráth Chairn é. {Bhuel, fuair san aimsir dheiridh é.} Fuair siad san aimsir dheiridh é, ach sna chéad bhlianta ní bhfuair. Nuair a bhí tusa á dhéanamh, bhí tú á thabhairt – nárbh uafásach an ceann é, bhí sé ag tíocht isteach as *Navan*

---

88 /ˈkaurˌsagərt/. Comhfhocal gan túschonsan an dara heilimint a bheith séimhithe, stad beag sa gcaint roimh an dara heilimint.

uair, sa ngeimhreadh a bhí ann agus sneachta ar an talamh, agus bhí fear posta ag tíocht isteach. Agus bhí truaí aige don fhear an phosta[89] . . . agus thug sé buidéal beag den fhear an phosta go dtéifeadh sé é. Ach bhí go maith, cupla lá ina dhiaidh – ní raibh sé ach cupla lá nuair a dúirt fear amháin leat go dtug tú buidéal poitín do fhear an phosta. Nach uafásach sciobtha a bhí sé gaibhte thart, ach is dóigh go raibh béal mhór ar fhear an phosta. Bhfuil a fhios agat, rud ar bith a déarfas tú i Ráth Chairn tá sé ag goil ag – tá sé chomh maith agat é a inseacht don (*Meath*) *Chhronicle*.

1.6.9 *Cúisiú John*

Ansin rugadh ar John, cén bhliain a rugadh ort? {Níl a fhios agam beo cén bhliain í fhéin: seachtó rud eicínt, seachtó ocht nó naoi. Bhí dhá bhairille leanna agam; bhí mé sa gcúirt. Ba cheart dhuit an *Chronicle* sin a fháil.} Bhí dhá bhairille leanna aige nuair a rugadh air agus nach raibh poitín freisin ann? Bhí an oiread seo aige, ar chuma ar bith, agus dúirt sé gur lena aghaidh fhéin é leis an mbreitheamh, dúirt sé go mba lena aghaidh fhéin é a bhí sé aige. {"*For my own use*," a dúirt mise.}

1.6.10 *Seanchas eile faoin bpoitín*

Ach ansin bhí garda i g*Kilmessan*, bhíodh aithne mhaith ag Pádraig air, bhí sé fhéin agus Pádraig an-*phaly* lena chéile. Ach ní raibh a fhios agam cén chaoi a raibh a fhios aige go raibh Pádraig á dhéanamh in éindí le Maidhc (Churraoin). D'fhiafraigh sé de Phádraig dhá bhfaigheadh sé braich dhó nó dhá bhfaigheadh sé eorna an mbeadh sé in ann – dúirt Pádraig go ndéanfadh sé *turn* dhó dhá bhfaigheadh sé an eorna. Fuair an garda an eorna, ar chuma ar bith, agus rinne Pádraig – rinne sé an *turn* dhó, hé bith cén toradh a bhí aige, níl a fhios agam. Ní raibh sé mórán achair ina dhiaidh sin nuair a aistríodh é as *Kilmessan*, aistríodh é go dtí áit eicínt i gCondae Mhaigh Eo, agus áit bhocht i gCondae Mhaigh Eo, áit a raibh an stuf seo á dhéanamh; agus déanadh *sergeant* dhó. Ní raibh sé mórán achair ann nuair a bhí sé ar an páipéar an Domhnaigh, ar an b*Press* ar an gcéad bhileog: pictiúr mór dhó agus a dhá láimh sínte amach mar sin agus potaí agus *worms* agus

---

[89] /gə N'ar ə fostə/, struchtúr le halt dúbailte.

chuile shórt – {agus é fhéin ag déanamh poitín}. Ag sladadh daoine bochta tar éis é fhéin a bheith á dhéanamh . . .

I dtaobh poitín an lae inniu níl antró ar bith le fáil uaidh, ach nuair a bheadh na gardaí in do dhiaidhsa i gConamara fadó agus nuair a bhí sé istigh i gcruach mhóna agat agus tú ag iarraidh a bheith á bhraitheadh i gcruach mhóna mar ní fhéadfá é a chur thimpeall an tí mar b'fhéidir go gcuartófaí thú . . . Bheadh cruach mhóna curtha thimpeall agat air, agus ag iarraidh a bheith á iontú, bhí antró mór le fáil uaidh. Ach an lá atá inniu ann tá siad á fháil i d*tin* (*Rowan's Malt Extract*) agus tá sé gearrtha anuas uiliug – an trioblóid.

Ach i dtaobh an sagart seo as Ros Muc . . . Singleáil a thiocfas suas i dtosach nuair atá an leann déanta ar fad agat, agus curtha thríd an *worm*, singleáil atá agat. Ansin dúblóidh tú é, b'fhéidir go mbeadh deich ngalún nó dhá ghalún déag agat; ansin nuair a chuirfeas tú thríd an *worm* aríst é b'fhéidir nach mbeadh agat ach sé ghalún. Ach an sagart seo a bhí i Ros Muc, chaithfí é a chur an tríú huair thríd an *worm* dhó. {Rud a dtugaidís an *double distil* air.} Bhí Colm Ó Lupáin á inseacht sin dhom; ní bheadh mórán ag Colm Ó Lupáin as sin, déarfainn go mbeadh an brabach níos mó ag an sagart.

Bhí siad ag ceapadh gur gnáthmhisiún a bhí ann, ar nós chuile mhisiún eile, ach bhí sé seo difríocht[90] ó aon mhisiún eile a tháinig ann. Ach an oiread leis an tseanbhean a d'fhiafraigh cáide go dtiocfaidh na sagairt bheannaithe thart, d'fhiafraigh sí de shagart paráiste é. Cé hiad muid, is dóigh gur muide na sagairt mallaithe? Ach nuair a tháinig an bheirt seo go Conamara bhíodar ag ceapadh go raibh siad nádúrtha ar nós chuile mhisiún, ach ní raibh. Chuadar seo go Conamara le deireadh a chur le déanamh an poitín. B'in é an seanmóir i gcónaí: "poitín, poitín," agus chuireadar deireadh leis ar feadh cupla bliain mar bhí faitíos ar go leor acu a ghoil á dhéanamh mar bhí chuile mhallacht curtha air dhárbh fhéidir[91] a chur air, agus thug go leor suas é. Bhí cupla comhluadar ann nach dtug suas é agus gearradh amach ón eaglais san am iad . . . Nárbh uafásach an rud é sin, daoine a dhéanamh amach ón eaglais mar gheall go rabhadar ag déanamh poitín.

[90] /dʲifʲrʲiəxt/, neamhchinnteacht sa gcaint anseo.

[91] /ɑːvʲ eːdərʲ/, foirm copaile: do + AC.

1.6.11 *Poitín agus mo mháthair*

Chuimhníos[92] ar an scéal a bhíodh mo mháthair a inseacht nuair a bhídís ag déanamh poitín. Bhí sí ag inseacht dom faoi lá amháin a dtáinig cupla garda thart ag cuartú, mar nuair a bhí an t-ainm ort go raibh tú ag déanamh poitín, bhí an tsúil á coinneáil i gcónaí ort. Ach tháinig an garda isteach an lá seo, agus bhí sé ag goil ag cuartú – bhí áit eile ann – bhí seomra le cois ann a dtugaidís an lota air, bhí sé seo os comhair an seomra a bhí i dtóin an tí, an lota, agus bhíodh aon leaba amháin ar an lota. Bhí dréimire beag a bhíodh ag goil suas ar an lota agus . . . bhí sé leagtha le taobh an bhalla sa lá. Nuair a tháinig an garda isteach dúirt sé go raibh sé ag cuartú poitín, ar ndóigh, bhí a croí ag bualadh ach má bhí fhéin choinnigh sí a cloigeann. Bhí ceaig – níl a fhios agam an ceaig chúig ghalún a bhí thuas ar an lota faoin leaba . . .

Bhí sé tar éis na cupla seomra eile a chuartú, cupla seomra in íochtar, agus rug sí ar an dréimire beag seo le taobh an bhalla agus leag sí suas aige é: "gabh suas ansin," a deir sí, "tá an dá sheomra cuartaithe agat, gabh anois agus cuartaigh an lota." Ach nuair a chonaic sé í ag leagan na dréimire suas, is dóigh gur dhúirt sé leis fhéin: "bhuel, níl tada ansin," agus bhuail sé amach, agus is beag nach dtáinig lagar san am céanna uirthi.

Rud eile a raibh mé ag smaoiniú air – bhí stábla nó teach na mbeithígh, nó cró na mbeithígh, nó bothán na mbeithígh, bhí sé le taobh an tí . . . Bheifeá in ann cheithre bhó a cheangal ann, agus bhínn ag smaoiniú siar ar an mbothán seo. Is iomaí uair a d'fheicfinn Colm ag goil isteach le buidéil ann nuair a bheadh sé ag déanamh poitín agus is iomaí uair a chuaigh mé isteach ina dhiaidh agus ní bheadh a fhios agam sa mí-ádh cé gcuirfeadh sé iad. Ní raibh aon amharc[93] ar aon bhuidéal. B'fhéidir san oíche go dtiocfadh duine eicínt ag iarraidh buidéal, agus thiocfadh sé amach aríst agus bhínn san airdeall – thiocfadh sé isteach i dteach na mbeithígh agus thabharfadh sé amach buidéal nó dhó as. Ach ní mhaith leis mise a bheith ag breathú air, ní mhaith leis aon duine a bheith ag breathú air a ghoil isteach ná amach i dteach na mbeithígh le buidéil. Agus bhí iontas mór agam céard a bhí ag tarlú, cé raibh sé á chur nó cé raibh sé i bhfolach. Nuair atá tú óg b'fhéidir go bhfuil go leor rudaí ag baint dhuit nár cheart a bheith ag baint dhuit.

Ach bhí go maith, tháinig sé isteach – lá amháin bhí mé istigh ann agus bhí mé ag cuartú thimpeall an bhalla, agus ní raibh mé ach b'fhéidir trí bliana déag san am, go bhfeicfinn . . . Bhí an teach seo déanta soir, soir as an teach cónaí, bhí sé déanta ag an mbinn. Bhí a fhios agam gob in é – gur sa taobh sin a bhíodh sé ag fáil na mbuidéil mar bhí mé ag cur isteach beithígh uair amháin ann agus chonaic mé ag plé le cloch a bhí ar an mballa é. Bhí mé ag tabhairt cúnamh dhóibh ag cur isteach na mbeithígh agus dúirt sé – ach nuair a shíl sé go raibh mise imithe amach as an stábla nó as teach na mbeithígh – agus bhrúigh sé an chloich seo isteach, bhrúigh sé isteach lena láimh í agus sciorr an chloich isteach sa mballa. Más ag breathú ar bhuidéil a bhí sé ann, nó céard a bhí sé a dhéanamh, nuair a bhí sé réidh, tharraing sé amach an chloich ar ais aríst agus ní bheadh a fhios agat an raibh tada sa mballa, mar an sórt balla a bhí ann – ní raibh moirtéal ar bith idir na clocha. Nuair a bhí sé á thóigeáil ní cuireadh moirtéal ar bith idir na clocha. Ach bhí go maith, nuair a fuair mé an áit fúm fhéin lá chuaigh mé agus bhrúigh mé isteach an chloich agus sin é an uair – chaithfeá brú maith a thabhairt don chloich isteach, bhí sí os cionn troigh ar fad . . . Nuair a bhrúigh mé isteach í bhí an áit mhór seo faoin gcloich, áit, b'fhéidir, a gcuirfeá fiche buidéal.

Chuaigh mé amach an lá seo, an lá deireanach a raibh mé thiar, ag breathú thart. Chuimhnigh mé ar an áit seo agus chuaigh mé isteach sa – ní raibh ceann ar bith ar theach na mbeithígh, bhí an ceann imithe. Chuaigh mé anonn san áit a raibh an chloich seo agus bhrúigh mé isteach í agus chuaigh sí isteach, ach ní raibh ann ach cupla buidéal folamh hé bith cé na blianta a bhíodar ann. Tá mé siúráilte nach raibh a fhios ag aon duine thart faoin scailp sin a bhí sa mballa a mbíodh sé ag cur i bhfolach na mbuidéil. Thug sé sin smaointe ar ais dhom.

2. An tAistriú Aniar

2.1.1 *Nuair a céadluadh an scéim*

B'fhéidir go raibh sé bliain nó b'fhéidir dhá bhliain shular dtáinig muid ann a thosaigh caint air. Is dóigh gur thosaigh caint nuair a chuaigh Dev isteach i gcumhacht i naoi déag tríocha dó, ina dhiaidh sin. . . b'fhéidir go raibh sé ina thríocha trí. Ní chuimhním siar chomh maith sin, ach go raibh sé le haghaidh daoine a aistriú ó Chonamara go Condae na Mí. B'in é nuair a dúirt sé: dhá mbeadh sé ag aistriú daoine, nach ar an bportach a chuirfeadh sé iad, go gcuirfeadh sé ar an talamh ab fhearr sa tír iad. Shiod nuair a chuir Cosgrave – d'athraigh sé seo daoine as Conamara suas go Seanadh Phéistín, suas ar an bportach; níor rinne sé tithe dhóibh . . . go dtug sé airgead dhóibh.

2.1.2 *An misneach a bhí orthu*

I dtosach, b'iontach an rud é do chomhluadar a thabhairt in áit – ní raibh a fhios agat cé raibh tú ag goil, ní raibh a fhios agat cén chaoi a dtóigfí thú san áit a mbeifeá ag goil . . . B'iontach an smaoiniú é, an muinín a bhí, mar a déarfá, do chlann uiliug a thabhairt in áit a mb'fhéidir nach raibh siad do t'iarraidh. Bhí na seandaoine ag caint ar rudaí mar sin. Níl sé an-éasca imeacht as do theach agus an áit a rugadh agus tóigeadh thú agus d'athair romhat, an méid a tháinig romhat, é sin a fhágáil i do dhiaidh agus a ghoil isteach in áit nach raibh a fhios agat tada faoi. B'iontach an misneach é, a bhí acu san am.

2.1.3 *Na seandaoine ag imeacht*

Ach ní raibh an oiread sin ansin ag iarraidh a ghoil ann. [Chuir go leor síos a n-ainmeachaí agus tharraingíodar amach as mar ní mórán fonn a bhí ar dhuine ar bith gach a raibh aige a dhíol, ach an talamh, ní fhéadfá an talamh a dhíol, . . . do mhála a líonadh suas agus bualadh go Condae na Mí, thú féin agus an chlann. Ba mhór an rud le déanamh é, agus rud eile bhí tú ag imeacht ó do ghaolta agus ó do chomharsa agus an dream a raibh aithne agat orthu ar feadh do shaoil, bhí tú ag tabhairt cúl do láimhe dhóibh.] Bhí sé uafásach crua ar sheandaoine; bhí seandaoine os cionn cheithre scóir – tháinigdar aniar anseo cuid acu, agus bhí siad ag fágáil an áit ar chaitheadar a saol, [an dream a raibh aithne agus eolas acu orthu, ag goil isteach san áit nach raibh aon eolas orthu. Ní raibh sé chomh héasca sin a ghoil siar mar ní raibh aon bhealach bus siar. Chaithfeá a ghoil go *Mullingar* agus ba é *Hill of Down* an áit ba ghaire (don traein) agus ansin *pony* agus traip. Ní raibh mórán carrannaí ann san am; bhí sé crua, an-chrua. Tháinig go leor aniar anseo nach dtáinig mórán siar ariamh, go leor acu.]

2.1.4 *Seasamh na sagart faoin scéim*

Bhí sé ag cur imní orthu agus is é an imní a bhí sé a chur ar an sagart – go raibh siad ag cailleadh leis. Sin í an fhírinne. Bhí sé sin ag tarlú. B'iontach nár stop na sagairt é. Ba chuma leis an sagart dhá mbeadh siad sin ag fáil bháis le bochtanas ach cupla pingin a bheith acu lena n-aghaidh siadsan. . . . Níl mé in ann a rá an raibh siad ag seanmóir air, ach de réir mar a bhíodar ag rá ní raibh siad ina thaobh. [An raibh sagart i Ros Muc – an raibh sé ina thaobh, an raibh sagart ann a dtugaidís Father Kenny air?].[1] Níl a fhios agam anois! B'fhéidir dhá n-imeodh an oiread seo amach as paráiste amháin, bhí an sagart ag cailleadh an oiread seo airgid sa mbliain leis.

2.1.5 *Fairsne*

Sé an chaoi a raibh sé ansin – bhí go leor comhluadair óga, comhluadair nach raibh tada acu, sin iad a chuaigh isteach sna tithe seo a d'fhága muide ina ndiaidh. Tá a fhios agat lánúntaí pósta agus a raibh gasúir lag acu is nach raibh áit ar bith acu, b'fhéidir istigh i bpóicín beag talúna lena muintir, lig sé fairsne orthu sin. [Sin é a déarfainn an rud ba mhó a bhí sa gceist, níos mó áit a thabhairt don duine a bheadh i do dhiaidh – níos mó fairsne mar bhí tithe i gConamara an-ghar dhá chéile agus ní raibh ann ach gabháltas beag talúna agus, tá a fhios agat fhéin, drochthalamh; agus nuair a bheadh go leor den drochthalamh sin agat, bheifeá i bhfad níos fearr as.]

---

[1] Bhí an tAth. Maitiú Ó Cionnaith i bhfabhar an aistrithe i dtosach, ach tháinig athrú intinne air de bharr imní go mbánófaí na ceantrachaí thiar (Mac Aonghusa 1986: 40).

2.1.6 *Na Teachtaí Dála agus an t-aistriú aniar*

I dtaobh na *TDs* dhó, na Teachtairí Dála,[2] ní cheapfainn go raibh siad leis seo ar chor ar bith mar de réir nádúr cén fáth a mbeidís leis agus iad ag cailleadh vótannaí. Taobh thiar anseo bhíodh vótaí go leor acu agus b'fhéidir go dtáinig go leor den dream eile freisin nach raibh le Fianna Fáil; bhí sé sin ráite go raibh roinnt acu ann nár vótáil do Fianna Fáil i gConamara. Sé an chaoi a raibh sé – muintir Fianna Fáil nó an dream a bhí ag goil suas le haghaidh Fianna Fáil san am – is iomaí uair a bhíodh muid ag déanamh amhrán dhó nó *rhyme*: Cussack, Brian; Fahy, Frank; Jordan, Stephen; Killilea, Mark; Powell, Thomas agus Tubridy, John. Sin iad an dream a bhí ag goil suas, chomh fada le mo bharúil, do Fianna Fáil san am . . ., ach ní cheapfainn go raibh siad sin taobh thiar den obair seo ar chor ar bith mar bheidís ag cailleadh leis.

Cumann na nGaedhal thimpeall na nOileán, bhíodar ann agus bhíodar fairsing ann, agus b'fhéidir chomh fairsing céanna is a bhí Fianna Fáil ann. Bhí bean amháin i dTír an Fhia a raibh siopa aici, Muinice Bheag a thugaidís uirthi, bhí sí sin – bhí sí ina cineál ceannfoirt ag Cumann na nGaedhal ag fáil vótannaí dhóibh. Agus aon duine ar bith a bhí ag déileáil léi sin chaithfidís sin a vótáil do Fine Gael. Ní mórán cabhair a thabharfadh sí mara vótálfá, agus na daoine bochta san am bhí sé an-éasca brú a chur orthu le vótáil do Fine Gael agus rinne siad é, agus b'fhéidir roinnt a tháinig aniar freisin – Fine Gael a bhí iontu. Agus ní cheapfainn go raibh Teachtaire Dála ar bith le Fine Gael ná Fianna Fáil ag cur brú ar aon rialtas le aon duine a chur aniar as Conamara, mar a dúirt mé cheana, cén fáth a mbeadh?

Bhí Dev ag goil siar don Chlochán ag cruinniú, cruinniú Fianna Fáil. Is dóigh go gcaithfeadh sé gur Fianna Fáil nach raibh sé ag goil ag cruinniú Fine Gael. Is go dtáinig sé thrí Seanadh Phéistín is gob in é an uair a dúirt sé: dhá mbeadh sé fhéin ag aistriú aon duine nach raibh siad ag goil ar an bportach.

2.1.7 *Seanadh Phéistín agus Dev*

Sin é an chéad uair a chuala mé daoine a bheith á n-aistriú i

---

2 Féach A.2.

gConamara. Is dóigh go raibh sé sin tús na dtríochadaí nuair a cuireadh – níl a fhios agam cé mhéad comhluadar a cuireadh amach go Seanadh Phéistín mar ní raibh i Seanadh Phéistín ach criathrach. Áit dhona a bhí ann, ní raibh aon talamh ann ach talamh criathraigh. Sin é an chéad aistriú a chuala mé ariamh, agus níor tháinig aon duine as an Máimín go Seanadh Phéistín, ach chuadar as áiteachaí eile ann. Ansin dúirt Dev, bhí sé ráite gur dhúirt sé, dhá mbeadh sé fhéin ag aistriú aon duine as Conamara nach gcuirfeadh sé ar aon phortach iad. Dúirt sé é sin, ach is dóigh gur rinne sé dearmad air sin. Cuireadh brú níos mó ansin air nuair a tháinigdar as Conamara – an oiread seo acu – ar rothair go Baile Átha Cliath ag goil ag caint le Dev (in Aibreán 1934). Bhuel níl a fhios agam – tá sé ráite go rabhadar ag caint le Dev. Sin rud nach bhfuil mé siúráilte dhó an ndeachadar ag caint leis. Ba é Máirtín Cadhain ansin an ceannfoirt a bhí orthu seo, agus bhí Máirtín Choffey agus Jimmy Mellett, bhí go leor eile, níl a fhios agam cé mhéad duine a bhí ar fad ann. Déarfainn nár thug sé an oiread sin geallúintí dhóibh san am go gcuirfeadh sé aniar iad. Is dóigh ansin píosa ina dhiaidh gur rinne sé a intinn suas go gcuirfeadh sé daoine as Conamara aniar go Condae na Mí. Bhí sé ráite i dtosach gur i Ros Comáin a bhíodar le thíocht, go raibh talamh tóigthe i Ros Comáin ag Coimisiún na Talúna, gur ansin a bhíodar ag tíocht agus is dóigh go raibh athrú intinne aríst air nuair go Condae na Mí a cuireadh iad. Sin é an chéad chaint a bhí air sin, sin é an chaint a bhí air san am.

2.1.8 *Socruithe Choimisiún na Talún*

Ach an oiread le John Glynn – sin é an jab a bhí aige, sé an jab a fuair sé sin ainmeachaí a thóigeáil agus duine ar bith a bhí sásta a thíocht a ainm a chur síos. Bhí sé fhéin agus Josie Mongan (TD) ag caint le chéile, Josie Mongan thiar i gCarna. Ach níor lig Josie Mongan aon duine as a thaobh fhéin suas go Condae na Mí ar fhaitíos go gcaillfeadh sé vótannaí. Lig sé cead dhóibh ceart go leor as an gCladach ó Dheas (Ros Muc), dream nach raibh mórán measa dhó iontu mar ba Fine Gael a bhí i Josie Mongan. Níor chaill Josie tada ar an méid a tháinig go Condae na Mí mar níor tháinig aon duine as a thaobh tíre fhéin suas. Ní raibh na polaiteoirí leis an rud sin san am agus ní raibh na sagairt ach an oiread leis mar bhí na sagairt iad fhéin ag cailleadh airgid air. Chuile theaghlach a tháinig go Condae na Mí, bhí na sagairt ag cailleadh an oiread seo ach an oiread leis na polaiteoirí. Bhí chuile dhuine acu seo ag tochras ar a cheirtlín fhéin, chuile dhuine amuigh lena aghaidh fhéin.

Mar a dúirt mé cheana i dtaobh Seán Ó Coistealbha, a bhí ina mhúinteoir anseo ar feadh an oiread seo blianta. Bhí sé sin é fhéin ag tochras, sin é an fáth a raibh sé sin ag goil go Baile Átha Cliath mar bhí sé ag goil in éindí le cailín as *Dunshaughlin*. Bhí sé ag múineadh i *Dunshaughlin* blianta roimhe agus briseadh as a phost é. Is dóigh gur tharla rud eicínt gur baineadh an mhúinteoireacht dhó. Ach ansin faoi cheann cupla bliain ina dhiaidh fuair sé ar ais aríst é agus chaithfeadh sé a thíocht go Condae na Mí, agus ní ar mhaithe le muintir Chonamara a tháinig sé aniar nó an dream a tháinig aniar san am. Tháinig sé aniar agus níor rinne sé tada. Bheadh an fear sin in ann níos mó a dhéanamh san am dhá dtogródh sé é mar ba é an fear ba léannta é a tháinig aniar.

Tá mé ag ceapadh gob é an rud a tharla san am: Glynn agus Breatnach, déarfainn a bhí air, agus bean a dtugaidís Miss Mangan uirthi, sin iad a bhí ag goil thart ag tóigeáil ainmeachaí agus ag fáil amach cén talamh a bhí acu. Is dóigh gurb é an té is mó a raibh talamh aige go raibh an-seans aige sin le ghoil go Condae na Mí mar bhí níos mó brabach air ná ar an bhfear nach raibh mórán talúna aige . . . An triúr seo a bhí ag goil thart ag tóigeáil nótaí ar chuile shórt a bhí acu agus sin iad a phioc amach an dream seo a ghoil go Condae na Mí san am. Sin é a chuala mise ar chuma ar bith. Bhí aithne agam ar Miss Mangan, ach ní raibh mórán aithne ar an mbeirt eile. Ach tháinig Miss Mangan ansin – tháinig sí aniar in éindí leo agus bhí sí ag tabhairt cúnamh dhóibh leis na tithe a dhéanamh suas, ag inseacht leo[3] le chuile shórt i dtaobh im agus chuile shórt eile a bheidís a dhéanamh, bhí sí ag goil thart ó theach go teach agus ag cur suas cuirtíní dhóibh agus ag déanamh suas na tithe in éindí leo, bhí sí ag tabhairt an-chúnamh dhóibh san am.

Bhí mise óg san am sin, ní raibh mise ach ag éisteacht le mo mháthair agus m'athair ag caint ar na rudaí a bhí ag tarlú. Tá sé sin anois suas le

---

[3] *Le* in áit an ghnáthréamhfhocail *do* faoi anáil *le* sa gcomhthéacs.

– tá sé trí scóir bliain an chéad bhliain eile (1995) ó tháinig muid aniar go Ráth Chairn. Is dóigh go mbeidh comóradh aríst anois againn agus muid trí scóir bliain anseo faoi cheann bliain eile . . .

Séard a tharla ansin, déarfainn go raibh sé seachtain nó cúpla seachtain roimhe, dúradh leo na beithígh agus caoirigh agus hé bith céard a bhí acu a dhíol; ní raibh siad in ann aon bhó ná caora a thabhairt go Condae na Mí ná rud ar bith mar sin. Ní raibh ceaptha a thabhairt go Condae na Mí ach an troscán, ní raibh aon chead tada eile a thabhairt ann. Bhuel, ní mórán a fuaireadar ar na beithígh ná na caoirigh san am. B'fhéidir go raibh roinnt caoirigh againne ar an sliabh agus cupla bó bhainne agus cupla gamhain, sin é a raibh againn. Ach sna blianta sin níorbh fhiú tada beithígh mar bheifeá in ann bó a cheannacht an uair seo ar chupla punt, bheifeá in ann caora a cheannacht ar ceathair nó cúig de scilleachaí. Bhí chuile shórt – mar bhí na beithígh stoptha gan a ghoil go Sasana mar bhí chuile shórt saor, ní raibh pingin ar thada. Sin é nuair a chuir Dev – chuir sé teach búistéara ins chuile pharáiste. Nuair nach raibh na beithígh ag goil amach as an tír thug sé na beithígh le n-ithe dhóibh. Níorbh fhiú beithíoch a thóigeáil san am.

2.1.9 *Ag réiteach le n-imeacht*

Bhíodar ag déanamh an earraigh mar a déarfá, is an dóú lá déag d'Aibreán a tháinigdar . . . bhíodar tosaithe ar chuma ar bith, ach is dóigh nár críochnaíodh é. {Dúradh leo coinneáil orthu ag obair agus an t-earrach a dhéanamh mar a dhéanfadh dar[4] i gcónaí mar bhí an chruithneacht curtha anseo romhainne nuair a tháinig muid aniar agus bhí an treabhadh déanta, nach raibh?} Bhí! Agus nach raibh na fataí curtha? {Ó, ní raibh na fataí curtha!} Muid fhéin a chuir na fataí – iomaireachaí[5] a bhí déanta le céachta.

{. . . Nuair a shaighneáil a n-athair a ainm síos, ní raibh tada eile le déanamh ach fanacht go nglaofaí ort.} hInsíodh dhuit cén lá a mbeifeá ag goil ag imeacht agus déarfaí leat na beithígh a dhíol agus na caoirigh

---

4 /ˈjiːnhəx dər/. Doiléir, ach is dóigh gurb é an leagan seo den 3 p. iol MC den bhriathar *déan* atá i gceist.

5 /umrəxiː/. Coimriú ar an bhfoirm uatha agus díchaolú /r´/, féach GCF § 100.

agus hé bith céard a bhí agat a dhíol. Sin é an réiteach a bhí ann, bhí tú réitithe le haghaidh an lá a raibh tú le n-imeacht. Agus ansin chuile shórt curtha ceart agat – {bhí chuile shórt tugtha go dtí ceann an bhóthair} – go dtí an crasbhóthar nuair a bheadh an bus ag tíocht leis na leoraíos. Bhí chuile shórt curtha i gcóir le haghaidh an lá sin. {Bhí na leoraíos líonta, tá mé ag ceapadh, ó san oíche roimhe.} Níl a fhios agam ar chodail muid ar chor ar bith an oíche sin mórán; níl a fhios agam ar codlaíodh ar chor ar bith. Bhí comharsanaí istigh ar feadh na hoíche ag fágáil slán againn . . .

Dhá mhéid talamh dhá raibh agat, déarfainn gur mó, is túisce a chuirfí chun bealaigh thú ná an té nach raibh mórán talamh aige. Chaithfeadh talamh a bheith agat le thú a thíocht aniar. Mara mbeadh talamh agat, ní thugfaí[6] aniar thú, ach chaithfeá an oiread seo talamh a fhágáil i do dhiaidh . . .

Dhá mbeadh duine níos sine anois ná muide, b'fhéidir go dtabharfadh sé pictiúr níos mó dhuit. {Ní raibh aon aois againne ag an am} – agus ba chuma linn sa diabhal céard a bhí ag tarlú. {Mar a déarfá ina seanghasúr – aon bhliain dhéag a bhí mise nuair a bhí muid ag goil.} Bhí mise suas le sé bliana déag, ach san am céanna ní raibh mórán suim agam céard a bhí ag tarlú. {Bhí muid ríméadach go raibh muid ag goil ann, bhí muid ag ceapadh– } an bhfuil a fhios agat duine óg, is cuma le duine óg cé dtiocfaidh sé. Is dóigh, a n-aithreachaí agus a máithreachaí, go raibh imní orthu sin, ní raibh aon imní orainne.

Ó cuireadh fios ort nuair a chuir tusa t'ainm síos go raibh tú sásta a thíocht go Condae na Mí, níl a fhios agam cén t-achar a bhí t'ainm thíos nuair a b'éigean dóibh imeacht ansin. Cuireadh fios ansin ort a leithéide seo de lá go raibh tú ag goil ag breathú ar an áit a raibh tú ag goil . . . Tugadh an oiread seo achair le t'intinn a dhéanamh suas. Sin nuair a chuaigh tú ann agus nuair a shaighneáil – déarfainn gur shaighneáil tú sna tithe anseo. Uimhreacha a bhí ar na tithe agus cuireadh isteach i hata iad, ar na feilmeachaí, agus hé bith uimhir a tharraing tusa amach spáineadh an teach sin dhuit. Sin é an chaoi a raibh sé.

---

[6] /ᴎʹiː hughiː/.

2.1.10 *Feilm sa Roisín*

Tá sé chomh maith dhom anois a ghoil siar píosa eile an bóthar go dtí an áit a dtugann siad an Roisín air. Bhí feilm bheag, feilm thalúna ag m'athair ansin a d'fhága a sheanmháthair, tá dearmad déanta ansin anois agam, ní a sheanmháthair a bhí sa Roisín ach aint dhó a bhí ann. Bhí deartháir de m'athair ag fanacht in éindí léi agus bhí siopa beag aici, bhíodh sí ag díol earraí beaga, tae agus siúcra, salann agus sóidí agus rudaí beaga den tsórt sin, málaí plúir, duine ar bith a dteastóidís[7] uaidh. Nuair a bhíodh na báid mhóra ag tíocht as Gaillimh go dtí Céibh Ghleann Trasna, an Chéibh Mhór a thugaidís uirthi. Is ansin a thugadh na báid an stuf aici le haghaidh an tsiopa. Bhí sí ag cónaí i ngar don fharraige sa Roisín agus bhí feilm dheas thalúna aici ann, talamh chomh maith agus a bhí in áit ar bith sa Máimín agus bhí deartháir do m'athair ag fanacht in éindí léi, fear a dtugaidís Pádraig air, nó Pádraig Ó Conaire, nó Pádraig Conraí, bhí sé ina fhear óg luath láidir. An lá seo bhí go leor de na daoine óga ag goil siar ag baint chreathnaí siar go dtí na Foiriúin i bhfad siar ar na carraigreachaí agus hé bith céard a tharla dhó thit sé i bhfarraige agus bádh é agus ní fríothadh a chorp ariamh. Nuair a fuair an aint bás, fágadh an áit ag m'athair, ach níor cuireadh ina ainm ariamh é. Bhí sé i gcónaí in ainm Phádraig Ó Conaire.

Ach ansin nuair a bhí muid ag goil go Condae na Mí, bhí dhá pháipéar talúna aige, dhá pháipéar cíos, páipéar in ainm Pádraig[8] agus páipéar ina ainm fhéin, Mícheál Ó Conaire agus hiarradh na páipéir seo air nuair a bhí sé ag goil go Condae na Mí, le haghaidh talamh Chondae na Mí a fháil. Ar ndóigh, bhí sé ag ceapadh go bhfaigheadh sé dhá fheilm i gCondae na Mí, nó píosa mór talúna seachas mar a bhí ag daoine eile. Ach is é an chaoi a raibh sé, mar a deir an ceann eile, ní mar a síltear a bítear. Tá mé a cheapadh an fheilm a fuair sé go raibh – níos lú – ní raibh sí tada níos mó, ar chaoi ar bith – ná mar a fuair duine ar bith eile. Is dóigh gur cineál géarleanúint a déanadh air, caimiléaracht, d'fhéadfá a rá, rud a bhí ann go fairsing ag an am.

---

[7] /dasdo:d'i:ʃ/.
[8] Foirm gan séimhiú.

2.1.11 *Údar le n-imeacht*

Is dóigh go raibh an t-athair ag imeacht ón antró, gob in é an rud is mó mar bhí antró ann. {Ní hé ar bhealach – an fear a rinne an teach amach ar aghaidh an ghabháltais, agus nuair a rinne seisean an teach amach ar aghaidh an ghabháltais s'againnne, ní fhéadfadh muid aon chaoirigh a bheith againn, ní fhéadfá aon ghé a bheith agat.} Bhí sé do do sháinniú; níor thaitnigh sé sin leis. {Níor thaitnigh sé sin le m'athair.} Is dóigh gur b'in é is mó a chuir go Condae na Mí é. Bhí á dhá oiread talúna aige le aon duine a tháinig aniar; bhí sé ag ceapadh go bhfaigheadh sé níos mó i gCondae na Mí, ach mar a dúirt muid cheana leat oibríodh an cloigeann ansin air. {Ba cineál *discrimination* é.} Bhí dhá ghabháltas aige. Níl a fhios agam an raibh sa ngabháltas thiar ach ocht acra {ó bhí deich n-acra i chaon cheann}, ó mar a déarfá chaon ghabháltas. Cuid acu nach raibh iontu ach ocht n-acra agus deich n-acra . . . Bhí fairsne ann, ach ní raibh aon mhaith ann ach clocha agus – {Bhí sé ar nós mar a bheadh chuile fheilm eile ann.} Bhí sé níos fearr ná go leor den talamh a bhí ann. {Bhí sé an-réitithe aige.} Cloch ar bith a bhí sé in ann a bhaint as bhain sé as í {agus ní raibh créachta ná feothanáin ná dris ag fás ann nach raibh bainte aige.} Bhí sé iontach ag breathú i ndiaidh talúna. {Tá lorg a chuid oibre i gcónaí ann} agus beidh faoi cheann {céadta bliain.} Na claíocha móra a rinne sé. {Ach tá siad leagtha ó shin, níor cuireadh aon spalla ariamh ó shin orthu.}

2.1.12 *An tórramh roimh imeacht*

Bhí cineál tórramh orthu an oíche roimhe nuair bhíodar ag imeacht {*American Wake* a bhí ann}. Bhí sé sin ann agus is dóigh go raibh cupla buidéal poitín ag goil thart agus rudaí mar sin. Leis an méid a bhí díolta, dhá laghad dhá fríothadh air, go raibh cupla pingin ar fáil le haghaidh ól mar chaithfeadh ól a bheith ins chuile theach nuair a bhíodar ag imeacht de réir nádúr. . . . Ní raibh ceol ná rud ar bith mar sin, comhbhrón is mó a bhí ann in áit ceol. {Bhíodh daoine ag caoineadh; tá mé ag ceapadh go mbídís ag caoineadh.} Ó bhídís ag caoineadh, go leor de na seandream bhíodar ag caoineadh, agus an dream a bhí tú a fhágáil i do dhiaidh ag caoineadh. Dream a raibh eolas agus aithne againn orthu . . . daoine muintireacha ag imeacht uathu. Bhí sé ceart go leor duine as an gcomhluadar ag imeacht, ach nuair a bhí an comhluadar ar fad ag imeacht – bhí sé sin go dona. Bhí sé sin beagán an iomarca. Sin é an chaoi ar tóigeadh é. Níl a fhios agam ar codlaíodh tada an oíche sin . . . Bhí chuile shórt glanta amach as an teach agus tá a fhios agam, ar chuma ar bith, go raibh tine mhór ghiúsaí (curtha síos). Cuimhním mar tá mé ag breathú uirthi sin ó shin. Ní raibh gráta ná tada ar an teallach – bhí go leor giúsaí siar san am – agus bhíodar thimpeall na tine ag caint agus ag ól.

2.1.13 *Ag fágáil slán*

Cuimhním ar an maidin a bhí muid ag imeacht; cuimhním ar an oíche roimhe freisin, bhí na comharsanaí isteach ag fágáil slán againn agus na gaolta ar fad. Ba oíche uaigneach a bhí inti. Bhíodar ag scaradh ó chéile agus cuid acu nach bhfaca a chéile aríst. Bhí sé chomh maith agus dhá mbeidís ag goil go Meiriocá ná goil go Sasana ná in áit ar bith. Tháinig dream aniar anseo, bhí eolas ar chuid acu agam, aniar go Condae na Mí agus ní dheachadar siar ariamh. Mar a bheadh teach tórraimh ann, bhíodar ag tíocht isteach agus ag croitheadh lámha. Ní cheapfainn gur mórán codladh ar bith a rinne muid an oíche sin . . .

Ansin an mhaidin, bhí chuile shórt réitithe ón oíche roimhe mórán, leagtha taobh amuigh den doras le tabhairt sna leoraíos agus b'éigean dhúinn é seo a thabhairt timpeall is ceathrú míle – bhuel, bhí carannaí asail – drisiúr agus bord agus cathaoireachaí agus leapachaí. Agus tugadh iad seo chomh fada le crasbhóthar a bhí ann go dtóigfeadh an leoraí iad.

Agus bhí an rud céanna ag tarlú, bhí muintir an bhaile ag tíocht go dtí thú agus ag fágáil slán agat, agus cuimhním go maith nuair a bhíodar ag cur na rudaí isteach sa leoraí agus ansin nuair a chuaigh muid fhéin isteach sa mbus ar maidin agus ní raibh ann ach caoineadh, chuile dhuine ag caoineadh san am. Níl a fhios agam cén t-am den mhaidin é, sin é an dóú lá déag d'Aibreán a bhí ann, Dé hAoine a bhí ann tríocha cúig. B'in é tosaí an bhóthair go Gaillimh agus stop muid ansin ar an gcearnóg i nGaillimh le cead ag na daoine a gcosa a shíneadh beagán. Chuaigh m'athair isteach i dteach ósta ar an gcoirnéal, cuimhním go maith air, agus chuaigh mé fhéin isteach ina dhiaidh agus mé i mo leaid óg. Shíl sé go dtug sé buidéal *lemonade* dhom – ní mórán *lemonade* a d'ól mise roimhe, ach bhí a fhios agam nach *lemonade* a bhí anseo, gur buidéal *ale* a fuair mé in áit *lemonade*. Cuimhním go maith air sin chomh maith is a chuimhním ar an lá atá inniu ann. Isteach sa mbus aríst ansin agus níl a fhios agam an raibh aon stopadh eile go dtí Áth Luain. Sin é an chaoi a dtáinig muid aniar ar chuma ar bith.

Ní raibh aon chumha orm i ndiaidh tíocht aniar; ní raibh cumha ar bith ar dhuine óg mar rud nuaí é, ach bhí cumha ar m'athair agus ar mo mháthair. Ní chuimhním anois ar an t-achar a bhí muid a thíocht aniar, ach tá a fhios agam go raibh sé an deich a chlog nó an haon dhéag nuair a bhí muid i Ráth Chairn mar bhí sé dorcha. Bhí daoine ansin ag spáint na tithe dhúinn, agus bhí leoraí ag goil thimpeall ó theach go teach, ag tabhairt amach na dtroscáin agus á dtabhairt isteach sna tithe. Tá a fhios agam gur ar an urlár a chodail muid an oíche sin; bhí muid tuirseach de bharr an tsiúil.

Tá a fhios agam go raibh tine mhór ins chuile theach – bhí tine mhór sa teach s'againne ar chuma ar bith; agus bhí beatha cupla seachtain istigh sa teach idir chuile shórt. Bhí bagún agus plúr agus chuile shórt eile a bhí ag teastáil sa teach, . . . agus caitheadh iontach leo.

Bhí muid ag ceapadh gur tithe deasa bhí iontu, gur tithe álainn a bhí iontu. Cén fáth nach mbeadh mar ní fhaca mise tada ach dhá sheomra: cisteanach agus seomra codlata, mar a dúirt mé cheana bhí an comhluadar uiliug ag codladh in aon tseomra amháin. Agus ansin bhí trí sheomra codlata sna tithe seo – cisteanach mhór agus trí sheomra codlata. Bhí sé i bhfad chun cinn ar an teachaín beag a d'fhága muid. Ní fhaca mise ach teach amháin ceann slinne sa Máimín le mo linn fhéin; agus bhí go leor tithe sa Máimín, tithe tuí ar fad agus tithe beaga, an chuid is mó acu, agus comhluadair mhóra ins na tithe sin. Bhí muid ag ceapadh gurbh iontach an rud é – an teach seo a fuair muide bhí staighre ann agus muid ag rith suas anuas an staighre agus an obair seo mar ní raibh aon chleachtadh ar aon staighre againn. Ní raibh aon chleachtadh ach a ghoil isteach sa gcisteanach agus a ghoil isteach i seomra beag ag codladh – mar a dúirt mé cheana trí leaba mhóra istigh i seomra beag. Bhí an teach a bhí againne beag, ach bhí tithe i bhfad níos lú ná é sa Máimín.

2.2 Na comhluadair a tháinig aniar[9]

1935 Aibreán

Ar an 12 Aibreán tháinig aon chomhluadar déag as Conamara,[10] i dtaobh ainmeachaí na ndaoine a bhí sna tithe; muintir Shúilleabháin an chéad teach,[11] as an Tismeáin, an Cheathrú Rua. Bhí an daideo agus an maimeo ann, Máirín Shúilleabháin agus Beairtle Shúilleabháin, agus ansin a mac, Maidhc Shúilleabháin agus a bhean (Máire), bhí deartháir agus deirfiúr aige Pádraig Shúilleabháin agus Nóra Shúilleabháin agus Neil Shúilleabháin.[12] Bhí Seán Shúilleabháin ann, ach tháinig sé abhaile as Meiriocá.

An chéad teach eile Tigh Choffey, as Leitir Móir, an Sconsa, bhí Jainín Choffey agus a bhean Bidín, bhí Máirtín, Peait Choffey agus Maidhcil Choffey agus Antaine Choffey agus Baby Choffey, agus bhí Tomás ann, ach ní raibh sé in éindí leo.

Ansin an tríú teach Tigh Chatháin, Cóilín Ó Catháin as an Máimín, Cóilín agus a bhean Muinice, tháinig a chlann ansin – Peait agus Mary agus Maidhcil agus Colm agus Katie, Neansaí, John, agus Muinicín agus Baibín, agus Bríd agus Sarah. Bhí Dudley é fhéin áit eicínt ann, Darach Ó Catháin.[13] B'in an tríú teach.

---

[9] De réir thaighde Uí Chonghaile (1986: 52) ar fhigiúirí Choimisiún na Talún ní raibh ach 182 duine a bhain leis na seacht gcomhluadar fichead a d'aistrigh aniar ó Chonamara go RC idir Aibreán agus Nollaig 1935. Rinneadh an t-aistriú seo ina thrí chuid – aon chomhluadar déag a thug aghaidh ar RC i dtosach in Aibreán na bliana sin, ansin cúig cinn a lean iad i Mí an Mheithimh agus aon cheann déag eile i Mí na Nollag. De réir thaighde an eagarthóra agus chuntas MÓC agus SÓC thíos déantar amach go raibh 232 duine páirteach san aistriú ó Chonamara go RC i 1935. Feictear nach dtugann figiúirí Choimisiún na Talún aon aird ar (a) na seantuismitheoirí, ainteanna agus cúpla bean a bhí pósta ag mac fásta a tháinig in éindí le cuid de na comhluadair agus (b) cuid den chlann aibí a d'fhan thiar i ngeall ar chúrsaí oibre nó cleamhnais, nó a chuaigh ar imirce; i gcás líon tí áirithe liostáladh an chlann iomlán in ainneoin gur thiar a d'fhan cuid acu nó go raibh siad imithe thar sáile nuair a d'aistrigh an chuid elle den chomhluadar soir. Is é 232 duine a fhaightear má chuirtear coigeartú i bhfeidhm, bunaithe ar na pointí thuas, ar fhigiúirí Choimisiún na Talún.

[10] 107 duine a d'aistrigh aniar ar an lá seo.

[11] An chéad teach de chuid scéim Ráth Chairn ar an mbóthar nuair a chasfaí isteach le gabháil go Ráth Chairn ó bhóthar Áth Buí.

[12] Maraíodh Neil Shúilleabháin i Londain i gcaitheamh an chogaidh de bharr pléascáin.

[13] An t-amhránaí clúiteach, thugtaí Dudley air sa gceantar.

Slán agus Beannacht – Busanna ag fágáil Leitir Móir, 12 Aibreán 1935.

Ansin an ceathrú teach, Tigh Shéamuis Chóil Dara (Mac Donncha). Tháinig Séamus agus a bhean (Máire), agus Jimí, an mac, agus Peadar agus Nóra. Bhí bean Shéamuis – bhí sí pósta faoi dhó; sa gcéad chlann le Tóna bhí beirt mhac agus iníon ann, Seán Tóna agus Mary Tóna agus Tóna Tóna. B'as Inis Bearchain a tháinig siad.

An cúigiú teach ansin, Tigh Bhríd Deáit (Mac Donncha), tá mé ag ceapadh – tá sí fhéin as an Tismeáin. Baintreach a bhí i mBríd agus tháinig sí fhéin agus a clann aniar. Bhí Maidhc agus Pádraig agus Tom agus Máire agus Cóil, agus bhí aint leo freisin ann – bean a dtugaidís Neil Tom uirthi,[14] bean a raibh go leor seanchas agus amhráin aici.

An séú teach ansin Tigh Chraith as an Doirín (Glas), Leitir Móir. Sé sin Micilín Chraith agus a bhean, Bidín, bhí ansin an chlann Peaitín agus Seán, bhí Máire ann, bhí Baba ann.[15]

Ansin an chéad teach eile Tigh Phádraig Choilmín (Ó Conghaile), as Inis Treabhair a tháinig Muintir Phádraig Choilmín, agus a bhean ann, tá mé ag ceapadh gur Cáit a bhí uirthi agus an chlann ansin bhí Maidhcil agus Cóilín, agus bhí Nan ann, Nan Phádraig Choilmín, agus bhí cuid acu pósta thiar a d'fhan thiar.[16]

As Eanach Mheáin a tháinig na Lupáin, Tigh Lupáin bhí Beairtle agus a bhean Máirín agus an chlann ansin Peait agus Josey, agus bhí iníon leo pósta ag (Críostóir MacAonghusa) – tá mé ag ceapadh gurb í máthair Proinsias Mac Aonghusa, Mairéad Lupáin a bhí uirthi. An raibh aon duine eile ann, an raibh? [Bhí ceathrar mac ann ar chuma ar bith,. . . bhí Jimí i Sasana agus Colm i Meiriocá.][17]

An chéad teach eile ansin i ndiaidh na Lupáin – Tigh Sheainín Churraoin nó Tigh Bheairtle Niocláis (Curraoin). Bhí Beairtle Niocláis agus a bhean, Brídín – ba é Seáinín a raibh a ainm thíos leis an áit, bhí Beairtle Niocláis agus a bhean – bhíodar uafásach sean, os cionn cheithre scóir, cheapfainn, nuair a tháinigdar anseo. Bhí Seáinín agus a

---

14 Deirfiúr d'fhear bhean an tí.
15 D'fhág siad beirt bhan ar lár anseo, Baby agus Cáit.
16 Bhí Pádraigín, Baby, Nualaín, Dolly, Ellen agus Bid; chuaigh Ellen go Meiriceá i 1933 agus bhí Bid pósta thiar, tháinig an chuid eile den chlann aniar go RC i 1935.
17 Bhí gariníon, Máirín, in éindí leo chomh maith. Ar liosta Choimisiún na Talún, *Migrants from Co. Galway to Estates of Mrs M. Heffernan and Mrs V. Fessler.* Aibreán 1935, (féach Ó Conghaile 1986:56) cuireadh síos go hearráideach gur gharmhac a bhí ann.

bhean agus tá mé ag ceapadh nach raibh comhluadar ag tíocht aniar acu. Ach ansin bhí deartháir de Sheán ann in éindí leo – Cóil. [Bhí triúr deartháir – bhí Maidhc, Nioclás agus Cóil.] Ach níor tháinig Nioclás aniar in éindí leo, bhí sé fhéin ag obair i mBaile Átha an Rí. As an Trá Bháin a tháinigdar sin.

An chéad teach eile, Tigh Mhuintir Pheadair Kate, Seoige eile as Baile na Cille thiar i nGarumna, agus baintreach eile a bhí in bean an tSeoige, Bid Pheadair Kate, agus bhí beirt mhac agus iníon ag teacht in éindí léi, Stiofán agus Pádraig, agus Bid. Ach bhí tuilleadh leo, bhí iníon leo i Meiriocá, Nóra, agus bhí beirt iníon leo pósta taobh thoir de Ghaillimh, i mBaile Átha an Rí in áit eicínt.

An chéad teach eile ina dhiaidh sin a tháinig aniar, muid fhéin Tigh Chonraí, dream uasal a bhí iontu sin as an Máimín. Bhí an t-athair agus an mháthair ann, Maidhcilín Chonraí agus a bhean, Áine; bhí seisear clainne uiliug ann, ceathrar mac agus beirt iníon, bhí Baba agus Máire, na hiníneachaí, agus Pádraig agus Máirtín agus Mícheál agus an t-uasal Seán é fhéin ann. Bhí uncail agus aint eile linn freisin a tháinig aniar píosa ina dhiaidh, ceapfaim go raibh sé faoi Nollaig tríocha sé a tháinigdar, Colm Ó Lupáin agus a dheirfiúr. Sin uncail linn Colm Ó Lupáin agus an aint Bríd Ní Chualáin,[18] bhí sí pósta ag fear as Baile na hAbhann a dtugaidís Páidín Sheáinín Chualáin air. Ach bhí sí ina baintreach agus tháinig sí siar in éindí linn, bhí muid tuairim is bliain anseo nuair a cailleadh a fear, ní raibh clann ar bith aici.

Sin an méid (den chéad dream).

1935 Meitheamh[19]

Ansin an chéad teach eile, déarfainn, Tigh Pheaits Mháire Jaic (de Bhailís). Tháinig Peaits as áit eicínt ar an gCeathrú Rua. Doire Fhatharta, meas tú? [Tá mé ag ceapadh Doire Fhatharta.] . . . Peaits Mháire Jaic agus a bhean, Bríd, Bríd Pheaits, agus bhí seanbhean eile ann a dtugadh siad Máire Jaic uirthi, bhuel sin í máthair Pheaits Mháire Jaic. Bhí Peaits pósta faoi dhó, ach leis an gcéad bhean bhí Peaitín agus

[18] Ba é Cualáin sloinne a fir.
[19] Ba ar an gcéad lá de Mheitheamh 1935 a d'aistrigh an darna dream aniar (Ó Conghaile 1986:52). 42 duine a bhí ann san iomlán.

Peadar agus Mary. Cén t-ainm a bhí ar an bhfear eile a bhí Tigh Pheaits?[20] [Cóilín.][21] Ach ansin leis an darna bean a tháinig go Ráth Chairn, bhí Baibín agus Tomás agus Catherine agus Meaig agus bhí Maidhcil. Sin a raibh ann sa teach sin. An chéad teach eile ina dhiaidh sin – na Báille. Tháinig na Báille fhéin as Leitir Móir, áit eicínt thimpeall an Doirín nó amach an bealach sin. Tháinig Cóil Báille agus a bhean, Neainín, agus an chlann ansin – ach bhí Pádraig Chóil Báille ar an duine is sine, ach bhí seisean ag obair i Béal Átha an Rí nuair a tháinig muid anseo – agus bhí Jimí agus Cóilín agus Nóra agus Antaine, bhí Baibín ann, agus bhí Meaigí Chóil Báille pósta i nGaillimh.

An chéad teach eile Tigh an tSeoige, Tigh Stiofáin Stiofáinín nó Stiofán Seoige, is í a mháthair (Mairéad) a tháinig aniar, baintreach a bhí inti. Agus tháinig sí fhéin agus an chlann – Stiofán agus Bríd agus Maidhc agus Máire agus Maidhlín, agus bhí Sonny é fhéin ann. As an gCnoc, Leitir Mealláin, a tháinig na Seoige.

As Bun an Charnáin, An Trá Bháin a tháinig Muintir Ghríofa. Tháinig Micil (Deá) Ó Gríofa agus a bhean, Peige, agus ansin a chlann – bhí iníon leis pósta i nGaillimh níor tháinig sí aniar ar chor ar bith, Bríd – ach bhí Seán agus Pádraig agus Cóil agus Jimí agus Maidhcil (agus Máirtín),[22] agus Máire. Ní raibh ann ach an méid sin, beirt iníon.

Tigh Phádraig Bheairtle (Churraíon), i Meitheamh a tháinig sé sin in éindí leis na Seoige, mac é Pádraig Bheairtle le Beairtle Niocláis (Cáit a bhí ar a bhean). Tá mé ag ceapadh go raibh sé ar an dream ba hóige den cheann tí a tháinig aniar, cheapfainn, ag an am (as an Trá Bháin a tháinig siad). Ní raibh an chlann fásta suas. Cén t-ainm a bhí ar an iníon? Bhí Mary Phádraig Bheairtle ann agus Joe agus Pádraig agus Cóilín agus Seán agus Séamus agus an iníon b'óige, Nan, ach bhíodar i bhfad i gCondae na Mí nuair a rugadh Nan.

---

20 /fˈatʃ/, consan deiridh aifricéadach.

21 Bhí an mac seo imithe anonn go Sasana faoi am an aistrithe.

22 D'aistrigh seisear mac aniar in éindí le Micil agus Peige Ghríofa; d'fhág MÓC agus SÓC a mac, Máirtín, as a gcuntas.

Mí na Nollag[23]

Sin na sé theach déag, ansin amach faoi Nollaig tháinig – suas anseo ón gcrasbhóthar, suas ón scoil – tháinig Maidhcil Johnny agus a bhean, Neaine, agus ansin an chlann, John agus Maidhceo agus Sonny agus Máirtín agus Kate agus Sarah agus Bríd, tá mé ag ceapadh gur anseo a rugadh Bríd. Tháinig Muintir Mhaidhcil Johnny as an Máimín.[24]

Ansin an chéad teach eile Tigh Jim Mhicí, Muintir Chatháin, as Tír an Fhia a tháinigdar seo. Ba comhluadar óg iad fhéin, bhí Jim agus a bhean, Máire, agus bhí Peaidí agus Maidhcín agus Jimí, agus bhí Kate agus Baba agus Máirín agus Nan agus Bríd agus Sarah agus Eibhlín agus Maitias. Maitias a bhí ar an duine ab óige. Tá mé ag ceapadh gur rugadh Maitias agus Eibhlín agus – níl a fhios agam an raibh aon duine eile den chlann a rugadh i gCondae na Mí iad.[25]

Ina dhiaidh sin aríst, tosóidh muid ag Tigh Pheaidí Dhiarmaid (mac leis atá anois ann) – ag Tigh Mhaidhcil Dhiarmaid. Tá mé ag ceapadh gur as Baile na Cille (An Máimín) a tháinig Muintir Dhiarmaid – Muintir Lochlainn as. Tháinig Maidhcil Dhiarmaid agus a bhean, Máire a bhí ar a bhean, agus an iníon an ceann is sine a bhí ann, Mary, is Máirtín agus Stiofán agus Peaidí agus Mícheál. Sin é, tá mé ag ceapadh, a raibh de chlann ansin.

An chéad teach eile a tháinig Tigh Jaic Choilmín (Mac Donncha), as Inis Oirc a tháinig Muintir Jaic Choilmín, agus bhí comhluadar mór sa teach sin, ach níor fhanadar abhus ach bliain amháin nó bliain go leith, chuadar ar ais aríst (Maidhcil Choffey a fuair an teach). Bhí Jaic agus a bhean, bhí Cóilín agus Peaidí agus Maidhcilín agus John, sé John an duine is sine, agus Maitias. Níl a fhios agam cé eile a bhí ann? Cé na mná a bhí ann? Bhí Mary ann. [Bhí seisear mac ann agus seisear iníon ann.] . . . Ach níl mise in ann ainmeachaí a chur orthu ar fad – [bhíodar an-bheag] – bhíodar beag agus ní fhanadar i bhfad.

An chéad teach eile ina dhiaidh sin Tigh Sheáinín Mháire Bheairtle (Ó Gríofa). As an Trá Bháin (Bun an Charnáin) a tháinig Muintir

---

[23] D'aistrigh na comhluadair seo a leanas soir go RC ar an 11 Nollaig 1935. 107 duine a bhí ann san iomlán.

[24] Ceathrar mac agus iníon amháin a bhí sa gclann ag am an aistrithe.

[25] Bhí triúr iníonacha agus triúr mac acu faoin am a raibh siad ag aistriú go Co. na Mí de réir fhoirmeachacha Choimisiún an Talún. Bhí iníon eile, Meags, sa teallach seo freisin.

Sheáinín Mháire Bheairtle. Neaine Pháidín, cheapfainn, a bhí – tá mé ag ceapadh gob in í a mba léi sin an áit. Baintreach a bhí inti, ach phós sí Seáinín. Cóil Neaine Pháidín (Mac Donncha) – tháinig sé, ba chuide den chéad chlann é. [Ansin bhí dearthárachaí aige –] ach níor tháinigdar aniar an t-am sin. Máirtín agus Cóilín, agus an raibh aon duine eile ann, meas tú? Bhí Meaigí Neaine Pháidín ann – [bhí triúr iníin ann.] . . . Ach ní raibh ag Seáinín Mháire Bheairtle ach beirt inín – Winnie agus Neilí.

An chéad teach eile Tigh Neide Pheait Pháidín (Mac Donncha). Tháinig Tigh Neide as Tír an Fhia. Bhí Neid fhéin pósta faoi dhó agus ní raibh duine ar bith aige leis an darna bean. Ach tháinig sé fhéin agus Peait agus Kate. Máire a bhí ar bhean Neid.

An chéad teach eile ina dhiaidh sin, Tigh Tom Teaimín (Mac Donncha) as Cladhnach agus bhí comhluadar mór ag Tom. Máire a bhí ar a bhean, agus bhí Pádraig agus Tommy agus Dan agus Micil agus Seán agus Máirtín, b'in iad an chlann mhac, cheapfainn, a bhí ann. Ansin bhí Nóra agus Mary agus Bríd agus Baba agus Neil, an chlann inín.

An chéad dream eile a tháinig aniar – Tigh Mhicil Phádraig Pheadair (Mac Donncha) as an Tuairín. Bhí sé pósta ag bean a dtugaidís Agnes uirthi, agus an chlann a bhí ansin, bhí Peaitín agus Maidhcil agus Mary agus, tá mé ag ceapadh go raibh Bríd ann. Bhí Seán agus, tá mé ag ceapadh go raibh Agnes ann, an ceann ab óige a bhí ann. [Bhí ceathrar mac ann agus ceathrar inín.] Bhí Peaitín, Maidhcil agus Johnny, agus an raibh Petie ann? . . . agus bhí Mary Mhicil ann agus Kate agus Bríd, agus bhí Agnes ann. [Bhíodar óg, iad sin.][26]

Cé an chéad dream (eile) a tháinig ansin – Tigh Mhaidhcilín Dheartháir Bheairtle, Muintir Chualáin a bhí iontu sin – as Baile na Cille. Tháinig an seanmháthair in éindí leo sin freisin, Máire Bhreatnach a bhí uirthi. Bhí Micil Mhaidhcilín ann. Níl mé in ann a rá anois mar chuadar ar ais aríst. Níor fhanadar sin ach an oiread céanna le Jaic Choilmín.

An chéad teach eile ina dhiaidh sin – Muintir Pheadair Choilm (Mac Donncha) (as an gCeathrú Rua). Tháinig an tseanmháthair in éindí leo

---

[26] I gCo. na Mí a rugadh cuid den chlann; bhí ceathrar mac agus iníon ag an lánúin seo agus iad ag teacht go RC.

sin freisin, Cáit Mháire Ní Mhuireáin (Cáit Chladhnach) a thugaidís uirthi, agus Peadar agus a bhean, Meaig agus an chlann, Tommy agus Cóilín agus Johnny agus Peter agus Máirtín agus Stiofán agus Pádraig agus Joe . . . agus Mícheál. Ansin na mná a bhí ann, Mary agus Nan agus bhí Kate ann, bhí Neilín ann. Rugadh anseo go leor acu.

Ansin an chéad teach eile, an ceann deireanach, Tigh Pheait an Táilliúra (Cualáin), as Leitir Móir a tháinig na Táilliúirí iad fhéin, an Sconsa, Leitir Móir. Tháinig Peait agus a bhean, Mary a bhí uirthi. An chlann ansin, bhí Páidín agus Seán agus Cóilín agus Beairtle agus Marcus, an duine ab óige a bhí ann. Na mná ansin, bhí Nan ann agus Máire, bhí Bridie ann agus Nóra, bhí Baba ann, bhí Winnie ann. Níl mé cinnte cén t-ainm a bhí ar an gceann eile a bhí ann.

1937

Tiocfaidh muid go Tigh Tom Mháirtín, tháinig Tom Mháirtín agus a bhean – níl a fhios agam cén t-ainm a bhí ar an mbean[27] – ach an chlann, bhí Peait agus Tommy agus Johnny agus an mac ab óige, Sonny, agus ansin an chlann iníon, bhí Mary ann agus Bríd (Delia), agus bhí duine acu sna *nuns*, tá mé ag ceapadh gurb í Nóra a bhí ar an *nun*. As Camas iad agus Máirtíní a bhí iontu.

Ansin an chéad teach eile, Steaif Eoin as Glinneán, amach in aice le hUachtar Ard, ó thuaidh de Chonamara amach sna sléibhte. Muintir Neachtain,[28] tháinig sé fhéin agus a bhean, Máire a bhí ar a bhean, agus bhí seisear mac aige. Bhí Eoinín ar an gcéad fhear, agus Tom agus Pádraig, bhí Éamonn ann, agus Joe agus Maidhcil.

An chéad teach eile, Tigh Tom Pháidín Mhicil, Muintir Chualáin as Baile na hAbhann, agus bhí Tom agus Nóra, agus ansin an chlann, bhí Peait agus Bríd agus Seán agus Máire agus Christy agus Teresa. B'fhéidir go raibh iníon eile anseo, tá dearmad déanta agam. Comhluadar óg a bhí iontu fhéin.[29]

Ach ansin an chéad teach eile as Camas a tháinig siad, Muintir Mháirtín Beag nó Máirtín Pháidín a thugaidís air. Tháinig Máirtín agus

---

[27] Nóra Ní Eithir a bhí uirthi; agus bhí iníon eile sa gcomhluadar, Bairbre.

[28] /Nʹaxtirʹə/. I gCondae na Mí a rugadh Tom, Éamonn agus Joe.

[29] I gCondae na Mí a rugadh Teresa.

a bhean – tá sé ag cinnt orm – cén t-ainm a bhí ar bhean Mháirtín Beag? (Bairbre) Agus ansin an chlann, tháinig Cóilín agus Peait agus Beairtle, agus tá mé ag ceapadh go raibh Johnny ann. Bhí Nan ann agus bhí bean pósta thiar nach dtáinig in éindí leo ar chor ar bith, níl a fhios agam cén t-ainm a bhí uirthi (Bríd), agus bhí Baba ann. Muintir Chonghaile a bhí iontu. Níl na hainmeachaí ceart agam uiliug.[30]

An chéad teach eile ina dhiaidh sin, Tigh Chualáin – an Choill Rua áit eicínt soir. Bhí Tom agus a bhean (Bríd), agus an chlann, Máirtín agus Pádraig, Cóilín, Seán, Séamus agus Peadar. Cé na mná ansin a bhí ann? Bhí Nan ann, bhí Bríd ann. Meas tú an raibh aon Sarah ann, tá dearmad déanta agam orthu?[31]

An chéad teach eile ina dhiaidh sin, Muintir Loideáin a bhí orthu. Tháinig – bhí máthair na Loideáin caillte, ní raibh ann ach an t-athair, Tim (Mháirtín Veail) – Tim Ó Loideáin agus ansin mac, Mícheál. Bhí mac leo sna sagairt, Máirtín. Tháinig Maidhc aniar in éindí leis agus Peatsaí, agus ansin Jude agus Meaigí, sin a raibh sa teach sin. As Seanadh Mhóinín, An Spidéal.

An chéad teach eile ina dhiaidh sin, Tigh Phádraig Shéamuis. Tháinig Pádraig Shéamuis agus a bhean (Bríd) . . . as Baile na hAbhann, Conghaileachaí eile. Bhí Pádraig Shéamuis ann agus a chlann mac, Tom Phádraig Shéamuis, Jim Phádraig Shéamuis, Peait agus Jaicín agus Maidhcil. Cén t-ainm a bhí ar an gclann inín? Meaig Phádraig Shéamuis, bhí Nóra ar dhuine acu agus hé bith cén t-ainm – céard é Baidhní. An raibh aon duine acu i Meiriocá, meas tú? Tá mé ag ceapadh go raibh duine acu pósta thiar.

An chéad teach eile, Tigh Chóilín Shíomóin as Ros Muc. Ainm uasal a bhí orthu sin, Muintir Chonaire, Cóilín Shíomóin agus a bhean, Nan, Nan Chóilín. Agus ansin an chlann, bhí Pádraig agus Seán agus Nan agus Darach. Bhí bean eile acu pósta thiar.

Tigh Johnny Mháire Sheáin Mhóir as Ros Muc, ainm uasal orthu sin, Muintir Chonaire. Pádraig a bhí ar an mac is sine, bhí Cóilín agus John ann agus Joe. Ansin bhí Máire Jainín agus Bidín Jainín.[32]

---

[30] Bhí Maidhcil agus Meáirt sa gcomhluadar chomh maith.
[31] Bhí iníon eile a bhí pósta thiar agus bhí iníon dárbh ainm Sarah sa gcomhluadar.
[32] Bairbre a bhí ar bhean Johnny Mháire Sheáin Mhóir.

An chéad teach eile ina dhiaidh sin, Maidhcil Sheáin Ó Conghaile as Ros Muc, níl a fhios agam ar as Cill Bhriocáin a tháinig . . . Tá mé ag ceapadh gur Máire a bhí ar a bhean sin agus Conghaileachaí eile a bhí iontu sin. Ansin an chlann a bhí ann, bhí Maidhcil, agus bhí Seán ann, bhí Máirtín ann, bhí Peait ann agus bhí Briocán agus bhí Colm ann. Na mná, bhí Máire ar dhuine acu, ar chuma ar bith, tá mé ag ceapadh go raibh Nan ar dhuine acu. Bhí comhluadar maith go leor ansin ach níl a fhios agam na hainmeachaí a bhí orthu.[33]

Ansin an chéad duine eile, Muintir Churraoin as an gCoill Rua. Bhí Beairtle Churraoin agus a bhean, Úna. Bhí Marcus agus Máire ann, agus bhí Nan agus Kate, Úna agus Meaig.

An chéad teach eile a tháinig, Tigh Mháirtín Pheaits Sheáin Mac Con Rí, an Chloich Mhór, Baile na hAbhann. Bhí Máirtín Pheaits Sheáin agus a bhean, Cáit, an chlann ansin – [beirt mhac a bhí ann, Tom agus Peadar.][34]

An chéad teach eile a tháinig ina dhiaidh sin, Tigh Chóil Choilm (Mac Donncha). Bhí Cóil Choilm pósta don darna huair, Neil Sheáin Terry an darna bean a bhí aige. Bhí Tony agus Cóilín leis an gcéad bhean agus leis an darna bean ansin bhí Johnny agus Tommy. Cé na mná a bhí ann? Bhí Meaig Chóil Choilm ann agus bhí Ellen Chóil Choilm ann agus Cáit.[35]

---

[33] Fágadh iníon eile, Bríd, as an gcuntas.

[34] Bhí seachtar iníonacha sa gcomhluadar Máire, Cáit, Meaigí, Bríd, Jude, Nóra agus Nan; thiar a rugadh an chlann cé is moite de Nan.

[35] Bhí beirt iníonacha eile sa gcomhluadar seo freisin, Nóra agus Nan, ar cailleadh go hóg iad i gCo. na Mí.

2.3 Ag socrú síos i Ráth Chairn

2.3.1 Ráth Chairn a bhaint amach I

I dtaobh tríocha cúig is nuair a chuaigh muid suas go Condae na Mí. Bhí an-áthas orainn go ndeachaigh muid go Condae na Mí mar bhí muid ag ceapadh go raibh muid i bhfad níos fearr ná an dream d'fhan ina ndiaidh, ach is minic nach mar a síltear a bítear. D'fhága muid an Máimín idir a hocht is a naoi ar maidin agus bhí an oiread seo busannaí agus leoraíos leis na troscáin is chuile shórt. Bhí stopadh acu leath bealaigh in áit eicínt thimpeall Áth Luain nó Móta Ghráinneoige nó áit eicínt mar sin, agus bhí sé ina oíche nuair a shroich[36] muid Ráth Chairn. Tá a fhios agam go ndeachaigh mé fhéin agus mo dheartháir thimpeall le lucht na leoraíos ag tarraingt isteach na troscáin as na leoraíos isteach sna tithe, ag foilmhiú amach na leoraíos – bhí drisiúir agus boird agus cathaoireachaí agus chuile chineál rud. Sé an chaoi ar tharla an oíche sin – sé an chaoi ar caitheadh na leapachaí ar an urlár, bhí urláir breá cláir sna seomraí, agus caitheadh na *mattress*achaí nó hé bith céard a bhí acu – tá mé ag ceapadh gur leapachaí clúithí[37] go leor a bhí ann. Caitheadh ar na cláir iad agus luíodh ansin go maidin.

Nuair a d'éirigh muid ar maidin bhreathnaigh muid amach agus chonaic muid an talamh mín réidh glas gan cloch – ní raibh cloch ná crann – ach ní hé sin le rá nach raibh neart crainnte le feiceáil thart i gCondae na Mí againn. Ach bhí an talamh go hiontach. Amuigh sa stábla bhí bó mhór bhreá ceanglaithe agus bhí sí ag tál an bhainne. Agus bhíodh daoine ag obair thart an t-am sin, ní raibh na tithe uiliug críochnaithe ceart. Bhí daoine ag obair ag Coimisiún na Talúna ag cur caoi thart thimpeall ar na tithe agus ag cur isteach sráid agus rudaí den tsórt sin. Tá a fhios agam an chéad mhaidin ar éirigh muid tháinig fear isteach a bhí ag obair ag Coimisiún na Talúna nuair a d'oscail muid an doras ar maidin, agus chuaigh sé isteach agus chroith sé láimh linn agus séard a dúirt sé: "céad míle fáilte." Bhí an-iontas orainn gur labhair an fear seo Gaeilge linn, fear a bhí ag obair thimpeall an tí. Ní raibh aige

---

36 /hroʃ/.
37 /kluːhiː/, foirm gin. *de clumhach.*

ach an méid sin Gaeilge: céad míle fáilte. Cuimhním go maith ar an gcaint a dúirt sé.

Bhí muid ag siúl thart ag breathnú ar an talamh agus á chur i gcomórtas leis an áit a d'fhága muid ina ndiaidh thiar sa Máimín. Bhí chuile shórt sa teach romhainn, bhí neart builíní agus tae agus im, bhí buicéad bainne leagtha sa *dairy*, agus chuile shórt a theastaigh ó theach bhí sé ann. Bhí an oiread seo móna amuigh sa stábla amuigh agus bhí barra le haghaidh móin a scaradh. Bhí céachta agus deis le haghaidh an talamh a réiteach. Bhí capall – bhí sí fhéin ceanglaithe sa stábla. Ní raibh romhainne, an chéad sheachtain ar chuma ar bith, ní bhfuair muid ach an bhó a bhí romhainn, ach ansin de réir a chéile fuair muid cheithre bhó ar fad agus capall. Fuair muid carr capaill agus fuair muid carr asail. B'fhéidir go raibh sé bliain nó dhá bhliain shula raibh chuile shórt faighte againn go dtí fiú amháin an chearc – bhí dhá cheann déag de chearca agus coileach mór breá, agus chuile shórt a theastódh ó theach bhíodar ann.

2.3.1.1 *Ráth Chairn a bhaint amach II*

Bhí muid ceaptha a bheith abhus, b'fhéidir, ag an dó nó an trí nó an ceathair a chlog sa lá agus bhí bord mór réitithe thiar Tigh Chatháin, fad an tseomra uiliug, le beatha a thabhairt dóibh, bhí an oiread seo beatha ann – builíní agus feoil. [Bhí go leor in aon chomhluadar déag – aon chomhluadar déag a tháinig aniar in éindí agus go leor acu sa gcomhluadar.] Tóigeadh ansin na seandaoine – na seandaoine a bhí cheithre scóir nó os a gcionn – tugadh aniar iad sin i mótair, cuid acu, seanfhir agus seanmhná. [Daoine nach raibh an tsláinte go maith acu.] Daoine nach mbeadh in ann a ghoil ar an mbus. [Déarfainn go bhfuaireadar sin beatha ar an mbealach aniar.] Agus fuaireadar beatha abhus . . . Ach bhí bord mór millteach déanta thiar Tigh Chatháin ag siúinéaraí le haghaidh an lae; bhí an oiread seo feoil agus arán agus im agus chuile shórt; bhí an oiread seo tae réitithe dhá mbeadh muid ann in am, ach tá a fhios agam ar chuma ar bith go raibh sé dubh dorcha nuair a tháinig na busanna.

Ionadaithe ó Chonradh na Gaeilge ag fáiltiú roimh na himirceoirí óga as Conamara.

2.3.2 An chéad Domhnach

An chéad Domhnach – níl a fhios céard a tháinig thart ag breathú ar mhuintir Chonamara; bhíodar ag tíocht go raibh sé i ngar do bhliain ina dhiaidh, bhíodar ag tíocht as Baile Átha Cliath agus as Condae na Mí uiliug. Sin é a d'fhoghlaim mise le imeacht ar rothar mar níl a fhios agat cé na rothair a bhí caite ins chuile áit agus ní raibh ort ach breith ar cheann acu agus bualadh air. Ba chuma leo sa diabhal ach é a thabhairt leat agus nuair a bheifeá réidh leis é a fhágáil san áit a bhfuair tú é. Ní raibh siad ag cur aon tsuim ionainn nuair a bhí muid ag imeacht ar a (gcuid rothair). Ba chuma leo. {Bhíodar ag ceapadh gur cineál *Balubas* a bhí ionainn. Dream deas a bhí iontu; bhíodar ag goil isteach sna tithe ag cur fáilte romhainn. Tá a fhios agam an chéad mhaidin ar éirigh muid anseo bhí cupla seanfhear ag obair thimpeall an tí ag cur isteach an tsráid, sráid gaineamh agus clocha briste. Ach an chéad rud ar maidin, tháinig seanleaid isteach agus labhair sé: "céad míle fáilte." Sin é athair na n*Geraghties*} B'in í Gaeilge an Athair Ó Gramhnaigh . . . An tAthair Ó Gramhnaigh a mhúin iad mar bhí Gaeilge in Áth Buí shula dtáinig muid anseo . . . {Baile an-ghaelach a bhí in Áth Buí an t-am sin.} Ba é an sagart a rinne gaelach é, an tAthair Ó Gramhnaigh.

Ach i dtaobh an slua a bhíodh ag goil thart, níl a fhios agat cén uair a stop siad sin – chuile Dhomhnach bhíodar ag tíocht as chuile áit. Meas tú céard a cheap siad . . . – mar aon tír amháin a bhí uiliug ionainn agus ní raibh an tír chomh mór sin. Chaithfeadh fear Chonamara breathú beagán níos – bhí sé ag breathú *differ*áilte d'fhear Chondae na Mí mar gheall ar an bhfleainín agus mar gheall ar an mbáinín bán, agus bhí éadach dhó fhéin aige . . . Na mná ansin – na cótaí dearga agus dhá ró velvet orthu agus an seáilín dubh thimpeall a gcloiginn. Is dóigh gur b'in é a bhí ag tarraingt go leor. B'fhéidir go raibh an Ghaeilge freisin á tharraingt mar bhí go leor a tháinig aniar nach raibh focal Béarla acu.

2.3.3 Gach a bhfuaireadar ar an ngabháltas nua

Nuair a tháinig muid bhí fiche dó acra ceaptha a bheith sa bhfeilm agus ansin fuair muid ón *Land Commission* – fuair muid trí cinn de bheithígh bhainne, fuair muid dhá bhudóg agus bullán. An chaoi a raibh sé leagtha amach: cheithre bhó bhainne a fháil agus gan beithígh sheasc ar bith, gan beithígh óga ar bith, hé bith céard ba mhaith leat. Thóig an chuid is mó acu trí bhó bhainne, dhá bhudóg agus bullán. Fuaireadar an capall agus an carr, agus fuaireadar carr asail. B'fhéidir go raibh muid bliain anseo shula dtáinig an carr asail. Bhí dhá cheann déag de chaoirigh agus fuair muid doiséinne cearca agus coileach, *white-wine-dot* a bhí ar na cearca. Níl a fhios agam fhéin cé mhéad banbh muice a fríothadh – trí cinn nó cheithre cinn.

Fríothadh *machine* le haghaidh baint an féir idir chuile chúig theach, ansin bhí rudaí ag baint léi sin le haghaidh an t-arbhar a bhaint sa bhfómhar, bhí *reaping attachment* ag baint léi. Fuair chuile theach céachta agus cineál inneall eile a dtugaidís *grubber* (air) le haghaidh druileannaí agus *spring harrow* agus *harrow* dearg – *harrow* adhmaid, a raibh biorannaí síos thríd, agus *roller* le haghaidh rabhláil na talúna. Sin uile a bhfuair[38] muid le haghaidh an talamh a oibriú. Ní bhfuair muid láí ná casúr ná pionsúr ná rud mar sin. Fuair muid cuinneog le haghaidh maistireadh a dhéanamh agus fuair muid miasa le bainne a chur orthu agus le haghaidh an barr a bhaint den bhainne.

Bhí leoraí móna sna sciobóil. Bhí tonna fataí faighte ag chuile theach sa scioból agus bhí píosa mór muicfheola leagtha sa teach istigh ansin (cúlchistin). Bhí punt tae agus cloch siúcra agus mála plúir. Bhí chuile shórt a theastaigh ó theach bhí sé ann.

Bhí tine bhreá mhóna curtha síos, ach nuair a tháinig muide bhí sé deireanach san oíche, bhí sé ag goil ag an deich a chlog, bhí an tine laghdaithe síos.

Amach sa mbliain ansin fuair muid portaí, roinneadh na portaí freisin. Bhí na portaí roinnte mórán ar an gcaoi chéanna – sé an chaoi go gcaithfí tuicéad orthu cén uimhir a thóigfeá amach as an hata. Bhí uimhir ar chuile beainc portaigh – dhá phéirse an duine a bhí ceaptha, ach ní raibh sé ach cheithre slata déag ar leithead agus cead agat a bheith ag imeacht siar an fhad is – bhuel, tá sé ann fós, níl sé ídithe fós. Ní fheicfidh muide ídithe é, b'fhéidir an té a mhairfeas amach sa dá mhíle seo chugat, b'fhéidir go mbeadh sé ídithe an t-am sin. Fuair muid an-deis le ghoil chun cinn, duine ar bith a raibh fonn air a ghoil chun

---

[38] /ʃinʲ elʲə wuərʲ/.

cinn. Deich fichead sa tseachtain, sin rud eile a fríothadh, ar feadh bliana . . .

Bhí acra coirce agus acra cruithneacht curtha romhainn nuair a tháinig muid agus bhí acra fataí – bhí sé treabhtha, iomaireachaí a bhí déanta dhó le céachta agus b'éigean dhúinn fhéin na fataí a chur. Ach bhí na hiomaireachaí beaga an-aisteach dhúinne seachas iomaireachaí Chonamara, déanta le céachta. [Bhí seacht scraith san iomaire] agus ansin bhí glaise fágtha. An té a rinne na hiomaireachaí bhí an-scil aige – bhí sé in ann an chéachta a oibriú. Thóig sé go leor obair . . . Ní hionann é fhéin agus a bheith ag treabhadh páirce. Ach ní dhearna muid aon iomaire mar sin roimhe thíocht ariamh, ach ina dhiaidh sin. Nuair a fríothadh ina thalamh réidh é, druileannaí a dhéanadh; bhí sé éasca go leor druil a dhéanamh leis an gcéachta.

Sin rud eile a fuair muid – fuair muid barra le haghaidh móna, le haghaidh móin a scaradh. Cheapfainn gob in é an méid a fríothadh, chuile shórt a fuair muid ón *Land Commision* go bhfuil sé curtha síos ansin. Sé a bheadh ag teastáil – bhí chuile shórt sa teach, bhí tae agus siúcra agus im agus bhí buicéad bainne.

B'iontach an t-aistriú aniar é, bhí sé iontach ag an am, rud nár chleacht muid. [Bhí sé iontach againne mar bhí muid óg, an t-athair is an mháthair bhíodar amach sna blianta. Bhí cumha orthu i ndiaidh a muintir thiar, na cairde agus na gaolta, bhí cumha orthu i ndiaidh na farraige.] D'airigh siad go bhfuaireadar an deis agus thóigeadar é, agus ní raibh aiféala ar bith ar go leor dhá dtáinig aniar – bhuel, bhí cupla duine ann a chuaigh ar ais aríst, ach tá mé ag ceapadh dhá mbeadh breith ar a n-aiféala acu sin go dtiocfaidís aniar aríst dhá bhfaighidís an deis. Tá mé ag ceapadh go raibh cuid acu ag iarraidh a theacht aríst. Níl mé cinnte i dtaobh an méid sin, ach go gcuala caint ag goil thart.

Bhí teach ard againne anseo agus ansin bhí teach íseal fada, agus ansin an teach íseal eile – cineál déanamh *cottage* air. Sin iad na trí theach, ansin thosódh siad le teach ard aríst agus an teach fada seo agus an *bungalow* agus mar sin de. Ach ansin san aimsir dheiridh, bhíodar ag déanamh cineál eile, d'athraíodar plean agus bhí trí theach *differ*áilte eile déanta acu. Tigh Pheait an Táilliúra, bhí sé sin *differ*áilte agus Tigh Pheadair Choilm agus Tigh Farrelly amuigh, bhíodar sin déanta ar chaoi *diff*eráilte seachas na tithe a fuair muide [ach san am céanna ní raibh iontu ach an méid céanna seomraí] – cisteanach agus trí sheomra . . . Bhí dhá chuid déanta den scioból; bhí áit le haghaidh na mbeithígh. Bheifeá in ann ocht gcinn de bheithígh a chur sa – an chuid is mó dhe a dtugaidís an scioból mór air agus ansin bhí áit le haghaidh dhá chapall nó capall is asal. Sin é anois a bhíodh capall agus *pony* ag go leor daoine; fuaireadar réidh leis an asal, bhí an t-asal beagáinín mall. Ní bhfuaireadar aon deis le haghaidh na móna ach an barra láimhe. Ach ansin, bhíodar ag aithris ar fhear Chondae an Mí, bhíodar ag déanamh *bogeys* bheaga le haghaidh an mhóin a tharraingt amach. Bheifeá in ann céad fód a chur ar an m*bogey* seo agus chaithfeadh ansin maide a bheith agat le haghaidh iompú nuair a tharraingneofá amach an oiread seo achair é. B'fhéidir go dtarraingeofá cupla céad slat amach é ar an ionlach le haghaidh é a iompú. Bheifeá in ann níos mó móna a chur air; níl tú in ann a chur ar an mbarra má tá tú in ann scór fód, bhuel bhí tú in ann cupla céad a chur ar an m*bogey* beag seo.

Bhídís ag seasamh thuas ar an m*bogey* ar an mbealach isteach. Is dóigh go mbainfí siúl as an gcapall ar an mbealach isteach is amach. Ní bhíodh mórán bealadh ar na *bogies* seo, bhíodh an-tsíonaíl acu go minic. Cuide de na *bogies* seo cineál leathstuáil a bhí iontu; bhíodh a rotha ag goil síos is suas . . . [Nuair a thiocfá isteach leis an gceann folamh, bheadh an ceann eile líonta romhat.]

Fuair muid teach cearc freisin agus bhí teach le haghaidh muca ann. Teach na muca – cuide den stábla a bhí ann, bhí sé déanta as fhéin taobh amuigh ag binn an stábla. Tá mé ag ceapadh gur scór cearc a fuair muid agus coileach ag chuile theach,[39] bhí teach na gcearc déanta amuigh as fhéin. Bhí rálaí ann – tá siad sa teach i gcónaí – agus bhí bosca ansin ann le haghaidh – go mbeadh na cearca ag breith ann.

Fuair muid tosach maith, duine ar bith a bhí ag iarraidh a ghoil ar aghaidh sa saol, fuaireadar an-tosach. Cuid acu a chuaigh ar aghaidh agus cuid acu a d'fhan mar a chéile, cuid acu a d'imigh den fheilm uiliug, cuid acu a chuaigh go Sasana nach dtáinig ar ais ariamh. Sé an chaoi a raibh Ráth Cairn, sé na comhluadair is mó a tugadh aniar, go

---

[39] Cearc is fiche a fuarthas (Mac Aonghusa 1986: 45).

leor comhluadair mhóra a tugadh aniar as Conamara agus ansin nuair a bhíodar abhus ní raibh tada acu ach a ghoil go Sasana, an báidín bán, nó go Meiriocá, an rud céanna a bhí ag tarlú i gConamara thiar. Ach gob é an t-aon rud amháin – an dream a tháinig aniar gur ligeadar fairsne ar an áit thiar, go bhfuair daoine eile a dtithe agus a gcuid talúna.

2.3.4 *Crainnte*

Sin rud eile a bhí i gCondae na Mí nach raibh i gConamara againn – sin rud eile a fuair muid ón *Land Commission* – fuair muid crainnte úllaí, cheithre chinn de chrainnte úllaí agus fuair muid crainnte le haghaidh foscadh, crainnte coille; fuair muid céad acu sin agus bhíodar roinnte suas idir *sycamore* . . . agus spriús agus *larch*, níl a fhios agam an bhfuair muid aon chrann daraí, agus *cypresses*. Sé Gleeson a mhúin dhúinn le iad sin a chur.

2.3.5 *Scileannaí nua feilme*

Bhí scileannaí go leor le foghlaim againn seachas mar a bhí againn i gConamara. Bhí an talamh níb fhearr anseo agus chaithfeá – bhí fear ann íoctha, cineál *supervisor*, bhí sé ag goil thart ag inseacht do dhaoine cén chaoi le haghaidh an toradh is fearr a bhaint den talamh agus cé na leasúchaí a chuirfeá air, rudaí den tsórt sin. Dá mbeifeá ag cur síol féir ann – cén sórt síol féir a chuirfeá ann, cén chruithneacht ab fhearr agus cén choirce ab fhearr a d'fhásfadh i gCondae na Mí agus an eorna, agus na fataí, fataí céadfhómhair nó fataí Meán Fhómhair nó fataí Deireadh Fómhair.

Ní raibh aon chruithneacht i gConamara, coirce agus eorna a bhí i gConamara, agus seagal. Níl a fhios agam ar chuir muid aon seagal anseo ariamh? Ach bhíodh seagal i gConamara againn mar bhí an seagal in ann fás i dtalamh móna nó talamh éadrom. [Bhí sé ag teastáil i gConamara le haghaidh braon crua a dhéanamh . . .]

Ba rud nua dhúinne cruithneacht – do feilméaraí Chonamara. Thóigfeadh sé go leor leasú cruithneacht a chur ag fás . . . ní raibh a fhios ag fear Chonamara é sin go raibh sé píosa maith anseo. [Tá cruithneacht in ann talamh a mhilleadh le brocamas, salachar, broimfhéar a thabhairt thríd an talamh mara bhfuil neart leasú uirthi agus ansin caithfidh tú coirce a chur ann ina diaidh le an talamh a ghlanadh.] Rud eile bhí go leor feochanáin anseo i gCondae na Mí ag an am agus b'in drochjab dhá mbeifeá ag iarraidh tarraingt feothannáin as coirce nó as arbhar, chaithfeá a ghoil amach agus – ní raibh miotógaí an uair sin ann, ach b'fhéidir stocaí – agus tarraingt feochanáin mar nuair a bheifeá ag ceangal an arbhair sin aríst bheadh na feochanáin ag cur isteach ort. Deir siad nach bhfásann na feochanáin ach i dtalamh maith.

Na Caiple

An chuid is mó de na caiple a tháinig go Ráth Chairn bhí locht eicínt orthu, bhíodar sean nó bhí locht eicínt eile orthu . . . mar an fear a bhí á gceannacht, ní cheannaigh sé aon chapall ariamh, duine ón *Land Commission* agus cé chaoi a raibh a fhios aige sin le ghoil amach ag ceannacht caiple, ach capall ar bith a chonaic sé le díol, cheannaigh sé í. Go leor de na caiple a tháinig go dtí an baile seo ní raibh mórán traenáil ar bith orthu agus bhí go leor dhóibh fiáin agus bhí cuid acu ag ritheacht nuair a chuirfí faoi charr iad agus nuair a d'airídís torann an chairr ina ndiaidh rithfidís. [Bhí capall amháin nuair a thiocfadh duine ag maircíocht[40] uirthi luífeadh sí siar.]

Tá a fhios agat fhéin fear Chonamara nuair a tugadh amach sa bpáirc seo é agus capall agus céachta a thabhairt dhó ní raibh sé ag iarraidh é – ní raibh a fhios aige níos fearr fhios, mar a déarfá, ní fhaca sé ariamh é. Ach bhí fear thart agus á mhúineadh dhóibh, fear as Corcaigh a dtugaidís – tá sé beo fós – Pádraig Gleeson, fear Choimisiún na Talúna, bhí togha Gaeilge aige, bhí togha de Ghaeilge Chonamara aige ar a thoil; is dóigh gob in é an fáth a cuireadh anseo é. An lá seo bhí fear mór ón *Land Coimisiún* a dtugaidís Gamble air, tá mé ag ceapadh gur cineál *Orangeman* a bhí ann agus ní raibh focal ariamh Gaeilge aige agus bhí sé ag breathnú ar mhuintir Chonamara agus chuir sé ceist ar Phádraig Gleeson: "cén fáth," a deir sé, "tá siad ag labhairt Gaeilge," a deir sé, "eatarthu fhéin," a deir sé, "agus tá siad ag labhairt Béarla," a deir sé, "leis na hainmhithe?" Mar sin é a déarfadh fear Chonamara leis

---

40 Féach FFG: 145.

an mada: "*go out, a bhitch!*" agus "*come around here!*" leis an gcapall,
agus "*go on!*" agus an obair seo uiliug. Sé an freagra a thug Gleeson ar
Ghamble: "tá siad ag ceapadh go bhfuil an Béarla sách maith ag na
hainmhithe." Chuala mé Gleeson ag rá, níor labhair sé aon fhocal aríst
leis go ceann míosa ina dhiaidh, a deir sé, thug sé masla chomh mór sin
dhó. Tharla sé sin, sin í an fhírinne. Mar fiú amháin anois i gConamara
inniu fhéin nuair atá fear Chonamara ag cur amach an mhadadh: "*go
out!*" Ar chuala tú ariamh é? . . . Má bhí sí (an capall) socair bhí sí sean.
Bhí locht eicínt uirthi – sin é an fáth ar díoladh í agus bhí go leor de na
beithígh bhainne ar an gcaoi chéanna, bhí lochtaíl go leor orthu.

2.4 Na heasnaimh ar an scéim

2.4.1 *An fáth ar mhair an Ghaeilge i Ráth Chairn*
[Má athraíodh iad san am leis an teanga a chur chun cinn, ba cheart
deis – rud eicínt a dhéanamh len iad a choinneáil sa mbaile.] Ba cheart
monarcha a thabhairt don dream óg, a dhéanamh lena n-aghaidh len iad
a choinneáil. [Ní chosnódh sé mórán san am. Ní raibh le déanamh acu
ach an rud a tharlódh thiar i gConamara, an bád bán a thabhairt orthu
fhéin.] Dhá mbeadh deis eicínt ann a choinneodh an dream óg sa
mbaile, bheadh neart Gaeilge ann. Séard a choinnigh an Ghaeilge beo
– ní raibh aon Bhéarla acu, ní raibh aon roghain acu ach an Ghaeilge a
labhairt agus d'fhoghlaim go leor de na Béarlóirí a bhí thart timpeall
orthu, a bhíodh in éindí leo, d'fhoghlaimdar Gaeilge uathu dhá
mbuíochas. [Tá sé sin cruthaithe.] Tá! B'fhéidir nach le grá don
Ghaeilge a d'fhoghlaim siad í, ach d'fhoghlaim siad í go bhfaighidís
amach céard a bhíodar a rá.

2.4.2 *Dearmad á dhéanamh ar Ráth Chairn*
Ach ansin nuair a tháinig muid aniar go Ráth Chairn, níl a fhios agam
céard a tharla, ach déanadh dearmad ar fad ar mhuintir Ráth Chairn. Is
iomaí uair a bhím ag smaoiniú gur cuireadh aniar iad mar gheall ar an
teanga nó má cuireadh, déanadh dearmad orthu fhéin agus ar an
teanga, nó b'fhéidir ar an taobh eile gur cuireadh aniar iad le níos mó
fairsne a fhágáil ag an dream a bhí ina ndiaidh. Sin le rá, an talamh a

d'fhágadar ina ndiaidh roinneadh suas ar na comharsanaí é. Tá a fhios agat an talamh a bhí againne, roinneadh ar cheathrar é, go raibh dhá ghabháltas againn, labhair mé faoi sin cheana. Sin le rá gur rinne sé maith ar dhaoine muid a thíocht go Condae na Mí. Dhá mba í an teanga a bheadh i gceist, feicthear dhom gur cheart níos mó a dhéanamh san am le muintir Ráth Chairn a choinneáil sa mbaile. Níor tharla tada ach an rud céanna a tharla i gConamara. Ní raibh acu ach imeacht as an tír; ní raibh acu ach an t-imirce. D'imigh siad na chéad bhlianta, chuadar go Sasana, go Meiriocá, go Ceanadá agus amach san Astráil, . . . ach tá an chuid is mó acu i Sasana. Ach is mór an trua nár tharla rud eicínt san am a choinneodh sa mbaile iad. Ní choisneodh sé mórán rud eicínt a chur ar bun. Níor choisin sé ar Choimisiún na Talúna ach – níl a fhios agam ar dhá chéad seachtó cúig punt le teallach amháin a thabhairt aniar as Conamara.[41] . . . Bhuel, sin é a dúirt aturnae liomsa. Níl a fhios agam, b'fhéidir nach raibh an fear ag caint ach ar an talamh . . . Bhí rudaí an-saor san am, bhí tú in ann acra talúna a cheannacht i gCondae na Mí i lár na dtríochadaí ar chúig phunt. Sin é an t-am a dtug Dev na beithígh le n-ithe dhóibh nuair a stopadh na beithígh ag goil go Sasana. Stop Dev iad agus chuir sé suas ansin teach búistéara ins chuile pharáiste i gConamara ag marú na mbeithígh seo. Agus duine ar bith a bheadh ag fáil *dole*, gheobhadh sé an oiread seo punt feoil sa tseachtain. Rud amháin, ní raibh ocras ar aon duine agus rinne sé siúráilte dhó sin. Ní choisneodh sé, mar a dúirt mé cheana, – ní choisneodh mórán le cineál monarchan nó rud eicínt a chur suas, is dhá ndéanfaí é sin san am, bheadh níos mó – bheadh go leor i Ráth Chairn an lá atá inniu ann agus bheadh bunadh an dream a tháinig aniar an t-am sin bheidís inniu ann agus bheadh sé ina bhaile inniu acu, ach déanadh dearmad ar fad orthu.

Ansin an fear ba léannta a tháinig aniar in éindí leo, an fear seo a bhí ag goil go Baile Átha Cliath agus ag goil chuile áit eile ag iarraidh iad a thabhairt go Condae na Mí, bhuel anois bhí sé i gCondae na Mí agus bhí sé pósta ag bean as Condae na Mí. Is dóigh gur b'in é an fáth is mó a

---

[41] £1411 a chosain socruithe uile na scéime do chomhluadar amháin a aistriú aniar (Mac Aonghusa 1986: 45).

raibh sé ag iarraidh a thíocht go Condae na Mí.[42] Ní raibh sé pósta san am sin, ach bhí sé ag múineadh i gCondae na Mí shula ndeachaigh sé go Conamara ariamh, bhí sé ag múineadh i *Dunshaughlin* agus sin é an uair a rinne sé suas leis an mbean a phós sé. Aistríodh é de bharr beagán trioblóid ach an oiread leis an rud a tharla do Mháirtín Cadhain i dtaobh na scoile. Ach fuair sé an scoil ar ais agus fuair sé an jab i gConamara, agus nuair a bhí caint ar Chondae na Mí bhí sé sa líne tosaigh ag iarraidh iad a chur go Condae na Mí. Ach nuair a tháinig sé go Condae na Mí chuaigh sé a chodladh. Níor rinne sé tada ariamh le rud ar bith a tharraingt san áit. Is mór an trua[43] – ó chuir an rialtas aniar iad – nach dtug sé daoine leis as Ráth Chairn suas go Baile Átha Cliath le brú a chur ar an rialtas. Chuir sibh aniar anseo muid agus tá dearmad déanta orainn. Níl mé ag rá go mba cheart a bheith á mbeathú le spúnóig i gcónaí, ach bíodh a fhios agat go dtáinig a chlann ar fad aniar as Conamara. Tá sé ceart go leor duine a ghoil go Sasana agus obair a fháil, ach dhá dteagadh b'fhéidir dhá dhuine dhéag nó trí dhuine dhéag de chomhluadar go Sasana, bheadh scéal eile ann go mórmhór sna tríochadaí mar bhí rudaí an-dona san am sin. Ní raibh aon chall an spunóig a chur ina mbéal, ach bhí call má bhí suim sa teanga, an teanga a neartú i lár na hÉireann, an teanga a chur chun cinn i lár na hÉireann. Rinne Dev dearmad freisin orthu, ach ní thabharfainn aon mhilleán do Dev mar ní cuireadh aon bhrú air. Dhá dtabharfadh Costigan an oiread seo leis agus brú a choinneáil ar an rialtas – tugadh aniar iad seo agus cén fáth nach gcoinneodh muid sa mbaile iad. Tharla sé sin agus ní cheart dó tarlú.

[42] Príomhoide na bunscoile, Seán Ó Coistealbha (Costigan), atá i gceist anseo. Is gá a léiriú anseo nárbh in é an dearcadh coiteann a bhí ag muintir RC faoin iarphríomhoide. Is iondúil go labhraíonn siad air le teann measa agus iad ag trácht air i mbun a chúraimí scoile, ach níor chuala mé an oiread sin tráchtaireachta uathu ina thaobh nach mbaineann leis an ngné sin dá shaol. Is fíor gur tháinig laghdú ar a ghníomhaireacht pholaitiúil tar éis teacht go RC dó, ach tá gné phearsanta san anailís atá ag MÓC ar an iarphríomhoide. Níos faide ar aghaidh sa téip seo tráchtann MÓC aríst ar an téama céanna, ach tá driobaillín faoi aighneas pearsanta leis an iarraidh seo. Sa mbliain ceathracha sé bhí suim ag MÓC raidió a cheannacht ar bhonn gálaí. Mar gheall ar an gcostas (£12) a bhí leis san am bhí air duine éigin a fháil a bheadh sásta dul i mbannaí air agus d'iarr sé an gar seo ar Sheán Ó Coistealbha, ach diúltaíodh dó. Dúirt MÓC chomh maith ar an téip nach mbeadh sé chomh hoibleagáideach dhá n-iarrfaí air litir a dhréachtadh do dhuine éigin. Dúirt sé go scríobhfadh sé í go slamchúiseach sa gcaoi go gcaithfí í a athscríobh agus nach mbeadh a chuid scríbhneoireachta féin ar litir duine éigin eile (T.17B MÓC: 500).
[43] /truə/, défhoghar seachas tréfhoghar a bhí sa réaladh seo.

2.4.3 *Cúnamh ón stát*

An rud céanna a tharlódh dhá bhfágfaí thiar iad mar ní raibh a ndóthain áit ann. Bhí an teilm beag agus bhí comhluadar mór ins chuile theach. Sé an rud céanna, d'imíodar go Sasana, d'imíodar go Meiriceá; tá cuid acu amuigh san Astráil. Bhí fear ag breathú ina ndiaidh ag múineadh dhóibh leis an talamh a oibriú . . . Sé an obair a bhíodh aige sin – ag inseacht dhúinn cén chaoi a mairfeadh muid i gCondae na Mí, cén chaoi a n-oibreodh muid an talamh, ach rud ar bith eile – ní raibh cúnamh ar bith eile le fáil acu, ag inseacht do dheichniúr a bhí i gcomhluadar nó b'fhéidir go raibh ceathrar nó cúigear mac agus triúr nó ceathrar iníon, ag inseacht dhóibh sin le breathú i ndiaidh an méid sin talúna. Bhuel, rinne sé a chuid oibre fhéin, rinne sé a *dhuty* fhéin. Ach an rud ba cheart tarlú san am, is mór an trua nár tharla sé, rud eicínt a chur ar bun a choinneodh sa mbaile iad. {An chuid eile acu.} Más ag iarraidh an Ghaeilge a leathnú a cuireadh aniar iad sna tríochadaí, ba cheart níos mó a dhéanamh. Ach níor déanadh tada. Ní raibh neart ar bith ag an bhfear a tháinig aniar air, ach an dream a bhí ag breathú ina ndiaidh nó os a gcionn. Sin iad a lig síos iad, agus dhá dtarlódh sé sin, bheadh Ráth Chairn – bheadh sé láidir inniu. Ar aon nós d'imeodh daoine mar tá sé nádúrtha duine imeacht, ach d'imigh go leor acu in aghaidh a dtoil. Ní raibh tada eile i ndán dhóibh ach, mar a deir an ceann eile, leis an mbáidín bán. {Is dóigh gob é an t-aon locht amháin a bhí air nach raibh aon deis ann a choinneodh an dream óg sa mbaile, ach an oiread le áit ar bith eile den tír . . . Tháinig comhluadair mhóra ann agus ansin ní raibh sé in ann ach duine amháin den chlann sin a choinneáil, agus chaithfeadh an dream eile a ghoil in áit eicínt.} . . .

Níor tháinig aon duine aniar in éindí leo a thug aon chúnamh dhóibh. Tháinig múinteoir aniar agus lena aghaidh fhéin a tháinig sé aniar, le cúnamh a thabhairt dhó fhéin. Is dóigh gob é an fear ba léannta a bhí orthu é, bhuel bhí sé sin ag tochras ar a cheirtlín fhéin, níor rinne sé sin tada le cúnamh a thabhairt dhóibh. Dhá gcuirfí brú ar an rialtas in am, ach ní cuireadh aon bhrú orthu le rud eicínt tarlú . . . Ní raibh duine ar bith eile ann a thug aon chúnamh dhóibh, mar rinne Gleeson a chuid

fhéin – an obair a bhí le déanamh aige i dtaobh na talúna. Bhí sé sin
ceart go leor. Dhá mbeadh an múinteoir go maith – rud eicínt tarlú
díreach – an t-aos óg a thabhairt le chéile agus rud eicínt a thosaí, a chur
os comhair (an phobail) – tháinig muid aniar anseo as Conamara . . .
agus níor socraíodh coiste is níor socraíodh tada, níor chuir aon duine
aon trioblóid air fhéin le cúnamh ar bith a thabhairt. Nuair a thabharfar
as áit thú go dtí áit eile agus nuair a thabharfas tú suas a bhfuil agat i
gConamara agus thú a thabhairt aniar i gCondae na Mí níl do smaointe
ar rudaí mar sin san am. B'fhéidir blianta gearra ina dhiaidh go raibh
smaoiniú air, ach bhí rudaí go dona an t-am sin. San am sin bhí a
ndóthain ar a n-aire – an seandream – {ag breathú i ndiaidh an píosa
beag talúna a fuaireadar ag iarraidh maireachtáil, ní raibh sé an-éasca ag
an am.}

2.4.4 *An obair i Ráth Chairn i gcomórtas leis an obair i gConamara.*

Ní chuirfinn i gcomórtas an obair a bhí anseo le obair Chonamara ar
chor ar bith. Bhí chuile dhuine ag obair i gConamara, bhí an gasúr ag
obair nuair a thiocfadh sé ón scoil, bhíodh jab eicínt faighte aige. Bhí
go leor mná óga agus leaids óga anseo san am agus ní raibh ach duine
amháin in ann a ghoil ag obair le capall, bhí duine amháin in ann na
fataí a chur agus in ann arbhar a chur, an talamh a threabhadh,
druileannaí a dhéanamh le haghaidh fataí, é sin uiliug bhí duine
amháin in ann é sin a dhéanamh. Ansin an t-aon rud amháin i dtaobh
an fhómhar, nuair a thiocfadh an fómhar thóigfeadh sé beagán
cúnamh. Ach céard a bhí ansin – má bhí ach cupla seachtain oibre an
fómhar a bhaint. Ní raibh ach cupla acra ag chuile dhuine – bhí cupla
acra cruithneacht agus acra nó dhó coirce. Ní raibh an oiread sin ann
agus níor thóig sé mórán cúnamh é sin, ach sé an chaoi a mbídís fhéin
ansin ag tabhairt cúnamh dhá chéile ag baint an arbhar. Bhí na mná
sna páirceannaí, ach ní raibh mórán obair acu ach leis an bhfómhar
fhéin. B'fhéidir ag baint na bhfataí nuair a bhainfeadh an céachta –
d'osclódh sí an druil, agus chaithfeá ansin na fataí a phiocadh.
Thóigfeadh sé beagán b'fhéidir, ach céard a bhí ann ach acra nó acra
go leith fataí. Ansin ní raibh tada eile ach an portach. Ní chuirfeá i
gcomórtas le obair Chonamara ar chor ar bith é. Ó chaithfí an Nollaig

bhíothadh[44] ag déanamh an earraigh i gConamara agus ar ndóigh bhí go leor eile le déanamh san am céanna. Bhí chuile dhuine ina sclábhaí i gConamara. B'aisteach an rud bean óg a fheiceáil – dhá bhfeicfeá bean óg an lá atá inniu ann agus seanseáilín uirthi agus péire miotán agus cóta dearg ar bhean óg a bheadh seacht mbliana déag nó ocht mbliana déag agus í sin ag tarraingt fheamainne le cléibh, ag tarraingt aoileach. Dhá bhfeicfeá an lá inniu é, bean sa gcladach inniu agus cliabh uirthi, bean óg, cheapfainn go mbeadh go leor *cameras* ag cliceáil agus dhá bhfeicfeá bean óg ag tarraingt aoileach amach ar na garrantaí an lá atá inniu ann. Bhuel tharla sé i gConamara agus tharla sé le mo linnsa agus blianta ina dhiaidh. Ní chuirfinn i gcomórtas obair Chondae na Mí leis an obair a bhí á dhéanamh i gConamara.

Bhí imní ar chuile dhuine an mbeadh a dhóthain le n-ithe aige, agus ar ndóigh, tá sé sin tagtha anuas ó ocht déag ceathracha seacht nó an t-am a raibh an gorta ann. Is dóigh go raibh seanathair m'athair ag maireachtáil san am sin agus hé bith cé na fataí a bheadh curtha acu bhíodar ag ceapadh nach mbeadh a ndóthain curtha acu. Bhíodar ag cur a gcroí is a n-anam isteach ag cur fhataí . . . mar dhá mbeadh fataí ag duine ní raibh sé ag goil ag fáil bháis leis an ocras . . . An obair a bhí ag goil isteach leis an bhfata a chur ag fás i dtaobh an talamh sin a chur le láí, a shocrú agus a chur, . . . agus ag goil an oiread seo mílte ag baint fheamainne á tarraingt i mbád agus ansin á cur suas ar an talamh aríst, bhí obair mhór curtha isteach sa bhfata. Bhuel, nuair a tháinig muid go Condae na Mí ní raibh caint ar bith mar sin ann, déanadh dearmad ar chuile shórt mar sin mar is ar an gcapall anois a bhí an strus.

2.5 *Athruithe ar an saol*

2.5.1 *Cúrsaí oibre sna blianta tosaigh i Ráth Chairn*

Nuair a tháinig muid aniar anseo sé an chéad jab a bhí againn: ag cur fhataí don dream a bhí le thíocht ina ndiaidh mar bhí muide ar an gcéad dream a tháinig, an t-aon chomhluadar déag a tháinig aniar san Aibreán. Bhí fataí le cur síos don dream a bhí le thíocht tar éis a gcuid fhataí fhéin

---

[44] /vˈiːruː/, AC SB den bhriathar 'bí.'

a chur síos. Ní an chaoi chéanna a raibh siad ag cur fhataí i gConamara leis an láí agus na hiomaireachaí a bheadh déanta le céachta. Nuair a bheadh na hiomaireachaí déanta le céachta – níl a fhios agam ar sé spreab nó seacht spreab den chéachta a bheadh san iomaire. Chaithfeá ansin an síol a leagan air sin agus diúain a chur air agus é a chlúdú isteach as an nglaise . . . Tháinig dream amach i Meitheamh, tháinig chúig chomhluadar aniar agus chuir muid fataí lena n-aghaidh sin, agus ansin ag tarraingt ar an Nollaig tháinig an dream deireanach agus tháinig trí chomhluadar déag an t-am sin, agus bhí muid ag cur fhataí dhóibh sin – is dóigh go raibh sé beagán deireanach sa mbliain le bheith ag cur fhataí, ach cuireadh iad ar chuma ar bith agus bhí fataí maithe orthu.

Ansin nuair a bhí na fataí curtha bhí an portach ann. Spáineadh dhúinn an chaoi – ní hé an chaoi chéanna a mbídís ag baint mhóna i gConamara a bhíodar ag baint mhóna i gCondae na Mí. Spáineadh dhúinn an chaoi is éasca í a bhaint. Fuair chuile dhuine dhá phéirse portaigh. Nuair a bhí sé sin thart – obair ar bith a gheofá ag na feilméaraí thart . . . Gheofá obair ó feilméara ar an bportach, ach ní raibh sé sin ach sealadach, ní raibh mórán obair seasta ann san am. Ansin leis an bhfómhar gheofá obair ón bhfeilméara. Bhí an t-airgead gann san am agus chuile áit a bhfaighfeá pingin le saothrú bhí tú ann. Ní chuirfeá i gcomórtas le Conamara an obair a bhí anseo. Bhí obair trom i gConamara, bhí an-antró le fáil ón earrach i gConamara, bhuel ní raibh antró ar bith anseo le fáil ar an mbealach sin mar sé an capall a bhí ag goil á dhéanamh. An capall a bhí ag goil ag treabhadh is ag baint. Bhí duine amháin mórán in ann obair a dhéanamh ar an bhfeilm. Na leaids óga ansin bhídís ag goil thart ag cuartú oibre áit ar bith a bhfaighidís obair. Ach chuaigh an chuid is mó acu ansin go Sasana, ní raibh siad ag teastáil sa mbaile. Níorbh ionann[45] é agus Conamara go dtóigfeadh sé an oiread seo achair, b'fhéidir leath acra nó trí ceathrúnaí acra a chur d'fhataí i gConamara, bhuel, dhéanfá anseo é lá amháin nó dhá lá leis an gcapall, ní chuirfí i gcomórtas ar chor ar bith é. Ní raibh aon imní níos mó orthu, ní raibh aon imní do bháid go mbeadh siad le bheith beirthe le sruth. Ní raibh contúirt ar bith ag baint le obair Chondae na Mí mar

---

[45] /N'iːv' wanən/.

a bhí le baint feamainne i gConamara. An áit a raibh an fheamainn acu bhí sí, b'fhéidir, míle nó dhá mhíle óna gcuid talúna, agus b'in í an obair ba mhó i dtaobh na feamainne i gConamara. Ní raibh rud ar bith mar sin i gCondae na Mí, carr agus capall a bhí agat leis an t-aoileach a chur amach nuair a bheifeá ag cur na bhfataí. Bhí sé i bhfad níos éasca agus sin le rá níl a fhios agam cén fáth a dtugadar comhluadair móra aniar as Conamara le haghaidh acra is fiche[46] Sasanach. Bhí sé ag breathú mór i dtosach, ach nuair a bhíodar píosa ann ní raibh sé chomh mór sin ar chor ar bith. Ní raibh aon ghnotha acu ann.

Bhí suaimhneas ag na seandaoine mar ní raibh na seandaoine ag déanamh mórán obair ar chor ar bith anseo, b'fhéidir leis an bhfómhar agus le baint na bhfataí agus leis an bportach, ach taobh amuigh dhó sin ní raibh aon imní orthu.

2.5.2 *Ón láí go dtí an céachta*

I dtaobh an treabhadh – is dóigh go raibh an-difríocht ann ón láí go dtí an treabhadh, mar a dúirt mé cheana is ar an gcapall a bhí an strus anois. Ach bhí fear in éindí linn, Pádraig Gleeson, fear as Corcaigh, fear an-deas a bhí ann – níl a fhios an bhfuil sé ag maireachtáil fós – agus sin é a mhúin dhúinn le treabhadh a dhéanamh, sin é a mhúin dhúinn leis na caiple – chuile shórt a dhéanamh leis an gcapall. Bhí an capall ag treabhadh agus bhí sí ag cur síol agus ag cur fhataí is ag baint fhataí is ag baint an arbhar, ar an gcapall a bhí an strus ar fad anois. Ach níor thóig sé mórán achair air muide a mhúineadh isteach ar na rudaí seo, isteach le féar a bhaint leis an *machine* féir. Ansin bhí an *machine* féir – bhí tú in ann – a iontú isteach nuair a bheifeá[47] ag baint an arbhair, bhí tú in ann cúl a chur os cionn an scian le punannachaí a dhéanamh. Bhí dhá dhuine an uair seo ar an *machine*, chaithfeadh duine a bheith ag tiomáint na gcaiple agus an fear eile ag déanamh punannachaí. Bheadh sé an-chrua ag duine amháin é a dhéanamh. Ag baint arbhair ní raibh mórán brú ar na caiple, bhí dhá chapall faoin *machine*, dhá

---

[46] Is iondúil go gcloistear /fˈixˈə/ mar réaladh ar 'fiche' ag MÓC agus SÓC (féach ICF §657 chomh maith), ach /fˈi/ a bhíonn acu sa bhfrása seo /akrə is fˈi/.

[47] /vˈexaː/. Is dóigh gur meascán atá anseo idir an bhunfhoirm agus an dara p. ua. /vˈehaː/ den mhodh coinníollach.

chapall á tarraingt . . . Bheadh an oiread seo ansin sa bpáirc ag ceangal
na bpunannachaí seo, ag cur crios orthu, bhídís fhéin ag tabhairt
cúnamh dhá chéile. B'fhéidir go mbainfeá lá amháin nó dhá lá go
mbainfeá an méid a bhí le baint uiliug ag duine amháin agus ansin
isteach i ngarraí an fhear eile. Sin é an chaoi ar thosaíodar ag obair,
bhídís ag tabhairt cúnamh dhá chéile leis an bhféar, ag cur isteach féir.
Nuair a bheidís ag cur isteach an arbhair bhí an rud céanna, déanfaí
cruach den arbhar san iothlainn in éindí leis an bhféar go dtiocfadh an
thresher ansin lá ag *thresh*áil an arbhar. An rud céanna ag tarlú leis an
d*thresh*áil,[48] bhí na comharsanaí thimpeall i gcónaí ort . . . Ní raibh sé
deacair fáil isteach ar an obair seo, b'fhéidir gur thóig sé píosa, ach ba
mhór an t-athrú é as Conamara.

2.5.3 *An láí agus an sleán i gCondae na Mí*

Bhí go leor obair láí le déanamh anseo i gCondae na Mí, bhídís ag
déanamh gairdíní agus theastaigh an láí le haghaidh an gairdín a
dhéanamh agus an tsluasaid agus an píce, fiú amháin go dtí an lá atá
inniu ann tá an láí ag teastáil. Ach an láí a bhí anseo – spáid a bhíodh
inti, ní láí mhór Chonamara. Níorbh fhéidir iad sin a fháil anseo i
gCondae na Mí. Ach tá an spáid – tá sí sin déanta le haghaidh deiseal
agus ciotach, ach an láí Chonamara, chaithfeadh sí a bheith speisialta le
haghaidh fear ciotach nó fear deiseal. Ach níor déanadh mórán oibre
leis an láí . . . [bhuel, déanadh leis na hiomaireachaí] – ó b'fhéidir leis
na hiomaireachaí, le haghaidh na hiomaireachaí a chlúdú isteach, . . .
agus chuirfeá ag obair an láí le haghaidh na sciolláin a shá sna chéad
bhlianta. Ach uaidh sin amach ní bhíonn mórán obair láí á dhéanamh
anseo. [Ach le haghaidh an phortaigh, ag scraitheadh an phortaigh]
agus ag déanamh obair den tsórt sin, ach ní raibh sí ag déanamh an
obair a bhí sí a dhéanamh i gConamara. [Ní raibh tú ag goil ag
caitheamh láí anseo i séasúr amháin] – ná seacht séasúr . . .

An sleán anseo a bhí againne i gCondae na Mí bhí sé *differ*áilte do
shleán Chonamara, ní raibh binn ar bith ar an sleáinín beag a bhí anseo
i gCondae na Mí acu. Bhí sé déanta speisialta le haghaidh an mhóin a

---

[48] Urú ar an [t̪].

bhí anseo a bhaint, móin chíbe, bhí go leor cíbe inti agus ní mór don sleán a bhcith uafásach géar le haghaidh an mhóin seo a bhaint. Ní hionann é fhéin agus móin Chonamara . . . Sé an chaoi a mbíodh anseo i gCondae na Mí, chaithfeá an líne a ghearradh trasna sa bportach fad an fhóid agus chaithfeá an fód a ghearradh lena thaobh agus é a ghearradh thíos faoi le haghaidh é a chaitheamh amach ar an sleán. Bhí go leor gearradh mar gheall ar an gcíb seo; bhí sé an-deacair an chíb seo a ghearradh. Sé an chaoi a ndéanfadh sí meall roimhe an sleán dhá mba rud é go mbeadh sleán binne agat. Sin rud eile ab éigean dóibh foghlaim le haghaidh an mhóin a bhaint. Bhuel, anois faoi láthair teagann *machineannaí* anois a bhainfeas an mhóin agus beidh sí bainte in aon lá amháin, scartha amach.

2.5.4 *Athrú ar an mbeatha*

I dtaobh an athrú a tháinig ar an mbeatha as Conamara go Condae na Mí, mar a dúirt mé cheana i dtaobh Chonamara, iasc an rud is mó a bheadh ann. Ach i dtaobh Chondae na Mí, d'imigh an chiseog ansin, cuireadh deireadh leis an gciseog nuair a tháinig muid go Condae na Mí. I gConamara an chuid is lú den chomhluadar, bhídís sin ag an gciseog agus b'fhéidir go mbeadh an mháthair in éindí leo ag an gciseog, . . . agus bheadh stólta beaga déanta ag m'athair san am do na gasúir ag suí thimpeall na ciseoige, ach anois nuair a tháinig muid go Condae na Mí bhí muid gaibhte suas cupla céim, cuireadh deireadh leis an gciseog. Bhí chuile dhuine anois ag an mbord, bhí cathaoir faighte ag an ngasúr ag an mbord chomh maith leis an té ba sine. Is dóigh go raibh an bheatha *differ*áilte, bhí arán cruithneacht – ní raibh ort ach mála cruithneacht a thabhairt go dtí an muileann in Áth Buí, muileann Newman, agus gheofá an oiread seo cruithneacht – ní raibh ann ach cupla scilling, bhí tú fhéin ag fás an chruithneacht. Thabharfá mála ocht gclocha nó deich gclocha – thabharfá siar ag an muileann é agus gheofá an oiread seo clocha a dhéanfadh thú ar feadh an oiread seo achair – min chruithneacht. Bhí an rud céanna ansin le min choirce, ní raibh ort ach mála coirce a thabhairt go hÁth Buí, sin timpeall is cheithre clocha déag a bhí i mála coirce agus gheofá an oiread seo min choirce, bhí sé saor le fáil. Ní hé an oiread sin, b'fhéidir, a bheadh agat i gConamara corruair. B'fhéidir go mbeadh *Indian meal* freisin agat i gConamara mar bhí sé níos saoire ná an mhin choirce san am. Bhuel, bhí tú fhéin anois ag fás an choirce anseo agus bhí tú ag ithe an choirce a bhí tú ag goil ag fás; bhí min choirce déanta dhó, an rud céanna leis an gcruithneacht. Ba mhór an t-athrú é sin, bhí athrú mór ar a lán bealaí i dtaobh na beatha.

2.5.5 *Min chruithneachta*

Min chruithneacht – ní raibh min chruithneacht ar bith i gConamara, ní raibh thiar ach plúr . . . Bhí go leor muilte thart anseo i gCondae na Mí ag meilt; bhí muileann thiar in Áth Buí agus is ann a d'fhaigheadh muide an mhin chruithneacht agus thóigeadh muid siar an chruithneacht. B'fhéidir go mbíodh go leor cruithneacht nach dtóigfí[49] sa muileann mara mbeadh sí go maith. D'fhaigheadh muid mála cruithneacht mheilte agus mála plúir agus iad a mheascadh thrína chéile agus arán a dhéanamh dhe mar a fheicfeas tú inniu é. Ach ní raibh cleachtadh ar bith air sin i gConamara, ní raibh ann ach plúr bán i gConamara.

3.6 *Muintir na Mí agus muintir Chonamara*

2.6.1 *Talamh Ráth Chairn agus muintir na Mí*

Cén fáth ar tugadh an comhluadar ba mhó aniar? Níl a fhios agam ar dhá chéad tríocha hocht duine a tháinig aniar tríocha cúig as Conamara agus iad sin a chur isteach ar dhá acra is fiche talúna.[50] Bhí dhá acra is fiche ag breathú mór san am sin d'fhear Chonamara mar cén fáth nach mbeadh? Nuair a chonaic sé píosa talúna gan aon chloch, ní raibh aon phíosa talúna i gConamara le feiceáil – bhí clocha ins chuile thalamh i gConamara, ba mhó clocha a bhí ann ná talamh. Ach nuair a chonaic sé i dtosach píosa réidh talúna, ach bhí athrú intinne nuair a bhí cupla bliain imithe thart agus an comhluadar mór ann. Ní raibh aon áit ach ag aon duine amháin ar an talamh seo. Duine amháin agus b'fhéidir

---

[49] /nax doːgʹhiː/. Níor dearnadh an consan deiridh a dhíghlórú faoi anáil mhoirféim na hiarmhíre fáistiní.

[50] 232 duine a tháinig aniar de réir taighde thuasluaite, féach 2.2.

nach ndéanfadh duine amháin maireachtáil go maith ann mar bhí rudaí go dona san am sin.

Sin le rá dhá dtóigfeadh fear Chondae na Mí an talamh seo i Ráth Chairn, ní bheadh aon duine as Conamara anseo inniu. Bhí cruinniú in Áth Buí i dtús na dtríochadaí, níl a fhios agam ar tríocha trí nó tríocha ceathair – bhí cruinniú ann, bhí fear – duine uasal, John Farrell, an-fhear do Fianna Fáil agus an-fhear a bhí ann do mhuintir Ráth Chairn – bhí sé ag inseacht dhúinn go raibh cruinniú in Áth Buí agus cuireadh ceist ar dhuine ar bith thart: duine ar bith a raibh talamh ag teastáil uaidh a ainm a chur síos, iarratas a chur isteach le cupla acra talúna, sé acra nó deich n-acra, nó feilm thalúna a fháil, bhuel, bhí feilm thalúna san am, b'in acra is fiche nó dhá acra is fiche. Bhíodh sé ag rá go bhfuair siad páipéir le líonadh faoi seo, duine ar bith a raibh talamh ag teastáil uaidh. Bhuel, dhá mbeadh talamh ag teastáil uathu san am, ní bheadh aon duine as Ráth Chairn – ní bheidís anseo inniu. Cén fáth a dtóigfeadh duine talamh sna tríochadaí – ní raibh aon phingin ar aon bheithíoch, ní raibh pingin ar mhuca ná caora, ní raibh pingin le fáil orthu. Deir siad go raibh siad ag báthadh na laontaí, nárbh fhiú iad a thóigeáil . . .

Dhá dtóigfeadh muintir na háite seo an talamh, ní bheadh aon duine as Conamara ann mar ní raibh aon ghnotha acu den talamh, sé an chaoi go mbeadh sé ag cur tuilleadh costas orthu. Sin é an fáth a dtáinig muintir Chonamara aniar anseo sna tríochadaí mar bhí rudaí an-tsaor. An luach a bhí ar na beithígh san am – ní raibh aon duine ag iarraidh aon bheithíoch mar cén fáth a mbeifeá ag tóigeáil beithíoch agus gan tada le fáil agat ag deireadh an lae, nach raibh aon ghlaoch ar na beithígh.

2.6.1.1 *Bochtanas Chondae na Mí agus fear an chottage*

I gCondae na Mí tá fear ann a bhfuil, b'fhéidir, cupla céad acra talúna i gCondae na Mí aige agus ansin tháinig muid siar anseo (go) acra is fiche talúna. Bhuel, ní chuirfeá i gcomórtas acra is fiche le cupla céad acra. Bhí sé sin i gCondae na Mí agus bhí fear an *chottage* i gCondae na Mí, fear nach raibh aige ach aon acra amháin agus bhí sé sin go dona san am mar chaitheadh sé sin a bheith ag obair ag an bhfear mór (feilméara mór) agus mhair sé sin ar na coiníní. Caithfidh mé a ghoil siar anseo ar rud a dúirt mé cheana i dtaobh fear Chonamara: ní raibh aige ach an cladach le maireachtáil. Bhíodh caoirigh againne agus cupla bó agus cupla gamhain agus rudaí mar sin. Chaithidís é sin a choinneáil ag imeacht le haghaidh na talúna agus le bheith ag iarraidh ag baint corrphingin as. Bhíodh bairnigh agus faochain agus diúilicíní agus bhíodh gliomaigh agus rudaí mar sin sa gcladach acu agus ansin bhí an t-iasc acu, mar a déarfá, ag iascach. Ní raibh siad ag ithe, mar a dúirt mé cheana, aon dinnéar tur; bhí rud eicínt leis an dinnéar i gcónaí acu. Fear Chondae na Mí bhí sé níos measa, an fear bocht i gCondae na Mí, ní raibh aige sin ach an coinín; mhair siad ar an gcoinín agus tóigeadh comhluadair ar an gcoinín. Ach bhíodh sé ag obair ansin ag an bhfear mór agus bhí sé ina chineál sclábhaí ag an bhfear mór mar ní raibh sé ag fáil mórán airgid san am. Bhí fear Chondae na Mí i bhfad níos measa, déarfainn, ná fear bocht (Chonamara) – mar bhí na feilméaraí i gConamara uiliug bhíodar ar an gcaoi – ní raibh acu ach an méid céanna talúna agus cén talamh a bhí acu ach talamh cloicheach. Ní raibh duine ar bith acu saibhir; ní raibh duine ar bith acu céim níos airde mórán ná an ceann eile . . .

2.6.2 *Aighneas talúna*

Bhí sé ceart go leor ag fear Chondae na Mí, mar a dúirt mé cheana, dúirt John Farrell, fear a raibh teach ósta in Áth Buí aige, duine uasal a bhí ann, dúirt sé go raibh cruinniú acu is dóigh gur bliain shula raibh aon chaint ar aon duine a thabhairt aniar. Tháinigdar le chéile, ar chuma ar bith, . . . agus fiafraíodh dhóibh aon duine thart an dtóigfidís aon talamh. An mb'fhearr leo talamh a thóigeáil nó chúig bliana obair a fháil? Cé acu a thóigfidís? Bhuel, tá a fhios agat fhéin sna tríochadaí, bhí airgead gann agus gheofá acra talúna i gCondae na Mí san am sin ar chúig phunt. Cén gnotha a bhí acu seo nach raibh pingin acu do thalamh? Agus ar ndóigh, thóigeadar chúig bliana obair agus nuair a bhí sé sin tóigthe agus nuair a bhí an obair críochnaithe – agus tá siad seo teagtha ar ais aríst agus Ráth Chairn tóigthe acu idir tithe agus bóithre agus mótaí agus chuile shórt eile – thosaíodar[51] ag smaoiniú orthu fhéin. Tá an obair thart anois; tá muintir Ráth Chairn anois ina

[51] /hosədər/.

gcónaí ann. {Bhí cupla teach le críochnú.} Ní raibh muintir Chonamara thuas (i Ráth Chairn) uiliug san am sin, nuair a tháinigdar oíche agus thosaíodar ag caitheamh urchar[52] leis na tithe agus scríobhadar ar na tithe gan níos mó de mhuintir Chonamara a thabhairt aniar anseo: *"No more emigrants around here."* *"We want these houses for Meath people,"* agus an obair seo ar fad, scríofa le teara ar na tithe a bhí folamh. Uaidh sin amach – bhí muintir Ráth Chairn ceart go dtí sin leo – bhí sé an-éasca i dtithe ósta nó in áit ar bith a mbeadh cupla duine acu, bhí sé an-éasca *row* beag a *start*áil – a thosaí. Bhí fear Chondae na Mí – bhí sé ceart go leor nuair a bhí sé ag fáil obair, nuair a bhíodar ag saothrú ar feadh chúig bliana ach nuair a bhí an obair déanta – bhuel, ceart go leor bhí fear Chonamara in ann a fhód a sheasamh nuair a tháinig sé air. Ní chuirfinn milleán air, b'fhéidir go dtáinig duine acu thar an teorainn go leor uaireantaí. Ach sin an tosaí a bhí leis.

2.6.3 *Galetocks / Galtees*

Nuair a tháinig muid anseo ar dtús agus nuair a théadh muid go hÁth Buí – cén t-ainm a bhíodh na Béarlóirí a thabhairt orainn? Ní rabhadar in ann Gaeltacht a thabhairt orainn *so* deiridís *Galetocks.* Ansin faoi ceann píosa . . . – *Galetocks* go *Galecocks* orainn. Faoi ceann píosa eile ina dhiaidh aríst, bhí cupla bliain ann, go mbíodh siad ag tabhairt *Galtees* orainn. [Bhí ainm nuaí á fháil i gcónaí.]

Tá a fhios agam gur thosaigh *row* eicínt sa b*pub* in Áth Buí agus tháinig sé go dtí cúrsaí dlí. Agus nuair a bhí na Béarlóirí agus na Gaeilgeoirí sa gcúirt agus bhí duine eicínt ag déanamh fianaisí agus nuair a d'fhiafraigh an breitheamh: "an raibh mórán sa b*pub* an oíche sin," a d'fhiafraigh sé den Bhéarlóir seo. "Ó," a deir sé, "bhí go leor *Galtees* ann – *there was a lot of Galtees there,"* a deir sé. D'fhiafraigh an breitheamh: *"who is the Galtees?"* a deir sé. "Ó", a deir sé, *"they're the people from Rathcarran."* *"Why do you call them Galtees?"* *"That's what we call them."* *"No wonder you had a row so,"* a deir sé.

[B'aisteach an rud é freisin, hé bith cén trioblóid a bheadh ann i dtaobh an chúirt – nuair a bhíodh cúirt ann ní raibh an breitheamh

---

52 /kahə ruxər/.

ariamh anuas ar Ráth Chairn, mara mbeadh sé an-dona ar fad, mar bhí
sé ag ceapadh go raibh siad á gcur sa gcaoi sin, ach ní hin é an chaoi
a raibh sé ar chor ar bith. Ach sin é an chaoi a raibh an breitheamh ag
breathú air, ag iarraidh ceart a thabhairt dóibh.]

2.6.4 _Bás Larry Higgins_

Ach i dtaobh bás Larry Higgins, é fhéin a lig chun báis é fhéin. Nuair
a tharla an scliúchas sa teach ósta idir cupla duine as Condae na Mí – agus
bhí a dheartháir in éindí le Larry. Ní raibh Larry sa trioblóid ar chor ar bith
chomh fada agus is fios dhomsa, mar a déarfá, an méid a chuala mé. Ní
raibh mise istigh sa teach ósta. Ach thosaigh sé idir an deartháir agus fear
taobh thiar d'Áth Buí, agus bhí cupla duine as Ráth Chairn ag tóigeáil páirt
an fhear a bhí – an fear seo a bhí taobh thiar d'Áth Buí. Sin é an chaoi ar
thosaigh sé. Ach rith Larry amach as an teach ósta. Is dóigh nach raibh
sé ag iarraidh aon troid ná – imeacht as an mbealach, agus d'imigh sé
cupla céad slat agus chuaigh sé isteach sa teach seo. Nuair a bhí sé ag
goil isteach sa teach thit sé sa ngairdín taobh amuigh agus tháinig an dá
píosa seo de chréachta, nó na bláthannaí a bhí ag fás ann, bhíodar
seargtha san am, chuadar isteach ina éadán faoina shúil – dhá chipín.

Chuaigh sé ag obair lá arna mháireach agus fuair sé go dona, d'at a
chloigeann, agus cuireadh san ospidéal é. Agus níl a fhios agam ar
mhair sé ach cupla lá. Agus tóigeadh ansin an dream a bhí sa teach
ósta – tóigeadh triúr nó ceathrar acu, an dream a ceapadh go raibh rud
eicínt le déanamh leis an bhfear seo; agus ní raibh tada acu le déanamh
leis an bhfear seo, níor leagadar láimh air. Tóigeadh iad agus cuireadh
suas sa bpríosún iad ag fanacht le traíáil. Ach nuair a tháinig lá na tríála
spáineadh na cipíní sa gcúirt a chur chun báis é. Níor buille ar bith a
fuair sé a chuir chun báis é ach an dá chipín a tugadh amach as a éadan.
Agus tá siad á rá – fear Chondae na Mí á rá go dtí an lá atá inniu ann
gur muintir Ráth Chairn a mharaigh an fear seo. Sin é atá siad a rá, ach
ní shin é an chaoi ar tharla sé, níor mharaigh aon duine é. É fhéin a
mharaigh é mar dhá mbreathódh sé amach dhó fhéin nuair a tharla sé,
ní bheadh sé básaithe . . . Ceathracha sé a tharla sé.

2.6.5 *No more emigrants!*

An mhaidin seo nuair a chuaigh muid amach an bóthar agus go ndeachaigh muid Tigh – an teach a raibh Pádraig Ó Báille ann, ach ní hé a bhí an t-am sin ann – ní raibh duine ar bith ann. [Bhíodar folamh.] Sé an t-ainm a bhí tugtha air – Tigh Chóilín Bán nach ea a bhí tugtha air? Fear as Inis Treabhair a bhí ceaptha a thíocht ann, ach níor tháinig sé. Ach bhí sé scríofa ar an mbinn i dteara as Béarla: "*Warning! No more emigrants allowed here!*" Agus bhí urchar buailte ar chorr na fuinneoige. Is dóigh an té a chaith é go raibh sé ag iarraidh a chur in iúl orainn nach le haghaidh corr na fuinneoige a buaileadh é – an *concrete*, . . . tá sé le feiceáil i gcónaí, déanta suas, dhá mbeifeá grinn air.

Trasna an bhóthair uaidh sin, an teach a bhí ceaptha a bheith do Tom Teaimín, bhí sé scríofa ar an doras sin: "*Beware! These houses are made for Meath men.*" Agus bhí urchar . . . isteach thríd an doras sin. Tá mé ag ceapadh go raibh tuilleadh siar i *Limbo*,[53] ach níl a fhios agam céard a bhí scríofa thiar ansin.

Bhí faitíos an uair sin ar an dream a tháinig aniar go gcaithfí iad fhéin. Sin é ansin nuair a tháinig na *detectives*, cuireadh *detectives* ansin ag tabhairt aire don áit agus bhíodh beirt nó triúr le tíocht thart chuile oíche. Bhídís isteach anseo go minic sa teach seo mar bhíodh ceol againn agus bhídís isteach á dtéamh fhéin agus thugadh muid tae dhóibh – dream an-deas a bhí iontu. Gnáthchulaith a bhí orthu; ní raibh aon chulaith airm orthu, ach bhí *revolvers* acu . . . Bhíodar thart anseo ar feadh bliain go raibh na tithe uiliug líonta le daoine, go raibh na daoine tioctha. Ní raibh aon trioblóid ann uaidh sin amach.

2.6.6 *An deontas chúig phunt*

[Tá muid ag goil siar ag caint ar na gasúir a bhí ag goil ag an scoil (chéanna) nach raibh ag fáil aon deontas as an nGaeilge.] Ó sea, Béarlóirí (na Mí)! Bhí mé ag caint ar an dream seo, bhí Gaeilge acu chomh maith linn fhéin, ach san am céanna bhí muide ag fáil chúig phunt as, ach ní rabhadar seo ag fáil chúig phunt ar bith. Chuir sé sin an dearg-ghráin acu

---

[53] Féach A.4.

an Ghaeilge a labhairt agus bhí neart Gaeilge acu, fiú amháin tá sí inniu acu. Ach dhá mbeifeá ag caint orthu, bheidís in ann fáil amach cé air a raibh tú ag caint, dhá mbeifeá sa bpub nó áit eicínt mar sin agus iad seo a bheith ann. Bhí sé mí-fhéaráilte an chaoi nach bhfuaireadar – bhí muide ag fáil íoctha ar an teanga a labhairt, ach ní raibh siadsan. [Sin é a bhíodar a chloisteáil sa mbaile . . .] Chuir sé sin go leor de mhuintir Chondae na Mí, na gasúir . . . a bhí ag goil ag an scoil Ghaeltacht, chuir sé in aghaidh na Gaeilge iad. Is minic a caitheadh ina mbéal é. [Ní raibh sé sin go deas.] Ní raibh! "Tá sé ceart go leor agatsa a bheith ag labhairt Gaeilge ach tú íoctha uirthi, ach ní bhfuair muide íoctha uirthi." Fuair muid neart greadadh mar gheall uirthi a deiridís.

2.6.7 *Sagart Áth Buí*

I dtaobh an chreideamh dhó nuair a tháinig muid anseo ní raibh aon sagart Gaeilge againn, ní raibh aon sagart Gaeilge le blianta agus níl mé ag rá go bhfuil sagart Gaeilge inniu againn ach an oiread leis an lá sin. Níl aon sagart againn. Níl. Nuair a tháinig muid anseo tríocha cúig go hÁth Buí a bhí muid ag goil ar feadh na mblianta ag siúl san am sin trí mhíle go hÁth Buí . . . Ach i dtaobh an chreideamh dhó, bhí sagart in Áth Buí, Father Conlon as *Donegal*, agus ar ndóigh ní raibh dhá fhocal Gaeilge aige, agus ní raibh suim dhá laghad sa nGaeilge aige. Níor chuir sé aon strus air fhéin ariamh le breathú isteach, mar a déarfá, an dream nach raibh focal Béarla acu. Ní raibh focal Béarla ag mo mháthair agus bhí go leor leor daoine eile. B'fhéidir go raibh corrfhocal ag m'athair mar chaith sé cupla lá ar an *Shannon scheme* thíos i Luimneach. Bhíodar sin ag goil go hÁth Buí agus ní raibh a fhios acu beo céard a bhí sé a rá. Bhí séiplíneach ann, Father Irwin, agus ní raibh focal Gaeilge aige fhéin. Bhí muid mar sin ar feadh na mblianta, dhá mbeadh sé ag seanmóir, ní raibh a fhios acu beo céard a bhí sé a rá mar ní rabhadar á thuiscint. B'fhéidir go n-inseofaí dhóibh, duine a bhí sa teallach a raibh beagán Béarla aige céard a bhí sé a rá corruair, céard a bhí i gceist aige.

Nach aisteach an rud é! Nuair a tóigeadh an scoil bhí píosa fágtha amach as geard na scoile, bhí *fence* thimpeall air agus geata air. Bhí muid leithchéad bliain anseo ó tríocha cúig go dtí ochtó cúig, agus ní raibh a fhios ag aon duine cén fáth a raibh sé seo gearrtha amach ó gheard na scoile go raibh Proinsias Mac Aonghusa ag tabhairt óráid nuair a bhí muid leithchéad bliain ann.[54] Dúirt sé go raibh séipéal – nuair a déanadh an scoil – go raibh séipéal ag goil á dhéanamh freisin, ach gur stop an sagart a bhí in Áth Buí é. Dúirt sé leis an rialtas go raibh a ndóthain de séipéal acu. Ní raibh sé sin ag iarraidh tuilleadh obair a chur air fhéin ag tíocht aniar go Ráth Chairn ag léamh aifreann, ní raibh sé ag goil á dhéanamh agus stop sé é. Bhí ráite i gConamara – bhí cumhacht ag na sagairt, ach bhí cumhacht aige seo freisin nár lig sé cead dó an séipéal a dhéanamh. Bhí muid leithchéad bliain nó níos mó nach raibh aon duine acu in ann é a thosaí.

2.6.8 *Áth Buí Dé Domhnaigh*

Bhíodh siad ag goil go hÁth Buí, ní raibh áit eile acu le ghoil. Chaitheadh siad a ghoil ag an aifreann go hÁth Buí. Chaithfidís siúl go hÁth Buí agus sé an bealach a dhéanfadh muid siar as seo go minic, siar an bóthar ó dheas, siar an ráille. Chaithfeá a ghoil síos ag an droichidín agus síos le fána, ansin a ghoil siar an ráille. Bhí cuide de na *sleepers* gar dhá chéile agus bhídís an-deas le siúl orthu agus áiteachaí eile bhí na *sleepers* i bhfad ó chéile agus chaithfeá ansin siúl – agus bhí sé an-mhíchompóirteach ag iarraidh a bheith ag siúl ar an ráille – le taobh an ráille. Tá a fhios agam gur b'in é an bealach a théinn go hÁth Buí na chéad bhlianta.

Is dóigh ansin na seandaoine, b'fhéidir Dé Domhnaigh nuair a bhíodh an t-aifreann thart, teagadh[55] corrdhuine isteach le haghaidh deoch a bheith acu agus, b'fhéidir cuid acu nuair a fuair an t-ól greim orthu, b'fhéidir go mbeadh sé ina thráthnóna nuair a theagaidís abhaile. [Ansin faoi cheann cupla bliain ina dhiaidh, bhídís sin ag fáil *ponies* agus traipeannaí] agus ní déanadh mórán siúl ní ba mhó. Bhíodar ag éirí ar nós fear Chondae na Mí fhéin. [Bhí carrannaí an-ghann sna tríochadaí] ní raibh carr ar bith le feiceáil, b'fhéidir go bhfeicfeá carr ag dochtúr nó ag sagart [agus ansin nuair a bhris an cogadh amach d'éirigh siad níos –] níos gainne aríst.

---

54 Léacht chomórtha a tugadh ar an 12 Aibreán 1985.

55 /tˠaɡəX/, bunfhoirm AGC gan túschonsan séimhithe.

2.6.9 *Good man!*

Bhí an saol go maith na chéad bhlianta, saol nua ar fad a bhí acu go rabhadar píosa ann agus ansin d'iompaíodar anonn ar nós fear Chondae na Mí fhéin mórán ar deireadh. Ansin nuair a chloisfeadh muid na Béarlóirí: "*Good man!*" agus "*Hello!*" agus an obair seo uiliug, thosaigh muid fhéin ag rá: "*Good man!*" agus "*Hello!*" nuair a chasfaí beirt ar an mbóthar . . . Sin é an beannú a dhéanfaidís dá chéile sa deireadh – go leor den dream óg a bhí ag foghlaim Béarla.

3. Ráth Chairn ó na blianta tosaigh ar aghaidh

3.1.1 *Na daoine óga a d'imigh idir 1935-9*

Sé an t-athrú a tháinig, mar a dúirt mé cheana, go mb'éigean don dream óg imeacht sna blianta sin. Chuadar go Sasana – {Ó, bhí go leor imithe.} D'imíodar ansin agus nuair a bhí an cogadh ag briseadh amach tháinig go leor acu ar ais. Tháinig Pádraig s'againn fhéin – tháinig sé abhaile an t-am sin in éindí le go leor eile; bhí faitíos orthu go dtabharfaí isteach in Arm Shasana iad... Nuair a bhí a fhios acu nach raibh siad á dtóigeáil isteach san Arm thall chuadar ar ais, go leor acu. {Níl a fhios agam fhéin an raibh tada le déanamh ag Dev leis sin, an raibh?} Ó, ní raibh! Séard a tharla ansin – glaoch isteach in Arm na hÉireann. Bhí dhá chineál ansin. . . *Local Security Force* – an t-éadach céanna a bhídís a chaitheamh. {Bhí an *Local Security* ann agus bhí an *Local Defence Force* ann . . .

Bhíodar ceathair nó cúig déag nuair a d'fhágaidís an scoil. (Bheidís thart ar an mbaile go mbeidís scór bliain nó mar sin? – ceist CÓG.) Ó, bheadh. Bhídís ag obair thart – go leor de mhuintir Ráth Chairn ag obair ag feilméaraí thart ar fud Chondae na Mí, áit ar bith a bhfaighfeá jab.} Áit ar bith a bhfaighfeá pingin, ó tríocha cúig go dtí aimsir an chogadh bhíodar ag saothrú, bhí muid fhéin amuigh ag feilméaraí ag obair. {Muintir Chondae na Mí, theastaigh go leor oibrithe uathu agus bhíodar ag íoc pái maith go leor, an phái a bhí ag imeacht. Níl mé ag rá gur pái mhaith í, ach bhí sé go maith ag an am.} Bhí punt in ann a ghoil i bhfad an t-am sin. {Gheofá díol na seachtaine de bheatha uiliug ar phunt nó níos mó ná punt an t-am sin.}

3.1.2 *Comhluadar mór ar áit bheag*

Ach i dtaobh comhluadar a bheith ar áit bheag, acra is fiche nó dhá acra is fiche Sasanach. Sin é a bhfuaireadar i Ráth Chairn, ach san am céanna bhíodar ag cur san am, bhí chuile dhuine ag cur ar na feilmeachaí beaga seo. Bheadh cupla acra cruithneacht curtha, b'fhéidir acra coirce, bheadh acra fataí agus b'fhéidir go mbeadh leathacra i dtaobh glasraí curtha acu. Sé an chaoi a raibh siad fhéin ag aithris ar a chéile i Ráth Chairn – an rud a dhéanfadh an chomharsa, dhéanfadh muide é agus sin é a bhí ag goil ar bun. Mara raibh airgead acu, bhí an bheatha acu. Bhí an bheatha seo acu: bhí an chruithneacht acu le tabhairt ag an muileann le plúr a dhéanamh dhe, bhí muileann thiar in Áth Buí ag muintir Newman, agus bhí an choirce acu le haghaidh min choirce, ní raibh ort ach mála bairille coirce a thabhairt ag an muileann agus gheofá an oiread seo clocha min choirce agus gheofá an rud céanna i dtaobh na cruithneacht. Bhí beithígh acu, bhí cupla bó bhainne acu agus bhídís ag déanamh maistirí, agus bhíodar ag tóigeáil corrmhuic. Ní raibh aon ocras orthu, níl mé ag rá go raibh airgead acu, ach ní raibh aon ocras orthu. Ach san am céanna ní rabhadar ag goil ag maireachtáil ar fad air sin. Smaoinigh cuid acu bualadh go Sasana, an dream a bhí in ann a ghoil go Sasana . . .

An lá atá inniu ann níl ag cur ach an fear mór a bhfuil an oiread seo céadta acra aige. Níl an fear a bhfuil fiche acra aige ná acra is fiche nó deich n-acra fhichead – níl sé ag cur tada mar is dóigh nárbh fhiú dhó é a chur, ach shílfeá go gcuirfeadh sé lena aghaidh fhéin é, ach is dóigh go gcaithfeadh sé an iomarca am go mbeadh an oiread seo saothraithe aige dhá mbeadh sé amuigh ag obair agus go mbeadh sé in ann an stuf seo a cheannacht – nach bhfuil sé ag iarraidh é a dhéanamh.

Sin é an chaoi a raibh sé. Bhíodar in ann iad fhéin a bheathú. Ní raibh aon chall dhúinn a ghoil i ngar don siopa mara gcaithfidh tú a ghoil ag cuartú tae ná siúcra, ná rud mar sin, ach ní mórán a bhí le ceannacht sna siopaí. Níl mé ag rá anois nuair a tháinigdar aniar anseo go raibh siad ag déanamh éadach. Thóig go leor acu an tuirne aniar agus an obair sin, ach níor déanadh aon éadach mórán i Ráth Chairn. Bhíodar ag déanamh éadach don chomhluadar nuair a bhíodar i gConamara; ní raibh aon chall dhóibh an t-éadach a cheannacht; bhíodar ag déanamh pluideannaí. Is dóigh nach raibh chuile dhuine in ann é sin a dhéanamh ach na daoine a raibh caoirigh acu. Bhí neart den olann againne agus sin é an fáth ar déanadh sa teach s'againne é agus go leor tithe eile chomh maith linn, agus bhí tithe ansin nach raibh aon chaoirigh ann agus ní fhéadfaidís a ghoil ar aghaidh leis sin.

Déarfainn gob é an fáth a dtug feilméaraí beaga Ráth Chairn suas an cur: d'éirigh bainne daor agus bhíodar ag ceannacht corrbhó bhainne.

Ach an oiread le rud, rud a dhéanfadh teallach dhéanfadh an teallach eile é. Bhíodar fhéin ag aithris ar a chéile i gcónaí agus sa deireadh ar áit bheag ar dhá acra is fiche talúna ní fhéadfá a bheith ag cur agus beithígh a bheith agat. Ní fhéadfadh a bheith agat ach aon rud amháin. D'éirigh an bainne daor agus bhíodar ag ceapadh gur mó a dhéanfaidís ar an mbainne ná a bheith ag cur fhataí, go mbeidís in ann fataí a bhí ag teastáil uathu a cheannacht nó glasraí a bheadh ag teastáil uathu agus beithígh bhainne a fháil. Déarfainn gob in é an t-am a dtugadar suas an chur agus chuadar le beithígh bhainne. Ní raibh aon fheilm i Ráth Chairn scaitheamh nach raibh an oiread seo beithígh bhainne acu, an méid a bhíodar in ann, agus bhí cuid acu a raibh an iomarca acu ní rabhadar in ann iad a thóigeáil.

3.1.3 *Obair ar chailéar an Hill of Ward I*

Bhí mé ag obair ar an *Hill of Ward*, cailéar mór cloch a bhí ann. Sé an chaoi a raibh an obair ar an *Hill of Ward*: d'fhéadfadh an comhluadar uiliug a bheith ag obair in éindí. Bhí comhluadar íoctha as chuile thonna cloch a bhrisfidís agus bhí chuile dhuine ag tabhairt cúnamh, dhá mhéid tonnaí a mbeadh[1] agat is amhlaidh is mó airgead a gheofá. Níl a fhios agam an raibh sé punt an tonna san am nó an raibh sé leathchoróin, leathchoróin in aghaidh an tonna leis na clocha a bhriseadh. Bhí sé sin ar bun agus bhí muid ag baint corrphingin air sin, agus an chéad rud eile ansin cuireadh amach mé ag obair le *steamroller* ag an mbóthar, mé fhéin agus cupla duine eile. . . . Dhéarfainn go raibh mé ansin go ndeachaigh mé isteach san arm.

3.1.4 *Cailéar an Hill of Ward II*

Bhí mé ag obair sa gcailéar ar an *Hill of Ward* ag obair ag an gComhairle Condae. Bhí muid ag briseadh clocha, an oiread seo as an tonna. {Cén bhliain í sin?} Is dóigh gur tríocha sé nó tríocha seacht – cheapfainn gob ea. Is dóigh go raibh muid bliain anseo shular thosaigh an obair ar an gcailéar. Tríocha seacht, chuaigh mé fhéin agus Antaine Choffey agus Tóna san Arm . . . {Ta mé ag ceapadh gur ina dhiaidh sin

---

[1] /m'eːx/, sampla neamhchoitianta den choibhneasta indíreach.

a chuaigh tú ag briseadh na gcloch ar an *Hill of Ward.*} Níl a fhios agam nach raibh mé ag briseadh roimhe agus ina dhiaidh. Ansin cuireadh an oiread seo amach againn ar an *steamroller* a bhí ag goil soir ar bhóthar ó *Hill of Ward* go *Dunderry.* Bhí mé fhéin agus Jim (Mhicí), Pádraig, Tommy Teaimín agus Máirtín Dhiarmaid, agus Maguire, sin é a bhí os a gcionn – an *ganger* a bhí orainn . . . Nuair a bheifeá ag obair air sin chaithfeá cheithre thonna – bhí na clocha briste le taobh an bhóthair, bhí barra agus sluasaid agat – chaithfeá cheithre thonna a chur amach roimhe am dinnéir agus cheithre thonna tar éis am dinnéir. Bhí tú curtha sa gcaoi go gcaithfeá an obair a dhéanamh. Ní raibh tada le fáil agat os cionn do phái, hé bith céard a dhéanfá – {chaithfeá na hocht dtonna a chur amach sa ló.} Dhá gcuirfeá fiche tonna amach, ba é an rud céanna é, ach b'in an rud is lú: cheithre thonna roimh am dinnéir agus cheithre thonna th'éis am dinnéir. Bhuel, ní raibh mórán achair ort le ghoil é ag scaipeadh roimhe faoin *steamroller.* Bhí daoine ann le é a scaipeadh, ní raibh ortsa ach é a thabhairt amach i lár an bhóthair. Ní raibh ann ach an oiread seo againn. B'fhéidir go raibh ceathrar againn air sin; bhuel bhí an dream eile ansin ag obair ar an mbóthar ag scaipeadh na gclocha. {Bhí duine eicínt eile ag tarraingt uisce.} Coffey a bhí ar an bhfear a bhí ag tarraingt uisce; bhí capall aige . . . agus *tank* cearnógach, a raibh rothaí air, bhí sé déanta ar nós carr. Chaith uisce a bheith ar an *steamer* nuair a bheifeá ag scaipeadh na gclocha . . . agus bhíodh sé ag caitheamh créafóige air. {Ag líonadh suas na bpoill.}

3.1.5 *Cailéar Mhicil Ghríofa*

Bhí fear eile ansin an taobh eile anseo dhúinn agus bhí a chailéar fhéin aige – Mícheál Ó Gríofa. Chaithfeadh sé sin na clocha a bhaint agus iad a tharraingt – tharraingneodh sé amach iad, b'fhéidir leithchéad slat ón gcailéar . . . i ngar don charr. Bhrisfeadh sé iad agus tharraingneodh sé dhá mhíle go leith iad agus chuir sé clocha ar mhíle de bhóthar, chuir sé tonnaí clocha le taobh a chéile ar an mbóthar seo. {Tá mé ag ceapadh go bhfuair sé trí déag agus punt an tonna as é a bhaint agus é a bhriseadh agus é a tharraingt.} Meas tú ag raibh sé ag fáil an méid sin? {Cheapfainn go raibh.} Feictear dhom gurbh uafásach an obair í, cloch a bhaint, í a bhriseadh agus í a líonadh sa gcarr agus é a thabhairt amach cupla míle bóthar. Tá an bóthar sin ar an mbealach amach go dtí an Uaimh idir thú fhéin agus *Tullaghanstown*; fear Chondae na Mí – *Michael Griffin's Road* a thugann siad air.

3.1.6 *Treoir d'fheilméaraí le linn bhlianta an chogaidh*

Níl a fhios agam cé mhéad as céad acra a chaithfeá a chur faoin gcéachta, fiche cúig as céad, ab ea? Bhí sé níos mó ná sin, déarfainn. Mara gcuirfeá do chuid talúna, tóigfí uait é agus gheobhadh duine eicínt é a chuirfeadh é; ní raibh roghain agat mar bhí cogadh ar bun agus chaithfeá an t-ordú a bhí faighte agat a dhéanamh. . . . Bhí muintir Chonamara (i RC) ag cur i gcónaí . . ., ach ní raibh aon bhrú ort mar a bhí ar na feilméaraí móra. Ní raibh aon bhrú ar mhuintir Ráth Chairn le cur a dhéanamh, ach dhá mbeadh céad acra agat nó cupla céad acra, chaithfeá an oiread seo a chur. D'éirigh obair ansin, bhí neart obair acu san am. {Chaithfí ansin an t-arbhar sin a bhaint agus chaithfí é a cheangal, chaithfí é a stocadh agus chaithfí é a tharraingt isteach –} Ní raibh mórán inneall san am, ní raibh ann ach an *reaper and binder*, trí chapall a bhíodh á tharraingt sin.

3.1.7 *Blianta an chogaidh*

Feabhas a tháinig leis an gcogadh mar bhí go leor móna á baint freisin; ní gheofá mórán air, ach bhí chuile shórt saor. Bhí an obair ann; gheofá péire bróga an uair sin ar leathchoróin nó trí scilleacha, gheofá léine ar dhá scilling. Bhí rudaí fíorsaor . . . Gheofá culaith éadaigh, déanta ó tháilliúr ar dhá phunt deich. Nuair a bhí pingin ar bith agat, bhí sé éasca maireachtáil. {I dtaobh rudaí eile ansin, na rudaí a bhí gann: an tae agus an siúcra agus an t-im agus tobac . . . a bhí *ration*áilte.} Ó, bhí na cultachaí éadaigh, iad fhéin, *ration*áilte.

An dream a bhí sna bailteachaí móra agus sna háiteachaí sin bhí sé crua orthu sin, i bhfad níos cruaí – {ná mar a bhí sé ansin ag na feilméaraí; ní raibh tada ag lucht na mbailte móra. Bhí rud eicínt ag an bhfeilméara i gcónaí, bhí neart fataí dhá chuid fhéin aige agus bhí bainne agus im aige.} Níl a fhios agam an raibh na fataí ciondáilte ach an oiread, ní cheapfainn go raibh, agus ní raibh an bainne. Bhí an t-im, nach raibh? {B'fhéidir go raibh im siopaí.} Ach bhí muide ag déanamh im an t-am sin . . .

{Nuair a thosaigh an cogadh stop gual, ní raibh aon ghual ag tíocht isteach. Sin é an fáth ar chuir Dev daoine amach ar na portaigh agus chuaigh an saighdiúr amach ar na portaigh ag baint mhóna. Bhí neart oibre le fáil aimsir an chogadh . . .} Ach fear an bhaile mhóir chaithfeadh an *coupon* a bheith aige le rud a fháil. {Ní raibh tada an uair sin aige. Ach baile beag, ar nós Baile Átha Buí thiar, bhuel go leor de mhuintir Áth Buí, bhí talamh go leor acu taobh amuigh . . .

Bhíodh daoine ag goil thart le capall is carr ag bailiú uibheachaí, agus dhá mbeadh sicín nó cearca le díol agat, cheannófaí uait é . . .} Ansin McKenna[2] a thíocht amach as Áth Throim agus i mBéarla a bhíodh sé agus, ar ndóigh, na seanmhná a tháinig aniar as Conamara anseo ní raibh mórán Béarla acu. Tháinig sé go dtí teach amháin: "*Any fowl, mam?*" "An calar ort fhéin agus ar do pholl!" a deir sí. Níor thuig sí é. {Bhí sí ag ceapadh gur masla a thug sé dhi.}

Spéis sa gcogadh

{Bhíodh an-spéis acu ann, d'fhéadfá a rá, cén chaoi a raibh an *German* ag goil ar aghaidh agus cén chaoi a raibh na Sasanaigh ag goil ar aghaidh. Tá mé ag ceapadh go raibh go leor acu – is mó a bhíodar ar thaobh an *German* ná a bhíodar ar thaobh na Sasanach.} Bhí sé sin ag tarlú, ach bhíodar ag déanamh dearmad ansin ar bhealach – {dearmad mór} – mar ní raibh a fhios acu cén chaoi a raibh rudaí, mar bhí an t-ádh ar an tír seo nár thóig an Ghearmáin san am í. {Ach níor chuala muide tada den tsórt sin.} Ní raibh tada á inseacht.

Bhí na páirceannaí móra – bhí pólannaí curtha síos iontu sa gcaoi nach bhféadfadh aon eitealán luí iontu . . . Níl a fhios agam cé mb'as an ceann a tháinig i *Tullaghanoge* ansin thíos? {As *Germany*.} Agus d'fhiafraigh sé de dhuine eicínt, is dóigh go raibh cupla focal Béarla aige, d'fhiafraigh sé cén tír a raibh sé ann. Deir sí, an chéad bhean a casadh air, deir sí: "*You're in Tullaghanoge.*" Ní raibh a fhios aige sa diabhal cén tír í *Tullaghanoge.*

---

[2] Thug MÓC *cleaver* ar an bhfear seo. Seo duine a théadh thart ag díol is ag ceannach éanlaith agus uibheachacha. Is dóigh gurb é *cliabh* bunús an fhocail seo, is é sin an áit a gcuireadh sé na sicíní a cheannaíodh sé ó na daoine. Bhíodh na cléibh ar charr nó ar dhroim asail. Ba shiod é an cineál oibre a luaigh sé le Páidín Láidir (féach 1.5.9), duine dá lucht aitheantais thiar, ach níor bhain sé úsáid as an bhfocal seo le cur síos a dhéanamh air. Is focal é a d'airigh sé ó Bhéarlóirí na Mí.

{Fuair sé amach páirc nach raibh aon *stake* inti, síos i ndiaidh a mullaigh a tháinig sí mar bhí an *propellor* buailte ar an talamh.}

3.1.8 *Óglaigh na hÉireann*

Chuaigh mé isteach san arm tríocha seacht, agus bhí Antaine Choffey in éindí liom agus Tóna Mac Donncha as Áth Buí (anois), sna *Volunteers* . . . Sé an chaoi a raibh na *Volunteers* – sé Dev a thug amach iad sin. Séard a tharla san am nuair a chuaigh Dev isteach bhí faitíos air go dtóigfeadh an tArm anonn mar ní raibh mórán grá ag an Arm do Dev san am mar bhí Dev ag troid in aghaidh an Airm nuair a bhí an cogadh catharach ann. Ach ansin nuair a fuair sé fhéin cumhacht agus nuair a cuireadh isteach é bhí faitíos air go dtóigfeadh an tArm anonn agus sin é an fáth a thosaigh sé na *Volunteers*, Óglaigh na hÉireann a bhídís a thabhairt orthu. Thiocfá isteach mí sa mbliain agus gheofá pái na míosa, ní raibh mórán ann ach timpeall is trí déag is dhá phingin sa tseachtain nó rud eicínt mar sin, ach ansin gheofá punt ar chuile mhí nár rinne tú, gheofá aon phunta dhéag in éindí le páí do mhíosa. Bhí sé sin go maith san am agus bhíodh muid ag baint an-chic as, ní raibh sé an-chrua – an traenáil – nuair a bheadh *crowd* in éindí, bhíodh muid ag baint taitneamh as.

Is é[3] an fáth a rinne sé é mar a dúirt mé leat, chuir sé ar bun arm dhó fhéin sa gcaoi dhá dtarlódh tada go mbeadh an t-arm seo aige, go mbeadh an dá arm aríst ag tíocht in aghaidh a chéile. B'uafásach an rud dhá dtarlódh sé. Bhí an oiread seo mílte ar fud an tír aige. Bhíodh chuile dhuine ag goil isteach ar feadh mí sa mbliain, dhá dhonacht sa diabhal é, déarfá: "ó, déanfaidh mé mí agus beidh mé réidh leo agus an mhí déanta agam." Ach ní hin é an chaoi a raibh sé. B'fhéidir go gcuirfí fios aríst ort go ndéanfá mí eile, ach ansin nuair a thosaigh an cogadh coinníodh istigh muid. hInsíodh dhúinn go gcaithfeadh muid fanacht istigh mar gheall ar an gcogadh. Dhúbail sé an uimhir, an méid a bhí istigh san Arm san am, dhúbail Dev é sin le Óglaigh na hÉireann, bhí dhá oiread aige agus a bhí istigh san Arm, go mbeidís in ann tóigeáil anonn, dhá dtarlódh tada. A mhac fhéin a bhí os a gcionn muide, Vivian de Valera a bhíodh os a gcionn.

---

[3] /ə ʃeː/ seachas /ʃeː/ anseo.

Micil Chonraí agus Antaine Chofaigh 1937

Óglaigh eile as Ráth Chairn

Bhí Maidhceo Johnny agus Stiofán Dhiarmaid agus Dan Tom Teaimín (ann). Ní raibh aon duine de chlann an Táilliúra ann. San Arm seasta a bhí Tommy Pheadair Choilm agus Colm Chatháin agus Pádraig Churraoin; bhí Seán Chóilín sna *Volunteers* ach bhí dhá bhliain déanta aige san Arm shula dtáinig muid anseo roimhe tríocha cúig, bhí sé tar éis a thíocht amach as an Arm an t-am sin. Déarfainn go raibh sé píosa i Sasana nuair a tháinig muid anseo tríocha cúig, agus bhí Pádraig Chóilín san Arm agus Pádraig Foley i Laimbé. Bhí cupla duine le Maidhcil Ó Conghaile[4], déarfainn go raibh beirt mhac leis san Arm, casadh duine acu ar an Rinn Mhór orm.

3.1.9 Na Léinte Gorma

Tá mé ag goil ag caint ar an *election* (1938) – {bhí an vótáil sa scoil sin thuas} – agus tá mé ag caint ar cén bratach a bhí ag dream an léıne ghorm. Sé an bratach Shasanach a bhí anseo acu, an *Union Jack*, agus bhí sé ag an scoil acu. Bhí toghchán sa scoil, tháinigdar agus carr acu – bhí aithne freisin agam orthu san am – tháinigdar isteach ann agus é seo ar an gcarr acu, agus rug fear as Ráth Chairn air agus rinne sé píosaí dhó. Á!, beag nach raibh beagán *scuffle* ann, ach ní raibh mórán ann. Bhíodar á thabhairt isteach go Ráth Chairn ag tabhairt masla do Ráth Chairn. {Tá mé a cheapadh go ndearnadar suas le chéile thiar in Áth Buí – tugadh é seo isteach go hÁth Buí, agus bhí Fianna Fáil an-láidir in Áth Buí ag an am, agus dúirt duine eicínt leo: "cuirfidh mé geall nach dtabharfadh sibh suas go Ráth Chairn é sin." Dúirt siad: "cuirfidh mé geall go dtabharfaidh."} Bhí sé ag imeacht in Áth Buí ar an gcarr acu. {Tháinig sé isteach chomh fada leis an scoil, ach ní tháinig sé níos faide.}

Nach b'aisteach an rud é gur amuigh san Uaimh a thosaigh an léine ghorm. Sin é a dúirt seanfhear i dTroim liom. Bhí cruinniú mór acu san Uaimh agus, sílim go raibh General Duffy agus é bith cé na rialacha a bhí sé a leagan síos, agus thosaigh *scuffle* ann, thosaigh siad fhéin ag bualadh a chéile, ní raibh siad ag tíocht le chéile. Nuair a chonaic Duffy é sin: ba cheart dhóibh a bheith ag tabhairt cúnamh dhá chéile in áit a bheith in aghaidh a chéile. Ina dhiaidh sin leag sé amach

---

[4] /akoniːla/.

go gcaithfeadh siad fhéin aithne a bheith acu ar a chéile, go gcaithfidís
rud eicínt a chaitheamh go n-aithneoidís a chéile agus sin é nuair a dúirt
sé go gcaithfidís léine ghorm a chaitheamh agus go gcaithfeadh na mná
blouse gorm a chaitheamh.[5] Deir siad gur san Uaimh a tharla sé sin. Sin
é a dúirt an seanfhear liom. Más fíor bréag níl a fhios agam.

Ach bhí sé go dona san am, iad sin ag iompar bratach Shasana,
bhíodar ag iarraidh trioblóid . . . Ach ní hé an *Blueshirt* a thug isteach
é, ach an *Fine Gael* mar bhíodar leis an bhfear mór, leis an bhfeilméara
mór mar Sasanaigh a bhí sna feilméaraí móra. Ní Éireannaigh a bhí
iontu – Sasanaigh, agus tá go leor acu go dtí an lá atá inniu ann, is
Sasanaigh iad. Ní hé amháin go bhfuil an Sé Chondae ag Sasana, ach
tá go leor den taobh ó dheas ag Sasana, na locha agus na haibhneachaí
in éindí le chuile shórt eile. Nach raibh cupla sráid i dTroim agus ba le
Lord Dunsany iad, na tithe sin a bhí i dTroim. Chonaic mé iad sin agus
an déanamh céanna a bhí ar chuile theach.

3.1.10 *Local Security agus an chulaith*

Chuaigh go leor isteach san am sin san FCA agus ansin bhí dream eile
a dtugaidís *Local Security* orthu, cineál *dungarees* ghorma a bhídís a
chaitheamh, b'in é an chulaith a bhíodh orthu, agus ar ndóigh, bhí go leor
ag goil isteach. B'fhéidir go raibh go leor ag goil isteach freisin iontu leis
an gculaith a fháil. Bhí fear amháin, ar chuma ar bith, agus chuaigh sé
isteach, Seán Chóilín a bhí air, agus sé an fáth a ndeachaigh sé sin isteach
le péire bróga a fháil. Ní raibh sé ag iarraidh ach, a deir sé, "péire bróga
maith airm" . . . Bhí a jab fhéin le déanamh acu sin, bhíodar ag faire thart
san oíche agus ag fairiú ar eitealáin ag goil thart san aer agus rudaí mar
sin ag coinneáil súil thart . . . Is iomaí uair a bhídís ag breathú ar eitealáin
na Gearmáine ag goil trasna na tíre ag goil suas agus ag *bomb*áil an taobh
ó thuaidh, agus d'fheicidís ag tíocht ar ais ansin iad agus cinnte Sasana[6] ina
ndiaidh agus iad ag scaoileadh le chéile. Is iomaí uair a chuala mé ag caint
iad sin i dtaobh Ráth Chairn.

---

[5] Ní raibh mé in ann tagairtí a aimsiú a dhearbhódh fírinne an ráitis seo, ach tagraíonn
Manning (1987: 55) d'eachtra den chineál seo a thit amach i mBaile Átha Troim seachas
san Uaimh.

[6] Túschonsan neamhshéimhithe.

3.1.11 *Na feilméaraí móra agus an cogadh*

Mara gcuirfeadh na feilméaraí móra a gcuid talúna, tóigfí uathu é mar ní raibh roghain acu nuair a bhí an cogadh ar bun, bhídís fhéin agus na saighdiúir sa gcás céanna, chaithfidís an t-ordú a gheobhaidís a dhéanamh mar bhí cigire ag goil thart ag fáil amach cén talamh a bhí curtha acu agus mara mbeadh na hacraí curtha acu faoin gcéachta, bainfí dhóibh é. Séard a rinne na feilméaraí móra seo, mar ní raibh fonn orthu seo – níor chuireadar seo tada ariamh. B'fhéidir nach gcuirfidís iomaire fataí dhóibh fhéin, sé an chaoi a mbeadh an talamh ligthe acu. Bheadh a gcuid beithígh fhéin acu nó bheadh an talamh ligthe acu. Sé an rud deireanach an talamh a ligean, ach b'éigean dhóibh é a ligean, an t-am seo, le cur mar ní iad fhéin a bhí á chur ach an dream a bhí thimpeall agus bhí muintir Ráth Chairn ag tóigeáil acraí agus á chur san am, duine a bhí in ann é a dhéanamh. Bhí go leor obair ansin ag sábháil an fhómhar. Dhá mbeadh trí chéad acra ag feilméara, chaithfeadh sé céad dhó sin a chur faoin gcéachta.

3.2 *Ráth Chairn tar éis an chogaidh*

3.2.1 *Cónaí i dteach a mhuintire tar éis an chogaidh*

Nuair a tháinig mé amach as an Arm bhí mé i mo chónaí an uair seo i dteach mo mhuintire agus, ar ndóigh, bhí an iomarca i dteach mo mhuintire san am. Nuair a tháinig mise isteach ann bhí beirt pháistí againn. Nach raibh Pádraig (a dheartháir) pósta san am? Phós Pádraig ceathracha ceathair. Shula bhfuair mé an teach – níl a fhios agam cén chaoi a gcuirfidh mé é seo – bhí mé dlite do theach a fháil ar an gcaoi a raibh mé ag maireachtáil mar chuir mé leaba amach i dteach an chapall, bhí bord agam agus cupla cathaoir mar ní raibh sa teach seo ach trí sheomra codlata, agus cé mhéad duine a bhí sa teach san am? Cailleadh m'athair Márta ceathracha ceathair. Bhí mo mháthair ann, bhí Pádraig ann, bhí Annie ann, Máirtín is Máire agus tusa. Níl a fhios agam fhéin cén chaoi a raibh rudaí – go raibh rudaí os cionn a chéile.

Tháinig an dochtúr thart; bhí a fhios ag an dochtúr go raibh an iomarca sa teach agus thóig sé nóta ar chuile shórt agus dúirt sé nach mba cheart dhom a bheith ag codladh sa – go mbeadh sé go dona ag

na gasúir. Bhí sé uafásach deacair teach a fháil san am. Tá a fhios agat
fhéin tar éis an chogadh ní raibh aon teach le fáil . . . Bhí teach eile ina
chónaí thíos ar Bhóthar Áth Buí san am céanna. Bhí an dá theach acu
curtha sa bpáipéar áitiúil go rabhadar le ligean, ceann i gCill Bhríde
agus ceann anseo thíos i *Rathvale*, agus bhí chuile súil[7] agam go
bhfaighinn ceann *Rathvale*. {B'in é an áit a raibh Tigh Walker.} Sin é
an fáth go raibh súil agam go bhfaighinn. Fuair mé, ar chuma ar bith,
é. Ar ndóigh, ba é an cás ba mheasa é, déarfainn, a bhí os comhair an
Chomhairle Condae mo chás-sa, agus sé teach Chill Bhríde a fuair mé
agus fear de mhuintir Chatháin a fuair an teach *Rathvale*. Blianta ina
dhiaidh, dhá mbeadh a fhios aige go raibh mise i ndiaidh teach
Rathvale, thabharfadh sé athrú dhom. Ní raibh sé ag iarraidh a bheith
i *Rathvale* agus ní raibh mise ag iarraidh a bheith i gCill Bhríde. Bheadh
seisean sásta le Cill Bhríde.

3.2.2 *Ag obair do Walker, tiarna talún, tar éis an chogaidh*

Bhí céim ard aige in Arm Shasana; bhí chuile dhuine acu seo in Arm
Shasana – de na feilméaraí móra seo – mar feilméaraí móra a bhí
thimpeall uiliug san áit a bhfuil muid inniu. San áit a raibh talamh maith
bhí feilméaraí móra ann agus thimpeall an phortaigh sin é an áit a
mbeadh na boicht. Ní raibh talamh an phortaigh ag teastáil ón
fheilméara mór. Mar ní raibh thimpeall an fheilméara mór ach fear an
chottage, fear a raibh teach Chomhairle Condae aige, iad seo a bhí ag
obair dó. B'fhéidir go rabhadar mar sclábhaithe, ach níor rinne muid an
oiread sin sclábhaíocht, b'fhéidir na daoine a tháinig romhainn gur
rinneadar é don fhear mór.

Ach i dtaobh Walker, an fear a raibh mé ag obair aige, bheadh cupla
scilling aige os cionn feilméaraí eile, i gcónaí thabharfadh sé cupla
scilling sa tseachtain níos airde don fhear oibre. Bhí chuile dheis ag an
bhfear seo, is dóigh go raibh suas le os cionn trí chéad nó cheithre
chéad acra talúna aige, agus bhí cupla feilm aige. Bhíodh a *thresher*
fhéin aige le haghaidh an arbhar a bhualadh; bhí chuile dheis dhó fhéin
aige.

---

7 /xil'ə su:l'/.

Bhí caiple rása aige, ach ní raibh mórán le déanamh le caiple rása againn. Bhí muid ag iontú an choirce, bhíodh sé ag cur go leor síol le haghaidh caiple agus chaitheadh muid é seo a iontú ar na háiléir seo, sluasaidí móra adhmaid a bhíodh againn agus chaithfí é sin a iompú uair sa tseachtain. Chuile ghráinne a bhí ar an urlár seo chaithfeá é a chasadh, is dóigh nach raibh sé sách tirim, agus bhíodh muid ag gearradh féir le haghaidh na caiple rása, chaithfeadh an féar a bheith gearrtha dhóibh.

Bhí obair seasta agam, dhá bhfanfainn aige – ag Walker, agus thaitnigh sé liom. Bhí timpeall is trí nó ceathair de dhaoine as Ráth Chairn ann ag obair aige. Bhí obair aige ar feadh na bliana uiliug, bhí obair faighte agamsa ar feadh na bliana, ach níor fhan mé ann. Bheifeá sa ngeimhreadh ag gearradh adhmaid agus ag iontú an arbhar seo ar na háiléir. Bhí obair le t'aghaidh i gcónaí, bhí obair istigh agus obair amuigh agat. Nuair a fuair mé teach ansin i gCill Bhríde ón Chomhairle Condae d'fhága mé Walker agus chuaigh mé ag obair ag feilméara mór eile, bean a bhí anseo, os mo chionn, agus is dóigh go raibh trí chéad acra aici fhéin nó os a chionn. Ach bhí obair níos mó ansin orm, caiple a bhí agam an t-am seo agus chaithfinn an oiread seo acraí a chur mar bhí dualgas orthu a gcuid talamh a chur – bhíodar á chur go dtí ceathracha seacht. Tháinig drochbhliain ceathracha seacht, bhíodar á chur ar feadh an chogadh agus lean siad á chur go dtí ceathracha seacht agus tar éis ceathracha seacht gur cuireadh deireadh leis sin. Ní raibh call dhóibh an talamh a chur ní ba mhó mar tháinig an bhliain chomh dona agus nach raibh siad in ann an t-arbhar a bhaint; fágadh go leor den arbhar sna páirceannaí. Bhíodar ag ceapadh go raibh droch-cheathracha seacht, ach an oiread le ocht déag ceathracha seacht, go raibh bliain eile mar sin ag tíocht; bhí sneachta ar an talamh ó Nollaig go dtí Lá Fhéil' Pádraig. Ní raibh mórán sneachta ann, ach bhí sé ag sioc chuile oíche agus sa lá. Nach iontach an rud é go raibh leac oighre ar an uisce istigh sa teach agus bheadh leac oighre ar an mbainne mar is dóigh nach raibh na tithe an-te san am.

I dtaobh Walker dhó, bhí muide ag ceapadh go raibh sé go maith mar bhí sé ag tabhairt obair dhúinn. Is dóigh go raibh ar bhealach, nuair atá pingineachaí ag teastáil uaitse tá tú ag goil ag obair, ag goil le é a fháil

Geata Tigh Walker 1998

agus, mar a dúirt mé cheana, bhí sé níos fearr ná aon fheilméara eile, ach fear fíorchrua a bhí ann. Bheadh a fhios aige go maith dhá mba fear oibre a bheadh ionat, ní bheifeá i bhfad ar chor ar bith aige nuair a bheadh a fhios aige cén sórt duine a bheadh ionat nó ar fear leisciúil a bhí ionat.

3.2.3 *Walker agus a chuid fear oibre*

{Nach raibh áit pléisiúir aige thuas i gCondae Chábháin, nach raibh?} Bhí, áit le taobh na locha, *Lough Sheelin.* Chuaigh sé suas uair amháin, cuimhním air, go *Lough Sheelin* agus, ar ndóigh, bhí a fhios ag chuile dhuine nuair a bhí sé ag goil ag imeacht. Thiocfadh an scéal amach as an gcistcanach, is dóigh an cailín a bhí ag obair sa gcisteanach go n-inseodh sí do na leaids go raibh Walker ag goil ag imeacht ar feadh coicíse suas ag iascach. Thiocfadh duine de na fir oibre suas leis, bhí sé seo go maith ag déanamh obair chloiche, bhí beagán scil aige le tóigeáil; bhí teach eicínt le tóigeáil don bhád aige, Peter Roe a bhí ar an bhfear.

Bhí a fhios ag chuile dhuine go mbeadh Walker imithe ar feadh coicíse, agus nuair a bhí Walker ar a chuid laethantaí saoire bhí an lucht oibre ar a laethantaí saoire. Fear amháin, agus fear é seo a bhí i gceannas – bhí sé ina chineál *ganger* os cionn an chuid eile, fear caiple rása a bhí ann, agus *jockey* a bhí ann agus *jockey* maith a bhí ina dhearthair freisin. Charlie Kelly a bhí air – bhí sé sa teach a bhfuil Cóilín Phádraig Choilmín (Ó Conghaile) ann. Agus cén diabhal a dhéanfadh sé sin, ach cúigear nó seisear fir a thabhairt leis amuigh ar an bportach ag baint mhóna, a chuid móna fhéin. An té nach raibh ag goil ag déanamh jab eicínt dhó fhéin bhí sé ag goid, bhíodar ag goid an ghual as, ag goid an adhmaid, an ubh a bhéarfadh an chearc bhí sí goidte, an bainne a bhí an lao a fháil bhí sé tugtha uaidh. Bhí chuile shórt – ó sórt! Bhí drochbhail ag goil ar an bhfear seo agus déanfaidh mé an fhírinnc lcat: an-fhear a bhí ann. Ach bhí go maith, is dóigh go raibh a fhios aige é, ní raibh sé amach ach lá nó dhá lá ar an loch agus choinnigh sé Peter Roe amuigh in éindí leis, bhí sé amuigh i lár na locha, a deir Peter, agus hé bith cén smaoiniú a bhuail é, chas sé an bád isteach. Níor dhúirt sé tada le Peter, níor rinne sé ach a ghoil síos go dtí an carr agus léimneacht isteach sa gcarr agus níor stop sé ariamh go dtáinig sé go *Rathvale.* Ar ndóigh, ní raibh duine ar bith ag a chuid oibre mórán, ach d'éirigh liomsa go raibh mé ag mo chuid oibre, agus Mickey Farrelly as Áth Buí, bhí muid ag obair. Ach go leor eile bhí sé á leagan amach agus nuair a fuair sé amach an dream a bhí ar an bportach thug sé seacht lá do Charlie Kelly le bheith amuigh as a theach, é fhéin agus a mháthair agus a athair. Ní raibh mórán duine ar bith fágtha tráthnóna san áit. {Fuaireadar an bóthar.}

Cill Bhríde

D'fhan mé in éindí leis ariamh go bhfuair mé teach i gCill Bhríde. Tar éis a bheith thoir ann bhí mé ag tíocht anoir aige, bhí sé anois suas le cupla míle uaim. Bhí mé an Nollaig seo ann agus tháinig sé amach agus thug sé trí phunt an duine don méid fir oibre a bhí aige. Dúirt sé: "dhá mbeadh a fhios agam go raibh tú ag goil ag imeacht, ní thabharfainn tada dhuit." Bhí meas aige orm, níl a fhios agam cén fáth, is dóigh go bhfaca sé ceart mé mar bhí mé ceart leis. Cén fáth a mbeinn ag goil as Cill Bhríde, cupla míle, agus obair le fáil ar mo thaobh ag Mrs Dunne. Ní raibh sa teach ach í fhéin. Bhí trí chéad acra ag Mrs Dunne, baintreach a bhí inti. Chuaigh mé ag cuartú obair uirthi, bhí a fhios agam go raibh sí ag cuartú fear oibre agus thug sí dhom é. Bhí sí tar éis fear a bhí seacht mbliana fichead in éindí léi ag obair – an bóthar a thabhairt dhó. Bhí mé ag smaoiniú faoi sin . . .

Chuaigh mé ag obair ag Mrs Dunne agus nuair a bhí mé píosa ag obair aici bhí aiféala orm gur fhága mé Walker, ach choinnigh mé orm ag obair, ar chuma ar bith, agus bhain mé cupla bliain amach le Mrs Dunne. D'fhága mé fear gnaíúil agus ní raibh mórán i Mrs Dunne, bhí mé ag fáil páí níos lú, ach go raibh sé níos gaire dhom, ní raibh sí ach trasna an mhóta – an talamh, agus sin é an fáth gur thóig mé é.

3.2.4 *Cónaí i gCill Bhríde*

Tá mé anois ag caint orm fhéin nuair a bhí mé i mo chónaí i gCill Bhríde, bhí mé cheithre bliana fichead i mo chónaí i gCill Bhríde. D'fhága mé Cill Bhríde agus rinne mé teach i Ráth Chairn. Thóig mé an teach seo i seasca hocht. Ach tá mé ag goil ar ais go Cill Bhríde: cén fáth ar fhága mé Cill Bhríde? An rud is mó a chuir as mé: níorbh fhéidir an teach a thriomú, bhí sé fliuch. Bhí sé déanta le cloich – *weeping stone* a thabharfadh an Béarlóir ar an gcloich a raibh an teach déanta leis. Thitfeadh an páipéar den bhalla i lár an tsamhradh, agus bhíodh boladh fuar sa teach, boladh fliuch. Rud eile a bhí ann, bhí an bóthar os a chionn agus chuile uisce a thitfeadh ar an mbóthar bhí sé ag goil isteach faoi. Bhí sé déanta i cineál gleann agus nuair a déanadh é níor ligeadh síos an bhunchloich ach troigh, bhí sé déanta ar bharr na talúna agus bheadh iontas agat[8] cén chaoi ar sheas sé ar feadh na mblianta. Ba cineál míorúilt ann fhéin a bhí ann agus é seasamh . . .

Áit dheas a bhí ann, ach san am céanna chaill mé mo shláinte ann. Níl a fhios agam ab é an teach a rinne é, ach ní raibh mórán ádh orm ann. Fuair páiste liom bás ann agus an bhliain chéanna fuair mé eitinn agus b'éigean dom a ghoil suas go *Peamount* i mBaile Átha Cliath, sa *sanatorium* ar feadh cheithre bliana. Ní raibh mé ag luí leis mar bhí mé ag ceapadh go raibh rud eicínt as bealach nach raibh mé ag fáil mo shláinte ann. B'in é an fáth is mó ar fhága mé é. Thaitnigh Cill Bhríde liom, bhí daoine deasa ann agus thaitnigh siad liom.

Ach ag caint ar Chill Bhríde aríst é, caithfidh mé a ghoil ar ais go dtí na sagairt. An t-am a bhuair mé go dona agus a ndeachaigh mé suas go *Peamount*, bhí mé imithe an oiread seo blianta as an teach, bhí páistí laga agam – ní raibh an ceann is sine deich mbliana. An t-am céanna, ní raibh mise imithe as an teach ach cupla mí nuair a b'éigean do mo bhean a ghoil isteach – cúram páiste go Troim san ospidéal. Nuair a bhí an páiste sin ag tíocht ar an saol fuair sé bás agus sé an chaoi a bhfuair sé bás: an *cord* a bhí ceanglaithe thimpeall ar a mhuineál gur thacht sé é. D'fhága sé sin nach raibh mórán scil ag an dream a bhí ag plé léi, agus tharla an rud céanna cupla uair ina dhiaidh sin, mar a deir an Béarla *miscarriage*.

Ach bhí sí léi fhéin sa teach agus ag iarraidh a bheith ag breathú i ndiaidh na ngasúir agus bhí sé an-chrua san am gan aon chúnamh. Bhí an sagart ag goil síos agus suas thar an teach mar ní raibh an teach i bhfad ón séipéal agus níor tháinig sé isteach amháin ag fiafrú an raibh ocras ar na gasúir nó an raibh rud a bith ag teastáil uaithi nó cén chaoi a raibh mé ag goil ar aghaidh san ospidéal. Níor tháinig sé isteach sa

---

[8] Féach FFG: 127.

Micil, Bríd agus Áine Ní Chonaire (iníon) 1957 taobh amuigh dá dteach i gCill Bhríde.

teach ar feadh an achair. An dtabharfá sagart ar a leithéide sin? An raibh sé ag breathú i ndiaidh an pharáiste? An raibh sé ag breathú i ndiaidh an dream is laige a bhí sa bparáiste agus an dream a raibh cabhair ag teastáil uathu? Ba chuma leis, nuair nach raibh mórán agat ní raibh sé ag súil le mórán uait agus sin é an chaoi a raibh sé.

Ach d'fhága mé Cill Bhríde ansin agus rinne mé an teach i Ráth Chairn, agus choisin an teach seo san am sin, seasca hocht, dhá mhíle sé chéad, ach bhí sé an-deacair dhá mhíle sé chéad a fháil san am. Dhíol mé teach Chill Bhríde agus tháinig mé i mo chónaí go Ráth Chairn, an áit a dtáinig mo mhuintir aniar tríocha cúig, ba mhaith liom a thíocht ar ais.

3.2.5 *1947– 1949*

Fuair mé réidh le Mrs Dunne ceathracha seacht/ceathracha hocht. Chuaigh mé ar ais aríst ag obair ag an gComhairle Condae, ach ní raibh mórán achair aige. Bhíodar tosaithe ar Bhord na Móna thiar i m*Ballivor*, bhíodar ag tabhairt draein thríd an gcriathrach á thriomú. Bhíodh leoraí ag goil thart chuile mhaidin agus d'fhágfaidís sa mbaile tráthnóna thú, bhíodh lán an leoraí againn. Bhain muid craic as sin ag goil siar. Choinnigh mé air sin go dtí tús ceathracha naoi agus sin é an deireadh. An chéad rud eile bhí mé fhéin thuas i b*Peamount*, cuireadh isteach ann mé, bhí mé san ospidéal.

An fheilméaracht tar éis an chogaidh

Tar éis ceathracha seacht tháinig chuile shórt ar ais ag an bhfeilméara mór – an rud a bhí sé ag iarraidh, mar ní raibh an feilméara mór ag iarraidh aon uair ach an fear agus mada.[9] Ní raibh sé ag iarraidh a bheith ag cur badráil ar bith air le cur ná treabhadh ná rud ar bith mar sin, ní raibh sé á iarraidh sin agus ní raibh sé á iarraidh ariamh. Ní chuirfeadh sé leathacra fataí dhó fhéin, ach an talamh a bheith le haghaidh beithígh. Tháinig sé ar ais aríst ar an rud céanna a bhí sé roimhe an gcogadh.

---

9 Is éard atá i gceist ag MÓC anseo ná maor ferme a thabharfadh aire do stoc tirim. Ba lú i bhfad an t-ualach oibre ar ghabháltas mór an cineál feilméarachta seo a chleachtadh seachas déiríocht ná curadóireacht, ná meascán de na cineálacha a chleachtadh na feirmeoirí ar ghabháltais ní ba lú.

Ach roimhe an gcogadh ní raibh pingin ar thalamh. Ag goil ar ais ar an mbliain a dtáinig muid aniar anseo tríocha cúig, nuair a chuaigh Dev isteach stop sé na beithígh ag goil go Sasana agus nuair a chuir Sasana an oiread seo airgead an cloigeann orthu. Cén t-ainm a thabharfaidh tú air? {An *tariff.*} D'fhága sé sin talamh saor. Ní raibh aon phingin ar aon bheithíoch. D'inis mé é sin cheana go bhfaighfeá acra talúna an t-am sin ar chúig phunt, dhá mbeadh an chúig phunt agat. Bhí rudaí go dona an t-am sin, ach ní raibh ocras ar aon duine. Thug Dev a gcuid beithígh len ithe dhóibh níos túisce ná a gheobhadh Sasana an ceann is fearr air. An té ansin a bhí glic nuair a bhí an talamh saor – sé an chaoi a raibh sé san am sin, dhá mbeadh talamh agat gheofá talamh, gheofá airgead as an mbanc le talamh a cheannacht, agus rinne go leor é sin thóigeadar seans agus fuaireadar talamh saor. Ba leis an mbeainc ansin é go mbeadh an talamh íoctha agat. . . . Seoige mórán as Ráth Chairn é, ní dheachadar chun cinn, bhuel chuaigh corrdhuine acu chun cinn. Dhá dtóigfidís seansannaí, bheadh sé i bhfad níos fearr. Is dóigh go raibh faitíos orthu seansannaí a thóigeáil. {Ní raibh a fhios acu é, ní raibh aon tuiscint iontu len é a dhéanamh.} Ní raibh siad sách fada i gCondae na Mí le é a dhéanamh, b'fhéidir dhá mbeidís blianta ann go ndéanfaidís é. Rinne cupla comhluadar é. Má bhí an dá acra is fiche a bhí i Ráth Chairn agat agus teach agus chuile shórt – hé bith cén t-airgead a thabharfadh an beainc air sin, b'fhéidir go dtabharfadh sé leath a luach sin dhuit le talamh a cheannacht, go mbeadh an beainc sábháilte ar aon nós. Bhí sé éasca airgead a fháil as an mbeainc san am sin, ach chaithfeadh rud a bheith agat.

Samhradh/Fómhar 1947

Tháinig drochgheimhreadh ceathracha seacht, bhí sneachta ar an talamh ó Nollaig go Féil' Pádraig,[10] agus ní hé an oiread sin sneachta a bhí ann ach go mbíodh sé ag reomh – sioc chuile oíche agus sioc sa lá. Bhí chuile dhuine ag rá san am: "ó, tiocfaidh an-tsamhradh ina dhiaidh seo." Bhí an geimhreadh go dona, chuile dhuine ag súil le samhradh maith; agus tháinig an samhradh agus an fómhar go dona. Bhí mé ag breathú ar an

---

[10] /fˈeːlˠ pɑːrəkˈ/.

m*binder* seo ag obair sna páirceannaí agus nach uafásach bog a bhí an talamh, rotha mór amháin a bhí uirthi seo ag obair agus sé an chaoi a raibh an rotha ag sciorradh, bhí an talamh chomh bog is go raibh sé ag sciorradh agus ní raibh sé in ann an obair a dhéanamh. Sé an chaoi a mb'éigean go leor den arbhar a bhaint le spealta. Sin é an uair a tugadh amach, mar a deir an Béarla, na *Harvest Volunteers* – an dream a bhíodh ar an *dole* bhíodh na gardaí á gcur amach nó mara dtiocfaidís amach le haghaidh na feilméaraí, bainfí an *dole* dhóibh. Tháinig an tArm amach ag iarraidh a bheith ag sábháilt an fhómhar. Bhí an bhliain sin an-chrua, ach cuireadh deireadh leis an *compulsory tillage* ceathracha seacht.

Muintir Ráth Chairn – bhain siad móin an bhliain sin ach an oiread le go leor nach iad, ach ní thriomaigh an mhóin. Agus nuair nár thriomaigh an mhóin thosaíodar ag ceannacht gual. Níl sé an-éasca gual a dhó ar an teallach agus fuair duine acu *cooker* isteach, rud nuaí an *cooker* san am, agus nuair a fuair duine acu isteach é is gearr go raibh siad á fáil uiliug. Cupla tonna guail, dhéanfadh sé sa mbliain iad. Bhí an-tsásamh acu ar an – rud nua-aimsearach a bhí sa g*cooker* san am. Stop go leor acu ansin ag baint mhóna agus níor tháinig go leor acu amach ar an bportach ina dhiaidh sin.

3.2.6 *Ag obair d'fheilméaraí*

An dtuigeann tú anseo, tá a fhios agam, ar chuma ar bith, na chéad bhlianta bhí tú rite go dtí chuile fheilméara a bhfaighfeá scilling nó cupla scilling sa tseachtain uaidh. {Bhíodar uiliug ag obair.} Bhíodar ag obair, ach san am céanna ní raibh obair a choinneodh daoine sa mbaile mar ní raibh fear Chonamara ag rith ag feilméaraí nuair a bhí an oiread seo le saothrú thall i Sasana mar sé an fear is measa a d'oibrigh tú ariamh aige – feilméara. Tá tú ag obair ó dhubh go dubh. {Níl obair an fheilméara críochnaithe choíchin.} Níl uaireadóir ag cur imní ar bith ort, mar tá obair le déanamh ag an bhfeilméara nuair atá crúóg air má fhágann tusa an pháirc ní thiocfaidh tú ar ais, d'fhéadfá a rá nach dtiocfaidh tú ar ais. Ach an oiread le Tigh Chonlon i *Meadstown*, bhí muid ag obair ann, bhíodh Pádraig agus Máirtín agus mise ag obair ann agus go leor as Ráth Chairn, muintir an bhaile ag tabhairt isteach an arbhar nó ag tabhairt isteach an fhéar. Ach ag plé le féar a bhí muid an t-am seo – seo anois Conlon i *Meadstown*, fear mór, feilméara mór, deartháir do Father Conlon in Áth Buí, fear maith a bhí ann ar bhealach, bheathódh sé an fear oibre. Thiocfá isteach ansin i mbialann mór nó *dining room* mór, agus bhí bord mór leagtha anuas ansin agus an oiread seo stuf ar an mbord sin. Bhí comórtas ansin nuair a leagfaí pláta mór fataí i lár an bhoird – an té a raibh ciall aige bhí sé ag goil ag glanadh fataí agus á chur ar an bpláta agus an duine nach raibh aon chiall aige ghlanfadh sé fata amháin agus d'íosfadh sé é {– agus ansin nuair a bhí sé ite aige ní raibh aon fata ar bith fágtha}. Bhuel gheofá fataí, ach bheadh náire a bheith ag iarraidh. Ach fear iontach a bhí ann.

Ach tá a fhios agam an t-am seo bhí an aimsir go dona agus bhí sé ag iarraidh an féar a thabhairt isteach, bhíodh *shed*annaí mór féir aige, agus bhí mise sa *shed* féir, ar chuma ar bith, agus bhí Pádraig ann agus bhí cupla duine eile in éindí liom. Sa gcaoi a líonfaidh tú *shed* fhéir – tá tú á líonadh, mar 'a deir an Béarla, ó *link* go *link*, líonfaidh tú an *shed* fhéir ina páirteannaí. Bhí an dream ar an talamh á chaitheamh suas ar an gceann eile agus bhí fear thuas ansin ag críochnú ag deireadh na *shed*. Ach bhí go maith, bhí an t-ádh orm fhéin go raibh mé sa *shed* agus bhí Pádraig é fhéin sa *shed* agus cupla duine eile. Níl a fhios agam cé mhéad *bogey* a bhí le haghaidh féar a tharraingt isteach agus carrannaí Thír Chonaill – bhí déanamh áithrid ar charr capaill Thír Chonaill – bhí *lever* le tarraingt nuair a bheifeá ag iarraidh an carr a dhóirteadh. An bhfaca tú iad sin? {Ní fhacas!} Bhuel, d'oibrigh mise iad. Tharraingeofá an *lever* – d'fhanfadh na seaftaí ar an gcapall i gcónaí. Ach carrannaí a líonadh le féar tá sé beagán antróiteach. Tá sé ceart go leor le *bogey*, cuirfidh tú an *bogey* isteach faoin gcoca agus *wind*álfaidh tú suas an coca ar an m*bogey*. Ach caithfidh tú leis an gcarr é a phíceáil uiliug agus a bheith á líonadh agus tóigfidh sé beagán am carr féir a líonadh. Ach tháinig siad amach, ar chuma ar bith, sa bpáirc agus an dream a bhí ag obair sa bpáirc amuigh ag líonadh na gcarrannaí – an chéad rud eile chualadar *bell* a sé a chlog i gCill Bhríde ag bualadh agus bhíodar ceaptha a bheith stoptha ag an sé a chlog agus dhiúltaigh siad na carrannaí a líonadh agus deifir ar an bhfeilméara ag iarraidh an féar a thabhairt isteach ón drochaimsir. Bhí muid fhéin istigh sa shed agus an chéad rud eile tháinig na carrannaí agus na *bogeys* isteach folamh sa ngeard agus tháinig sé fhéin amach agus é oibrithe; bhí cúr air le fearg. Agus ghlaoigh sé isteach dream na gcarrannaí – ghlaoigh sé isteach ag an teach iad agus an dream a tháinig isteach ina ndiaidh, an dream a bhíodh ag líonadh na gcarrannaí amuigh. An cupla pingin a bhí le fáil acu chaith sé acu é agus dúirt leo a ghoil amach as an ngeard, gan iad a fheiceáil aríst choíchin. Cuimhneoidh mé choíchin ar an tráthnóna sin. Lá arna mháireach bhí *crowd* nuaí faighte aige, d'fhéadfá a rá go raibh agus choinnigh sé ag obair air. Ach fear maith a bhí ann, feicim gur rinne siad as bealach é. {Rinneadar tútach é.} Mar gheall ar an aimsir ba chuma sa diabhal, ach nuair a chuaigh na carrannaí amach ba cheart dóibh na carrannaí a líonadh agus níor rinne siad é . . .

Ach níl aon fcilméara ag tabhairt an páí is airde dhuit. Ba é an pháí is lú a thabharfadh an feilméara dhuit a bhí ag imeacht, ba é; agus chaithfeá uaireantaí a dhéanamh agus ní raibh fear Chonamara ag goil ag déanamh sclábhaí dhó fhéin ag obair ag feilméara nuair a gheobhadh sé obair níos fearr agus airgead níos fearr i Sasana agus ní raibh air ach uaireantaí a dhéanamh. Leis an bhfeilméara bhí sé ag ceapadh go mbeifeá – chaithfeá a bheith moch ar maidin agus deireanach san oíche.

3.2.7 *Ar imirce go Sasana tar éis an chogaidh*

Ag caint ar an obair atá muid, an chaoi a raibh rudaí anseo i Ráth Chairn. Ar feadh an chogadh bhí sé ceart go leor, bhí neart obair ar feadh an chogadh, mar a dúirt mé cheana, go dtí ceathracha seacht . . . mar bhí dualgas ar na feilméaraí an oiread seo dhá gcuid talúna a chur. Ní mhaith leo an cur, ní raibh siad ag iarraidh ach beithígh ann – na feilméaraí móra. Ach nuair a cuireadh iallach orthu ar feadh an chogadh, mara gcuirfidís é go mbainfí dhóibh a gcuid talúna, go dtabharfaí do dhuine eicínt eile é a chuirfeadh é, ach níor thóigeadar aon tseans, b'éigean dóibh a gcuid talúna a chur agus bhí obair ag chuile dhuine san am sin. Ní le haghaidh na feilméaraí amháin a bhí an obair, bhí obair ar an bportach, duine ar bith nach raibh ag obair ag feilméaraí bhíodar ag obair ar an bportach mar níl a fhios cén mhóin a baineadh ar feadh an chogadh. Móin a bhí á chur ag obair ins chuile áit, taobh amuigh de ospidéil, taobh amuigh de mhonarcha[11], taobh

---

[11] Ciall iolra leis seo.

amuigh de chuile áit mhór bhí cruacha móna a bhí cúpla stór ar airde. Bhí scafal acu á ndéanamh agus chonaic mé á ndéanamh iad. Móin uiliug a bhíodar a chur ag obair aimsir an chogadh, ní raibh mórán gual, agus an áit nach raibh aon mhóin spáráladh an gual lena aghaidh sin. Ach i dtaobh céard a tharla ansin nuair a bhí sé sin thart. B'éigean dóibh a ghoil ar ais ar an *dole* aríst. Anois tá mé ag caint ar deartháir dhom, mar shampla, bhí sé pósta agus bhí ceathrar páistí air agus b'éigean dó a ghoil go Sasana agus a bhean agus a chlann a fhágáil sa mbaile agus ní thiocfadh sé abhaile ach mí faoi Nollaig. Bhí sé á dhéanamh sin ar feadh an oiread seo blianta ag goil anonn go Londain agus bhí go leor mar é thimpeall Ráth Chairn san am agus mná agus páistí fágtha sa mbaile acu agus ní fheicfidís iad sin ach uair sa mbliain. Bhí sé sin ag tarlú agus an té nach raibh á dhéanamh sin bhí sé ar an *dole*. Sin é an chaoi a raibh Ráth Chairn. Bhí an talamh gann, ní raibh ann ach acra is fiche nó dhá acra is fiche agus ní raibh chuile dhuine in ann maireachtáil air sin.

Lean sé sin ar aghaidh, is dóigh, go dtí na seascadaí. Níl a fhios agam cé mhéad bliain a chaith Pádraig i Sasana; chaith sé roinnt mhaith blianta ann. Ansin sna seascadaí thosaigh siad ag tóigeáil i mBaile Átha Cliath agus bhí daoine ag teastáil i mBaile Átha Cliath agus tháinig sé anall nuair a thosaigh siad ag tóigeáil *Ballymun* agus bhí sé ann gur chríochnaigh siad, níl a fhios agam cé na blianta a bhí sé ann. Tháinig go leor acu anall ar an mbealach céanna.

3.2.8 *Cúrsaí tithíochta*

Ag goil ar ais ag caint ar thithe atá muid – fuair mé fhéin teach ón Chomhairle Condae mar ní raibh mé in ann an teach a thóigeáil ní raibh aon phingin agam le haghaidh an teach a thóigeáil agus ní raibh aon deontas ann san am. Sé Máirtín (Korea) Mac Donncha[12] an chéad duine a thóig teach i Ráth Chairn agus ní thóigfeadh Máirtín é marach gur chaith sé beagán blianta idir Meiriocá agus a bheith i g*Korea* agus fuair sé roinnt airgid as sin, cheapfainn, marach sin[13] ní bheadh sé in ann é

---

[12] Máirtín Korea a thugann Muintir RC air i ngeall ar an tréimhse a chaith sé sa gCóiré ag saighdiúireacht le hArm Stáit Aontaithe Mheiriceá agus ina phríosúnach ag na Sínigh.

[13] /marət ʃin′/.

a dhéanamh. Cheannaigh sé feilm agus thóig sé teach; sin é an chéad duine i Ráth Chairn a thóig teach as fhéin, th'éis *Korea.* B'éigean don chuid eile fanacht go ndeachadar faoin nGaeltacht. Uaidh sin amach bhíodar ag tóigeáil tithe. Anois tá dhá oiread tithe i Ráth Chairn is a bhí ann nuair a tháinigdar anseo nó os cionn dhá oiread tithe ann agus níos lú daoine. Tá sé anois deacair é sin a thuiscint.

Tá mé ag caint air nuair a tháinig muid aniar anseo tríocha cúig. Bhí comhluadar mór ins chuile theach mórán. Tá mé ag caint ar an lá atá inniu ann: Tigh Shúilleabháin tá sé tréigthe[14], níl aon duine de mhuintir Shúilleabháin thart inniu i Ráth Chairn; an chéad chomhluadar eile a tháinig, Muintir Choffey, níl ansin ach aon duine amháin sa teach inniu, Tigh Choffey, an áit a raibh an oiread seo; ansin an chéad teach eile Tigh Chatháin, bhí comhluadar mór ag Muintir Chatháin freisin, bhí suas le cheithre dhuine dhéag uiliug ann idir an t-athair is an mháthair, níl ann inniu ach aon duine amháin; ansin Tigh Shéamuis Chóil Dara – tá mé anois ag goil thimpeall ar an mbaile ó theach go teach – Séamus Chóil Dara an chéad teach eile, tá sé tréigthe, níl aon duine a bhaineas le Séamus anseo inniu, tá siad imithe; an chéad teach eile Tigh Mhuintir Bhríd Deáit Mac Donncha, níl aon duine sa teach sin ach duine amháin; an chéad teach eile Muintir Chraith, níl ansin ach aon duine amháin inniu; an chéad teach eile Muintir Phádraig Choilmín níl ansin ach aon duine amháin – bhuel, tá an mháthair agus an mac ann, bíonn sé ann corruair ar chuma ar bith; an chéad teallach eile Tigh Lupáin, níl ann ach aon duine amháin fágtha; an chéad teach eile Tigh Churraoin, níl ansin ach duine amháin, mac le Seáinín Churraoin agus a chlann – bhuel, tá níos mó ná duine amháin ansin; ansin Tigh Mhuintir Pheadair Kate, tá sé tréigthe níl duine ar bith ann; Tigh Ghríofa, tá an mac fós ann agus a bhean; Tigh Chonairí, níl ann ach mac agus inín; Tigh Mhuintir Chóil Báille, mac pósta, níl ann ach an bheirt acu é fhéin agus a bhean, tá an chlann imithe; Tigh Phat Mháire Jaic, níl ann ach aon mhac amháin, an chuid eile imithe; Tigh

---

14 Nuair a deir MÓC "tréigthe" agus é ag trácht ar na tithe a tógadh do mhuintir Chonamara i RC sna tríochaidí is éard atá i gceist aige ná nach bhfuil aon duine iontu a bhaineann le sliocht na gcomhluadar a chéadlonnaigh sna tithe. Mar shampla i gcás Tigh Shúilleabháin ní hé go bhfuil an teach tréigthe ar fad, tá comhluadar ina chónaí anois ann nach bhfuil aon bhaint acu le comhluadair bhunaithe RC. Ina dhiaidh sin féin, is fíor go bhfuil cuid acu tréigthe ar fad.

Mhuintir Seoige, Tigh Stiofáinín, mac amháin atá pósta ann; Tigh Phádraig Churraoin, tréigthe; ansin Tigh Mhaidhcil Johnny, tréigthe, níl aon duine ann; Tigh Jim Mhicí, tréigthe, níl aon duine sa teach sin; Tigh Mhaidhcil Dhiarmuid, duine amháin; Jaic Choilmín, tréigthe; Tigh Sheáinín Mháire Bheairtle, tá máthair agus mac ann; Tigh Neide Pheaits Pháidín, duine amháin; Tigh Tom Teaimín, mac leis agus a bhean; Tigh Mhicil Mháire Pheadair, tréigthe; Maidhcilín Dheartháir Bheairtle, tréigthe; Tigh Pheadair Choilm, tréigthe; Tigh Pheait an Táilliúra, tréigthe. Sin é tithe Ráth Chairn inniu – ag caint ar an dream a tháinig aniar tríocha cúig, bhuel tá tithe nua déanta ag go leor ann, ach ina dhiaidh sin fhéin níl leath an oiread ná baol air a bhí ann tríocha cúig inniu i Ráth Chairn.

Laimbé

Ag caint anois ar áit a dtugann siad Laimbé[15] air, Cuan an Uan: Muintir Mháirtín, tá an mac ann agus a chlann; Steaif Eoin, Neachtain, tréigthe; Tigh Mhuintir Mháirtín Beag, duine amháin; Tigh Thomáisín, Cualáin, tréigthe; agus an darna comhluadar de na Cualáin – bhí dhá chomhluadar Cualáin ann, tá siad sin iad fhéin tréigthe; na Loideáin, níl aon duine ann inniu, tréigthe; Muintir Phádraig Shéamuis, níl aon duine inniu ann; Tigh Jeainín Mháire, tá an mac ann agus duine den chlann in éindí leis; Tigh Chóilín Shíomóin, níl ann ach an iníon; Tigh Mhaidhcil Johnny Chonghaile, níl aon duine ann, tá sé tréigthe; Tigh Bheairtle Churraoin, an mac agus a bhean agus an iníon atá ann;[16] Tigh Mháirtín Pheaits Sheáin, clann a mhac atá ann; Tigh Chóil Choilm, mac.

I dtaobh Jaic Choilmín, d'imigh sé sin, bhíodar os cionn bliana anseo nuair a thug sé an comhluadar uiliug siar go Conamara aríst leis; tharla sé sin sa gcéad bhliain agus chuaigh Maidhcil Dheartháir Bheairtle – d'imigh sé fhéin an bhliain chéanna, thugadar an comhluadar uiliug siar.

3.2.9 *Bóithrín Laimbé*

Tá mé ag tabhairt sampla anois an méid a bhí sna tithe thart anseo. Bhí bóthar amháin, bóithrín beag anois é seo – *cul-de-sac* a thugaidís air thíos i Laimbé. Bhí sé chomhluadar ansin nuair a tháinig siad tríocha

---

[15] /lˠamˠ bˠeː/ anseo agus thíos, ach cloífear leis an litriú a chleachtaítear.
[16] Beirt iníonacha ann.

seacht, nuair a tháinigdar aniar agus bhí trí scóir duine ina gcónaí sna sé theach sin. As an trí scóir sin an lá atá inniu ann níl ann ach aon duine amháin. Sin sampla ar an rud a tharla i Ráth Chairn – tá siad tréigthe . . . Níl aon duine le Muintir Steaif Eoin ann sa lá atá inniu ann, tá siad imithe, tá an teach sin tréigthe. Ansin tá Tigh Thomáisín – tréigthe; Tigh Mháirtín Beag – níl ann ach aon duine amháin; Tigh Tom Foley – tréigthe; Tigh na Loideáin – tréigthe; Tigh Mhuintir Phádraig Shéamuis – tréigthe. Sin é an chaoi a bhfuil rudaí an lá atá inniu ann; tá sé ag breathú an-dona.

3.2.10 *Leictreachas agus uisce reatha*

Ach ansin nuair a tháinig an solas thart nó an *electric* – tháinig sé sin thart sna caogadaí. Bhí mise i gCill Bhríde san am agus déarfainn go raibh sé bliain againne shula dtáinig sé go Ráth Chairn. Tháinig siad isteach ansin níos fearr – na feilméaraí móra – ag plé le bainne mar bhíodar in ann an leaid seo leis an inneall a chur isteach leis na beithígh a bhleán. Ansin nuair a tháinig an *electric* thart bhíodar ag cur isteach seomra folctha agus rudaí mar sin; ní rabhadar in ann é a dhéanamh go dtí sin, ní raibh an deis acu lena dhéanamh. Tá a fhios agam, ar chuma ar bith, gur rinne mé fhéin i gCill Bhríde é ins na gcaogadaí.[17] Ach chaithfeadh an t-uisce a bheith agat, ní raibh aon uisce ag goil thart an t-am sin, chaithfeá fhéin do thobar fhéin a fháil . . .

Bhíodar ag ceapadh choíchin nach dtiocfadh an solas amach faoin tír. Chaithfeá a ghoil isteach an baile mór le solas a bheith agat; ní raibh aon smaoiniú ariamh acu go dtiocfadh sé amach taobh amuigh de na bailte móra. {Bhí jab mór ansin orthu ag cur síos na bpólannaí le haghaidh an *electric* thart san áit . . . Bhaineadar cupla scilling amach as. Bhíodar sa mbaile san am as Sasana – go leor acu.}

3.2.11 *Monarcha throscán*

An chéad mhonarcha a tháinig – cén t-ainm a bhí air? Travers, nach ea?[18] {Ag déanamh troscán a bhí sé.} Fuair sé acra talúna anseo amuigh,

---

17 /gɪːgədɪː/.

18 Tógadh an mhonarcha seo i 1963, Dublin Steel Products an t-ainm a bhí air; ba le Travers an comhlacht. Osclaíodh monarcha innealtóireachta, Alonso, Barrett & Murphy, sa gceantar i 1973 tar éis gur theip ar an gcéad chomhlacht. Bunaíodh an mhonarcha atá anois ann, Turmec, i 1980.

páirc spóirt a bhí inti, fuair sé acra dhó sin agus níl a fhios agam cé mhéad na mílte punt a fuair sé – sé nó seacht de mhílte punt san am leis an monarcha seo a thóigeáil. Bhuel, thóig sé an monarcha le *block*annaí agus níor chuir sé pláistreáil taobh istigh nó taobh amuigh ar an m*block*. Agus an díon a chuir sé air, díon a bhí thuas ar *shed*annaí cheana. Nuair a dhéanfadh sé braon báistí nó múr báistí bhíodh sé ag tíocht anuas thríd an díon agus ar an mballa, dhá leagfá do láimh ar an mballa, gheofá *shock*, is beag nach marófaí thú. Níor rinne sé ansin ach aon *toilet* amháin do mhná, ach ní raibh ceann ar bith ag na fir. Sé an chaoi a gcaithfeadh na fir a ghoil trasna an mhóta isteach i bpáirc fear eile nuair a bheadh orthu a ghoil ag an *toilet*.

Nárbh uafásach an ceann é agus ansin faoi cheann cupla bliain – don Ghaeltacht a cuireadh suas é sin. Bhí sé ann ar feadh beagán blianta, ach ní raibh mórán as Ráth Chairn ag obair ann. Cuireadh suas é le muintir Ráth Chairn a choinneáil sa mbaile, ach faoi cheann píosa ní raibh mórán acu ann; Béarlóirí is mó a bhí ag obair ann. Ansin thosaigh ceann eile cupla bliain ina dhiaidh, bhí an péire ag obair in éindí. ('Turmec.') Ní 'Turmec' a bhí air san am, ach cén t-ainm a bhí air ar chor ar bith? Sin é an t-ainm deireanach a tugadh air. Fear as an Spáinn a bhí os a chionn. Ar ndóigh, bhíodar ag iarraidh an monarcha seo le píosa mór roimhe, cuide de mhuintir Ráth Chairn. Ceart go leor nuair a thosaigh sé – duine ar bith a raibh obair ag teastáil as Ráth Chairn, bhí sé aige. Bhí sé iontach ar feadh scaitheamh, ach sa deireadh is gearr go raibh daoine ag obair anuas as Baile Átha Cliath ann agus bailte móra eile, agus bhí fear Ráth Chairn á bhrú amach de réir a chéile. Níl a fhios agam an bhfuil mórán duine ar bith an lá atá inniu ag obair ann as Ráth Chairn. (Cupla duine!) Brúdh amach iad agus le haghaidh an Ghaeltacht a déanadh é sin le haghaidh muintir na Gaeltacht a choinneáil sa mbaile, le Gaeilge a bheith á labhairt ann. Níor tharla sé. Is dóigh gur maith duine eicínt a bheith ag obair ann, ach san am céanna ba cheart do fear Ráth Chairn tús áite a fháil, dhá mbeadh ceart le fáil.

3.2.12 *Tithe i Ráth Chairn inniu*

Nuair a tháinig muid anseo bhí seacht dteach fhichead i Ráth Chairn, bhuel, tá a dhá oiread sin tithe an lá atá inniu ann. Nuair a tháinig muid ann ar feadh blianta agus, bhuel, bhí chuile theach acu sin ag labhairt Gaeilge; ní raibh aon roghain acu mar ní raibh aon Béarla acu le labhairt, ach an drochBhéarla. Tá a fhios agam m'athair agus mo mháthair ní raibh aon Bhéarla acu ach drochBhéarla agus go leor mar iad, ní raibh aon Bhéarla againne nuair a tháinig muid anseo. Tá a dhá oiread tithe inniu ann, agus níl mé ag rá nach bhfuil aon Ghaeilge ann, agus níl leath oiread daoine ann agus a bhí an t-am sin . . . agus tá an Ghaeilge ag imeacht. Sé an t-údar leis an nGaeilge ag imeacht mar, is dóigh nach bhfuil aon neart air ar bhealach, nuair a phósfas bean as an taobh amuigh isteach agus níl aon Ghaeilge aici, nuair a phósfas cailín fear as an taobh amuigh tabharfaidh sí isteach é – bhuel tá an Béarla ag fáil an ceann is fearr agus sin é an fáth a bhfuil an Ghaeilge ag fáil an-tanaí i Ráth Chairn.

Tá tú in ann a ghoil thart ó theach go teach i Ráth Chairn agus do rogha fhéin a bheith agat, do bharúil fhéin a bheith agat i dtaobh – an bhfuil Gaeilge á labhairt sa teach sin. Tá tú in ann staidéar de do chuid fhéin a dhéanamh agus níl a fhios agam – tá faitíos orm. Tá muid anois caoga hocht bliain i Ráth Chairn, bhí sé ceart go leor na blianta a caitheadh, an Ghaeilge a choinneáil, ach tá faitíos orm na blianta atá romhainn. Níl mé ag tabhairt leithchéad bliain eile dhóibh, níl mé ag tabhairt fiche bliain eile dhóibh nach mórán Gaeilge a bheas i Ráth Chairn. Níl ort ach a ghoil suas ag an scoil, seas ag an mballa! – tá go leor gasúir ag tíocht go Ráth Chairn, is dóigh marach an taobh amuigh go mbeadh an scoil sin dúinte blianta ó shin.[19] Dhá mbeadh an scoil sin ag braith ar an méid gasúir a bhí ag tíocht as Ráth Chairn ann, bheadh sí dúinte blianta. {Ach, tá neart Gaeilge ag na gasúir ar bhealach amháin.} Tá, ach nuair atá tú ag éisteacht leo tá an Béarla á chur ag obair. Seas agus cuir cluais ort fhéin ag an mballa agus beidh a fhios agat ar Gaeilge nó Béarla atá á (labhairt). B'fhéidir go bhfuil sé athraithe anois le píosa, tá sé píosa ó bhí mé ag an mballa. Níl a fhios agam, is mór an trua é . . .

{Ní maith liom é a rá, ach caithfidh mé é a rá – tá go leor acu a bhfuil náire orthu Gaeilge a labhairt. Tá a fhios agam daoine áithrid[20] agus

---

19 Páistí scoile nach as an nGaeltacht iad atá i gceist anseo. Tagann formhór na ndaltaí a théann ag bunscoil Ráth Chairn ón gceantar máguaird, go háirithe Baile Átha Buí agus Baile Átha Troim.

20 /diːnˈiː aːhrˈəd'/, guta deiridh fada roimh thúsghuta fada.

dhá gcasfaí ort sa mbaile mór iad go mb'fhearr leo Béarla a labhairt leat ná Gaeilge ar fhaitíos go mbeadh a fhios gur Gaeilgeoirí iad.} Tá siad ag ceapadh gur céim síos orthu Gaeilge a bheith acu. {Tá daoine mar sin thart.} Tá leithéidí sin – níl siad sin ag goil ag cur an Ghaeilge chun cinn. {Tá sé sin ag tarlú agus ní inniu ná inné a tharla sé, ach tá sé ag tarlú le fada.}

Tá a fhios agamsa anois gasúir as Condae na Mí a tháinig go Scoil Ráth Chairn – tá cuid acu ag obair i siopaí thart. Dhá dteagainnse isteach i siopa agus ag rá le duine acu seo i nGaeilge an rud atá mé a iarraidh sa siopa, ní ligfeadh sí uirthi fhéin go gcloisfeadh sí mé, cupla cailín, cailíní a tháinig anois go Scoil Ráth Chairn. Tá Gaeilge ar a gcomhairle fhéin acu seo. {Bhuel, tá cailín eile ann – tá sí pósta – agus d'fhoghlaim sí Gaeilge ó na Gaeilgeoirí a tháinig thart agus tá sí uafásach ríméadach go bhfuil Gaeilge aici. Tá sise ag cur an Ghaeilge ag obair i gcónaí. Tá sise soir an bóthar, tá aithne agat uirthi. Tá a fhios agam rud eile nuair a tháinig muid anseo, théadh muid ag obair ar an bportach, bhí cupla duine as Condae na Mí a d'fhoghlaim Gaeilge uainn.} Bhí fonn air an Ghaeilge a labhairt.

Nach iontach an ceann é – tá fear eile agus bíonn sé ag tíocht anseo as Cnoc Sláine isteach. Bhí sé ag obair i monarcha amuigh ann – bhí céim sa monarcha aige, ar ndóigh, mo dhuine bocht, ní raibh aon fhocal Gaeilge aige agus ní bhfuair sé aon seans le aon Ghaeilge a bheith aige. Bhíodar ag cur stuf amach ag déanamh bráillíní, ag déanamh línéadach, rudaí mar sin a bhíodar a dhéanamh ann. Bhíodar amuigh sa tír seo a bhí ag ceannacht uathu, bhí daoine as Sasana agus as chuile áit ann, as an bhFrainc, bhí cruinniú acu ann. Bhí *time* amuigh in éindí acu sa teach ósta, bhíodar uiliug cruinnithe agus dúradh le chuile dhuine acu píosa cainte a dhéanamh. Dúradh leis an bhfear seo as Sláine píosa cainte a dhéanamh agus thosaigh seisean ag caint i mBéarla agus stopadh díreach é. "Béarla!," a dúradh leis, "nach bhfuil teanga eile ag muintir na hÉireann?" Dúirt sé go raibh náire air mar gheall nach raibh Gaeilge aige agus "dhá mbeadh droch-Ghaeilge fhéin agam," a deir sé, "ba chuma mar ní thuigfeadh aon duine thimpeall orm céard a bhí mé a rá." Fear meánaosta a bhí anseo agus thosaigh sé ag foghlaim Gaeilge. Chuaigh sé isteach go Ráth Chairn trí seachtainí ag foghlaim

Gaeilge in éindí leis na gasúir, ag tíocht isteach ag éisteacht leo. Bhí sé ag tíocht isteach as Sláine ag an aifreann, chuile rud a bheadh ar bun i Ráth Chairn bhí sé ag tíocht isteach ann; bhí a leabhar agus a *phencil* aige i gcónaí agus focal ar bith nach dtuigfeadh sé scríobhfadh sé síos go bhfaigheadh cén mhíneáil, cén chiall a bhí leis an bhfocal sin. Chuir sé ag obair é sin ar feadh píosa fada, bhuel anois tá sé in ann a ghoil agus caint le duine ar bith a thogróidh sé i nGaeilge. Tá an Ghaeilge anois ar a chomhairle fhéin aige. Níl a fhios agam ar chuir mé in aithne fós dhuit an fear sin? {An mbíonn sé ann go minic?} Ní fhaca mé anois le píosa é, bhuel, níl aon chall dhó anois a thíocht níos mó. Sin é an fáth – thosaigh sé ag smaoiniú air fhéin. Is mór an trua é nach bhfuil go leor mar é.

3.2.13 *Aitheantas Gaeltachta*

Cuimhním ar an t-am a raibh siad ag iarraidh a ghoil faoin nGaeltacht. Thóig sé an oiread sin blianta orthu a ghoil faoin nGaeltacht. Ba é Pádraig Faulkner – ba é an ministéara san am é agus chuile iarratas a bhí siad a dhéanamh bhí sé á iontú anuas. Ní raibh sé ag iarraidh iad a bheith sa nGaeltacht agus tá a fhios ag chuile dhuine cén fáth nach raibh siad ag fáil aitheantas mar – i gConamara – go raibh an Ghaeltacht ag coisint an iomarca ar an stát. Is dóigh go raibh siad ag rá leo fhéin – nuair a bheadh an Ghaeltacht seo i gCondae na Mí – go raibh sí ag goil a choisint tuilleadh ar an stát agus sin é an fáth nach raibh siad ag fáil aitheantas na Gaeltachta.

Tá a fhios agam cén chaoi a bhfuaireadar freisin é. Tá a fhios agam gurb é Jimmy Tully – *Labour* a bhí i Jimmy Tully – bhíodh sé os cionn *union* agus bhí mé sa *union*: *Federation of Rural Workers* – ba é an t-ainm ar an *union* a bhí ag Jimmy Tully. Nuair a bhí chuile shórt eile cinnte ar mhuintir Ráth Chairn b'éigean dóibh iontú do Tully, le cabhair a fháil ó Jimmy Tully. Tháinig an bheirt seo isteach, dhá mhúinteoir, Niall Sweeney agus Seosamh Ó Méalóid, bhíodar ag caint liom faoi go raibh eolas agamsa ar Jimmy Tully. D'fhiafraíodar dhíom cén t-am a bhí cruinniú aige i dTroim agus d'ínís mé an dáta dhóibh. Bhíodh cruinniú mórán chuile mhí againn nó chaon darna mí, cruinniú *union*, agus dúirt an bheirt seo gur mhaith leo é a fheiceáil agus bhí a fhios agam cén fáth.

Nuair a bhí an cruinniú *union* thart againn d'inis mé do Jimmy Tully go raibh an bheirt seo ag iarraidh é a fheiceáil as Ráth Chairn. "Ceart go leor," a deir sé, "tá fáilte rompu. Feicfidh mé iad," a deir sé. Tháinig an bheirt isteach go dtí é agus d'inisdar an scéal dhó. Ní raibh mise ag éisteacht leo, bhí mise amuigh, ach bhí Niall Sweeney á inseacht aríst dhom ina dhiaidh céard a tharla. Nuair a d'inis siad do Tully faoi nach raibh siad ag fáil aitheantas dúirt sé go dtiocfadh sé ag caint le Pádraig Faulkner, leis an ministéara, agus dúirt sé leis mara ndéanfadh sé tada faoi go dtabharfadh sé fhéin anuas sa Dáil é. B'uafásach an rud é sin le déanamh ag Jimmy Tully, fear *Labour*, agus níor lig Pádraig Faulkner cead dhó é sin a dhéanamh. Bhí a fhios aige ansin go gcaithfeadh sé aitheantas a thabhairt do mhuintir Ráth Chairn. Sin é an strus a fríothadh san am ag iarraidh aitheantas a fháil mar ní raibh rún acu Ráth Chairn a chur faoin nGaeltacht agus níor cuireadh aniar muintir Ráth Chairn leis an nGaeilge a leathnú. Bhí an chaint sin ar bun san am, ach ní raibh suim dhá laghad sa teanga ag an rialtas.

3.2.14 *An Ghaeltacht sa lá atá inniu ann*

Caithfidh muid smaoiniú ar an chaoi a bhfuil rudaí sa lá atá inniu ann. Cén fáth a bhfuil an Ghaeilge – nach bhfuil sí chomh láidir. Ba cheart di a bheith i bhfad níos láidire. Bhuel, is dóigh go raibh go leor le déanamh aige sin nuair a d'imigh go leor acu go Sasana na chéad bhlianta; ní raibh tada anseo acu. Níor tharla rud ar bith dhóibh ach an rud céanna a tharlódh dá bhfanfaidís i gConamara, b'éigean dóibh an bád bán a thabhairt orthu fhéin. Anois tá mé ag caint ar an méid a d'fhan i Ráth Chairn – phósadar fhéin a chéile, muintir Ráth Chairn. Phós beirt deartháir beirt deirfiúr, beirt deartháir de Mhuintir Seoige phósadar beirt de Mhuintir Loideáin, agus phós mo dheirfiúrsa – phós sí Curraoineach. Níl a fhios agam ar tríocha sé a phós sí. Phósadar uiliug a chéile san am sin agus is dóigh gur cuide den údar a bhí leis sin nach raibh an oiread sin eolas acu ar an dream taobh amuigh de Ráth Chairn, sin le rá muintir Chondae na Mí, gur thóig sé an oiread sin achair ag fáil isteach orthu.

Ach ansin an ghlúin sin anois atá mé a rá, clann an dream sin a phós i Ráth Chairn san am sin, bhí athrú de scéal ansin ann, níor phósadar sin mórán duine ar bith as Ráth Chairn. Phósadar dream taobh amuigh de Ráth Chairn agus nuair a tugadh mná óga isteach go Ráth Chairn agus leaids óga sin é a thug athrú mór ar an nGaeltacht i Ráth Chairn mar sé an chaoi a bhfuil sé i Ráth Chairn má tá duine ag labhairt Béarla agus triúr nó ceathrar Gaeilgeoirí thimpeall air iontóidh siad ar an mBéarla ar fad agus tá sé sin ag tarlú i gcónaí ann. Sé an rud céanna nuair a theaganns mná óga isteach go Ráth Chairn nó fir óga – tharla sé sin, siod iad anois an tríú glúin, bhuel ansin Béarla a bhí á labhairt sna tithe. Sín é an fáth a bhfuil an Ghaeilge chomh lag inniu.

3.2.15 *Gaeltachtaí eile na Mí*

Bhí muid ag rá i dtaobh Ráth Chairn go bhfuil an Ghaeilge lag ann. Ach ansin Baile Ghib – is dóigh go dtáinig trí scór comhluadar go Baile Ghib. Níl a fhios agam nach i ndeireadh na dtríochadaí a tháinigdar? Tá Baile Ghib timpeall is deich míle as Ráth Chairn agus an chéad bhliain a tháinigdar ansin bhíodh muid amach ann ar rothar. An t-am sin ní raibh mórán carrannaí ar na bóithrí . . ., ní raibh aon charr i Ráth Chairn. Ach bhí muid ag goil amach ann, bhíodh muid ag goil amach ag céilíochaí ann ag iarraidh a bheith ag cur aithne ar mhuintir Bhaile Ghib. Bhíodar as Tír Chonaill agus bhí sé deacair orainn san am fear Thír Chonaill a thuiscint sa gcaoi a labhraíonn sé mar bhí sé ag labhairt *differ*áilte de Ghaeilge Chonamara. Sin é nuair a fuair muid amach é sin i dtosach nuair a bhí muid ag caint leo. Ansin bhí fear Chiarraí ceart go leor. Bhí muid in ann é sin a thuiscint go maith, ach fear Thír Chonaill ní raibh sé chomh héasca sin mar ní raibh aon chleachtadh againn ar an gcanúint sin san am. Ach níl a fhios agam an lá atá inniu ann an bhfuil Gaeilge ar bith á labhairt i mBaile Ghib? Ní cheapfainn go bhfuil.

Agus tháinig Gaeltacht bheag eile ansin áit a dtugann siad *Allenstown* air idir Ráth Chairn agus Baile Ghib. Bhuel, níor tháinig ann ach timpeall is trí theach déag nó cheithre theach déag as thimpeall Chorr na Móna; níor coinníodh an Ghaeilge suas an-mhaith ansin ach an oiread. Déarfainn go bhfuair an Ghaeilge bás ar fad ansin agus déarfainn go bhfuil sí i ngar a bheith imithe i mBaile Ghib. Níl a fhios agam, mar a dúirt mé cheana, ar mar gheall ar an nGaeilge a cuireadh aniar iad seo ar chor ar bith, aniar as Conamara nó as aon chondae eile.

Ní cheapfainn gob ea. Dá mba ea, déanfaí níos mó leis an nGaeilge a choinneáil beo, ach níor déanadh tada. Choisin sé an oiread seo chuile theallach a tugadh as Tír Chonaill agus as Ciarraí, as Gaillimh agus as Condae Mhaigh Eo – choisin sé an oiread seo ar an rialtas, bhuel, ba cheart dóibh beagán eile a chaitheamh le deis mhaireachtáil a thabhairt dhóibh san am mar sna tríochadaí – am crua a bhí ann – bhí sé deacair maireachtáil agus le comhluadair mhóra a thabhairt isteach ar áit bheag ní raibh sé sin ag goil ag obair i bhfad. An áit nach raibh ach duine amháin in ann maireachtáil b'éigean don chuid eile den chomhluadar imeacht. Sin é a tharla san am agus sin é a d'fhága an Ghaeilge lag. Dhá mbreathófaí ina ndiaidh san am, mar a dúirt mé cheana, dhá gcuirfí rud eicínt suas sna tríochadaí a choinneodh le chéile iad, bheadh an Ghaeilge láidir inniu. Ach níor tharla sé sin faraor; ní raibh acu ach an bád bán a thabhairt orthu fhéin mar a dhéanfaidís dhá bhfágfaí[21] i gConamara iad.

---

21 /wɑːɣɪː/.

4. Mo Thréimhse san Arm

4.1.1 *An Rinn Mhór*

Chuaigh mé isteach in Óglaigh na hÉireann – ní raibh muid ach cupla bliain i gCondae na Mí – mé fhéin agus cupla leaid óg eile. Bhíodh oifigigh airm ag goil thart ag iarraidh ar dhaoine liostáil isteach san Arm... Chuaigh muid suas as Ráth Chairn go *Portobello* agus ansin bhí muid ag traenáil, ag goil amach go áit a dtugaidís *Kilbride* air i gCill Mhantáin, bhí raenna móra amuigh ansin sna cnoic, agus sin an áit a mbeadh muid ag caitheamh cúrsa. Bhíodh an-saol againn san am. Bhí muid ag déanamh mí sa mbliain ansin gur thosaigh an cogadh tríocha naoi agus ansin chaithfeadh muid fanacht istigh ar fad. Nuair a coinníodh istigh muid aistríodh muid ó na hÓglaigh go dtí an tArm Seasta nó na *regulars*. Aistríodh ansin muid go dtí An Chéad Chath ar an Rinn Mhór i nGaillimh mar gheall Gaeilge a bheith againn.[1] Dhá mbeifeá ag caint Béarla sa gCéad Chath cuirfí cúis ort. Chaithfeadh scrúdú a bheith ort shula dtiocfá isteach inti go mbeadh neart Gaeilge agat. Bhíodh chuile shórt déanta thrí Ghaeilge – bhíodar as Ciarraí, as Condae an Chláir, as Condae Mhaigh Eo agus as Tír Chonaill, as an nGaeltacht uiliug.

Nuair a tháinig mise ar an Rinn Mhór ní raibh ann ach cupla céad fear, idir oifigigh, *NCOs* agus an fear singil. Mí Meithimh (1940) bhí aon chéad déag duine ar an Rinn Mhór mar thosaigh an *Emergency* agus bhí faitíos mór ar dhaoine go gcaithfidís a ghoil isteach san Arm. B'fhearr liom a ghoil isteach san Arm ná a bheith tóigthe, bhí sé náireach thú a thóigeáil de do leaba agus thú a thabhairt isteach san Arm in aghaidh do thoil. Sin é an fáth gur fhás An Chéad Chath ó chupla céad fear go dtí aon chéad déag fear Mí Meithimh naoi déag ceathracha. San am sin bhí chuile chineál duine ag teastáil a raibh ceird ar bith aige: bhí tiománaithe le haghaidh leoraíos; bhí *mechanics*; bhí siúinéaraí; bhí pláistéaraí; bhí *blocklayers*; bhí chuile chineál ceird ag teastáil agus bhí sé an-éasca obair a fháil dhá mbeadh ceird ar bith agat nó do cheird a

---

[1] Baineann úrscéal Dhónaill Mhic Amhlaigh (1962) *Saol Saighdiúra* le heachtraí an Chéad Chatha chomh maith; is í an tréimhse iarchogaidh atá i gceist ann.

fhoghlaim. In éindí le páí an Airm, gheofá an oiread seo dhá mbeadh ceird agat. Ach sin le rá nach ndeachaigh mé isteach le aon cheird mar, uimhir a haon, ní raibh aon oideachas orm le aon cheird a thóigeáil, agus nuair nach raibh, nuair a bhí mo chuid traenáil déanta agam cuireadh isteach i mbialann na *sergeants* mé. Áit mhaith a bhí ann ar bhealach mar bhí neart le n-ithe ann. Bhí mé ag freastal ar an gcócaire ag tabhairt cúnamh dhó mar bhí go leor *sergeants* ann. Sin é an jab a fuair mé tar éis a bheith traenáilte.

Manoeuvres

Bhí sé ceart go leor ach rud amháin – nuair a chuirfí amach ar *manoeuvres* muid – nuair a chuirfí cath eicínt eile ina n-aghaidh. Tá a fhios agam ceann amháin a raibh muid air, ar chuma ar bith, Condae an Chláir, agus bhí muid ag campáil amuigh san oíche, bhíodh a *bivouac*[2] fhéin ag chuile thriúr. Sé an chaoi a raibh an cleachtadh seo, b'fhéidir go dtosófá ag siúl th'éis am dinnéir, sin timpeall is an haon a chlog, agus bheifeá ag siúl aríst ar feadh na hoíche go dtí timpeall is a dó dhéag lá arna mháireach agus ansin chríochnófá istigh i gcoill agus thiocfá go dtí an leoraí; bhíodh do chuid *bivis* ar leoraí, bhí ainm chuile thriúr ar chuile *bhivouac* agus thabharfá leat amach na *bivis* agus chuirfeá síos iad, agus chaithfidís a bheith síos, a bheith díreach ar aghaidh a chéile. An té nach raibh mórán cleachtadh aige ar an aimsir bheadh sé ag iarraidh an *bibi* a bheith ar ard ar fhaitíos báistí mar chuile ghleann sin an áit a gcónódh an bháisteach. Nuair a bheifeása i m*bivouac*, b'fhéidir i lár an hoíche, thiocfadh an bháisteach isteach fút agus b'fhéidir go gcaithfeá éirí amach as an m*bibi*, ach cuma sa diabhal é san Arm chaithfeadh chuile shórt a bheith díreach. Ní raibh siad ag breathú isteach i ngleanntán ná in ardán, ach go gcaithfeadh chuile –

Bhuel anois, bhí an *bibi* thíos agat agus an chéad rud eile a bhí ort a dhéanamh: bhí piocóid agus sluasaid bheag ag chuile dhuine in éindí le(is an) méid eile a bhí le n-iompar agat. Gheofá do phiocóid nó do shluasaid agus chaithfeá trinse a dhéanamh an oiread seo troithe ar fad thimpeall is troigh go leith ar leithead agus cupla troigh ar domhain

---

[2] /bˈibˈiːak/ faoi réir ag aidiacht shealbhach 3p. iol.

amach ar aghaidh do *bibi*. Sin le rá dhá dteagadh aon ionsaí ort nuair a bhí tú sa gcampa go mbeadh coisint agat. Nuair a bheadh sé sin déanta agat, chuile shórt, b'fhéidir go bhfaighfeá scíthe go ceann cupla uair. An chéad rud eile ansin déarfaí leat a ghoil isteach i gcolún cogadh agus a ghoil ar an mórshiúl aríst. Bheifeá ag siúl ansin agus bhrisidís suas ina gcomplachtaí. Bhí an chath³ uiliug anois ar an obair seo. Bhí chúig chomplacht sa gcath, bhíodh cupla ceann ceathrún – sin é a bhí ag breathú ina ndiaidh na beatha, agus ansin bhí A, B, C agus D complacht agus bhí an oiread seo céadta fear ins chuile chomplacht. Ach gheofá réitithe ansin le ghoil isteach in aicsean. Chaithfeá ansin áit a thóigeáil suas, b'fhéidir i bpáirc, b'fhéidir go mbeadh arbhar ann san am nó hé bith céard a bheadh ann, ach is cuma sa diabhal céard a bhí ann bhí cead agat siúl thríd, ní raibh sé ag goil ag déanamh puinn difríocht céard a bheadh sna páirceanna, ach bhí tusa ag goil thríothu go mbuailfeá suas leis an namhaid. Ansin bhí cath eile ina n-aghaidh. B'fhéidir go leanfadh an chath seo an oiread seo uaireantaí agus nuair a thiocfá amach san oscailt bhí daoine ann a raibh caipíní geala orthu – ní thiocfadh aon *bh*ullet thríothu – sin iad a bhí ag breathú amach céard a bhí ag tarlú, agus nuair a déarfaí leatsa go raibh tú maraithe chaithfeá luí siar mar bhí tú faoi thine. Bhí a fhios acu go raibh tine ag tíocht ó chnoc nó ó áit eicínt. Bhíodh na hinneallghunnaí agus chuile chineál gunna ag obair, bhífeá mar a mbeifeá⁴ amuigh sa gcogadh. Chaithfeadh an oiread sin a bheith ar pháirc an chatha sínte nuair a bheadh an t-ionsaí sin thart, bhíodar ag ligean orthu fhéin go raibh siad.

Nuair a bheadh sé sin thart ansin bheadh cupla lá de scíthe againn agus an chéad rud eile a tharlódh nuair a bheifeá ar an siúl aríst chríochnófá suas i gcoill san oíche. Bhí sé anois iontaithe ar an gcaoi eile go gcaithfeá na *bivouacs* a fháil aríst de do leoraí agus iad a chur síos san oíche díreach ar aghaidh a chéile, an rud céanna a tharla sa gcéad lá, ach san oíche anois a bhí ort iad a chur síos díreach. Ní raibh cead solas ag aon duine, ní raibh cead agat toitín a chaitheamh ná solas ar bith a fháil. Ach bhíodh na leoraíos ag imeacht gan aon tsolas, hé bith cén chaoi a mbídís ag déanamh an bhealaigh, níl a fhios agam, ach ní

---

³ Baininscneach anseo agus sa sampla thíos.
⁴ Bheifí ag súil le coibhneasta díreach sa gcás seo.

bheadh mórán siúil acu . . . Agus nuair a bheadh sé sin thíos (*bivouac* agus trinse), nuair a bheadh chuile shórt réidh thiocfadh oifigeach thart ag breathú ar chuile dhuine agus a jab a bheith déanta aige, agus ba mhór an jab dhó a fheiceáil san oíche. Déarfaí leat ansin – shéidfeadh an *bugle* ag rá leat go bhféadfá sos a thóigeáil, go bhféadfá a ghoil a chodladh. Ach b'fhéidir nach mbeifeá ach cupla uair i do chodladh nuair a *sound*álfadh *general alarm* aríst le haghaidh a ghoil chun cinn. Bhí na glaochannaí seo ar an m*bugle* acu. Bheadh a fhios agat go maith céard a bhí sé ag goil a mhíneáil nuair a chloisfeá an *bugle* amach san oíche.

Sin rud nár dhúirt mé, bhíodh pluid ag gach duine agus bráillín talúna ag gach duine. Nuair a bheadh an trí bhráillín talúna curtha ar an talamh agus ansin pluid os a chionn, pluid fút agus dhá phluid os do chionn, agus b'fhéidir an *haversack* a bhí agat gob é an piliúr a bhíodh ann é, agus plátaí agus chuile shórt istigh ann. Ach bhíodh cóta mór agat, ní bhainfí dhíot ach do bhróga. B'fhéidir go n-osclófá an *tunic* agus rudaí mar sin. Bhí tú réitithe i gcónaí, réitithe le ghoil amach. Chaithfeá iad sin ansin a bhailiú suas agus ní raibh agat ach an oiread seo nóiméadachaí le iad sin a bhailiú suas agus a chur le chéile, do *bivouac* a chur le chéile, bhí cineál *placard* agat le cur air go n-aithneofá aríst é, agus é a thabhairt go dtí an leoraí agus a chaitheamh isteach. B'fhéidir go mbeadh sé an trí a chlog nó an ceathair a chlog ar maidin – réitithe le haghaidh bóthair aríst. Chaithfeá an ghlaise a dhúnadh, chaithfeá an talamh a fhágáil mar a fuair tú é. Agus ionsaí ansin a dhéanamh aríst, b'fhéidir ar an gcath chéanna. Bhuel, bhí sé sin ag goil ar bun lá i ndiaidh lae ar feadh os cionn trí seachtainí. Nuair a bheifeá ag siúl i ndiaidh duine, ag *march*áil – na stropaí a bhíodh ar a ghualainn bhíodh cúr geal ar chaon taobh de na beilteannaí a bhíodh ar a ghualainn. Agus nuair a bhíodh an t-allas sin ort agus ag goil isteach i m*bivouac* agus an t-allas sin ag triomú isteach ionat agus, b'fhéidir thú fliuch san am céanna, ag luí siar sa gculaith sin agus titim i do chodladh – bhí sé go dona. Bhí sé sin ceart go leor a bheith á dhéanamh nuair a chaithfeá a dhéanamh, ach ghiorraigh sé le saol go leor daoine óga – an obair seo – mar bhí go leor acu nach raibh in ann a dhéanamh, nach raibh in ann a sheasamh. Bhí sé uafásach crua.

4.1.2 *Cruatan san Arm*

Ní raibh mé ag labhairt ar an mbeatha. Bhí an bheatha ag goil thart ina – rud a dtugann siad *field kitchen* air. Bhí an oiread seo potaí ansin agus bhí tine amháin in ann chuile phota acu sin a chur ag fiuchadh, bhí sé ag obair le ola, as sin a bhí muid ag fáil an bheatha. Nuair a bhíodh muid á fáil, ní bhíodh sí ag tíocht in am agus bhíodh ocras i gcónaí orainn. Duine óg – tá ocras i gcónaí ar dhuine óg, go mórmhór nuair atá tú ag goil thrí rud mar seo.

Bhíodh na cosa ag cur isteach orthu. Leis an siúl bhí léisreachaí ar a gcuid cosa, bhí an craiceann ag imeacht óna gcosa, óna mbonnaechaí. B'fhéidir go n-athrófá léine nó go n-athrófá drár uair sa tseachtain. B'fhéidir go mba cheart dhuit é sin a athrú cupla uair sa tseachtain mar gheall ar allas. Ní raibh mórán compóirt agat. Is dóigh gob é an fáth go gcaithfidh tú a bheith crua le haghaidh an rud a bhí le thíocht. Bhí muid ag súil go raibh sé ag tíocht, go gcaithfeadh muid a bheith réitithe lena aghaidh sin, le ghoil thríd. Is dóigh gur cineál scrúdú a bhí ann, an té a bheadh in ann é seo a sheasamh go mbeadh sé in ann a ghoil thríd an gcogadh, gur rud eicínt mar sin a bhí ann. Ach bhí sé go dona, ba cheart dóibh a bheith á fhágáil go dtosódh an rud ceart nuair a bheadh duine traenáilte lena aghaidh, ach gan é a thraenáil ar an gcaoi sin.

Shiúil muid mórán chuile pháirt de Chontae an Chláir. Tá a fhios agat fhéin nuair a thiocfá thríd an scrúdú sin, an oiread sin mílte a shiúl, críochnú suas i gcoill agus an méid a chuadar thríd, bhí sé go dona, agus ní raibh aimsir ar bith ag goil ag cur isteach, ba chuma báisteach nó céard a bheadh ann, bhí an rud céanna ag goil ar aghaidh. Ní raibh rud ar bith ag goil ag titim siar le báisteach ná hé bith céard a bheadh ann, ach timpeall is míonna an samhradh a bhíodh muid á dhéanamh, sa samhradh in aimsir bhreá, ach scaití ní bhíodh sí chomh breá sin.

Ba é an rud ba mheasa ar fad: an *gas bag*, a dtugann siad an púicín gail air. Bhí sé sin uafásach le bheith á chaitheamh mar bhí tú ag iarraidh a bheith ag tarraingt d'anáil thrí *canteen* stáine a bhí ar a íochtar, bhí sé fíorchrua t'anáil a tharraingt thríd. Ach chaithfeá é a bheith ort an oiread seo uaireantaí, b'fhéidir nach mbeadh sé uair in éindí ort, ach chaithfeá an oiread seo uaireantaí é a chur ort ar feadh an lae, gheofá tuairisc – thiocfadh fear agus déarfadh sé go raibh *gas* – agus bhíodar fhéin ansin ag inseacht dá chéile go raibh *gas* amuigh. Bhíodh cineál deatach acu ag rá go gcaithfeá do *gas bag* a chur ort, nó mar a deir siad fhéin an púicín gail, go gcaithfeá é a choinneáil ort. Cheapfainn go raibh sé fíordhona ag do chuid scámhóga é sin a bheith ort ar feadh an oiread seo uaireantaí sa tseachtain.

Nuair a bheadh sé sin thart, nuair bheadh chuile shórt thart agus thú a thíocht ar ais sa mbeairic aríst bhí rudaí ceart go leor. Sa mbeairic bhí sé ceart go leor, bhí saol maith ann. Níl mé ag rá nach dtabharfá do mhallacht scaití dhó, ach san am céanna bhí sé chomh maith agus a bhí le fáil san am.

4.2 *Socruithe Páí*

4.2.1 *Páí an Airm*

Nuair a thiocfadh earcach isteach gheobhadh sé trí déag agus sé pingine. De réir mar a bhí sé in ann ansin a ghoil suas go dtí, a dtugadh siad *first class soldier* air, an chéad scoth de shaighdiúr. Sé an rud is mó a bhí ann go gcaithfeá do chúrsa a chaitheamh chuile bhliain agus mara b*pass*álfá do chúrsa cuirfí siar thú, b'fhéidir go gcuirfí aríst á chaitheamh thú mar bhí sé an-tábhachtach thú in ann an muiscéad nó an inneallghunna, nó hé bith céard a bheifeá air, a bheith go maith air, b'in é an príomhrud. Mara mbeifeá go maith air sin ní bhfaighfeá aon ardú, ní thiocfá níos faide ná an tríú grád. Nuair a thiocfása sa gcéad ghrád gheofá punt dhá phingin. Ansin an té a bheadh pósta gheobhadh a bhean an oiread seo agus gheobhadh a chlann an oiread seo, níl mé in ann anois figiúir a chur air, ach tá a fhios agam idir chuile shórt a chur le chéile go raibh sé i bhfad níos íoctha ná an fear oibre a bhí taobh amuigh. Agus bhí sé glan, ní raibh aon obair uafásach trom air, cés moite den chleachtadh cogadh seo.

4.2.2 *An t-allúntas pósta*

An t-am ar phós mé fhéin, phós mé i *St. Joseph* i nGaillimh naoi déag ceathracha haon sa mBealtaine, agus nuair a bhí mé pósta ní bhfuair mé aon allúntas pósta, ach an oiread leis an lá atá inniu ann bhí gearradh siar freisin ann mar bhí an iomarca dream pósta san Arm agus cuireadh

cosc le iad a thíocht isteach ní ba mhó. Bhuel, ansin bhí mé ag iarraidh
maireachtáil mé fhéin agus mo bhean ar an bpáí a bhí agam. Bhí mé i
mo chónaí sa mbaile mór agus gheobhainn rud a dtugadh siad *ration
money* air agus ní raibh mo dhóthain ansin. Bhí mé ag cur iarrantaí
isteach, agus bhí daoine ag obair dhom, ag iarraidh mo chuid allúntas
pósta a fháil mar a bhí chuile fhear eile a fháil. Bhíodh sé curtha i
m'aghaidh nach bhfaighinn é. Agus chuir mé iarratas isteach an t-am
seo le ceannfoirt[5] an chomplacht agus d'inis mé an scéal dhó. Dúirt sé
go mbreathódh sé isteach ann, go ndéanfadh a dhícheall dhom, agus
bhí sé ag déanamh a dhícheall, ach ní raibh mé ag fáil tada san am
céanna. Bhí an oiread seo iarrantaí agus bhíodh an fear speisialta ag
scríobh dhom agus ní raibh mé ag fáil tada. Dúirt mé liom fhéin an lá
seo: "bhuel, mara bhfuil mé ag goil ag fáil an allúntas pósta, ní bheidh
mé san Arm." Rinne mé suas m'intinn go bhfágfainn an tArm agus bhí
a fhios agam go maith go dtabharfaí ar ais mé, in aghaidh toil an Airm
go raibh mé ag goil amach.

4.2.3 *Tréigean an Airm*

Tá a fhios agam, ar chuma ar bith, go raibh mé ar phicéad an oíche
seo. Bhí mé ar garda ar an ospidéal taobh amuigh den bheairic agus
bhí fear eile ar garda taobh istigh, fear as mo bhaile fhéin. Dhá ndéanfá
dhá uair, bheifeá saor cheithre huaire, dhá uair air agus cheithre uaire
dhe, sin é an chaoi a raibh muid ag obair. Ach ansin bhíodh muid ag
caint sa seomra garda le chéile, mé fhéin agus an dream a bhí istigh ann,
agus dúirt mé leis an bhfear seo: "tá mise ag goil abhaile," a deir mise,
"go Condae na Mí amáireach." "An bhfuil cead agat," a deir sé? "Níl,"
a deir mise, "ach an oifigeach[6] atá ar *duty*," a deir mise, "tabharfaidh sé
cead dom." "Ó," a deir sé, "ní thabharfaidh sé sin aon chead duit."
"Bhuel, tabharfaidh sé cead lá dhom," a deir mise, "lá tar éis a bheith ar
garda. Beidh mé saor, ar aon nós, go dtabharfaidh sé cead an lá sin
dhom." "Ó," a deir sé, "má tá tú ag goil síos go Condae na Mí, tiocfaidh
mise síos in éindí leat." "Bhuel," a deir mise, "níl mise do t'iarraidhsa
síos, mar tá údar agamsa," a deirimse, "le ghoil síos agus níl a fhios

---

[5] An fhoirm uatha sa gcanúint.
[6] *Ach an, an, an oifigeach* . . .

agam an bhfuil aon údar agatsa." "Bhuel," a deir sé, "má tá tusa ag goil síos, tiocfaidh mise síos."

Ach bhí go maith, tháinig mé ar ais ag déanamh dhá uair eile ar *duty* agus nuair a bhí mé píosa ar *duty* chuala mé torann mór le taobh an gheata amach ar an mballa, caitheadh rud eicínt agus chuaigh mé anonn go bhfeicfinn céard a caitheadh amach thar an mballa. Céard a bheadh ann ach dhá bhróig mhóra airm. Níor dhúirt mé tada agus fuair mé amach ansin gob é an fear a bhí ag goil in éindí liom a chaith amach an dá bhróig mar ní raibh pingin aige. Nuair a bhí mo chuid *duty* thart an mhaidin sin chuaigh muid ar an *square* (sa mbeairic) agus b'éigean dúinn na hurchair a bhí sna gunnaí a fhoilmhiú amach agus chuile shórt, agus chuaigh muid ar ais ag a gcuid seomraí. Sin é an uair a fuair mé réidh. Tar éis mo bhricfeasta shiúil mé siar go dtí stáisiún na traein agus nuair a bhí mé thiar sa stáisiún bhí an buachaill thiar romham. Bhí sé tar éis, an uair sin, tar éis an dá bhróig mhóra seo a dhíol. Má fuair sé seacht is sé pingine nó deich scilleacha orthu, ba é an rud is mó é. Bhuail an bheirt againn suas go Condae na Mí ar an traein. Nuair a bhí muid á shiúl ansin as *Mullingar* go Ráth Chairn agus ní raibh muid ach timpeall is ceathrú míle amach as an mbaile mór nuair a tháinig an carr seo. Ní raibh mórán carr ar an mbóthar an uair sin mara mbeadh dochtúr nó sagart – bhí an ola an-ghann agus thóig sé den bhóthar muid agus séard a bhí ann – dochtúr as Áth Buí agus thug sé abhaile muid.

D'fhan mé ansin sa mbaile; chuaigh seisean ina bhealach fhéin agus chuaigh mise i mo bhealach fhéin. Chuaigh mé ag obair ar an bportach, bhí bóthar á dhéanamh agus thug mé carr agus capall liom, fuair mé obair le haghaidh carr agus capaill ar an mbóthar, agus bhí mé ag fáil páí i bhfad níos mó ná bhí mé a fháil san Arm. D'imigh chuile shórt ceart go leor ar feadh achar gearr. Timpeall is mí ina dhiaidh nuair a bhí mé ag goil ag éirí ar maidin céard a bheadh istigh sa seomra ach garda. D'fhan sé ina sheasamh sa seomra go mb'éigean dom mo chuid éadaigh a chur orm fhéin. Níl a fhios agam ar lig sé a chead dom mo bhricfeasta a ithe. Bhí seisean ar rothar, agus bhí an *sergeant* in éindí leis, agus mise ag siúl, gur shiúil mé siar trí mhíle go hÁth Buí agus isteach sa mbeairic. Bhí mé ag troid liom fhéin ag goil siar nach raibh an fear a bhí in éindí liom tóigthe ar chor ar bith, ach nuair a chuaigh mé isteach sa mbeairic cé a bheadh istigh romham ach an fear a d'fhága an tArm in éindí liom. Bhí mé cineál sásta go raibh comhluadar agam. D'fhan muid sa mbeairic go raibh sé timpeall is tráthnóna, fuair muid a ndinnéar ann, ansin tháinig carr míleata as beairic *Mhullingar*, ba é ba gaire; agus tugadh siar muid go *Mullingar*. Cuireadh isteach i seomra muid faoi ghlas agus bhí muid cupla seachtain i *Mullingar* ag fanacht go dtiocfadh dream as Gaillimh á n-iarraidh. Sa deireadh tháinig *sergeant* agus dhá shaighdiúr singil, agus a gcuid *pistols* acu, shílfeá go raibh muid tar éis duine eicínt a mharú, go raibh coir uafásach déanta againn, agus tugadh siar faoi gharda muid go Gaillimh. Nuair a tháinig muid go Gaillimh, sa mbeairic, isteach sa seomra aríst faoi ghlas. Bhí muid faoi ghlas aríst os cionn seachtaine. Thraíáil ceannasaí an chomplacht – sin é an chéad duine a thraíálfas thú má tá cúis ort agus déarfaidh sé leat: "Bhuel, níl mise in ann tada a dhéanamh cuirfidh mé siar le haghaidh ceannasaí an chatha thú." . . .

4.2.4 *An chúis Airm*

B'éigean dhúinn fanacht os cionn seachtaine, bhí sé imithe ar laethantaí saoire. Chaithfeadh muid fanacht faoi ghlas go dtáinig sé. Nuair a tháinig sé, nuair a bhí sé cupla lá teagtha, glaodh amach orainn. Tá a fhios ag chuile shaighdiúr cén chaoi a mbeidh sé *march*áilte isteach os comhair an *OC*. Léifear amach an chúis dhuit agus an oiread seo altannaí a bhí briste agat. D'fhiafraigh sé an raibh tada le rá agam. Dúirt mé nach raibh mé in ann maireachtáil san Arm ar an bpáí a bhí mé a fháil. D'fhiafraigh sé an raibh mé ciontach nó neamhchiontach. Deir mise: "neamhchiontach – mar níl mé in ann maireachtáil san Arm ar an bpáí a bhí mé a fháil agus," a deir mise, "ní bheidh mé in ann," a deir mise, "hé bith cén pionós a thabharfas an chúirt seo dhom, ní bheidh mé in ann maireachtáil san Arm."

"Ní raibh aon chúis orm ó chuaigh mise isteach san Arm go dtí an chúis seo agus ní raibh mé ag iarraidh an chúis seo a bheith ach an oiread orm. Ach ní raibh aon neart agam air. Cén fáth an bhfuil chuile dhuine pósta ag fáil allúntas pósta agus nach bhfuil mise á fháil." "Ar mhaith leat," a deir sé, "a ghoil siar le haghaidh arm cúirte nó mise déileáil leat?" "Bhuel," a deir mise: "a dhuine uasail, fágfaidh mé in do lámha é," a deir mise, "fágfaidh mé in do lámhsa céard ba cheart dom a dhéanamh." "Bhuel," a deir sé, "níl mé in ann," a deir sé, "thú a ligean saor mar bhí tú as láthair," a deir sé, "ach cuirfidh mé punt," a deir sé, "fíneáil ort agus breathóidh mé isteach in do chúis." "Bhí go maith." *March*áladh amach ansin mé taobh amuigh agus bhí an fear seo ó Chontae na Mí in éindí liom nach raibh cúis dhá laghad aige. D'fhiafraigh sé dhíom céard a cuireadh orm: "bhuel," a deir mise, "níor cuireadh orm ach punt fíneáil," a deir mise. "Ó," a deir sé, "tá sé sin go maith. Punt fíneáil! Ní tada é sin!" a deir sé. Ach *march*áladh isteach é, ach d'fhan mé ansin thart, mar ní raibh aon gharda níos mó orm, go dtáinig sé amach go bhfeicfinn céard a tharlódh. Agus an chéad rud eile bhí an bheirt ghardaí ar chaon taobh dhó ag goil amach. D'fhiafraigh mé dhó céard a tharla agus ní raibh mórán fonn air mé a fhreagairt. "Caithfidh mé," a deir sé, "a ghoil go hÁth Luain." Agus an chéad rud eile cuireadh isteach ar ais i seomra an gharda faoi ghlas aríst é. Ach d'imigh rudaí ceart go leor uaidh sin amach dhomsa. An oiread seo seachtainí ina dhiaidh sin fuair mé chuile phingin a bhí ag goil dom agus bhí an saol ceart go leor. Bhí mé níos ríméadaí ná a bhí mé agus bhí mé socraithe síos.

4.3 *Eachtraí san Arm*

4.3.1 *Beairic Chaisleán an Bharraigh agus ina dhiaidh*

An chéad rud eile a tharla, an complacht a raibh mé ann, chuaigh sé go Caisleán an Bharraigh. Bhí Caisleán an Bharraigh go deas, ach i dtaobh an bheairic dhó, bhí leath an bheairic dóite ó aimsir an trioblóid, bhí sé uaigneach, an-uaigneach, ní raibh fágtha ach cupla *block*...

Bhí muid an oiread sin míonnaí i gCaisleán an Bharraigh agus an chéad rud eile dúradh linn fáil ullmhaithe go raibh muid ag fágáil Chaisleán an Bharraigh. Ní raibh a fhios againn cé raibh muid ag goil. An raibh muid ag goil suas go *Finner Camp* nó suas go *Bundoran*, bhí áit ann, bhíodh saighdiúir suas an bealach sin i dtaobh Chontae Dhún na nGall; bhí áit a dtugaidís *Manorhamilton* air. Bhí cupla áit suas an bealach sin a mbíodh an chéad chath. Ní raibh a fhios againn cé raibh muid ag goil an oíche seo. Rud eile, b'fhéidir go raibh muid ag ceapadh go raibh muid ag goil go dtí an *border.* Bhí sé an-chorraithe san am sin. Bhí complacht den chéad chath thuas i Dún na nGall, i *Bundoran,* déarfainn, a bhíodar; agus bhí sé chomh corraithe an oíche sin go dtáinig an sagart isteach sa mbeairic ag tabhairt faoistean do na saighdiúirí. Ní raibh mise ann, ní raibh mo chomplacht ann, bhí muide i gCaisleán an Bharraigh, ach nuair a bhí muid ag goil isteach sna leoraíos bhí muid ag ceapadh gur suas ag an (teorainn a bhí muid ag goil). Níor insíodh dhúinn cé raibh muid ag goil. Bhí sé chomh corraithe san am sin go dtáinig an sagart isteach san oíche ag tabhairt faoistean do na saighdiúir agus sa deireadh thug sé *general absolution* do chuile dhuine – a bpeacaí a chur os a gcomhair agus "Ó, mo Dhia," a dhéanamh agus thug sé párdún don méid a bhí ann, párdún ginearálta. Ach bhí sé chomh corraithe san am sin mar bhí go leor saighdiúir le Meiriocá taobh ó thuaidh, agus bhíodar as Ceanada ann. Bhí Roosevelt ag goil ag tóigeáil na tíre seo nuair nach bhfuair sé le haghaidh *base*annaí í. Bhí Churchill ag goil ag tóigeáil na tíre seo san am agus, ar ndóigh, bhí Hitler ag goil á tóigeáil le láimh láidir. Sin é nuair a rinne de Valera – rinne sé *speech* nuair a d'fhreagair sé Churchill, bhí sé ag diúltú na *port*annaí a thabhairt do Churchill, d'Arm Shasana, agus bhí sé ag goil á mbaint amach le láimh láidir. Ach rinne Dev, rinne sé *speech*, d'fhreagair sé Churchill agus dúirt sé dhá ndéanfaí aon ionsaí ar an tír go raibh sé ag goil ag cailleadh an fhear deireanach sa gcogadh, dhá ndéanfadh aon tír ionsaí go raibh siad ag goil ag fáil bháis ar son na tíre. Ach ní raibh a fhios againne céard a bhí ag tarlú san am, bhí go leor dhó sin coinnithe ó na saighdiúir. Nuair a thiocfadh eitleán anuas i bpáirceannaí ní chuirfí in aon pháipéar é agus bhí go leor nach raibh ag goil sna páipéir, bhí chuile shórt coinnithe faoi rún. Bhí go maith, bhí muid istigh i leoraíos ar feadh na hoíche. Ní raibh a fhios againne gur taobh ó thuaidh nó cé raibh muid ag goil, bhí a fhios againn go maith nach raibh muid ag goil ar ais go dtí an Rinn Mhór. Ach tar éis an oiread seo uaireantaí sé an áit ar *land*áil muid i b*Palace*, ní raibh a fhios againn cén áit é fhéin san am, bhí muid cupla lá ann shula raibh a fhios againn cé raibh muid.

Bhí sé i ngar do *Tynagh*, timpeall is míle ó *Tynagh* agus bhí sé i ngar do *Phortumna*. Teach mór, bhí trí stór dhó os cionn talúna agus stór faoin talamh, teach mór breá. Bhí an oiread seo stáblaí agus tithe thimpeall air gur chaith muid ansin – bhí muid, b'fhéidir, sé mhí nó os a chionn ann. . . Ní raibh an tArm ag goil á thabhairt suas, ach bhíodar ag goil ag imeacht as agus ba mhaith leo greim a bheith acu ar an áit. Sin rud eile nach raibh a fhios againn nó gur blaodh suas ar chuile fhear pósta a bhí sa gcomplacht agus tugadh isteach ina nduine agus ina nduine os comhair an fear a bhí os cionn an chéad chath. Ba mise an t-aon duine amháin a bhí ann nach raibh aon ghasúr agam. Is dóigh nach mhaith leis gasúir ar fhaitíos go mbeidís ag briseadh fuinneogaí ná ag déanamh rud ar bith mar sin as bealach. Fuair mé é agus leag sé síos na rialachaí seo dhom a bhí le déanamh agam. Ní raibh mórán le déanamh ach súil a choinneáil ar chuile shórt. Dhá mbeadh aon trioblóid orm, bhí guthán ann le glaoch ar *Dunsandle.* Ach d'imigh chuile shórt ceart go leor.

Bhí mé ag cur isteach an am an-deas ann in áit a bheith ag goil amach ar an *square* agus ag goil ag déanamh *duty* ná rud ar bith mar sin. Bhí mé socraithe suas iontach ann ag an Arm. Ach sa deireadh bhí mo bhean le haghaidh páiste, is dóigh go raibh muid i ngar do sé mhí san am sin ann nó os a chionn . . . Thiocfadh oifigeach gach seachtain ag tabhairt mo pháí dhom, agus bhí mé ag fáil an oiread seo, cupla scilling níos mó mar gheall go raibh an jab seo agam, ó, bhí mé an-ríméadach as. Ach sa deireadh mar gheall ar mo bhean – bhí sé cineál uaigneach agus dhá dtarlódh tada go mbeadh an-deacracht againn mar ní raibh sé ar nós an lá atá inniu, go mbeadh carr – agus ní raibh againne ach an rothar. Sin é an deis taisteal a bhí againn. An chéad rud eile rinne muid suas a n-intinn go gcaithfeadh muid é a thabhairt suas. Chuir mé scéala go *Dunsandle* agus tháinig an t-oifigeach amach do m'íoc agus d'inis mé an scéal dhó. Dúirt sé: "Beidh sé ceart go leor," a deir sé, "tiocfaidh duine a thóigfeas t'áit." Is tá a fhios agam go dtáinig dhá fhear as Tír Chonaill a thóig m'áit.

An chéad rud eile fuair mé cheithre lá dhéag laethantaí saoire agus chuaigh mé suas go Condae na Mí. Nuair a tháinig mé ar ais, ar ais ag an Rinn Mhór aríst a tháinig mé, agus bhí mé ag saighdiúracht ansin go raibh an cogadh thart. Ach choinnigh mé orm, ar chuma ar bith, san Arm. Bhíodh muid ar an bportach, bhíodh muid ag goil amach go hÁth

Tíomáin ag baint mhóna. Bhíodh sé ag tabhairt athraithe[7] dhúinn thar a bheith ag saighdiúracht, bhí muid ag campáil amuigh ar an bportach ann agus bhíodh saol maith amuigh againn ann ag tabhairt isteach na móna agus ag déanamh cruacha móra dhi thimpeall an bheairic, bhí na cruacha cupla stór ar airde. Chaithfeadh dréimirí agus scafaill a bheith orthu le iad a dhéanamh agus chríochnódh an chruach mhór le fód amháin thuas ar barr, thuas ar cíor. Bhí an saol ceart go leor chomh fada nach raibh aon chleachtadh cogadh ná rud ar bith mar sin ag tíocht. B'fhéidir go ndéanfá *duty* uair sa tseachtain, bhí rudaí ag imeacht ceart go leor.

4.3.2 *Nimhiú sa mbeairic*

Ach tá a fhios agam rud amháin a tharla, cuimhneoidh mé choíchin air. Bhí mé réitithe le ghoil amach sa mbaile mór. Bhí fear sa seomra as Tír Chonaill agus fuair sé an beartán seo ar an bposta – bhíodh posta ar maidin agus posta tráthnóna – agus d'oscail sé é. Bhí sé ag suí ar an leaba agus bhí an oiread leabachaí[8] sa seomra seo. D'oscail sé an beartán agus bhí milseáin ann nó seacláidí beaga agus bhí toitíní ann, agus roinn sé amach na seacláidí. Ní bhfuair mise aon cheann acu agus níl a fhios agam cén fáth mar fear a thaitnigh liom é agus bhíodh muid ina *buddies* ag a chéile in éindí le chuile dhuine eile. Is dóigh go raibh an t-ádh orm nár bhfuair mé ceann. Bhí mé ag goil sa mbaile mór agus chuaigh mé amach. Ní raibh a fhios agam tada go dtáinig mé ar ais timpeall is a haon déag – bhíodh an-tóir ar ghoil ag pictiúir agam, bhí trí theach pictiúir i nGaillimh. Is iomaí uair nuair a bhínn istigh ag na pictiúir go dtiocfadh sé amach ar an scannán nó amach ar an *screen*: "na saighdiúir a ghoil ar ais go dtí an beairic." Chaithfeá éirí ansin mar bheadh a fhios go maith gur saighdiúr thú, b'fhéidir go mbeadh a fhios ag muintir an halla é, agus a ghoil ar ais go dtí an beairic. Tharla sé sin. B'fhéidir go dtiocfá isteach i leoraíos ar feadh na hoíche le céad méarán thimpeall ort, nó más inneallghunna a bhí agat nó cé bith sórt gunna a bhí agat, bhí tú ullmhaithe . . . Ach an t-am seo nuair a tháinig mé

---

7 /ahriː/ gin. ua. den ABR.
8 /Lʼabəxiː/, réaladh neamhchoitianta ar an bhfoirm iolra, féach *leaba* in A.2.

isteach, nuair a chuaigh mé isteach sa m*billet* a raibh muid ann, bhí sé folamh uiliug mórán agus bhí iontas agam cé ndeachaigh siad. Bhí an chuid eile den chomplacht sna seomraí eile agus chuaigh mé isteach agus d'fhiafraigh mé. "Ó," a deir duine liom, "fuaireadar sin nimh," a deir sé, "agus tá siad istigh san ospidéal i nGaillimh. Bhí cuid acu ag goil amach sa mbaile mór agus thit cuid acu taobh amuigh den bheairic." Cosán a dtugaidís an líne air ón mbeairic go dtí an baile mór, aicearra a bhí ann le taobh an ráille. "Thit cuid acu siar air sin," a deir sé, "agus thit cuid acu sa mbaile mór. Chuile dhuine," a deir sé, "a d'ith na milseáin a bhí ag an bhfear sin," a deir sé, "bhí nimh tóigthe ag gach duine acu agus chuir sé drochbhail ar chuid acu." Ach sé an rud ab aistí dhó níor ith sé fhéin ceann ar bith. Thug sé uaidh iad, ach níor ith sé fhéin aon cheann. Ansin fríothadh amach gob í a bhean a chuir aige iad mar bhí sí ag goil in éindí le fear posta agus bhí sí ag iarraidh an fear seo a chur as an mbealach. Chuireadar a gcloigeann le chéile nó gur rinneadar suas é a chur de leataobh, ach ba amaideach an rud a rinne siad. Ach níor chuir siad chun báis é, ach is beagnach nár chuir sé go leor chun báis. Bhí cúis ann, ar chuma ar bith, agus níl a fhios agam fhéin cén chaoi ar chríochnaigh an chúis, déarfainn gur chríochnaigh an chúis i mBaile Átha Cliath . . .

4.3.3 *Dualgas oíche*

Ansin bhí seomra eile ann a mbeadh an oiread seo saighdiúir ar dualgas gach oíche. Thiocfaidís isteach sa seomra seo, *platoon* a thabharfá air. Bhí cheithre *ph*l*atoon* ins chuile chomplacht, bhí an oiread seo gasraí saighdiúr ins chuile *ph*l*atoon*, bhí cupla gasra inneallghunna ann, agus bhí sé roinnte suas leis an oiread seo fear. Bhíodh *corporal* i gceannas chuile *section* agus bhí *sergeant* i gceannas an *ph*l*atoon* agus bhí oifigeach os cionn an t*sergeant.* Thiocfadh *platoon* gach oíche isteach sa seomra seo agus iad réitithe. Ní raibh cead acu a bhaint dhíobh ach na bróga agus d'fhéadfaidís an *tunic* oscal[9], luí ar an leaba agus an oíche a chaitheamh istigh ansin ar fhaitíos a mbeadh aon ghlaoch orthu go maidin, a bheith réitithe le ghoil agus

---

9 /iskəl/, ABR, caint mhall staidéartha anseo ag MÓC.

cupla leoraí taobh amuigh le iad a thabhairt chun bealaigh. Bhí sé sin ag tarlú mórán chuile oíche in éindí le chuile shórt eile a bhí ag tarlú thart ann. Ní raibh a fhios againn, mar a dúirt mé cheana, ní raibh a fhios againne céard a bhí ag tarlú mórán mar bhí sé coinnithe uainn, ach an rud a déarfaí leat é a dhéanamh, ní raibh tú in ann tada a cheisniú, ach an rud a dhéanamh. Is iomaí oícheantaí a chaith muid i leoraí . . .

4.3.4 *Cúrsa Commando*

Sin rud eile, cúrsa a bhíodh ann a dtugaidís an *commando course* air. Bhí sé sin uafásach crua. Chaitheadh saighdiúr an-láidir a bheith ar an gcúrsa seo, ag goil amach faoi *wire*, ag goil thar bhallaí, agus ag siúl ar *phlank*annaí a bhí ard. Bhí go leor orthu a dhéanamh. Cuimhním liom uair amháin a dtáinig siad trasna an Choirib. Chaitheadh fear snámh trasna na haibhne agus nuair a bheadh sé ag goil trasna bheadh rópa éadrom aige, agus chaitheadh gunna a bheith ar a ghualainn agus an *battle order* a bheith air, agus a bhróga a bheith air agus an hata stáin[10], agus snámh trasna na haibhne go dtiocfadh sé ar an taobh eile. Nuair a thiocfadh sé ar an taobh eile tharraingneodh sé an rópa seo . . . agus an chéad rud eile thiocfadh rópa níos láidire agus níos raimhre agus cheanglódh sé é sin, b'fhéidir ar chrann nó ar chloch a bhí ar an taobh eile, rud a thóigfeadh meáchan na saighdiúir nuair a bhídís ag goil trasna ar an rópa ina nduine agus ina nduine. Bhíodh sruth mór sa gCoirib san am. Bhí go leor den obair sin ag goil ar bun ann, is dóigh á ndéanamh níos cruaí nó níos láidire nó níos aclaí le haghaidh an rud a bhí le thíocht. Ach an rud a bhí le thíocht níor tháinig sé.

4.3.5 *Stáisiúin faire*

I dtaobh na *outposts* a mbíodh muid air. Bhí *outposts* eile taobh amuigh de Ghort, Loch Cútra,[11] teach mór breá le taobh locha, an-áit dheas. Chaith muid téarma ansin. Bhí coill mhór ann agus bhí go leor beithígh fiáine istigh sa gcoill. Bhí áit dhó ansin cineál dúinte isteach,

---

[10] /staːN′/, consan deiridh teann caol a dúradh.

[11] /ʎax kuːrhər/, táim den bharúil go bhfreagraíonn leagan MÓC den logainm *Loch Cútra*, féach GÉ 126.

is dóigh go raibh beithígh beagán contúirteach ag baint leis; níl a fhios agam fhéin, ní dheachaigh muid ann . . . Bhí sé ligthe leis an Arm ar feadh an chogadh . . . Bhíodh fiannaí ann agus tá a fhios agam go dtáinig fear amháin amach ag marú fiannaí. Fuair sé cupla *bullet*, ach bhí sé ag briseadh an dlí dhá mbéarfaí air. Chuaigh sé amach san oíche agus mharaigh siad fia agus d'fheann siad í, agus teach a bhí i ngar dhó sé an áit a bruitheadh í. Níor bruitheadh istigh sa mbeairic í mar ní fhéadfadh sé é a dhéanamh. Ach bhí sé mór leis an dream seo, b'as an áit é, bhí sé cupla míle ón áit agus bhí a fhios aige chuile shórt faoin áit mhór seo, bhí cleachtadh aige air . . . Is dóigh go raibh an t-ocras air ach an oiread le chuile dhuine.

Sin áit eile a bhíodh againn: Droichead an Chláirín. Teach breá eile, bhí sé i ngar don tsráidbhaile ansin. Bhí muid ansin téarma. Agus an chéad rud eile ansin, an áit a raibh muid i *Dunsandle*. Chaith muid téarma maith i *Dunsandle*, i ngar do Bhaile Átha an Rí. Tá a fhios agam eachtra amháin a tharla ansin, eachtra nach raibh an-deas, ach bhí go leor den obair seo ag tarlú san áit a bhfuil go leor saighdiúir.

Cineál *homosexual* nó cén t-ainm a thabharfá air – idir saighdiúir. Ach bhí an t-oifigeach seo i gceannas, ar chuma ar bith, ní raibh sé ach ina *leiutenant* agus cuireadh i gceannas ar feadh achar gearr é. Sé an chaoi a dtiocfadh sé amach ar maidin ar pharáideannaí an chlog, bhíodh paráideannaí an chlog ins chuile bheairic, agus tar éis paráideannaí an chlog bhíodh a jab fhéin ag chuile dhuine ina dhiaidh sin, más ag traenáil nó hé bith cén jab a bheadh agat ar feadh an lae suas go ham dinnéir. Ansin bhíodh paráid ag an dó a chlog th'éis am dinnéir agus bhí tú fostaithe ansin ag déanamh rud eicínt arís go dtí am tae tráthnóna. Bhí do lá críochnaithe ag leathuair th'éis a ceathair. Ach nuair a thiocfadh sé seo amach ar maidin ag déanamh cigireacht ar an gcomplacht déarfadh sé le duine, duine a thaitneodh leis: "Gabh suas agus glan amach mo *bhunk*." *Bunk* a thabharfadh sé ar an seomra a raibh sé ag codladh ann. Bhí cineál giolla ag chuile oifigeach mórán ag breathú i ndiaidh a gcuid stuf. Ach bhí sé seo ag déanamh níos mó úsáide den ghiolla a bhíodh aige ná ag glanadh suas an tseomra agus ag glanadh rudaí eile. Ach bhí leaid amháin agus rinne sé dearmad mór an lá ar thóig sé é, nuair a dúirt sé leis a ghoil suas agus a *bhunk* a ghlanadh, fear é seo nár thóigfeadh[12] mórán ó dhuine ar bith, fear óg. Bhídís ag caitheamh toitíní san am seo agus bhíodh corrdhuine ag caitheamh píopa. Mar ní bheifeá in t'fhear san am sin mara mbeadh píopa agat, agus bhíodh píopa aige seo agus *plug* tobac, agus bhíodh ráipéar mhór de scian le n-iompar i gcónaí aige. Fear é nach raibh ag tóigeáil mórán ó dhuine ar bith. Ach bhí mí-ádh ar an oifigeach seo nuair a thóig sé an mhaidin seo é. Na daoine a bhí sé ag tóigeáil[13] roimhe seo bhíodar ag coinneáil a mbéal dúinte mar bhí náire orthu tada a rá faoi. Bhí sé ag glanadh suas an tseomra dhó, ag glanadh suas a chuid bróga, chaithfeá a chuid bróga a *pholish*áil, agus hé bith céard eile a bhí le déanamh thimpeall ann, a leaba a dhéanamh agus chuile shórt mar sin. Tháinig an buachaill isteach, an t-oifigeach, agus nuair a tháinig sé isteach chuir sé an bolta beag ar an doras agus dúirt sé le mo dhuine a chuid éadaigh a chaitheamh dhó. Chuir sé ceist, an fear, air. San am sin ní raibh tú in ann oifigeach a cheisniú, chuile shórt a déarfadh sé chaithfeá a dhéanamh. Chaith sé a *tunic* agus chuile shórt eile dhó, ní raibh a fhios aige céard a bhí ag tarlú. An chéad rud eile rug sé air agus bhí sé ag goil á thabhairt isteach (sa leaba). Léim mo dhuine uaidh agus dúirt sé leis: "fan amach uaim!" a deir sé. "Caithfidh tú a ghoil isteach. Níl mise ag goil isteach sa leaba," a deir sé, "d'aon duine." An chéad rud eile tharraing sé an ráipéar seo as a phóca. "Oscail an doras!" a deir sé. D'oscail sé an doras don fhear óg seo agus chuaigh an fear amach.

Ach nuair a chuaigh sé amach bhí sé ag fanacht go dtáinig an fear a bhí i gceannas an chomplacht aníos as Gaillimh. Nuair a tháinig sé as Gaillimh d'inis sé an scéal dhó, an rud a bhí mo dhuine ag goil a dhéanamh leis. An chéad rud eile bhí an an t-oifigeach curtha faoi luáil. Tugadh isteach go Gaillimh é agus bhíodar ag goil á thraíáil nó ag goil ag cur cúis ina aghaidh, ach ní mhaith leis an sagart an chúis a leanacht go mbeadh sé ag caitheamh anuas ar an gCéad Chath é seo ag tarlú, ach caitheadh taobh amach den gheata é. Cé an cás é, ach fear pósta a bhí ann a raibh clann aige agus é meánaosta, an fear a bhí ag déanamh na

---

[12] /nar hoːk′əx/.
[13] /toːg′aːl/.

ceirde seo. Níl mé ag rá nach raibh go leor eile den obair bhrocach sin ag goil thart sa mbeairic san am, ach bhí an t-ádh orthu, níor rugadh orthu.

4.3.6 *Scrúdú an dochtúra*

Bhreathódh sé taobh istigh ar an áit a bhfuil an fuáil sa léine in d'ascaill agus dhá bhfaigheadh sé míola ná sneá ná rud ar bith ar an léine sin, thóigfeadh an fear a bhí ag tóigeáil nótaí t'ainm, *sergeant* nó ceannaire, thóigfeadh sé t'ainm agus déarfaí leat titim amach. Dá mbeadh cupla duine a mbeadh míola ná sneá ná rud ar bith sa léine, thóigfí a n-ainmeachaí. Nuair a thiocfá chomh fada leis an dochtúr, nuair a bhreathódh an dochtúr ortsa déarfadh sé leat do threabhsar a scaoileadh síos, do dhá láimh a chur suas san aer; bhí an giolla ag breathú ar do léine agus bhí an dochtúr ag breathú ar do chorp. Bhí sé ag breathú ar do *private parts* – sin é an fáth is mó a raibh an scrúdú seo ann chuile sheachtain mar bhíodh go leor ag fáil go dona le *pox*, mar tá an saighdiúr óg – tá an diabhal air agus ní thuigeann sé na rudaí seo tar éis go bhfuil sé insithe dhó go minic go bhfaigheadh sé isteach i dtrioblóid, ag goil in éindí le cailíní agus gan aon aird aige ar an gcailín a thiocfadh sé in éindí leis. Agus san am sin ní raibh coiscíní[14] ná rud ar bith mar é ar an margadh ann . . .

Ach ansin nuair a tóigfí t'ainm, dhá mbeadh do léine salach ná rud ar bith mar sin, gheofá *bath* agus cuirfí stuf sa m*bath* . . . Ansin gheofá bosca *ointment* le cur ort fhéin ar d'ascaillí agus ar áit eile dhíot agus gheofá chuile éadach glan, do leaba, do phluideananí, agus chuile shórt a bheadh agat cuirfí isteach i *fumigator* é go marófaí rud ar bith a bhí ann. Gheofá pluideannaí agus bráillíní tirime nó bráillíní úra, agus nífí chuile shórt dhá raibh agat. Sin é an t-aon chaoi amháin a raibh siad in ann deireadh a chur leis na rudaí seo. Rud eile, bhíodh an bearradh gruaige an-lom. Sé an fáth é sin sa gcaoi nach bhféadfadh aon bhrocamas a bheith in do chloigeann. Chaithfeá do cholainn a choinneáil an-ghlan, b'in é an príomhrud.

---

14 /koskiːnʲiː/.

4.4 Gaillimh le linn an chogaidh

4.4.1 Ag cónaí i nGaillimh le linn an chogaidh

Gaillimh – baile a thaitnigh iontach liom. Bhí mé i mo chónaí ar an mBóthar Mór agus bhí go leor den Arm ina gcónaí ar an mBóthar Mór, bhí sé mar a bheadh beairic mór ann fhéin. Nuair a thiocfá isteach ar maidin chaithfeá a bheith istigh ag paráid an naoi a chlog. Bheadh ansin uair dinnéir agat agus bheifeá críochnaithe ag leathuair th'éis a ceathair tráthnóna agus a ghoil amach abhaile aríst agus ní bheadh aon chall duit a ghoil isteach aríst go dtí an t-am céanna maidin lá arna mháireach.

4.4.2 Caitheamh aimsire na saighdiúirí

I dtaobh caitheamh aimsire – bhíodh muid ag baint an-taitneamh ar a ghoil siar i mbáid ar an gCoirib. Gheofá bád an uair sin ar sé pingine nó seacht bpingine san uair agus bhíodh muid ag rith rása. B'fhéidir go mbeadh ceathrar nó cúigear againn ann, duine ins chaon bhád, báidíní beaga, ag rith rása siar an Choirib agus ag goil isteach ar oileáin siar ar an gCoirib, áit álainn a bhí ann, agus ansin rása ar ais aríst. Bhíodh muid ag rith rása ar an gCoirib shula raibh aon chaint ar churrachaí an lae inniu. Ach sé an chaoi a raibh muide ag déanamh spóirt gan contúirt ag baint leis, ach san am sin ní raibh muid ag feiceáil aon chontúirt. Bhíodh muid ag iascach ag an dug nuair a thiocfadh ronnachaí isteach. Bhí ronnach ag goil ag breith ar chuile chineáil baoite agus bhíodh muid ag baint taitneamh as sin.

Agus i dtaobh spórt – chuile leathlá Dé Céadaoin chaithfeá a ghoil ar an bpáirc; bí go maith nó go dona chaithfeá a ghoil ar an bpáirc. Déanfaí dhá leith den méid a bheadh ann agus cuirfí in aghaidh a chéile agus cuirfí fear i gceannas. Níor imir mise mórán peile, ach chonaic mé dream a bhí go maith ag imirt ann. Chonaic mé Tony Brennan, bhíodh sé ag imirt iománaíocht, bhí sé ar an gCondae. Chonaic mé John Burke, *footballer* a bhí ann as Condae an Chláir; chonaic mé Vivian Baston, *hurler* a bhí ann fhéin; chonaic mé Jim Brophy, bhí sé ann; chonaic mé Joe Keohane; agus go leor eile nach gcuimhním air.

Ansin chaithfeá a ghoil go dtí an *gym* ag déanamh aclaíocht. Bhíodh chuile chineál rud ansin a mbeifeá ag plé leis: ag *jump*áil ar chaiple adhmaid; ag goil suas ar na ballaí le rungaí; ag goil trasna an tí agus bhí go leor ann nach bhfuil mé in ann a chur i bhfocla. Ansin bhíodh muid críochnaithe gach lá ag leathuair th'éis a ceathair. Thiocfá go dtí do *bhillet* ansin agus bhainfeá dhíot an treallamh agus dhéanfá suas í le haghaidh maidin lá arna mháireach. Chaithfeá do chuid treallamh a choinneáil an-ghlan. San am a raibh mise ann chaithfeá í a *pholishá*il . . .

Ansin bheadh tae tráthnóna agus, b'fhéidir, cupla uair th'éis réiteofaí fhéin le ghoil amach an baile mór agus, b'fhéidir, cupla duine in éindí leat. Rud amháin, nuair a bheifeá i *uniform* sa mbaile mór chaithfeá coinneáil ag siúl i gcónaí mar dhá bhfeicfeadh an PA (Póilín Airm) – bhí an fear seo ceaptha coinneáil súil cén chaoi a n-iompródh an saighdiúr é fhéin sa mbaile mór. Nuair a bheifeá i gculaith Airm choinneodh sé súil speisialta ort. Ní raibh aon chead agat a bheith ag seasamh ar choirnéil. Bhí do chuid miotógaí ar do ghualainn agus bhí slaitín in do láimh. Ach chonaic mé an t-am, ach ní fhaca mé mórán á chur ag obair mar a bheadh oifigigh – ní slat a bheadh ann ach maide a mbeadh ceann rabhnáilte air agus ins an gceann sin bhíodh an bonn a bheadh ar do chaipín – FF, agus bhí an ceann sin fíorthrom . . . Bhí siad ag rá go mba le thú fhéin a choisint, dhá ndéanfaí ionsaí ort, a bhí sa maide sin. Ach is dóigh go raibh siad á chur ag obair san am agus an chéad rud eile laghdaíodh an maide go dtí slat, slat bheag a raibh *brass* ar a barr agus ar a híochtar, ach ní fhéadfá mórán dochar a dhéanamh leis an tslat sin.

4.4.3 *Na saighdiúir agus cailíní óga an bhaile*

Ansin rud a raibh chuile shaighdiúr ina dhiaidh – cailín a fháil, i ndiaidh na gcailíní. Bhí go leor cailíní óga an uair sin i nGaillimh mar ní raibh siad in ann a ghoil go Sasana mar bhí an cogadh ann agus ní raibh siad ag goil go Meiriocá, agus bhíodh jabannaí i nGaillimh acu – ag an gcuid is mó acu. Bhí jabannaí beagán fairsing ann. An chéad rud eile thóigfeá ceann acu le bheith ag goil in éindí leo agus chaithfeá coinneáil ag imeacht dhá mbeifeá i *uniform* mar bheadh an leaid eile (PA) in do dhiaidh i gcónaí. Bhíodh muid ag goil siar ar an Seantalamh, thimpeall an dug. An Seantalamh san am sin – bhí acraí ann, talamh nach raibh an-réidh, bhí sceacha agus driseachaí agus corrchrann anseo is ansiúd. Ní raibh mórán teach ar bith ar an Seantalamh san am sin.

Bhíodh muid thimpeall an dug ag cúirtéaracht. Bhí áit eile a mbíodh muid ag goil suas ann, sráid a dtugaidís *College Road* air. Bhíodh muid ag goil siar faoin mbóthar mór mar bhí *tunnel* siar ansin ag traein an Chlocháin agus ag goil amach ar an gCoirib aríst. Ach is mór an truaí gur leagadh an droichead a bhí ansin. Bhí muid ag goil in áiteachaí mar sin ag goil i bhfolach ar an bhfear seo a bhíodh ina ndiaidh i gcónaí – ní fear a bhí ann ach ceathrar nó cúigear acu go bhfeicidís an mbeifeá suas le drochrud ar bith. Sin áit eile nach raibh aon chead againn a ghoil, teach a dtugaidís an *Malt* air, teach ósta a bhí ann. Bhuel, ní raibh muid ag ól mórán san am, ach chuaigh mé fhéin agus mo chomrádaithe isteach ann, bhí muid in ann a ghoil isteach i *civilian* ann i nganfhios go bhfeicfeadh muid céard a bhí mícheart leis an áit seo. Ach ní fhaca muid aon athrú ann, ar nós chuile theach ósta eile. Ní bhfuair aon duine amach go raibh muid ann agus níor chuala mé ariamh cén fáth nach raibh cead ag an saighdiúr a ghoil isteach ann.

Ansin bhíodh mná sa mbaile mór a ndéarfaí linn fanacht glan orthu, nach raibh siad sábháilte le ghoil in éindí leo. Ach bhí go maith, bhíodh daoine ag goil in éindí leo agus an chéad rud eile gheobhaidís donacht agus cuirfí suas go *Bricin*,[15] go Baile Átha Cliath iad. Sé an t-ainm a thugaidís ar an donacht – *pox*. Nuair a bheifeá go dona leis sin, de bharr a bheith in éindí le cuide de na mná seo, ní bhfaighfeá aon pháí an fhad is a bheifeá san ospidéal; bainfí díoltas dhíot, mar má bhí tú in éindí le aon chailín ar an mbealach sin, aon chailín nach raibh glan, bhí giolla dochtúra ar dualgas gach oíche agus bhí sé ráite go mion minic leat a ghoil go dtí é sin shula dtiocfá a chodladh. Bhíodh corrdhuine ag goil go dtí é agus sé an sórt rud a bheadh aige sin – dhá mbeadh *start* ar bhó bhainne – chuireadh sé rud suas ina sine agus d'fholódh sé an *tube* seo suas i sine an bhó bhainne, bhuel, an rud céanna a dhéanadh an *orderly* leis an saighdiúr, d'fholódh sé an rud seo suas ina *private* nó ina leaid, nó hé bith cén t-ainm a thabharfas tú air. Dhá dtarlódh aon bhlas dhó tar éis é sin a dhéanamh, gheobhadh sé a pháí agus ní chuirfí aon chúis ina aghaidh, ach mara ndéanfadh sé é ní bhfaigheadh sé aon pháí an fhad is a bheadh sé go dona. Bhí rudaí mar sin ag tarlú.

---

[15] Ospidéal Míleata Ginearálta Naomh Bricín.

Rud eile a bhíodh ag tarlú: bhíodh mná agus a n-iníneachaí ag goil suas go dtí an beairic ag rá go mbíodh a n-iníon leagtha suas ag saighdiúr agus chaithfeadh an fear a bhí i gceannas an chomplacht a thíocht ag caint leis an mbean seo, hé bith cén complacht a raibh an saighdiúr leis. Go mórmhór ba é Complacht B an complacht is mó a fuair trioblóid, a bhí ag goil isteach i dtrioblóid san Arm mar saighdiúir óga a bhí uiliug i Complacht B agus an fear a bhí os a chionn, fear sean go maith a bhí ann a dtugaidís Paddy Power air, bhí sé ina chaiptín, fear cantalach a bhí ann, agus chaitheadh sé sin a ghoil suas agus – máthair an chailín seo – labhairt léi agus rudaí a shocrú. An raibh an buachaill óg seo ag goil á phósadh nó ab é an fear ceart é a raibh sí ina dhiaidh nó an raibh sí ag inseacht na fírinne? Bhíodh an oiread scantradh ar an bhfear óg nuair a tabharfaí i láthair é. D'fhiafródh[16] an caiptín dhó, Power, an raibh sé ciontach, an raibh sé in éindí leis an gcailín seo? Chuireadh sé faitíos air an chaoi a labhródh sé leis. Agus le teann faitís déarfadh sé – má bhí sé ciontach – déarfadh sé go raibh. Rud eile a bhíodh sé a rá, ach b'fhéidir nach raibh mórán fírinne ag baint leis, gur dhúirt an buachaill óg uair amháin: "ó, tá brón orm, a dhuine uasail," a deir sé, "sciorr sé isteach orm." "Bhuel, má sciorr sé isteach ort," a deir sé, "beidh sé níos deacra é a thabhairt amach." Bhí rudaí mar sin ag tarlú.

Complacht B

Ach i dtaobh Chomplacht B sin é an áit a dtosódh chuile fhear óg, sin é an áit a múinfí dhuit, a gcuirfí ar an gcearnóg thú mar complacht earcaigh a bhí i Complacht B. Nuair a tabharfaí amach an chéad uair ar an gcearnóg thú, b'fhéidir go mbeadh seisear, b'fhéidir go mbeadh *corporal* nó *sergeant* in do cheannas ag inseacht duit le siúl mar is ceart, le iontú – deas iontaígí, clé iontaígí agus an obair seo ar fad – agus b'fhéidir nuair a déarfaí deas leat gur clé a d'iontófá agus go leor rudaí mar sin. Ach tabharfaí cupla ainm deas ort corruair mar dhá mbeadh fear amháin ag coinneáil siar an ghasra, gan ag tóigeáil suas an rud mar is ceart, gheobhadh sé tuirne Mháire, bainfí siúl ar an gcearnóg as, go gcaithfeadh sé iarracht a dhéanamh coinneáil suas leis an méid eile. I

---

[16] /d'iərha:x/.

dtosach sé an chaoi a múinfí dhuit le siúl, iontú thart, le siúl mall, le siúl mall isteach sa siúl sciobtha agus as an sciobtha aríst go mall agus iontú thart, casadh fó dheis, fó chlé ag siúl.

Nuair a bheifeá réidh leis sin agus nuair a bheadh an ceannasaí sásta – a bhí os do chionn – an chéad uair eile ansin gheofá an muiscéad, an raidhfil. Agus chaithfeá ansin cleachtadh raidhfil a fháil. Bhí sé sin trom go maith i dtosach go bhfaighfeá cleachtadh air agus sa deireadh ní raibh aon trioblóid ort nuair a gheofá amach an chaoi le é a dhéanamh.

Sin jab eile a gheobhadh an fear óg – ag breathú i ndiaidh an tseomra. Bheadh duine ina ghiolla seomra chuile lá, phiocfaí saighdiúr amach a cuirfí i gceannas an tseomra mar bhídís ag goid ó chéile agus bhí sé sin freagrach le haghaidh an seomra agus chaithfeadh sé an seomra a ghlanadh. Ar maidin nuair a d'éireofá múinfí dhuit le do leaba a dhéanamh suas. Sé an sórt leabachaí a bhí ann cineál leapachaí iarann, iarann an-láidir, agus slataí a mbeadh *mattress* leagtha air. Bheifeá in ann an leaba seo a bhrú isteach faoina chéile, bhí sí ina dhá phíosa. Bhí sé chois uirthi agus bhí dhá chois i lár báire, agus bhí tú in ann an leaba seo a bhrú isteach agus í a dhéanamh beag. Nuair a bhí sé sin déanta agat d'fhillfeá an *mattress* agus nuair a d'fhillfeá an *mattress* dhéanfá suas do chuid pluideannaí, dhéanfá suas iad i ndiaidh a chéile, chaithfeá iad a fhilleadh mar is ceart agus go pointeáilte agus chuirfeá bráillín idir chuile phluid. Leagfá ansin an piliúr os a chionn. Bhíodh *brush* ansin ann, goil ag scuabadh . . . agus chaithfeá scuabadh amach ó do leaba. Nuair a bheadh sé sin déanta agatsa thabharfá an *brush* don duine eile le scuabadh óna leaba fhéin. Chaithfeá scuabadh amach i lár an urláir, dusta ar bith a bhí faoi do leaba, go mbeadh an seomra uiliug críochnaithe leis an scuab. Ansin bhéarfadh giolla an tseomra ar an scuab agus dhéanfadh sé fhéin an méid eile; scuabfadh sé lár an urláir. Bhí go leor rudaí le glanadh aige, bhí an teach folctha le glanadh aige, an áit a mbídís á níochán agus á mbearradh fhéin, agus an *toilet* bhí sé le glanadh aige. Dhá mba sa ngeimhreadh a bheadh ann, bheadh móin le tabhairt isteach aige. Bhí cineál *bath*annaí troma móna, *bath*annaí móra iarainn, agus chaithfí iad sin a líonadh le móin nó a líonadh le gual go mbeidís acu san oíche – ní raibh aon chead tine ach san oíche. Bhí giolla an tseomra freagrach ar na rudaí sin. Ansin dhá mbeadh tada ar iarraidh ar aon duine, bheadh an giolla an tseomra ag fáil isteach i dtrioblóid mar bhí iallach air an doras a chur faoi ghlas dhá dteagadh sé amach ar chor ar bith sa gcaoi nach mbeadh aon duine eile in ann a ghoil isteach.

4.4.4 *Pléascán i seomra an gharda*

Tá mé ag caint ar seomra an gharda nuair a bhí mé i mo phríosúnach ann. Bhí sé suas don fhear a bhí i gceannas na príosúnaigh a ligean amach as na cillíní go mbeidís in ann siúl thart sa seomra an gharda . . . B'fhéidir go dtabharfaí amach ag siúl iad agus saighdiúr in éindí leo agus é armáilte le cleachtadh a thabhairt dhóibh. Tá a fhios agam go raibh mé maidin amháin i mo phríosúnach bhí an fear a bhí i gceannas – fear deas a bhí ann agus lig sé amach muid as an gcillín. Bhí muid ag siúl thimpeall sa seomra – móin uiliug a bhí a bhí á dhó san am sin ar feadh an chogadh. Bhíodh tine i gcónaí i seomra an gharda mar ní bhíodh aon tine sna seomraí eile ón chéad lá d'Aibreán go dtí Deireadh Fómhair, agus ó Deireadh Fómhair ansin go dtí an tAibreán aríst bheadh tine ins na seomraí mar ní raibh aon deis teas ann san am ach an tine . . . Bhínn ag siúl thart i seomra an gharda ag caint leis an ngarda agus tá a fhios agam go raibh an mhaidin seo fuar agus bhí duine acu tar éis tine mhaith mhóna a chur síos, gráta mór a bhí ann. Bhí an tae tar éis a thíocht anall as an g*cookhouse* agus bhí an arán gearrtha ar an mbord – sé an chaoi a raibh cheithre leith de na buillíní cearnógach agus bhí píosa im curtha ar chaon cheathrú agus ansin bhí cupla buicéad tae. Is dóigh gur Dé hAoine a bhí ann mar gheobhadh muid *kipper*, ar maidin Dé hAoine, an duine, agus gheobhadh muid leite min choirce, ach ní raibh aon leite min choirce tugtha go dtí seomra an gharda, ní raibh ann ach na *kippers* seo. Bhíodar sin ar an mbord agus bhí an arán gearrtha ar an mbord agus bhí an tae, na buicéid ar an mbord réitithe le roinnt amach.

Tá a fhios agam go raibh an tine mhóna curtha síos agus nuair a bhí an fear críochnaithe leis an tine thug mé mo chúl don tine agus bhí cupla duine eile ina seasamh ar chaon taobh dhíom, ach mise a bhí i lár báire, agus an chéad rud eile tharla an phléasc agus gach fód móna agus chuile ghríosach agus luaithe cuireadh amach i lár an tseomra é agus baineadh geit uiliug asainn céard a tharla. An chéad rud eile fuaireadar cásaí méaráin agus an *clip* thimpeall an tseomra. Phléasc chúig mhéarán in éineacht sa tine. Thit sé amach as póca an fear a bhí ag cur síos an tine, is dóigh i nganfhios dó, agus nuair a phléasc siad sin chuir siad an gráta agus chuile shórt dhá raibh ann amach i lár an urláir. An chéad rud eile d'airigh mé mo chois fliuch mar is mé a bhí i lár agus mo dhroim leis an tine agus bhí fliuchán thíos i mo bhróig, ach leis an scantradh shíl mé nár buaileadh tada orm. Ach an chéad rud eile bhí mo threabhsar gearrtha agus bhí gearradh mór curtha síos i mo cholpa agus é ag tabhairt fhola. Tugadh amach ansin mé ag an dochtúr agus ní raibh ann ach giolla an dochtúir sa seomra seo . . . agus chuir sé fios ar an dochtúr agus stop sé an fhuil le *bandage*. Ní mhaith leis tada a dhéanamh, chaithfeadh an dochtúr é a fheiceáil agus chuir an dochtúr – níl a fhios agam cé mhéad greim i mo chois agus *bhandage*áil sé suas é agus bhí chuile shórt ceart go leor. Bhí mé i seomra an gharda agus níor ligeadh as seomra an gharda mé tar éis go raibh mo chois lotaithe.

4.4.5 *Ar garda*

Sin rud eile a tharla dhom nuair a thosaigh mé ag déanamh – nuair a bhí mé i m'earcach tá sé crua ar fhear óg ag tosaí ag déanamh garda. Tar éis go bhfuil chuile shórt insithe dhó tá sé neirbhíseach. Tá a fhios agam gurb é an chéad áit a rinne mé garda thuas ar bharr balla, bhí cineál teach déanta le taobh an bhalla, agus ar bharr an bhalla bhí cineál áit le siúl; bhí sé leathnaithe amach agus bhí dréimire ag goil suas go dtí é. In íochtar ghabhfá isteach i ndoras agus bhí dréimre ag goil suas go dtí an cineál *platform* seo agus bhí tú coisnithe ó bháisteach, bhí rud os do chionn, ach bhí tú in ann breathú ar chaon taobh dhíot; ní raibh coisint ar bith ó stoirm agus áit fhuar a bhí ann. Bhí cathaoir ann agus ní raibh slinneáin ar bith uirthi, ar an seanchathaoir.

B'fhéidir go raibh mé amuigh ann ón dó go dtí an ceathair, nó ón ceathair go dtí an sé, níl a fhios agam cé na huaireantaí a raibh mé amuigh mar tiocfaidh tú isteach ansin agus fanfaidh tú dhá uair ann. Tá a fhios agam, ar chuma ar bith, gur oíche ghealaí a bhí inti agus trasna na cearnóige chuala mé torann, torann bróga ag tíocht go dtí mé. Ar an gcearnóg tá sé an-ard le cloisteáil, cloisfidh tú go maith é, agus bhí mé ag breathú amach dhó sin, ach níor tháinig siad go dtí mise, bhí mé ag súil leo, oifigeach a bhí ar *duty* na hoíche agus *sergeant* a bhí in éindí. Bhailíodar leo síos go dtí an dream eile; bhí dhá fhear taobh istigh den bhalla ag siúl thart taobh istigh agus is dóigh go ndeachaigh siad chomh fada leo sin. Ach bhíos[17] ag faire agus ní raibh duine ar bith ag tíocht go dtí mé. Shuigh mé ar an gcathaoir agus ní raibh mé i bhfad i mo shuí ar an gcathaoir nuair a bhuail néal mé. Ní raibh mé mórán achair nuair a chuala mé an truip trap ag tíocht aníos an dréimire agus sheas mé suas agus níor dhúirt mé tada. Oifigeach a bhí ann. Sé an leasainm a bhíodh againn air: Ghandi, is dóigh gur McCole an t-ainm ceart a bhí air . . . agus diabhal ceart a bhí ann. D'fhiafraigh sé dhíom: "cén fáth nár stop tú muid nuair a chonaic tú ag tíocht muid." "Níor stop mé sibh," a deir mise, "mar d'aithnigh mé sibh, d'aithnigh mé," a deir mise, "le solas na gealaí." "Ní hin aon leithscéal," a deir sé. Bhí sé ag tabhairt amach dhom. Ach bhuail faitíos me, ar chuma ar bith, go gcuirfeadh sé cúis i m'aghaidh. Bhí barúil aige gur bhuail néal mé agus: "ná tarlaíodh sé seo aríst," a deir sé, "ná tarlaíodh sé." Ach níor tharla mar chuir sé mo dhóthain faitíos an oíche sin orm. Mar bhí an t-am ann dhá mbeifeá in do chodladh ar *duty*, d'fhágfaí i do chodladh thú, ní dhúiseofaí thú mar bhí an beairic uiliug ag brath ort. Bhí sé uafásach tábhachtach coinneáil in do dhúiseacht agus coinneáil aireach. Sin é an fáth a raibh tú ag déanamh dualgas, ach tarlaíonn na rudaí seo.

4.4.6 *Lá an tsaighdiúra*

Ach ag goil siar go dtí an t-earcach aríst nó go dtí an fear óg. Nuair atá sé críochnaithe ar an gcearnóg i dtaobh siúl go maith, chuile shórt a bheith as mheabhair[18] aige, gheobhaidh sé muiscéad agus caithfidh sé ansin tosaí aríst leis an muiscéad, foghlaim leis an muiscéad a láimhseáil. An muiscéad a gheobhaidh sé – seancheann a bheas ann gan buailteán ar bith, cinnte iad le traenáil. Nuair a bheas tú traenáilte orthu sin agus nuair a bheas tú ag goil ag caitheamh do chúrsa gheobhaidh tú ceann eile, ceann níos fearr. Ach nuair atá tú ag goil ag caitheamh – Órán Mór san áit a mbíodh muid ag scaoileadh a gcúrsa gach bliain. Sin rud amháin a chaithfeas tú a dhéanamh go maith nuair

---

[17] FT neamhghnách gan a bheith i suíomh macallach.

[18] Meascán de '*de mheabhair.*'

atá tú ar an raon urchar maith a bheith agat, nó mara bhfuil tú in ann urchar maith – mara bhfaighidh tú an oiread seo marcannaí, ní *ph*ass*á*lfaidh tú agus ní bhfaighidh tú aon scilling ardú, fágfar sa tríú grád i gcónaí thú, an tríú grád saighdiúr. Ach má *ph*ass*á*lann tú agus urchar maith a bheith agat, b'in é an príomhrud, urchar díreach . . .

An chéad tairgéad, ní bheidh tú ach timpeall is céad slat ón chéad chúrsa a chaithfeas tú. Beidh seisear in éindí; tá sé tairgéad mhóra os do chomhair, tá siad ocht dtroithe le cheithre troithe. Ansin tá sé roinnte suas; tosóidh sé i lár an tairgéad. An chéad cheann: *bull*, tá *circle* thimpeall ar an m*bull*; an chéad cheann eile: *inner*, an chéad *circle* eile: *mag* agus an ceann deireanach: *outer*. Chuile cheann acu sin a mbuailfidh tusa méarán, tá tú ag fáil marcannaí, na cinnte taobh amuigh níl tú ag goil ag fáil mórán marcannaí astu sin. Nuair a scaoilfeas tú ar chéad slat gheobhaidh tú an oiread seo marcannaí. Ansin an chéad scaoileadh eile a bheas ann: *grouping*. Sin go gcaithfidh tú do chuid urchair a choinneáil istigh in éindí, cuma cén áit ar an gcúrsa a mbuailfidh tú iad, ach caithfidh siad a bheith i ngar dhá chéile agus caithfidh siad a bheith taobh istigh de cheithre horlaí. Sin a dtugann siad grúpáil air. Déanfaidh tú é sin ar chéad slat. Bhuel, imeoidh tú siar ansin go dtí dhá chéad slat agus caithfidh tú aríst an oiread seo urchair. Caithfidh tú i do luí siar agus an gunna leagtha ar mháilín gaineamh go mbeidh sé an-tsocair. Caithfidh tú in t'am fhéin, gheobhaidh tú traíáil agus nuair a bheidh sé sin déanta agat – tá fir ag an gcúrsa agus tá siad ag breathú ar an áit a bhfuil tú ag bualadh ar an tairgéad agus tá siad ag spáineadh dhuit le maidí fada le cúnamh a thabhairt duit go bhfuil tú ag bualadh scaipthe, nach bhfuil tú i ngar don *bh*ull agus rudaí mar sin, má tá tú á dhéanamh sin. Caithfidh tú breathú amach dhóibh sin freisin más thú uimhir a haon, uimhir a dó, uimhir a trí, uimhir a ceathair, cúig nó sé; agus níl a fhios acusan cé atá ag caitheamh ar aon uimhir. Mar dhá mbeadh a fhios, b'fhéidir go mbeidís ag cur a pheann luaidhe thríd an tairgéad le marcannaí a thabhairt dhuit.

Ansin nuair atá an chéad cheann caite agat ag dhá chéad slat tiocfaidh tú ansin ar do leathghlúin agus caithfidh tú, b'fhéidir, chúig mhéarán nó deich méarán eile ar do leathghlúin. Tiocfaidh tú síos ar ghlúin amháin, leagfaidh tú uillinn ar an nglúin eile le thú fhéin a shocrú agus tóigfidh tú *aim* ar an gcúrsa agus caithfidh tú an oiread sin ar an gcaoi sin. Ansin an tríú uair beidh tú in do sheasamh suas gan rud ar bith le thú a choisint, gan a bheith ag croitheadh agus caithfidh tú an oiread sin in do sheasamh suas freisin. Déanfaidh tú é sin ag trí chéad slat, déarfainn, an rud céanna. Cuirfear thrí chuile shórt acu sin thú.

Nuair atá tú críochnaithe ansin agus obair an lae déanta agat caithfidh tú an muiscéad a ghlanadh agus tá go leor glanadh le déanamh anois air. Caithfidh tú an oiread seo piontaí uisce fiuchta a chur thríd, caithfidh tú é a thabhairt ar ais sa teas – an bairille – an teas céanna nuair a bhí sé ag scaoileadh mar caithfidh tú é a thabhairt go dtí an teas céanna leis an mbrocamas a bhaint amach as an mbairille, agus uisce fiuchta atá agat le é sin a dhéanamh . . .

Rud eile a mbíodh muid a chaitheamh, ag scaoileadh ar an raon – gruinéad.[19] Tá an gruinéad – tá sé mar a bheadh ubh ghé ann nó beagán níos mó, ach tá sé i bhfad níos troime, agus tá sé gearrtha suas ina cearnógaí beaga – sin le rá nuair a phléascfaidh sé go scaipfidh sé. Agus sin rud eile a bhíodh muid a scaoileadh, caithfidh tú i dtosach le do láimh é. Ní chuirfidh tú i bhfad é mar caithfidh coisint a bheith agat, b'fhéidir go gcuirfeá deich slata fichead é nó i ngar do dhá scór slat. Tá sé beagán trom agus tá caoi a gcaithfidh tú é. Nuair atá tú ag goil á chaitheamh caithfidh do ghreim a bheith ar an fáinne agat, tá fáinne agus biorán sa bhfáinne, agus nuair a tharraingeos tú an biorán sin tá an *lever* seo coinnithe síos agat leis an láimh eile mar dhá ligfeá amach an *lever* seo, ní bheadh de shaol agat ach chúig nó sé de *seconds* go bpléascfadh sé. Nuair atá an biorán sin tarraingaithe agus tú ullamh gheobhaidh tú an fógra é a chaitheamh agus caithfidh tú é, agus nuair a chaithfeas tú é caithfidh tú a ghoil síos mar tá sé ag goil ag scaipeadh agus, b'fhéidir go bhfaighfeá ceann de na cearnógaí beaga sin agus dhá bhfaighfeá, mharódh sé thú. Tá beagán contúirt ag baint leis mara bhfuil sé láimhseáilte mar is ceart.

Bhuel ansin, b'fhéidir go mbeadh lá eile a mbeifeá ag scaoileadh leis an muiscéad nó leis an raidhfil. Tá cupán iarainn le ghoil ar bharr an muiscéad agus tá sé le daingniú ar a bharr, cupán a dtiocfaidh an gruinéad isteach ann agus nuair atá tú ag cur an gruinéad isteach sa

---

[19] Foghair na Gaeilge ar *grenade* an Bhéarla.

gcupán sin caithfidh tú a bheith ag déanamh siúráilte go bhfuil an *lever* seo taobh istigh den chupán shula dtarraingeoidh tú an biorán. Nuair atá chuile shórt i gceart agat beidh tú in do luí siar mórán ar do thaobh, beidh cois amháin sínte díreach agat agus an chois eile craptha suas agus leagfaidh tú t'uillinn ar an nglúin agus beidh *butt* an raidhfil ar an talamh agus beidh aghaidh an ghruinéad, nó an cupán atá air, beidh a aghaidh ar an gcúrsa a bhfuil tú ag goil ag caitheamh leis. B'fhéidir go dtiocfadh sé dhá chéad slat, nó os a chionn, mar tá *shutter* air agus má bhíonn sé sin dúinte tiocfaidh sé an t-achar is faide mar beidh an *gas* coinnithe istigh agus beidh an *gas* uiliug ag brú amach an ghruinéad. Beidh pláta ar bhun an ghruinéad, ar íochtar agus *screw* air, é daingnithe air. Sé an sórt méarán atá ansin: méarán púdair a scaoilfeas an gruinéad. Beidh an muiscéad iontaithe droim ar ais agus an *butt* ar an talamh agus láimh faoi lár an mhuiscéad á choinneáil staidéarach; agus beidh tú fhéin agus an muiscéad i líne leis an gcúrsa. Caithfidh tú a bheith socraithe ar an gcaoi sin agus ansin nuair a déarfar leat scaoileadh – an brú a thiocfas ón ngruinéad cuirfidh sé an *butt* cupla orlach síos sa talamh.

Ach chonaic mé lá amháin – ag caint ar an *lever* – an fear seo bhí sé an-deacair aige rud ar bith a thóigeáil, agus hé bith sa diabhal é, taobh amuigh a chuir sé an lever nuair a tharraing sé é. Bhí súil ghrinn á choinneáil ag an bhfear a bhí i gceannas agus chonaic sé é agus níor rinne an fear a bhí i gceannas – ní raibh mórán de shaol aige ach go bhfaca an fear a bhí i gceannas an rud a tharla agus chaith sé amach as an gcupán é agus rug sé air agus chuir sé an oiread seo slata é agus thug sé ordú ar fad dhúinn a ghoil síos. Chuaigh muid síos ar an talamh agus phléasc sé. Ach tarlaíonn rudaí mar sin, ach marach go bhfeiceadh[20] é, déarfainn nach mbeinnse anseo inniu.

4.4.7 *Cúltaca*

Bhí rudaí ag imeacht ceart go leor agus bhí na blianta ag imeacht agus sa deireadh bhíodh muid ag éisteacht go mbíodh an cogadh thart – bhí corr-*radio* thart – go raibh an cogadh ag tíocht go dtí an deireadh, go raibh na Gearmáin, go raibh siad buailte, agus ansin bhí súil againn

---

20 /gə vʹekʹuː/, AC SB den bhriathar 'feic'.

le ghoil abhaile. Ní ligfí abhaile thú, mara dtóigeá cúltaca ort fhéin. Chaithfeá deich mbliana cúltaca a thóigeáil sa gcaoi go mbeadh greim i gcónaí ort, nach mbeifeá saor. Ach tá a fhios agam gur ligeadh amach mé fhéin faoi Nollaig ceathracha cúig ar cúltaca; bhí mé curtha ar an gcéad líne *reserve*. Ansin bhínn ag déanamh mí sa mbliain ag fáil an oiread seo ar an mí agus ag fáil an oiread seo chuile mhí nach ndéanfá. Bhíodh muid ag goil thimpeall Bhaile Átha Cliath; chuaigh mé siar go Gaillimh cupla uair ag déanamh mí. Bhíodh muid mar sin ag goil in áiteachaí *differ*áilte chuile mhí, uair amháin sa mbliain. Bhí sé ceart go leor, bhí muid ag baint cic as.

5. An Eitinn

5.1.1 *Ag fáil tinn le heitinn*

Suas ansin le deireadh na gceathrachaí tháinig scéal aríst agam leis an mí mbliantúil[1] seo a dhéanamh, ach an t-am seo ní raibh mé ag goil ar ais. In áit a bheith a ghoil ag saighdiúracht, thuas i b*Peamount* i mBaile Átha Cliath a bhí mé le eitinn. Chaith mé cheithre bliana i b*Peamount* ag troid anois le maireachtáil. Bhíodh *battle differ*áilte anois agam, roimhe seo bhínn ag traenáil le bheith ag troid don Arm. Bhí an troid anois istigh ionam fhéin ag iarraidh an leaid seo a bhí orm – ag iarraidh an ceann is fearr a fháil air agus bhí sé sin ag iarraidh an ceann is fearr a fháil ormsa.

Tá a fhios agam an chéad lá a dúradh liom go raibh eitinn orm nach mórán achair a bhí le maireachtáil agam. Bhí sé uafásach crua nuair a déarfaí leat é sin don chéad uair go raibh tú ag fáil bháis le é a dhéanamh níos girre,[2] nach raibh tada le t'aghaidh ach bás . . .

Cuimhneach liom an chéad uair nuair a fuair mé é, nuair a bhí a fhios agam go raibh rud aisteach eicínt orm. Bhí mé ag éirí níos tanaíocha, ní raibh ocras orm, agus san am céanna bhí mé ag iarraidh a bheith ag obair agus ní raibh mé in ann a bheith ag obair. Ach an mhaidin seo d'éirigh mé le ghoil ag obair agus thosaigh mé ag caitheamh smugairlí fola aníos agus scantraigh mé. Bhí a fhios agam an uair seo go raibh rud aisteach eicínt tarlaithe. Rug mé ar an rothar agus chuaigh mé isteach go Troim agus ní raibh mé in ann mórán a ghoil isteach, ach thraíáil mé leis go dtáinig mé chomh fada leis an dochtúr. Chuir sé sin scrúdú orm agus dúirt sé liom: "Teara abhaile agus gabh a chodladh, agus cuirfidh mé fios ar charr na hospidéal." Rinne mé an rud a dúirt sé, chuaigh mé abhaile go mall réidh ar an rothar agus ar an mbealach ag caitheamh corrsmugairle fola amach agus chuaigh mé a chodladh. Ní raibh mé ach uair nó dhó ar an leaba nuair a tháinig carr na hospidéal agus tugadh isteach mé (go dtí an Uaimh). Ach an oíche sin fuair mé, mar a deir siad fhéin, *haemorrhage* ón scamhóg agus bhí mé

---

1 Infhilleadh aisteach ag MÓC.
2 Féach GCF §254.

ag caitheamh amach fola; is dóigh go raibh pionta nó pionta go leith fola caite amach agam. Bhí mé siúráilte go raibh mé ag fáil bháis, bhí mé an-lag. Bhíodh solas ansin coinnithe faoin leaba san oíche ag inseacht don bhanaltra a bheadh air san oíche súil a choinneáil ar aon leaba a raibh solas fúithi, bhí súil á choinneáil orm.

(Tar éis trí seachtainí istigh) Cuireadh ar *drug* mé, bhí an t-ádh orm san am go raibh an *drug* seo teagtha isteach, *drug* a dtugaidís *streptomycin* air. Gheobhainn cheithre snáthaid sa ló; gheobhainn ceann ar maidin ag a sé a chlog; gheobhainn ceann ag a dó dhéag sa lá; ceann ag a sé a chlog tráthnóna; agus ceann ag a dó dhéag san oíche. Bhí sé sin ar bun ar feadh timpeall is sé seachtainí, ach bhí mé ag fáil beagán níos láidire agus bhí mé ag tosaí ag ithe agus d'airigh mé mé fhéin ag fáil beagán níos fearr. Le eitinn níl aon phian ort, ach bhí an anáil gearr, níl tú in ann mórán a shiúl, bhí tú lag. Ní raibh mórán pian ar bith leis, ach ag imeacht as mar a bheadh rud do t'ithe.

(Faoi cheann míosa eile) Bhí mé i b*Peamount* ansin agus ní raibh a fhios agam céard a bhí le tarlú, an raibh mé ag goil ag fáil biseach? Thiocfadh an dochtúr thart timpeall is an deich a chlog gach maidin agus dúirt sé liom an mhaidin seo go gcaithfeadh sé an scamhóg a chur síos le aer, leis an oiread seo aeir a chur isteach i mo chliabhrach go stopfadh sé an scamhóg – go stopfadh sé í dena bheith ag obair. Dúirt sé liom: "tá dhá pháirt," a deir sé, "in do scamhóg chlé agus tá trí pháirt," a deir sé, "in do scamhóg dheas." Bhuel, sí an scamhóg chlé a bhí ag tabhairt trioblóid dhomsa. "Tá barr an scamhóg," a deir sé, "ag goil isteach is amach, tá an bun," a deir sé, "ag goil síos agus suas. Bhuel, ar barr," a deir sé, "atá an donacht," a dtugadh sé *cavity* air. B'in é an t-ainm a thugadh sé ar an lot a bhí sa scamhóg. "Caithfidh muid," a deir sé, "an scamhóg sin a stopadh gan a bheith ag obair. Beidh an t-íochtar ag obair," a deir sé, "ach ní bheidh an t-uachtar agus beidh muid in ann é sin," a deir sé, "a dhéanamh le aer a bhrú isteach ionat." Dúirt sé go ndéanfadh sé é faoi cheann cupla lá. Ach bhí go maith, faoi cheann cupla lá tháinig sé arís agus bhí an bosca seo aige agus . . . bhí dhá bhuidéal ar an mbosca seo agus bhí stuf mar a bheadh uisce daite, cineál uaithne, sa dá bhuidéal seo a bhí air. Bhí *tube* ag tíocht amach as agus bhí snáthaid le cur ar bharr an *tube* seo. Dúirt sé liom luí ar mo thaobh sa leaba, ar an taobh dheas, agus luigh mé ar mo thaobh deas. "Cuir do láimh anois," a deir sé, "do láimh chlé, suas ag do chloigeann," agus chuir sé piliúr isteach fúm sa gcaoi go n-osclódh na heasnachaí amach ó chéile. Thug sé snáthaid i dtosach dhom leis an mothú a bhaint as an áit a raibh sé ag goil ag obair agus chuir sé an tsnáthaid mhór seo isteach ansin . . . Chas sé air an *machine*, agus sé an chaoi ar chuir sé air é: chrochfadh sé an buidéal líonta suas agus an buidéal folamh anuas, agus sin é an brú a bhí aige leis an aer a chur isteach. Bhíodh uimhreachaí ansin ag tíocht amach, mar a déarfá, cé mhéad aer a bhí faighte agam agus nuair a cheapfadh sé go mbeadh mo dhóthain aer stopfadh sé agus tharraingneodh sé amach an tsnáthaid. "Beidh tú ceart go leor anois," a deir sé, "déanfaidh mé an rud céanna an tseachtain seo chugainn." D'inis sé dhom an lá a mbeadh sé ag goil thart sna seomraí. Rinne, tháinig sé an tseachtain dar gcionn agus rinne an rud céanna, agus bhíodh sé á dhéanamh gach seachtain. An chéad rud eile a dúirt sé liom: "bhuel tá snáithíochaí anois," a deir sé, "amach as do scamhóg. Tá siad i bhfastó," a deir sé, "de bhalla do chliabhrach agus caithfidh muid iad sin a ghearradh." Agus sé an t-ainm a thug sé orthu: '*adhesions*', nó ainm eicínt mar sin, b'fhéidir nach bhfuil an focal sin mar is ceart, ach ainm mar sin a thug sé orthu. "Caithfidh muid iad sin," a deir sé, "a ghearradh sa gcaoi go dtiocfaidh an scamhóg síos níos faide. Tá muid ag iarraidh í a stopadh dena bheith ag obair." An chéad rud eile: obráid, agus fríothadh réitithe ansin mé le ghoil faoi obráid; tugadh suas go dtí an *theatre* mé, agus sé an chaoi ar mharaigh sé an taobh. Níor chuir sé a chodladh mé, ach thug sé snáthaideachaí sa taobh dhom agus ní raibh mé ag aireachtáil tada agus bhí sé ag obair orm. Chuir sé dhá pholl i mo thaobh agus bhí rud curtha isteach i dtaobh aige, i bpoll aige, agus é ag breathú isteach, agus é ag gearradh as an taobh eile.

Bhí sé ag caint liom agus bhíodh beagán Gaeilge aige, bhí a fhios aige go raibh Gaeilge agam, agus choinnigh sé ag caint Gaeilge liom agus ag obair san am céanna go raibh an jab críochnaithe. Bhí chuile shórt ceart ansin agus bhínn ag fáil líonadh chuile sheachtain, agus an chéad rud eile bhí mé ligthe amach as an leaba.

Nuair atá tú isteach in d'othar gheobhfaidh tú leabhairín bheag agus tá chuile shórt sa leabhar bheag seo a dhéanfas tú, na grádannaí a mbeidh tú air. Sé an chéad cheann: coinneofar[3] sa leaba thú má tá tú go dona agus níl cead agat a ghoil amach as an leaba de bharr – nuair atá na banaltraí ag deanamh na leaba. Caithfidh tú chuile shórt a dhéanamh sa leaba, thú a níochán, thú a bhearrradh agus chuile shórt eile. An grád atá ag tíocht ina dhiaidh sin: leaba agus *toilet*. Beidh cead agat a ghoil amach go dtí an múnlann[4] agus isteach sa leaba díreach tar éis an mhúnlann. An tríú ceann ansin, má tá tú ag feabhsú, beidh cead agat a ghoil amach as an leaba ar maidin, a ghoil go dtí an seomra folctha agus thú fhéin a níochán agus a bhearradh agus a ghoil isteach sa leaba aríst. San am céanna bhí cead agat a ghoil amach ag an *toilet*, bhí sé sin isteach leis freisin, ach bhífeá an chuid is mó den achar sa leaba. An ceathrú grád ansin: bhí cead agat éirí ar maidin a ghoil go dtí an múnlann, thú fhéin a bhearradh má bhí tú do do bhearradh fhéin, agus a ghoil sa seomra beatha le haghaidh do bhricfeasta agus nuair a bheadh do bhricfeasta[5] faighte agat a ghoil ar ais sa leaba aríst. Agus an cúigiú ceann: ligfear i do shuí thú ar feadh leath lae. Beidh cead agat éirí ar feadh leath lae, ach go gcaithfidh tú uair roimhe an dinnéar a ghoil isteach sa leaba, uair scíthe a thugaidís air, agus nuair a éireos tú ansin a ghoil ag do dhinnéar. An séú grád: ligfear suas ar feadh an lae uiliug thú, ach san am céanna go gcaithfidh tú a ghoil isteach sa leaba uair roimhe am dinnéir agus uair roimhe am tae. Beidh tú san am sin ar an mbealach abhaile. Beidh tú ligthe suas agus beidh tú ag goil isteach i seomraí a mbeadh obair le déanamh ann; bhídís ag obair agus ag siúl thart, agus beidh siad ag cur scrúdadh ort an bhfuil tú ag seasamh suas don scrúdú atá siad a chur ort. Beidh jabannaí beaga le déanamh sna seomraí, b'fhéidir go mbeifeá ag déanamh rud eicínt as adhmad . . . obair éadrom. Nuair a bhí siad ag ceapadh go mbeifeá in ann dó, ligfí abhaile thú.

Tá a fhios agam gur ligeadh abhaile mise, ar chuma ar bith, nuair a bhí bliain déanta. Nuair a dúradh liom go raibh mé ar an mbealach abhaile bhí an-áthas orm, agus cén fáth nach mbeadh, go raibh mé ag fáil an ceann is fearr ar an leaid seo a bhí ag déanamh ionsaí orm, go

---

[3] /kiN′oːr/.

[4] /muːnlaːn/.

[5] /b′r′ik′fastə/.

raibh an ceann is fearr faighte an uair sin agam air. . . . Ach ligeadh ansin abhaile mé agus bhí an-áthas orm ag tíocht abhaile, agus cén diabhal a bheadh ann, ach bhí an geimhreadh seo go dona. Ní raibh mé ach timpeall is mí sa mbaile, nó rud eicínt beagán níos mó[6], nuair a fuair mé fliú mór a bhí ag goil thart. Bhínn ag goil amach don Uaimh ag fáil na *fill*eannaí seo, chaithfinn an *fill* seo a fháil, an t-aer seo a fháil chuile sheachtain. Bhí carr ansin ag tíocht ag an doras do do thabhairt amach ag fáil an líonadh seo suas le aer. Cuirfí snáthaid isteach, mar a dúirt mé cheana, idir do dhá easna, agus san am sin ní mharófaí an taobh ar chor ar bith, bhí tú in ann cur suas leis an tsnáthaid a ghoil isteach agus bheadh sé timpeall is cupla nóiméad go mbeadh do dhóthain aer faighte agat, agus a ghoil abhaile aríst ar an gcarr céanna.

Nuair a fuair mé an fliú seo, ar chuma ar bith, fuair mé go dona aríst agus an áit a mbíodh an t-aer seo thimpeall ar an scamhóg céard a bhí anois ann ach *fluid, wet pleurisy* a bhíodh an dochtúr a thabhairt air agus bhí mé anois chomh dona mórán leis an gcéad uair. Bhí an anáil imithe aríst uaim, bhí mé i m'othar aríst agus nuair a chuaigh mé amach coinníodh mé agus cuireadh ar ais go *Peamount* mé. Bhí mé ag fáil an stuf seo den scamhóg faoi dhó sa tseachtain, tharraingneodh sé amach le snáthaid é. Is dóigh go mbíodh i ngar do phionta den *fluid* seo, den uisce brocach seo á tharraingt amach as do thaobh. Nuair a bheadh sé sin déanta aige chuirfeadh sé isteach stuf, mar a deir sé fhéin, le *disinfect*áil taobh istigh, ag iarraidh deireadh a chur leis an stuf seo. Bhí sé sin ar bun – is dóigh go raibh sé i ngar do dhá mhí ag súil go dtriomódh sé, ach ní raibh sé ag triomú agus bhí mé imithe aríst ar an uisce bruite. Bhí mé gaibhte ar ais aríst. Bhíodar ag coinneáil orthu, ach sa deireadh dúradh liom go gcaithfeadh obráid a bheith agam, agus an obráid seo – obráid mhór a bheadh inti agus bhíodar ag iarraidh mé a, mar a deir sé fhéin, *build*eáil suas le haghaidh an obráid seo. D'fhiafraigh mé dhó cé as a raibh an t-uisce seo ag tíocht. Dúirt sé. "dhá mbeadh gráinne gaineamh in do shúil, bheadh do shúil ag rith uisce go bhfaighfeá an gráinne sin amach as do shúil. Sé an rud céanna," a deir sé, "tá rud thimpeall do scamhóg a dtugann siad *pleura*" nó ainm mar

---

sin a thug sé air. B'fhéidir nach bhfuil an t-ainm ceart agam. "Bhuel, caithfidh muid é seo," a deir sé, "a thóigeáil den scamhóg." "Tá sé thimpeall ar an scamhóg ar fad," a deir sé, "agus caithfidh muid é seo a thóigeáil nó ní stopfaidh sé seo. Sé an chaoi a maróidh sé thú. Caithfidh tú," a deir sé, "fáil réitithe le haghaidh an obráid seo." Ar ndóigh, bhí mo chroí istigh aríst, ag goil ar ais aríst agus nach raibh ann ach seans gearr go mbeinn in ann don obráid seo mar bhí mé lagtha amach aríst.

5.1.2 *An obráid ar an scamhóg*

Bhí mé ullmhaithe anois le ghoil anonn go dtí Naomh Muire, sin an t-ainm a bhí ar an easpaicil seo. Tugadh anonn mé agus nuair a thabharfar anonn thú beidh tú réitithe le haghaidh maidin lá arna mháireach le ghoil faoin obráid. Timpeall is leathuair th'éis a deich nó mar sin a tháinig an *trolley*, agus tháinig dochtúr roimhe agus chuir sé snáthaid isteach le taobh mo rúitín agus dúirt sé go gcaithfinn fuil a fháil. Bhí an buidéal seo crochta os cionn an *trolley* agus tugadh isteach ar an *trolley* an buidéal in éindí liom gur aistríodh ar bhord an obráid mé. Tháinig an dochtúr seo agus bhí sé ag caint liom: "anois," a deir sé, "tá mé ag goil do do chur a chodladh, ach ní aireoidh tú tada, beidh tú ceart go leor. Ná bíodh aon imní ort," a deir sé. Fear an-deas a bhí ann, cuimhním go maith air. Ach thug sé an tsnáthaid seo dhom sa láimh agus an chéad rud eile bhí mé imithe go dtí th'éis am dinnéir lá arna mháireach, dhúisigh mé suas ansin. Sin é a dúirt an banaltra liom.

Tar éis obráid mar sin tá pian uafásach ort agus beidh tú ag fáil snáthadachaí – an oiread seo uaireantaí idir iad agus beidh tú ag fáil taibléidí leis an bpian sin a choinneáil dhíot, mar de réir nádúir nuair atá an oiread seo gearradh déanta ort chaithfeadh pian a bheith ort. D'imigh rudaí ceart go leor go raibh mé timpeall is sé lá tar éis an obráid. Tháinig an banaltra isteach an lá seo: "bhuel," a deir sí, "tá mé ag goil ag tóigeáil amach do chuid greamannaí." Thosaigh sí á dtóigeáil amach agus bhí an oiread seo greamannaí thimpeall mo ghuaillí, thimpeall bois mo shlinneán síos go dtí mo thaobh, thosaigh sí á dtóigeáil ceann i ndiaidh ceann go raibh an ceann deireanach tóigthe aici. An tráthnóna sin thosaigh mé ag cur amach, agus bhí strus uafásach agus gan tada le cur amach agam; agus an chéad rud eile d'oscail an gearradh sin thimpeall agus an chéad rud eile a tharla; ní raibh mé in ann m'anáil a tharraingt. Bhí mé siúráilte an lá sin go raibh mé ag imeacht. Ag iarraidh a bheith ag tarraingt anáil agus é ag cinnt ort. Bhí an t-ádh orm go raibh na dochtúirí istigh sa seomra an obráid agus cuireadh glaoch ar an bpointe ar an dochtúr a bhí i gceannas agus tháinig sé amach. Tugadh isteach díreach mé agus cuireadh a chodladh aríst mé le mé a fhuáil suas aríst agus bhí mé leagtha amach aríst go dtí lá arna mháireach.

D'imigh rudaí ceart go leor ansin. Fágadh an uair seo mé go raibh mé os cionn seacht lá, ach nuair a tháinig an banaltra seo ag goil á dtóigeáil amach dúirt mé: "caithfidh mé dochtúr a fheiceáil shula dtabharfaidh mé cead duit." Mar bhí a fhios aici, cé nach í fhéin a rinne é, ach chuala sí é, céard a tharla. "Ceart go leor," a deir sí. Fuair sí dochtúr dhom agus tháinig sé agus bhreathaigh sé ar an ngearradh. "Bhuel," a deir sé, "féadfaidh tú chaon darna ceann a thóigeáil amach." Agus thóig sí amach chaon darna ceann agus bhí sé timpeall is trí lá eile shular tóigeadh amach ar fad iad mar bhí faitíos orm go dtarlódh an rud céanna, ach míle buíochas le Dia níor tharla, d'imigh rudaí mar is ceart.

Ansin nuair a bhí mé cupla seachtain san ospidéal sin aistríodh ar ais mé go dtí mo ospidéal fhéin agus d'imigh rudaí mar is ceart go ceann píosa. Bhí mé ceart go leor, bhí mé ag cur suas beagán meáchain, agus bhí an meáchan ag teastáil uaim mar bhí mé an-tanaí agus an-tugtha ar fad. Nuair a d'fheicfeas[7] tú taobh thuas den ghlúin níos caoile ná taobh thíos den ghlúin, ní raibh ann ach an cnáimh. Bhí mé in ann chuile chnáimh i mo chorp a chomhaireamh. Míle buíochas le Dia, thosaigh mé ag cur suas meáchain agus bhí mé ag aireachtáil níos fearr, ní raibh call ar bith anois le bheith ag cur aer isteach ionam; bhí sé sin thart. Ach faoi cheann cupla seachtain bhí *x-ray* orm. An lá ina dhiaidh sin tháinig an dochtúr go dtí mé: "tá faitíos orm," a deir sé, "go gcaithfidh tú a ghoil ar ais le obráid eile." "Ó," a deir mise, "tá sé seo sách dona," dúirt mé liom fhéin "go gcaithfidh ceann eile a bheith agam."

B'éigean dom a ghoil ar ais aríst. Sé a dúirt sé liom: "níor tháinig an scamhóg ar ais," a deir sé, "mar gheall ar an uisce a bhí uirthi, níor

---

tháinig sí ar ais mar is ceart agus caithfidh muid," a deir sé, "leath na scamhóg sin a thóigeáil amach." Sé an t-ainm a chuir sé air: *lobe*, má tá an t-ainm ceart aríst agam. Ach b'éigean dom a ghoil ar ais aríst agus leath scamhóg a thóigeáil amach, a ghoil ar an mbord céanna aríst, agus chuaigh mé thrí na rudaí céanna . . . An truip seo, in éindí le leath an scamhóg a thóigeáil amach, thóigeadar píosa de sé easna asam amach freisin. Tháinig mé thríd, míle buíochas le Dia, agus bhí mé curtha ar ais aríst faoi cheann cupla seachtain i mo *phavilion* fhéin. Bhí rudaí ag goil ar aghaidh agus bhí mé ag cur suas meáchan agus bhí mé sásta liom fhéin an truip seo nuair a fuair mé *x-ray* agus dúirt sé liom go raibh chuile shórt mar is ceart anois. Bhí mé ag fáil mo shláinte níos fearr agus an chéad rud eile faoi cheann píosa bhí mé ligthe amach as an leaba. Bhí cead agam a ghoil amach ag an leithreas agus faoi cheann píosa eile fuair mé cead a ghoil amach le mé fhéin a níochán; agus bhí rudaí ag teacht liom. An chéad rud eile bhí mé ligthe suas i mo shuí leath lae. Bhí sé sin go maith nuair a chonaic mé rudaí ag imeacht mar is ceart.

5.1.3 *Saol an othair*

Ansin bhínn amach ag siúl, bhíodh áiteannaí ann le ghoil ag siúl thart. Bhí áit ann a dtiocfá isteach ag obair, dhá mbeadh aon suim agat a ghoil ag plé le leathar, ag plé le adhmad, bhí go leor rudaí, dathadóireacht. Bhí *pitch and putt* naoi bpoll agus rudaí mar sin leis an am a chaitheamh. Áit mhór ab ea *Peamount*. Bhí mé ag caint leis an bhfear a bhíodh ag obair thart ar an talamh agus dúirt sé liom go raibh os cionn míle acra isteach leis an ospidéal. Bhíodh a gcuid beithígh bhainne fhéin acu agus go leor beithígh eile in éindí leo, budógaí agus bulláin agus laontaí, bhí muca acu agus caoirigh. Níl a fhios agam cé mhéad acra a bhíodh curtha acu, a deir sé, le cruithneacht agus le coirce, agus an oiread seo acraí le haghaidh féir. Bhí go leor daoine ag obair ann. Bhí sé ag rá liom shula dtáinig an dochtúr a bhí ann san am sin, an fear a bhí i gceannas, ba é Dochtúr de Brún a thug anall as Sasana é, agus ghlan an dochtúr seo amach chuile shórt. Rinne sé, mar a deir an Béarla, *clean sweep*. Bhí eitinn ar an beithígh shula dtáinig sé seo, bhí eitinn ar an dream a bhí ag breathú i ndiaidh na mbeithígh, agus bhíodh chuile shórt ag imeacht go dona. Bean a bhí i gceannas roimhe an dochtúr seo agus, ar ndóigh, bhí neamhshuim déanta aici, ní raibh sí ach ag tarraingt a páí. Bhíodh na fir ag goil trasna go dtí easpaicil na mná. Bhí suas le trí *pavilion* déag nó os a chionn a bhí ann agus bhí os cionn dhá scór othar nó, b'fhéidir, leithchéad i gcuid acu sin; agus bhíodh boscaí eile taobh amuigh de na *pavilions* a mbeadh leaba amháin iontu, agus ní bheadh ann ach aon othar amháin i gceann acu seo mar ní bheadh ann ach leaba agus *locker* agus áit le haghaidh do chuid éadaigh a chrochadh mar a d'fheicfeá cineál carbhán beag nach mbeadh ann ach aon leaba amháin. Ba é an creideamh a bhí ann an corp a choinneáil fuar, sin é an príomhrud. Bhídís ag codladh amuigh ar an *veranda* ar feadh na hoíche agus bhíodh an sneachta os cionn do leaba, bhí sé séidte isteach, agus chaithfeadh braillíní *rubber* a bheith curtha os cionn do leaba mar bheidís fliuch. Bhí go leor daoine a chaith bliain, b'fhéidir, amuigh ar *veranda* sa lá agus san oíche. Mar a deireadh an t-ard-dhochtúr nuair a thiocfadh sé thart, déarfadh sé as Béarla: "*every shiver is worth a guinea.*" Bhí an-chreistiúint acu sa bhfuacht. Bhíodar ag ceapadh gur cúnamh mór thú a bheith fuar, bheadh sé ag iarraidh an *bug* a mharú ionat. Bhídís ag goil amach go tíortha, áit a dtugaidís *Switzerland* air, agus tíortha eile, tíortha a raibh aer tirim fuar, bhíodar ag iarraidh a bheith ag aithris air sin i b*Peamount*. Bhí cuid acu ag fáil go maith agus bhí go leor leor eile ag imeacht an taobh eile. Chonaic mé ag fáil bháis iad ó sé bliana déag go dtí bliain is fiche; bhí sé sin go dona. Bhíodar gaibhte chomh fada agus nach bhféidir tada a dhéanamh dhóibh, agus ní raibh i ndán dóibh ach bás.

5.1.4 *Streptomycin*

Ní raibh tú ag goil ag fáil *streptomycin* mara mbeidís siúráilte go raibh tú ag goil ar aghaidh. Dhá mbeifeá gaibhte ródhona sé an chaoi go mbeadh sé ag goil amú. Rud eile a bhí tar éis a thíocht ar an margadh agus is dóigh nach raibh an oiread sin le fáil dhó san am. Mar a déarfá, ba mhór an jab ar fud an domhain go raibh tóir mhór air mar ba é an chéad rud a tháinig amach é le ceann is fearr a fháil ar eitinn. Ach nuair a chuaigh mise isteach go *Navan* ní bhfuair mé *streptomycin*, d'fhéadfá a rá nach bhfuaireas, bhí mé an oiread seo achair ann shula bhfuair mé é.

An dream a thiocfadh go *Peamount* ansin – bhí *Peamount* ar an easpaicil ab fhearr thart sa taobh seo – agus mara mbeadh siad in ann tada a dhéanamh dhuit i b*Peamount*, cuirfí ar ais go *Navan* aríst thú nó cuirfí ar ais go hÁth Troim thú, agus an dream a thiocfadh ar ais ansin ní raibh tada le déanamh dhóibh ach bás a fháil. Agus tar éis gur cuireadh ar ais daoine go Troim as *Peamount* fuaireadar an ceann is fearr ar an eitinn; fuair corrdhuine acu an ceann is fearr – chonaic mé é sin ag tarlú – den bhuíochas de na dochtúirí. Séard a bhí acu roimhe an *streptomycin* – nuair a thiocfá isteach san easpaicil cuirfí ar bheatha mhaith thú; bheidís ag iarraidh a bheith ag brú beatha isteach ionat dhá mbeifeá in ann an bheatha a ithe, ach bhí go leor nach raibh in ann an bheatha a ithe, ag iarraidh do cholainn a dhéanamh suas agus do chuid fola a dhéanamh láidir go mbeifeá fhéin in ann an donacht a bhí ionat a throid. B'fhéidir gur tharla sé sin ar chorrdhuine, ach fuair go leor acu bás.

5.2 *Athrú ar an gcúram leighis*

5.2.1 *Na heaspaicil nua eitinne*

Ag bean a bhí an áit seo blianta fada ó shin agus sé an t-ainm a bhí ar an mbean sin: Lady Aberdeen. D'fhága sí an áit le haghaidh ospidéal eitinn a dhéanamh mar fuair a fear céile bás le eitinn. Bhí teach mór ann agus bhí pictiúr mór di crochta sa halla. Bhí timpeall le chúig chéad othar san ospidéal ar fad. Áit mhór scaipthe a bhí ann agus é leagtha amach le bóithrí beaga ag goil thimpeall ó *phavilion* go dtí an ceann eile agus bhí clárachaí orthu sin ag inseacht duit, mar a bheadh baile mór ann, ainmeachaí chuile áit, chuile easpaicil a bhí ar an talamh a bhí mórthimpeall. Tóigeadh cupla easpaicil nua ann, bhíodar tosaithe nuair a bhí mé ann. Sin é an t-am ar déanadh *Merlin Park* i nGaillimh, easpaicil eitinn, agus *Blanchardstown* i mBaile Átha Cliath, easpaicil mhór eile eitinn; déanadh go leor acu ar fud na tíre san am. Bhíodar ag teastáil mar bhí go leor othair san Arm, fuaireadar eitinn as ceal beatha mhaith, ag cur allais agus ag fáil fuacht in do chodladh in do chuid allais agus in do chodladh in éadach fliuch, agus go leor rudaí eile. Bhí sé an-éasca eitinn a fháil san am sin. Dá bhfaigheadh duine amháin den chomhluadar eitinn, mharódh sé mórán an comhluadar ar fad mar bhíodar fhéin á thóigeáil dhá chéile. Chuala mé dochtúr ag rá san ospidéal: "dhá mbeadh do chuid fola mar is ceart agus tú beathaithe go maith, bheifeá in ann a bheith sa leaba chéanna le duine a bheadh ag fáil bháis le eitinn agus ní thóigfeá é."

Sé Dochtúr de Brún a thóig na heaspaicil seo, fear iontach a bhí ann, sé a bhí ina mhinistéara san am. Fear é a raibh eitinn air fhéin uair amháin. D'iontaigh a mhuintir fhéin ina aghaidh, an dream a bhí sa rialtas leis, mar gheall ar an rud a bhí sé a thabhairt amach, máthair agus páiste *scheme* – nó cén t-ainm a bhí air – bhí sé ag iarraidh an ceart céanna a bheith ag chuile mháthair pósta nó scaoilte. An chéad rud eile a tharla, tháinig na cléirigh ina aghaidh agus chuaigh an dream a bhí in éindí leis sa Dáil ina aghaidh, mar fear é Dochtúr de Brún a raibh a fhios aige céard a bhí ag tíocht, fear iontach a bhí ann, bhí sé chun tosaigh ar fad orthu, ach níor thugadar aon ghéilleadh dhó.

Tá a fhios agam oíche amháin tháinig stoirm toirní agus lasrachaí agus plumpannaí toirní chuile chupla nóiméad, bhí sé ag imeacht ar feadh na hoíche. Bhí an solas curtha amach, ach nuair a cuireadh amach an solas bhí beagán spraoi ag na hothair agus ag banaltraí óga a bhí ag traenáil. Bhíodar ag goil isteach in éindí leo, ag goil isteach san áit seo nach raibh ann ach aon leaba amháin, *shelters*, agus mórthimpeall. Tháinig an dochtúr a bhí i gceannas thart lena lampa go bhfeicfeadh sé cén chaoi a raibh chuile dhuine ag imeacht. B'fhéidir go raibh sé an dó dhéag san oíche nó an haon a chlog, go bhfeicfeadh sé an raibh chuile dhuine i gceart agus bhíodh cupla dochtúr eile iad fhéin ag goil thart mar ní raibh an dochtúr amháin in ann an áit uiliug a chlúdach. Chaithfeadh cupla duine acu a ghoil thart. Tá a fhios agam an dochtúr seo, ar chuma ar bith, nuair a thiocfadh sé isteach sna *shelters* seo nó isteach i gcuide de na *ward*annaí bhí sé ag fáil *nurse*annaí óga istigh in éindí leis na *patients* sa leaba. Is beag nár chaill sé a chiall. Tóigeadh ainm an othar agus tóigeadh ainm an bhanaltra óg; tóigeadh an oiread seo ainmeachaí an oíche sin. Ba é an pionós: cuireadh abhaile na banaltraí agus d'fhága carr easpaicil na hothair ag an easpaicil ba gaire dhá muintir sa mbaile, sin nó iad a thabhairt abhaile. Fágadh istigh ina dteach fhéin cuid acu agus cuid acu nach raibh in ann mórán a bheith amuigh. B'fhéidir go rabhadar in ann a bheith ag plé leis na *nurse*annaí, ach bhí an galra gaibhte chun cinn ró-mhór i gcuid acu. Cuimhneoidh mé choíchin ar an oíche sin. Bhí

caint mhór ar fud an easpaicil lá arna mháireach an rud a tharla. Bhí
an rud céanna ag tarlú shula dtáinig an t-ard-dhochtúr seo as Sasana
ann. B'as Contae Liatroime ó cheart an fear seo; sé Nollaig de Brún a
thug anall as Sasana é. Fear iontach a bhí ann, fear géar a bhí ann. Dhá
ndéanfá rud ar bith as bealach, bheifeá curtha abhaile nó curtha go dtí,
mar a deir sé fhéin, an *sanitorium* ba gaire do do mhuintir sa mbaile.
Sin é a bhí i ndán duit; mara ndéanfá an rud a déarfaí leat agus géilleadh
do na rialachaí, bheifeá curtha abhaile, ní raibh sé ag goil ag seasamh
do rud ar bith mar sin a bhí ag tarlú agus chuir sé abhaile iad. Ach
roimhe shula dtáinig[8] sé bhí na fir agus na mná ag goil isteach in éindí
san oíche. Bhí go leor acu nach raibh in ann a bheith amuigh as an
leaba agus ina dhiaidh sin fhéin thiocfaidís amach in éindí le mná a bhí
ina n-othair. Bhíodar ag *meet*áil a chéile taobh amuigh ar an talamh nó
sna *lawn*annaí nó bhí crainnte ag fás ann, thiocfaidís isteach sna coillte
seo a bhí ag fás ar an talamh. Bhí an iomarca cead a gcomhairle fhéin
tugtha dhóibh mar ní raibh an easpaicil rite ceart. Mar a dúirt mé
cheana, bhí eitinn sa dream a bhí ag obair ann chomh maith leis na
hothair . . . Bhí glanadh ag teastáil uaidh agus rinne an fear seo é, rinne
sé an-obair ar fad.

5.2.2 *Ag foghlaim le scríobh i bPeamount*

Ach anois caithfidh mé a ghoil siar aríst nuair a bhí mé i b*Peamount*
agus nuair a bhí an fear seo ina chodladh sa *ward* céanna liom. Bhíodh
sé an-chrua orm ag iarraidh a bheith ag scríobh abhaile agus gan in ann
a bheith ag scríobh mar ní bhfuair mé mórán oideachas, ach oideachas
beag nuair a bhí mé ag goil ag an scoil. Bhí an fear seo le mo thaobh
agus d'inis mé an scéal dhó. Séard a bhí ann múinteoir as Loch
Garmán. "Tabharfaidh mé cúnamh dhuit," a deir sé. Fear an-deas a bhí
ann. "Inis dhomsa anois," a deir sé, "céard atá tú ag goil a chur sa litir,"
agus d'inis mé dhó gach rud a bhí ar intinn agam a chur sa litir i dtaobh
mo bhean agus mo chlann agus rud ar bith a bhí ag tarlú. Ach chuile
fhocal a dúirt mé scríobh sé síos é agus nuair a bhí sé críochnaithe aige
shín sé an litir agam agus na páipéir a raibh sé ag scríobh orthu. "Bhuel

---

[8] /riv'ə xul'ɑː daːn'ək'/.

anois," a deir sé, "breathaigh air sin agus scríobh thusa an rud céanna anois," a deir sé, "amach." Leag mé ar an *locker* é, ar chuma ar bith, agus fuair mé mo pheann agus scríobh mé amach focal ar fhocal chuile shórt a scríobh sé síos. Bhreathaigh sé air. "Bhuel," a deir sé, "tá sé sin go maith," a deir sé. Bhí mé fhéin in ann an seoladh a chur air an litir, is dóigh gur ar éigin.

Bhí go maith, bhí truaí aige dhom nuair a chonaic sé ar an gcaoi a raibh mé. Nuair a tháinig a bhean ar cuairt aige, timpeall is uair sa tseachtain, scaití uair sa gcoicís, dúirt sé léi nuair a bheadh sí ag tíocht aríst beagán leabhartha a thabhairt aige, leabhartha gasúir. Rud ar bith a bhí ag teastáil uaidh, d'iarr sé ar an mbean a thabhairt go dtí é an chéad uair eile a bheadh sí thart. Agus sé an ghnotha a bhí aige dhóibh: le m'aghaidhsa. Rinne a bhean – Nuair a tháinig sí aríst bhí leabhartha agus chuile shórt a bheadh ag páiste, b'fhéidir deich mbliana ag an scoil – na rudaí a bhíodh sé a chleachtadh agus a fhoghlaim. Nuair a gheobhadh sé an deis, gan mórán a bheith thart, bhíodh sé ag múineadh dhom rud a bheadh páiste timpeall is deich mbliana a fhoghlaim sa scoil, ag scríobh agus ag léamh agus ag déanamh *sums* agus rudaí mar sin. Ach choinnigh sé air agus, ar ndóigh, bhí mé suas le bliain in éindí le mo dhuine bocht. Rinne sé an-mhaith dhom. Theastaigh sé uaim nuair a chuaigh mé ag obair i *St. Joseph*. Is dóigh marach an méid a mhúin sé dhom nach mbeinn in ann an obair seo a thóigeáil. Is iomaí uair a chuimhním siar ar an bhfear sin.

5.2.3 *Biseach*

Bhí mé anois ceart go leor; bhí rudaí anois ag tíocht liom, sa deireadh bhí mé i mo shuí ar feadh an lae. Ach, mar a dúirt mé cheana, caithfidh tú a ghoil ar ais uair roimhe am dinnéir agus uair roimhe am tae a dtugaidís uair scíthe . . . Cothrom an ama seo anois bhí mé os cionn dhá bhliain san easpaicil ar fad. Tá a fhios agam go mbínn ag breathú amach ar chrann mór taobh amuigh den easpaicil agus bhí mé ag breathú ar na bláthannaí ag tíocht air, bhí mé ag breathú ar na bláthannaí ag imeacht dhó, agus bhí mé ag breathú ar na bláthannaí ag tíocht air aríst agus ag imeacht dhó, bhí mé ag breathú ar sneachta agus sioc air, bhí mé ag cur aitheantas ar na héanachaí a bhí istigh sa gcrann sin amach ar aghaidh na fuinneoige mar ní raibh mórán eile agam le breathú air ar feadh píosa fada. An chéad uair bhí mé os cionn bliana istigh nó gur ligeadh abhaile mé . . . nó go bhfuair mé an fliú a bhí ag goil thart. Bhuel, anois tá os cionn dhá bhliain déanta agam agus bhíodar ag caint anois ar mé a scaoileadh abhaile agus bhí áthas an domhain anois orm go raibh mé go maith aríst, agus tháinig mé abhaile.

Nuair a tháinig mé abhaile san am sin bhí leaba faighte ag mo bhean chéile agus chaithfeadh seomra dhom fhéin a bheith agam. Ní raibh aon chead agam a ghoil isteach sa seomra a raibh na gasúir. San am céanna bhí mé *negative*, mar a deir siad fhéin *positive* agus *negative*. Ní raibh an *bug* seo ag goil chun cinn níos mó, ach san am céanna bhí faitíos orthu go mb'fhéidir go n-iontódh sé beo aríst agus go dtabharfadh sé trioblóid dhom . . . Uair sa mí thiocfainn amach go dtí an Uaimh le haghaidh *x-ray* agus chaithfeadh *sputum* a bheith i mbuidéal agam ag goil amach. Chuile mhí bhí an súil sin á choinneáil orm. San am céanna ba mhór an jab a bheith i do chónaí leat fhéin sa seomra sin. Bhí mé in ann a ghoil amach agus chuile áit ar bith a dtogróinn, agus bhí mé ag aireachtáil iontach. Bhí a fhios agam fhéin go raibh mé go maith. Ach, ina dhiaidh sin fhéin nuair a bhí do bhean coiscthe ort nach mbeifeá in ann a ghoil i ngar di, ach tá faitíos orm nach dtug mé an oiread sin géilleadh dhó sin. Ach, bhí rudaí ag imeacht ceart go leor agus sa deireadh ní chuirfí fios orm ach chuile thrí mhí.

Dhá ndéarfaí liom an t-am sin go bhfeicfinn naoi déag naíocha dó, ní chreidfinn é. Tá mé tar éis comóradh leithchéad bliain pósta sa mBealtaine seo caite, míle buíochas le Dia, agus tá mé i mo shláinte fós. Níl a fhios agam cé mhéad bliain eile atá geallta dhom, acht[9] is cuma mar bhí Dia an-mhaith dhom.

Rud amháin a bhí ann san am sin: ní raibh mórán gearradh siar ann ar nós an lá atá inniu ann. Nuair a bhí mise go dona, ar feadh an achair bhí mé ag fáil allúntas eitinn agus bhí mé ag fáil *insurance*, an *social welfare*. Bhí sé déanta suas sa gcaoi nach mbeadh aon imní ort don chlann, go raibh tú ag fáil an oiread céanna airgid agus dhá mbeifeá amuigh ag obair san am sa gcaoi go mbeadh an chlann – nach mbeadh

---

9 /axt/.

aon ocras orthu, go mbeadh duine ag breathú ina ndiaidh. Agus thagadh daoine ag breathú i ndiaidh an chlann nuair a bhí mé san easpaicil ag déanamh siúráilte go raibh siad coinnithe go maith. Níl mé ag rá nach raibh sé uafásach crua ar mo bhean chéile a bheith léi fhéin suas le cheithre bliana ar fad. Bhí sé crua, ach san am céanna choinnigh sí uirthi agus rinne sí an rud a bhí le déanamh agus bhreathaigh sí i ndiaidh na ngasúir.

6. Teach an Chondae

6.1.1 *Jab nua i dTeach an Chondae in Áth Troim*

Agus mé i mo shláinte ar ais aríst bhínn ag imeacht thart agus bhínn ag goil go dtí an Uaimh uair anois chuile thrí mhí le haghaidh *x-ray* agus *sputum test* sa gcaoi nach mbeadh an leaid seo beo aríst i mo cholainn, ag goil ag déanamh aon ionsaí orm. Déarfainn go raibh mé sa mbaile timpeall is sé mhí gan tada a dhéanamh agus sa deireadh dúirt an dochtúr liom: "tá do chuid *X-rays* ag tíocht amach glan anois," a deir sé, "agus níl aon trioblóid ort," a deir sé, "agus caithfidh tú obair a chuartú." Bhuel anois b'in rud eile. An obair a gheobhainn an mbeadh sí feiliúnach le m'aghaidh? Ní raibh mé anois chomh láidir is a bhí mé. B'fhéidir go raibh mé ag breathú láidir, ach nuair a bhí leathscamhóg agus sé phíosa de easna bainte amach asat ní bheifeá chomh láidir sin, ní bheifeá in ann an oiread sin a chrochadh ar an taobh sin, dhá mbeadh ort a bheith ag tóigeáil meáchain ná ag obair crua, ní bheifeá in ann dó.

Bhí mé ag cuartú thart an raibh aon duine ag teastáil i monarcha ná in áit ar bith thimpeall orm. Ach an chéad rud eile fuair mé scéala go raibh duine ag teastáil i *St. Joseph* i dTroim agus chuaigh mé isteach an lá seo agus bhí mé ag caint leis an mbean a bhí os a chionn, bean rialta, an *matron* a bhídís a thabhairt uirthi. Dúirt mé léi: "tháinig mé isteach," a deir mise, "mar chuala mé go raibh fear ag teastáil." Agus dúirt sí: "ó, tá," a deir sí, "fear ag teastáil." D'fhiafraigh sí dhíom céard a bhí mé a dhéanamh agus dúirt mé léi go mbínn ag obair ag feilméaraí móra, ag treabhadh agus ag fuirseadh agus ag plé le caiple agus chuile shórt mar sin. Dúirt mé ansin go bhfuair mé go dona agus d'inis mé dhi cén áit a raibh mé agus beagán den méid a chuaigh mé thríd. "Bhuel," a deir sí, "más sin é an chaoi é," a deir sí, "tá mé ag ceapadh nach ndéanfá mórán maitheasa san áit seo." "Á, tá sé ceart go leor," a deir mise, "caithfidh mé áit eicínt eile a thraíáil." Bhí mé ag imeacht ansin uaithi, cuimhním go maith air, agus nuair a bhí mé iontaithe ag imeacht uaithi ghlaoigh sí ar ais orm agus tháinig mé ar ais go dtí í. "Bhuel, an bhfuil a fhios agat céard a dhéanfas tú," a deir sí, "bí istigh anseo," a deir sí, "ag a hocht a chlog maidin amáireach agus beidh a fhios agam," a deir sí, "an mbeidh tú in ann an jab a choinneáil, agus tá a fhios agat fhéin céard a tharlós," a deir sí, "mara mbeidh tú in ann dó mar tá sé beagán crua anseo scaití," a deir sí, "agus b'fhéidir nach mbeifeá in ann dó."

Ach bhí go maith, chuaigh mé abhaile agus d'inis mé an scéal sa mbaile go gcaithfinn a ghoil isteach lá arna mháireach go *St. Joseph*. Ach ní raibh *St. Joseph* air san am sin, ní hin é an t-ainm a bhí air. Bhíodh go leor ainmeachaí air mar áit é a bhíodh ag coinneáil daoine bochta, daoine bochta nach mbeadh aon áit acu . . . Ní raibh sé ar nós mar a bhí gnáthospidéal, bhí sé leagtha amach ar chaoi eile. Bhí sí ag inseacht dhom céard a bhí le déanamh nuair a chuaigh mé isteach maidin lá arna mháireach ag a hocht. An obair a fuair mé i dtosach: ag scuabadh seomraí, *ward*annaí, ag *dust*áil agus ag coinneáil an seomra glan. Bhíodh othair sa seomra freisin, is dóigh go raibh os cionn scór ann – *ward* mór fada a bhí ann. Na chéad laethantaí ní raibh orm a ghoil i ngar do na hothar ach dhá mbeidís ag iarraidh rud ar bith bhí dualgas orm é a thabhairt dhóibh. Bhí mé cupla lá mar sin, níor baineadh mórán obair asam. Is dóigh go raibh orduithe ón *matron* déanamh go réidh liom ar feadh cupla lá go bhfeicfinn cén chaoi a dtiocfainn ar aghaidh. Faoi cheann píosa bhí mé ag fáil isteach ar chuile shórt a bhí le déanamh ag breathú ina ndiaidh. Ní raibh mórán banaltra ar chor ar bith ann, bhí go leor de na fir a bhí ina n-othar, a bhí láidir, bhíodar fhéin ag obair. Bhídís ag déanamh leapachaí ann agus bhídís ag tabhairt cúnamh dhuit . . .

Bhínn ag obair liom agus bhí mé ag baint sult as an obair mar bhí mé fhéin i m'othar agus bhí cleachtadh mhaith agam a bheith in ospidéal anois. Bhí an obair ag tíocht liom – tá a fhios agat fhéin chuile shórt atá le dhéanamh i seomra ospidéal. Ach ní ospidéal é ar nós chuile ospidéal. Thiocfadh an dochtúr thart uair amháin sa lá agus b'fhéidir nach dtiocfadh sé scaití ach nuair a cuirfí fios, nach raibh aon dualgas air, mar bhí obair eile le déanamh ag an dochtúr seo taobh amuigh, ach ní raibh mórán am leagtha síos dhó le bheith istigh san ospidéal seo. Ní raibh ann ach cheithre bhanaltra, agus an méid eile a bhí ag obair ann – fir agus mná nach raibh aon scil acu, ní banaltraí a bhí iontu, ach dream iad a bhí ag tabhairt cúnamh mar bhí siad fhéin ag fanacht san ospidéal agus ní raibh mórán duine ar bith ag fáil pái . . .

St. Joespb's, Teach an Chondae, Átb Troim 1998

Obair oíche

Is iomaí uair ab éigean san aimsir dheiridh shula bhfuair mé aistriú, bhínn ag déanamh obair san oíche, chaithfeá mí a dhéanamh san oíche, ghabhfá ar an oíche ar feadh na míosa. Tá a fhios agam uair amháin bhí mé ar dualgas na hoíche nuair a bhí an fear seo ag fáil bháis. Bhuel, ní ba rud nuaí dhomsa a bheith ag breathú ar dhuine a bheadh ag fáil bháis mar chonaic mé go leor acu ag fáil bháis agus ní duine a bhí suas le naíocha nó os cionn naíocha bliain a chonaic mé, mar a dúirt mé cheana, chonaic mé ó sé bliana déag go dtí bliain is fiche iad. San áit seo anois bhíodar sean ar fad, an chuid is mó acu.

Nuair a bhí an fear seo ag fáil bháis – agus fuair sé bás an oíche sin – dúradh liomsa é a réiteach amach nuair a bhí sé trí nó ceathair d'uaireantaí básaithe. Nigh mé suas é mar chonaic mé á dhéanamh san áit a raibh mé i m'othar mé fhéin. Nigh mé agus bhearr mé agus ghlan mé suas é agus é a dhíriú suas, agus chuile shórt a dhéanamh mar sin . . . É a dhéanamh suas chomh maith is a d'fhéadfá. Mar ní raibh aon banaltra, mar ní raibh mórán acu ann, daoine nach raibh aon scil acu a bhíodh ar dualgas an oíche, an chuid ba mhó acu, agus dhá mbeadh scil ar bith agat, d'iarrfaí ort an obair seo a dhéanamh agus rinne mé é.

Faoi cheann píosa fuair mé aistriú as an áit sin agus cuireadh san ospidéal seo mé. Bhí trí urlár ar airde – ní raibh ach dhá urlár sa gcéad áit a raibh mé – bhí trí urlár anseo agus bhí céad agus dhá leaba san áit seo. Bhí níos mó obair le déanamh ann. Ní bhíodh againn ann ach beirt. Bhí chuile dhuine a bhí san áit seo – bhí sé in ann siúl thart. Nuair a d'éireoidís ar maidin – nuair a thiocfaidís síos an staighre ag an mbricfeasta chaithfidís a bheith nite agus bearrtha. . . Ní fhéadfadh an fear sin a thíocht ar ais aríst, mara bhfaigheadh sé go dona, ar feadh an lae go dtí a cúig a chlog tráthnóna. Mar dhá mbeidís ag goil suas agus anuas an staighre agus ag goil isteach i seomraí, b'fhéidir seomraí nach raibh siad fhéin ann, ach seomraí daoine eile, bhídís ag tóigeáil rudaí óna chéile, ag goid rudaí óna chéile. Agus ar ndóigh, bhí na pingneachaí gann agus dhá bhfeicfeadh sé rud ar bith sa *locker* ag duine eile, thabharfadh sé leis é agus, b'fhéidir go ndíolfadh sé é ar luach pionta pórtair nó rud cicínt mar sin. Sin é an fáth nuair a thiocfaidís anuas ar maidin ní fhéadfaidís a ghoil ar ais go dtí th'éis am tae tráthnóna mar bhí chuile dhuine ag goil ar ais ansin agus bhí chuile dhuine ag breathú amach dhó fhéin. Bhínnse críochnaithe ag a sé a chlog chuile thráthnóna agus bhínn ag obair ag a hocht a chlog ar maidin. Sin rud nár dhúirt mé: chuile dhuine a bhí ina chodladh thuas san áit seo, shula dtiocfadh sé amach ar maidin ag a hocht chaithfeadh an leaba a bheith déanta suas aige shula dtiocfadh sé síos an staighre ar maidin. Agus ansin bhínnse ag goil thart ag déanamh na leapachaí níos fearr agus an leaba nach raibh déanta go maith dhéanfainn mar is ceart í. Nuair a bhí céad agus dhá leaba le déanamh agat bheifeá gnothach go maith, iad sin a bheith críochnaithe agat agus an áit a bheith scuabtha, na leithris a bheith – agus an seomra folctha, chuile áit mar sin – bhí cupla ceann ar chuile urlár le glanadh agat in éindí le chuile shórt eile.

6.1.2 *Mná glanta an urláir*

Ní raibh ort ach an t-urlár a scuabadh. Bhíodh trí bhean ansin leis an urlár a níochán. Thosóidís ar an tríú hurlár Dé Luain agus bhídís ar a ndá ghlúin[1] le scuab láimhe, uisce fuar agus gallaoireach dhubh mar ní raibh teas ar bith ann san am, sé an t-aon teas a bhí ann: bhíodh corrsheomra a raibh tine ann. Ní raibh aon uisce te ar fud na háite san am sin, ní raibh aon teas sna seomraí ach an oiread. Ach thosódh an triúr seo thuas i mbarr ar an tríú hurlár agus bhídís ar a dhá nglúin[2] agus bhí cineál éadach acu le cur faoina nglúine, agus bhídís ag obair go dtí san oíche Dé Sathairn, b'fhéidir go mbeidís síos ar an urlár is íochtaraí go mbeadh sé críochnaithe acu Dé Sathairn. Agus maidin Dé Luain aríst thuas aríst ar an urlár is airde agus an rud céanna a dhéanamh agus críochnú aríst Dé Sathairn ag an seomra deireanach in íochtar. Sin é an obair a bhíodh orthu sin ar feadh na mblianta, an t-achar a bhíodar in ann é a dhéanamh. Bhíodh obair chrua orthu, go mórmhór sa ngeimhreadh ag plé le uisce fuar.

6.1.3 *Na seandaoine agus a bpinsean*

Dé hAoine, nuair a gheobhaidís an pinsean, is mó a bhídís ag goil amach. Mar ní sheasfadh sé rófhada, an méid a gheobhaidís ní raibh

---

[1] /erʹ ə ŋɑː ɣluːnʹ/.

[2] /erʹ ə ɣɑː ŋluːnʹ/.

siad ag goil ag fáil mórán air, ach san am céanna bhí an t-ól saor san am. Bhí tóir ar an deoch ar an gcuid is mó acu. Dhá dteagadh fear ansin nach mbeadh aon aird aige, fear cantalach nach mbeadh ag géilleadh do dhuine ar bith, b'fhéidir nach dtiocfadh sé ag an oifig le cead a fháil a ghoil amach. Thiocfadh sé fhéin amach an geata agus nuair a déarfadh an fear a bhí ar dualgas ar an ngeata: "cá bhfuil do chead?" Déarfadh sé a ghoil agus é fhéin a f-áil[3] nó rud eicínt mar sin. Chuirfeadh sé sin fearg an domhain ar fhear an gheata. Ní raibh sé seo ag goil ag tabhairt isteach do na rialachaí a bhí leagtha síos, agus an chéad rud eile, bhéarfadh fear an gheata, fear meánaosta a bhí i fear an gheata, bhéarfadh sé ar a rothar agus thiocfadh sé síos ina dhiaidh sa mbaile mór agus choinneodh sé súil cén teach ósta a dtiocfadh sé isteach ann. Nuair a d'fheicfeadh sé é sin ag goil isteach ina leithéide seo de theach ósta thiocfadh sé díreach go dtí an beairic. Agus bhí garda speisialta sa mbeairic, thiocfadh an garda sin in éindí leis go bpiocfadh sé amach, d'inseodh sé dhó, ghabhfadh sé isteach sa teach ósta in éindí leis an ngarda agus phiocfaidís amach an fear seo. Thabharfadh an garda amach as an teach ósta é agus suas go dtí *St. Joseph* agus thabharfadh sé fógra dhó: dhá dteagadh sé amach aríst gan aon chead, go gcuirfí i dteach na ngeal[4] é agus go bhfanfadh sé ann an fhad is – go gcaillfí ann é. Agus bhí sé sin ag tarlú. Nuair a cuirfí isteach iad, duine nárbh fhéidir comhairle a chur air ná smacht a choinneáil air cuirfí isteach i dteach na ngeal[4] é agus b'fhéidir go ndéanfaí dearmad é a thabhairt amach go bhfaigheadh sé bás ann. Bhí sé beagán crua. Ní raibh do chomhairle fhéin agat. Chaithfeá an rud a déarfaí leat a dhéanamh a dhéanamh nó mara ndéanfá, bhí deis eile le comhairle a chur ort.

6.1.4 *Winos*

Bhíodh dream ag tíocht isteach ansin ann. Chaithfidís oíche amháin a fháil sa mí, siod iad anois an dream a dtugadh muid na *winos* orthu. Dream a bhí ag ól fíon agus *methylated spirits*, nó *Bulmer's cider*

---

[3] /ef'ɑːlʲ/.

[4] /t'ax nə ŋʲal/, teach na ngealt atá i gceist anseo.

measctha suas le fíon agus le *methylated spirits*. Bhíodar ag ól chuile chineál brocamais. Nuair a thiocfadh duine acu sin isteach tráthnóna gheofá an boladh a bhí air ar fud an easpaicil mórán. Nuair a thiocfadh sé thart bhí boladh áithrid gránna air de bharr an stuf a bhí sé a ól. Nach aisteach an rud é go bhfaighfeá an boladh sin shula bhfeicfeá an duine. Bheadh a fhios agat go raibh duine acu san áit. Bhí seomra faoi leith leagtha amach dhóibh sin. Bhí sé de dhualgas iad seo a choinneáil oíche amháin sa mí. Mara gcoinneodh, thiocfadh sé go dtí an garda agus déarfaí leis go diúltaíodh é agus an chéad rud eile bheadh an garda suas in éindí leis agus ligfí isteach é. Ar ndóigh, sé an faitíos a bhí ar an ngarda go mbrisfeadh sé isteach i dteach eicínt sa mbaile mór mar bhíodar ag tarraingt trioblóid i gcónaí. Bhí an oiread seo acu ann, dream óg an chuid is mó acu, ach bhíodh an diabhal orthu ag iarraidh a ghoil isteach le láimh láidir. Bhídís ag iarraidh a bheith ag tabhairt an óil seo, an stuf seo a bhíodar a ól a thabhairt do na seandaoine agus ag iarraidh airgid ar na seandaoine. Bhíodar go dona.

6.1.5 *Tithe na mBocht agus an Gorta*

Le bheith ag breathú ar an ospidéal seo – bhí go leor acu sa gCondae – shílfeá go raibh a fhios ag na Sasanaigh go raibh an gorta ag teacht. Tóigeadh an ospidéal seo ocht déag ceathracha haon, sin timpeall is cupla bliain shular thosaigh an Gorta Mór. Bhí ceann acu in Áth Throim, bhí ceann acu san Uaimh, ceann áit a dtugann siad *Dunshaughlin* air, ceann acu i gCeannanas Mór, ceann acu sa Seanchaisleán agus ceann acu ar an teorainn idir Contae na hIarmhí agus Contae na Mí, áit a dtugann siad *Delvin* air. Bhíodar sin mórán istigh in aon chontae amháin. Ach bhí fear ag caint liom, dúirt sé liom go raibh a   sheanathair . . . ag obair air nuair a bhí sé á thóigeáil agus d'inis sé dhom an chaoi a raibh sé san am sin. Ach chonaic mé cupla seomra ar an tríú hurlár nár corraíodh ariamh ón chéad bhliain ar déanadh é. Ní thabharfá aon tsamhail do na seomraí seo, ní seomraí ospidéal a thabharfá orthu, ach seomraí a mbeadh beithígh istigh iontu . . . Bhí cineál circil[5] i lár an tseomra agus bhí sé níos airde – bhí cineál,

---

[5] /kʹerkʹəlʹ/ ciorcal.

mar a deir siad, *channel* thart timpeall agus bhí sé seo níos doimhne, cheithre horlaí, bhí sé níos ísle ná an t-urlár agus bhí sé timpeall is dhá throigh go leith ar leithead agus é ag goil mórthimpeall. Bhí trí *phlank* trasna an tseomra agus bhí píosaí de *phlankanna* ag tíocht aníos as an urlár agus boltaí curtha iontu, bhí na trí cinn seo crochta orthu nó daingnithe dhóibh. Séard a bheadh ar an ardán seo acu, chuala mé an seanfhear ag rá, málaí – bheadh tuí ghearrtha – sin é an *mattress* a bhíodh acu agus bhí sé leagtha ar an ardán seo. Ní raibh caint ar bith ar aon phluid, déarfainn, luífidís ar an *mattress* sin. Agus ní raibh an balla pláistreáilte ar chor ar bith, cloich ghlas, agus bhí tú ag breathú suas ar na taobháin agus ar na slateannaí ní raibh clúdach ar bith orthu, ní raibh aon tsíneáil ann, ach an *slate* os do chionn. Bhí sé ag breathú nach raibh mórán compóirt ag baint leis an gcaoi a raibh siad ag codladh san am sin. Is dóigh nach raibh siad a iarraidh ach cineál foscadh ón oíche nach mbeidís fliuch.

6.1.6 *Culaith Theach an Chondae*

Bhí sé an-chrua ar an seanduine san am sin, ní raibh mórán compóirt aige. Chonaic mé fhéin nuair a thosaigh mé ag obair ann – chonaic mé an chulaith a bhí siad a chaitheamh. Ar ndóigh bhí sí sin sách dona, ach an chulaith a bhíodar a chaitheamh san am sin, culaith dhorcha liath, agus ba é an dath céanna a bhí ar chuile chulaith a bhí ann. Bheidís mar a bheadh saighdiúir ann a mbeadh an *uniform* céanna orthu. Nuair a bhídís ag goil síos an baile mór, dúirt sé liom, go mbeadh sé scríofa ar a ndroim, ar dhroim an chóta nó an seaicéad: *Trim Union*, go mbeadh a fhios ag chuile dhuine cé iad fhéin agus cé raibh siad. Feictear dhom go raibh sé sin an-dona. Ní raibh mórán compóirt ar a saol acu.

6.1.7 *An scoil thionsclaíoch in Áth Troim*

Ansin le taobh na hospidéal seo bhí scoil bhocht, áit mhór a bhí ann. Bhí sé sin é fhéin mar a bheadh príosún ann ag páistí. Bhí balla thimpeall air . . . suas le deich dtroithe ar airde agus geata anseo agus ansiúd, agus doirse sna ballaí freisin go bhféadfá a ghoil isteach, ní raibh aon chall dhuit a ghoil isteach an geata mór. Bhí páistí ag fáil drochúsáide istigh san áit seo. Ní raibh aon chead amach acu. Sin anois páistí a bheadh, b'fhéidir, ó dheich mbliana suas, agus ní raibh siad a fháil ach maide mar a bhí go leor máistirí a dhéanamh san am, ag tabhairt drochúsáide dhóibh. Bhí cead a gcomhairle fhéin acu mar ní chreideofaí[6] an páiste, ach creideofaí an múinteoir.

Bhí fear amháin a bhí ag goil ag an scoil ann, fear a tóigeadh istigh ann a bhí ag inseacht dhom. Ghoideadar úllaí an t-am seo, bhí gairdín istigh ann agus bhí an oiread seo crainnte úllaí ann agus bhris siad isteach san áit a raibh na húllaí, agus thugadar leo iad cuid acu. Ach fríothadh na húllaí acu, ar chuma ar bith, agus fuair siad sciúirseadh – bhíodar sciúirseáilte de bharr na n-úllaí. Nach beag de rud é páiste a bhí i ndiaidh úlla go mbuailfí é? Ach buaileadh an fear seo, bhí sé ag rá liom, san am sin níl a fhios agam an raibh sé ach timpeall is deich mbliana nó dhá bhliain déag agus fuair sé drochbhualadh, a deir sé. Agus ar ndóigh, bhí drochbhualadh ag goil ar bun ann, a deir sé, chuile lá. Ach nuair a fuair sé an deis rith sé amach. D'éirigh sé go ndeachaigh sé amach ceann de na doirse beaga seo a bhí sa mballa. Bhídís ag goil amach is isteach ag obair agus duine ag breathú ina ndiaidh. Ach déarfainn nuair a bhí sé seo amuigh in éindí le go leor acu chuaigh sé i bhfolach agus nuair a fuair sé an deis chuaigh sé abhaile, nó shíl sé go raibh baile aige. Is cuimhneach leis an áit a raibh sé shular tugadh isteach é, bhí sé timpeall is seacht míle ón áit, agus chuaigh sé abhaile. Shiúil sé seacht míle agus nuair a tháinig sé chomh fada leis an teach a raibh a mháthair ina cónaí, mar ní raibh aon athair aige, agus chuaigh sé isteach agus d'fhiafraigh sé den fhear a bhí istigh, uncail dhó déarfainn a bhí ann, cá bhfuil a mháthair? Dúradh leis go raibh a mháthair bailithe go Meiriocá agus dúradh leis a ghoil isteach ar ais. Agus dúirt sé nach dtiocfadh. Bhuail sé leis aríst áit a raibh *aunteen* eile dhó agus ní raibh mórán fáilte ansin roimhe ach an oiread mar bhí cineál daoine ag breathú anuas orthu san am, ar pháistí mar sin agus ag breathú anuas ar an máthair san am céanna mar gheall gur tharla an rud sin di. Ní raibh mórán fonn orthu seo a bheith á choinneáil mar ní mhaith leo na comharsanaí a bheith ag breathú air. Is dóigh go raibh

---

6 /Nˊiː xˊɾˊetˊoːfˊiː/, an fhoirm seo faoi dhó san abairt seo.

náire orthu mar gheall gur páiste mar sin a bhí ann. Dúirt sí leis na gardaí é – nárbh uafásach an ceann é – agus tóigeadh é agus tabharadh[7] ar ais aríst é go dtí an scoil bhocht. Má buaileadh cheana é buaileadh anois aríst é . . .

Chuala mé é ag caint ar an rud a tharla nuair a bhí sé ag inseacht dhom roimhe, nuair a bhí sé óg gur maraíodar[8] an t-ardmhúinteoir. Ní raibh seisean ann, ach chonaic sé na gasúir a mharaigh é mar drochdhiabhal a bhí ann. Bhíodar ag fairiú air sa g*corridor* oíche amháin agus bhíodar réitithe lena aghaidh, agus séard a bhí acu *deckscrubbers* agus scuabannaí. Bhí seacht ngasúr – d'ionsaigh seacht ngasúr é agus bhuaileadar de na *deckscrubbers* seo é agus leagadar é, agus nuair a bhí sé leagtha choinníodar á bhualadh go raibh siad tuirseach, mharaíodar é. Ach má mharaigh, d'íoc siad as. Tóigeadh ansin iad agus cuireadh i scoil speisialta iad agus bhíodar ag fáil drochíde ansin. Bhíodar seo anois, b'fhéidir, suas le cheithre bliana déag nó chúig bhliana déag, cuid acu, ach nuair a tháinigdar in aois bhí an cogadh tosaithe, an chéad chogadh domhanda tosaithe, agus nuair a bhíodar in aois cuireadh isteach in arm Shasana iad agus cuireadh amach sa gcogadh iad, ach níor tháinig aon duine acu ar ais. Sin é an díoltas a baineadh dhóibh.

6.2 *Teach an Chondae mar phríosún*

6.2.1 *Cailíní óga i dTeach an Chondar in Áth Troim*

I dtaobh na mná seo a bhí ann san am, na mná seo a raibh páistí acu nach raibh pósta. Bhíodh na *nuns* ag iarraidh fir a fháil dhóibh. Is dóigh ar bhealach amháin, duine ar bith a phósfadh amach as ní bheadh cúram an duine sin níos mó orthu. Ach tá mé ag rá faoin aon fhear amháin, phós sé bean acu, as *Ballivor*, agus siad na *nuns* a rinne amach an cailín seo dhó. Nuair a thiocfadh an cailín isteach go Troim bheadh sí ann ar feadh, b'fhéidir, ocht mbliana déag shula ligfí saor í. B'fhéidir an t-am sin fhéin nach ligfí saor í, marach go bhfaigheadh duine eicínt amach í.

---

7 /t'u:ru:/. SB AC den bhriathar neamhrialta - 'tabhair.'

8 /gər mari:dər/, níor séimhíodh túschonsan an bhriathair sa gcás seo.

Ba é an rud is mó faoi sin: bhíodar ag iarraidh í a choinneáil istigh sa gcaoi nach mbeadh aon chlann níos mó aici, sa gcaoi nach mbeadh sí i dtrioblóid níos mó. B'in é an chaoi a raibh sé. Ach iad seo, mná óga a bhí iontu agus bhí an fear seo suas le trí scóir, cheapfainn, nó b'fhéidir os a chionn. Bhí feilm aige agus déanadh amach an cailín seo dhó, agus bhí chuile shórt ag imeacht agus chaith na *nuns* airgead ar an oíche, bhí oíche acu, agus a chuid gaolta. Ach, lá arna mháireach – bhí sé fhéin á inseacht dhom, an fear ar tharla sé dhó – d'iarr sí airgead air go raibh rud eicínt le ceannacht aici mar ní raibh pingin ag an gcailín seo, bhíodar ag obair sa *home*, ach ní rabhadar ag fáil aon airgead. D'iarr sí an oiread seo airgid air, bhí rud eicínt le ceannacht aici, níl a fhios agam fhéin ar éadach (é) nó rud eicínt le haghaidh an teach. Ach d'iarr sí an oiread seo airgid ar chuma ar bith agus thug sé dhi é agus ní fhaca sé ní ba mhó í. Chuaigh sí go Sasana.

Obair éigeantach i dTeach an Chondae

Nuair a thosaigh mise ag obair sa *home* caoga trí is beag nach gcomhairfeá le aon láimh amháin an méid a bhí ag fáil páí. Ba iad na mná óga seo a bhí ag déanamh na hoibre uiliug. Bhíodar ag obair ins chuile háit, bhí *laundry* mór acu ann agus déarfainn go rabhadar ag níochán do *Navan* chomh maith le ag níochán do Throim, d'ospidéal *Navan*, agus ní raibh siad seo ag fáil pingin. Bhí bean ansin i gceannas orthu. Bhíodh sí sin mar a bheadh *sergeant major* ann, sin í a bhí ag tabhairt na bhfógraí, bhí chuile shórt aici ach an fuip. Ní fhaca mé aon mhaide aici, ach bhíodh chaon scréach i gcónaí ag an mbean seo mar sin í a bhí fágtha ag na *nuns* i gceannas ar na mná óga seo; agus ní fhéadfaidís sin breathú ar aon fhear; ní raibh an cead amach acu; nuair a bheadh an obair déanta chaithfidís a ghoil ar ais go dtína seomraí. Bhíodar faoi ghlas an méid eile. Ní raibh cead a gcinn ar chor ar bith acu.

San am sin bhí deich dtroithe de bhalla agus bhí *wire* deilgneach os cionn an bhalla, agus ag an ngeata bhí fear geata ann agus dúinfí an geata seo ag leathuair théis a ceathair chuile thráthnóna agus mara mbeadh sciathán ort ní bheifeá in ann a ghoil amach th'éis é sin, ní fhéadfá an áit a fhágáil. Bhí saol uafásach crua acu. Is uafásach an t-athrú a tháinig ar an saol ó shin. An bhail a cuireadh ar an mná sin mar gheall go raibh clann acu. Ba é *Castlepollard* i gCondae na hIarmhí – b'in é ar an gcéad pháiste, mná as Contae na Mí thiocfaidís go *Castlepollard*, agus b'fhéidir go mbeidís in ann fáil amach leis an gcéad pháiste, ach dhá dtarlódh sé an darna huair, ba é Troim – Troim a chaithfidís ocht mbliana dhéag a dhéanamh ann nó níos mó.

6.2.2 *Meitheal péintéarachta*

Tá mé anois ag goil siar go dtí an rud seo a tharla i dtaobh an dream seo a bhí ag péinteáil an *home*. Bhí na cailíní seo ag obair sa gcisteanach, chuile áit bhíodar thart, bhíodar ag obair ag an bhfear a bhí os cionn an *home*, Jimmy Rooney; agus bhí a athair i gceannas an *home* agus níl a fhios an raibh a sheanathair i gceannas. Bhí sé ag tíocht anuas ón athair go dtí an mac. Ba é an *master of the work house*, b'in é, agus cineál tíoránach a bhí ann, agus tíoránach a bhí ina athair roimhe. Na seandaoine a bhí sa *home*, duine ar bith a bhí in ann sluasaid nó láí a iompar bhí sé amuigh ar an talamh thimpeall air ag cur. Bhíodh na mná seo ag obair aige agus dhá ndéanfaidís tada as bealach, d'inseodh sé dhóibh cé iad fhéin, bhí ainm aige lena n-aghaidh. B'in é an sórt tíoránach a bhí ann. Chuala mé na seandaoine ag rá go gcloisfeá thíos sa mbaile mór scaití é nuair a bhíodh chaon scréach aige ar na seandaoine. San am sin ní ligfí isteach ach duine nach raibh aon áit aige, duine a chaithfeadh a ghoil isteach ann.

Ach i dtaobh an bhean óg seo, bhí sí seo ag obair sa g*convent*. Bhí go maith, bhí na leaids seo istigh ag péinteáil an *home*, bhí sé tóigthe acu ar *contract* an *home* a phéinteáil. Dearthárachaí uiliug a bhí iontu seo agus bhí a n-athair in éindí leo. Nuair a fuair an cailín óg seo beagán saoirse, nuair a chonaic sí an fear óg, tá a fhios agat fhéin céard a tharla. Ach chuaigh sé in éindí léi ar chuma ar bith, chuala mé, i leaba an *mhatron* agus bhí clann aici agus, ar ndóigh, bhí *hullabaloo* ann nuair a tharla sé. Ní raibh mórán caint faoi san am, ar bhealach, bhí sé coinnithe faoi rún, ach cuimhním ar an lá seo, tráthnóna a bhí ann, bhí mé ag goil suas an staighre agus bhí an *mhatron* in éindí liom, bhí jab eicínt le déanamh thuas ann. Agus cé a bheadh ach an fear seo ag péinteáil an staighre agus sheas sí ag breathú air agus d'fhiafraigh sí cén fáth é a bheith ann nó cé a dúirt leis a thíocht isteach. Dúirt sí chuile shórt leis, ach níor thosaigh sí á *f*-áil, bhí sí oibrithe. Chuir sé sin iontas orm, bhí a fhios agam go maith go raibh diabhal eicínt tarlaithe faoin fhear seo. Is dóigh go raibh mé, mar a deir an Béarla, beagán *nosy* go raibh mé ag cur ceisteannaí agus fuair mé amach cén fáth. Agus sin é an fáth mar ní raibh aon chead aige a ghoil isteach, bhí sé curtha amach as an *home*, ní fhéadfadh sé a ghoil isteach ag obair ann. Dúirt sí leis mara dtiocfadh sé amach go gcaithfeadh sé fhéin agus a chuid dearthárachaí, an *whole lot* acu, a ghoil amach, agus b'éigean dó an canna a thabhairt leis agus an *bhrush* agus a ghoil síos staighre agus b'éigean dó siúl amach. Sin é an fáth mar chuir sé an cailín seo i dtrioblóid istigh sa g*convent*. Bhí sé ráite, níl a fhios agam é sin ar fíor nó bréag é, gur ar leaba an *mh*atron a rinne sé an jab.

6.2.3 *Ag obair le mná rialta*

Tá mé ag caint ar an *home* i gcónaí. Is dóigh tar éis suas le tríocha dó bliain a chaitheamh ann go gcaithfidh mé smaoiniú air. Bheadh iontas agat – áit a raibh *nuns* ag breathú ina dhiaidh go raibh rudaí ag tarlú ann. Nuair a fheicfeas tusa *nun* ag siúl sa mbaile mór déarfá: "ó, is aoibhinn don bhean sin." Ní raibh aon eolas agamsa ar *nuns* go dtáinig mé ag obair fúthu agus fuair mé amach cén sórt daoine iad na *nuns* le bheith ag obair fúthu. Bhuel, bhí mé ag tabhairt ceart ariamh do *nuns* agus sagairt mar go raibh siad an-ghar do Dhia, ach bhí athrú intinn agam nuair a bhí mé ag obair acu mar nuair atá an oiread seo mná istigh i g*convent*, idir óg agus sean, níl siad ag tíocht le chéile agus chonaic mé *nuns* nach raibh ag labhairt le chéile.

Ach i dtaobh an cheann seo, ar chuma ar bith, fuair sí tuirseach den – Nuair a thosaigh mise ag obair ann bhí sí ag obair sa gcisteanach agus cuireadh ar chúrsa banaltra í. Chuaigh sí go Baile Átha Cliath ag déanamh staidéar le bheith ina banaltra. Bhí go maith . . . Tháinig sí amach agus tháinig sí ar ais ag obair sa *home*. An chaoi a raibh sí bheadh a fhios agat go maith nár cheart di a bheith ina *nun*, bhí sé sin ag briseadh amach inti, ní raibh sí ar nós an chuid eile acu. Bhí sí ag goil ag rá rud ar bith a thiocfadh ina béal, rudaí nach ndéarfadh *nuns*. Bheadh a fhios agat go maith gob é an chaoi ar cuireadh isteach í in aghaidh a toil sna *nuns*.

Is iomaí uair a bhíodh sí suas nuair a bhínn ag obair san ospidéal corruair. An áit is mó a raibh mise ag obair – daoine a bheadh ina suí ar feadh an lae . . . Bhíodh sí isteach sna *ward*annaí, . . . i gceannas na mná is mó a bhí sí, ach thiocfadh sí anall san áit a mbíodh na fir. Is dóigh go mbíodh tóir ar na fir aici agus bhíodh sí ag spiochadh le seanduine, agus bhí seanduine amháin ann, mo dhuine bocht, agus bhí *stroke* faighte aige, ní raibh aige ach aon láimh amháin, ach bhí an dá chois sách súpláilte aige. Is dóigh go raibh sé suas le cheithre scóir agus ní raibh an chaint chomh maith sin aige agus bhíodh sí i gcónaí ag spiochadh as, bhí sí ag iarraidh craic a bheith aici leis an bhfear seo. Bhíodh sí ag déanamh diabhlaíocht air sin sa leaba agus *jump*álfadh sé amach as an leaba, ní raibh a fhios aige sin céard a bhí inti, ba chuma leis sa diabhal céard a bhí inti, ach is dóigh go raibh sí á chorraí suas agus leanfadh sé ar fud an tseomra í agus ní raibh air sin ach léine bheag agus tá a fhios agat fhéin cén chaoi a raibh sé ag breathú agus é ag leanacht na *nuns* ar fud an tseomra. Ach ní dhéanfadh sí é sin go mbeadh a fhios aici nach raibh aon duine eile de na *nuns* thart. Bhí sí ag baint craic as sin.

6.2.4 *Fear an gheata*

Chuile Déardaoin chaithfinnse a ghoil ar an ngeata le lá saoire a thabhairt don fhear an gheata. Duine ar bith a bheadh ag breathú ar na *patients*, daoine muintireacha . . ., chaithfeá a ainm sin a chur síos, an t-am a dtáinig sé ag breathú ar an b*patient* seo. Chaithfeá cuntas a choinneáil cé a bhí ag tíocht go dtí chuile *patient*, ag breathú air . . . Ach nuair a bhínn ar an ngeata thiocfadh sí seo ag glaoch ar an bhfear ba cheart a bheith ar an ngeata, dhéanfadh sí dearmad. Gussie a bhí ar an bhfear seo. Fear Protastúnach a bhí ann agus d'iontaigh sé ina Chaitliceach agus nuair a d'iontaigh sé ina Chaitliceach bhí sé ag fáil ómós speisialta ó na *nuns*, fear go leith a bhí ann. Níl a fhios agam a mb'as Cill Chainnigh ó cheart é, ach chaith sé blianta fada ag obair i gCondae na Mí.

Bhí go maith, bhíodh sí seo ag glaoch air, mar a déarfá, thiocfadh sí anuas corruair agus is iomaí uair a déarfainnse: "nach ndéanfaidh mise thú, rud ar bith atá Gussie in ann a dhéanamh nach ndéanfaidh mise é." "*No*," a deir sí, "Gussie atá mé a chuartú." Ach bhí a fhios agam sa diabhal go maith go raibh rud eicínt ag tarlú. Bhí Gussie pósta, ach ní raibh clann ar bith aige; bhí sé ina chónaí sa mbaile mór. Bhíodh Gussie ag obair in

éindí liomsa nuair a bheadh an oiread seo *patients* le *bath* a fháil ná le
bearradh ná le bearradh gruaige ná le bearradh féasóige ná rud ar bith
mar sin, bheadh Gussie in éindí liom ag tabhairt cúnamh dhom mar an
chuid is mó acu ní raibh siad in ann iad fhéin a bhearradh. An lá seo –
an seomra folctha bhí glas air, agus bhí eochair agamsa agus eochair ag
Gussie lena aghaidh sin . . . Bhí a fhios agam go diabhalaí maith go raibh
diabhal eicínt idir Gussie agus an bhean seo. Am áithrid den lá thiocfadh
na *nuns* isteach ag guidhe ar fad. Bhí an séipéal istigh i lár na háite.
Agus bhí lá speisialta acu go mbeidís ag guidhe, b'fhéidir, ar feadh uair
go leith. Bhídís ansin ag *psalm*áil nó ag *sing*áil nó, cén t-ainm a dtugann
tú air: *chant*áil. Bhí sé sin ar bun acu agus chloisfeá in áit ar bith chaon
scréach acu istigh sa séipéal. Ní dheachaigh sí seo isteach an lá seo, ar
chuma ar bith, agus nuair a fuair sí istigh roimpi an *whole lot*, ar ndóigh,
tháinig sí go dtí Gussie. Bhí an seomra faoi ghlas agus . . . nuair a chuir
mé isteach an eochair bhí a fhios agam gur bhuail mé eochair eile taobh
istigh agus thit sí amach an taobh eile, agus bhí a fhios agam an uair sin
nuair a chas mé an eochair go raibh duine eicínt istigh, ach san am
céanna bhí mé ag ceapadh gur chuir sé glas air is gur imigh sé leis. Ach
nuair a bhuail mise an eochair d'airigh mé torann agus cén diabhal a
bheadh istigh an *bathroom* líonta le uisce agus, ar ndóigh, bhí cúr ag goil
sky high agus an bheirt acu ina gcraiceann istigh sa m*bathroom*. Ó, stop
is beag nach dtáinig lagar orm. Creid é nó ná creid. Sin é a tharla. Ní
raibh sé mórán achair ina dhiaidh sin nuair a d'imigh sí ar iarraidh . . .

Ansin ag a sé a chlog trathnóna chaithfidís (na mná rialta) an oiread
seo achair sa séipéal, ach níor tháinig sí seo isteach sa séipéal tráthnóna,
an tráthnóna speisialta seo, ní dheachaigh sí isteach ar chor ar bith ann.
Bhí an chuid eile de na *nuns* ann, ach níor chuireadar aon suim ann,
cheap siad go raibh sí go dona, go raibh tinneas cinn nó rud eicínt
uirthi. Nuair a bhí an páidireáil thart acu agus an *chant*áil agus hé bith
an oiread seo a bhí le déanamh acu chuadar ar ais go dtí an *convent*,
chuartaíodar[9] an *convent* agus ní raibh sí ann agus bhí imní ag tíocht
ansin orthu cé raibh sí.

Chuireadar fios ansin ar cheannfoirt an *convent* sa mbaile mór. An

---

9 /xuːrtədər/.

bhean atá ansin os a chionn sin, sin í a bhfuil *shout* ar an *whole lot* acu, sin í atá ag breathú ina ndiaidh mar as an *gconvent* mhór seo atá siad suas sa *home*. Ach cuireadh fios ar an *Reverend Mother*, cuireadh fios ar Father McKeever, an sagart paráiste, agus cuireadh fios ar an *sergeant*, agus ní raibh a fhios ag aon duine tada. D'imigh sí agus ní raibh a fhios ag aon duine céard a tharla. Bhí sé seo ag goil ar aghaidh agus bhíodar ag fanacht go raibh sé an haon a chlog ar maidin ag ceapadh go dtiocfadh sí ar ais . . .

6.2.5 *An bhean rialta ar iarraidh*

Bhí a fhios agam go raibh diabhal eicínt suas, ach níor chuimhnigh mé choíchin go raibh tada le déanamh aige leis an *nun* ar an mbealach sin. An *nun* as Contae an Chláir, Sister Margaret Mary a bhí ag inseacht dhom, bhí go leor rudaí a tharla mar bhí sí i láthair ag éisteacht leo. Dúirt an *sergeant* le Gussie gob é a *dhuty* í a fháil, beo nó marbh, go gcaithfeadh sé í a fháil. Dhá gcaithfeadh sé an *Boyne* a *drag*áil ó Throim go dtí *Drogheda*, go gcaithfeadh sé é a dhéanamh. Bhí faitíos orthu gur san abhainn a bhí sí. Dúirt siad go gcaithfidís é sin a dhéanamh agus "má tá a fhios agat," a deir sé, "tada fúithi, inis dhúinn!" Sin é nuair a bhris sé síos. Dúirt sé leo go dtug sé – go bhfuair sé *hackney* dhi . . . nuair a bhíodar (na mná rialta) istigh ag guidhe tráthnóna agus gur b'in é an t-am ar imigh sí agus gur fhága sé in óstán i mBaile Átha Cliath í. Ar ndóigh, bhíodar sásta ina n-intinn nuair a bhí sí beo.

Thóig sé go leor an méid sin a bhaint as mar dúirt sí leis a bhéal a choinneáil dúinte, bhuel, bhí sé dílis di san am céanna. Nuair a fónáladar suas bhí sí bailithe léi go Ciarraí. Bhí sí sin ag inseacht dhomsa, Sister Margaret, an *nun* seo. Dúirt sí: "ní cheart dó sin tarlú," a deir sí, "ní cheart di rud mar sin a dhéanamh léi fhéin," a deir sí, "go mbeadh ag a fhios ag chuile dhuine é. Ní raibh aici ach litir a scríobh go dtí an t-easpag agus inseacht dó agus í a *release*áil óna *vows*. Sin é an méid a bhí le déanamh aici," a deir sí, "agus ní bheadh a fhios ag duine ar bith é, ach an rud a rinne sí," a deir sí, "bhí a fhios ag an gCondae é."

Bhuel ansin, Gussie, bhí mo dhuine bocht i dtrioblóid. Ba é an *fair-haired boy* é, an dtuigeann tú, roimhe seo mar gheall gur iontaigh

sé a chreideamh agus go dtáinig sé isteach sa gcreideamh Caitliceach.
Bhí ómós an domhain le fáil aige san am sin, ach anois bhí an rotha
iontaithe ar an taobh eile. Bhíodar ag breathú anuas anois air mar a
bheidís ag fáil boladh bréan air nó rud eicínt; níorbh é an Gussie céanna
anois é agus bhí a fhios aige fhéin é sin, bhí a fhios aige go maith go
raibh siad ag tabhairt cúl na láimhe dhó. An chéad rud eile d'fhága sé
an _home_, d'imigh sé as an _home_ agus chuaigh sé ag obair go Baile Átha
Cliath. Ní raibh sé an fhad sin achair i mBaile Átha Cliath, cupla mí,
agus is dóigh go raibh a intinn beagán ag cur isteach air. Bhí sé ag goil
ag dochtúirithe[10] agus fuair na _nuns_ amach nár cheart dóibh iontú ina
aghaidh ar an gcaoi sin. Ba cheart dóibh maiteanas a thabhairt dó faoin
rud a rinne sé. Is dóigh go rabhadar á dtuiscint fhéin go rabhadar as
bealach faoi Ghussie. An chéad rud eile bhí sé thiar i _Mullingar_.[11] Níl
a fhios agam cén t-achar a chaith sé i _Mullingar_, mo dhuine bocht.
Tháinig sé abhaile as sin agus ní raibh sé mórán achair sa mbaile nuair
a chuir na _nuns_ scéal aige go dtiocfadh sé ar ais agus chuaigh sé ar ais
ag obair ann. Bhíodar ar ais aríst aige – ní rabhadar ina aghaidh anois,
bhíodar leis aríst mar bhí a fhios acu go raibh sé dháiríre, gur thóig sé
go leor air inseacht an rud a rinne sé agus bhíodar seo ag fáil ómós dhó
mar gheall air sin. Bhí sé dílis don bhean seo.

Ní raibh sé timpeall is bliain ag obair ann nuair a bhí mé ag goil isteach
ag obair maidin amháin, ag goil síos an tsráid a raibh Gussie ina chónaí –
bhí an fear seo ar an tsráid, seo fear a bhíodh ag tabhairt amach an
bhainne ag chuile dhoras ar maidin, bhí aithne mhaith agam air – tháinig
sé go dtí mé agus dúirt sé: "tá duine de do chuid fir," a deir sé, "_they're
after fishing him out of the Boyne._" Deir mise: "céard atá tú a rá?" "Gussie,"
a deir sé, "thugadar Gussie," a deir sé, "amach as an abhainn ar maidin."
Ní raibh aige ach cupla céad slat ar aon nós ón áit a raibh sé ina chónaí
go dtí an abhainn agus chaith mo dhuine bocht amach san abhainn é
fhéin. Tháinig mé ag breathú air sa _mortuary_, agus bhí an féar seo a
bhíonns ag fás san abhainn agus bhí sé ina chuid _pyjamas_ ansin leagtha
ar _slab_, mo dhuine bocht. Bhí sé go dona, chuaigh sé thríom an bhail a

---

[10] /doxduːrˈəhə/, uimhir iolra a bhí i gceist anseo ag MÓC.
[11] Institiúid shíciatrach.

cuireadh ar an bhfear sin agus *nun* bun agus barr leis an rud a tharla. Níl a fhios agam anois an bhfuil an bhean sin anois beo ná marbh, an *nun* seo. Ach sin é a tharla do Ghussie, mo dhuine bocht. Nuair a chonaic mé sa *mortuary* é agus chonaic mé an bheirt ar chaon taobh dhó a raibh sé ag tabhairt breathú ina ndiaidh an lá roimhe, sé a réitigh iad le ghoil síos sa *mortuary* in éindí le duine de na banaltraí. Sé Gussie a réitigh an bheirt a bhí ar chaon taobh dhó, bhuel, bhí sé fhéin anois i lár eatarthu.

6.3 Scéalta eile faoin áit

6.3.1 Teach an Chondae agus scéal an fhear oibre

I dtaobh na mbanaltraí a bhí ag obair san am sin, ní raibh ach ceathrar mná rialta a bhí ina mbanaltraí agus dhá bhanaltra nach raibh ina mná rialta agus ní raibh sé sin ina ndóthain le haghaidh os cionn trí chéad duine. Ach bhí ansin na hothair – sin iad a bhí ag déanamh an obair ar fad. Bhuel anois tá mé ag goil ag lua duine amháin – duine amháin a chaith ag obair, níl a fhios agam, ó naoi déag naoi déag nó naoi déag fiche go dtí na seascadaí ag obair san ospidéal. Le ghoil siar ar shaol an fhear seo, tháinig sé as Seanchaisleán agus bhí beirt deirfiúr aige ina mná rialta i Sasana. Ní raibh sa mbaile ansin nuair a d'imigh an dá dheirfiúr ach é fhéin agus a dhearthár agus faoi cheann blianta is dóigh gur rinne an deartháir a intinn suas go raibh sé ag goil ag pósadh, go raibh sé ag goil in éindí le cailín agus go raibh sé ag goil á pósadh. Ach nuair a phós sé, ar chuma ar bith, bhí a fhios ag Mickey go gcaithfeadh sé fhéin imeacht, ach ní chuir an deartháir amach é mar ní dhéanfadh an deartháir rud mar sin mar bhí an iomarca creideamh sa gcomhluadar; ní chuirfeadh an deartháir amach é. Ach bhí a fhios aige go raibh sé ag cur isteach ar a dhearthár agus ar a bhean agus an chéad rud eile thug sé an bóthar air fhéin agus ní raibh a fhios ag an deartháir cé ndeachaigh sé. Níor inis sé dhó go raibh sé ag imeacht. Scríobh an deartháir ansin ag an dá dheirfiúr thall i Sasana an rud a tharla agus, ar ndóigh, chuir siad sin tóir air, bhí siad sin ag glaoch suas ar chuile staisiún gardaí thart go fríothadh amach cé raibh sé. Bhí mo dhuine bocht ag goil thart ar an mbóthar, ní raibh aige ach ag cuartú déirce, nuair a bheadh ocras air thiocfadh sé isteach ag cuartú – mar bhíodh sé ag cur síos ar a shaol dhom.

Fear deas a bhí ann, ach b'fhéidir go ndéarfá nach raibh sé chomh –
go raibh rud eicínt mícheart leis, nach raibh sé – ó cén chaoi a ndéarfaidh
mé é – nach raibh sé ina scilling ar fad, ach san am céanna fear fíorghlan
agus fuair sé obair sa *home*. Mar a dúirt mé cheana, bhí sé ag obair ó
naoi déag naoi déag go dtí na seascadaí, ag obair gan aon pháí. Fear
iontach a bhí ann ag breathú i ndiaidh na n-othair agus i dteannta leis sin
bhí sé ag breathú i ndiaidh teach an phobail. Fear é a bhí ag obair i
gcónaí agus ní raibh ag an bhfear bocht, ach – nuair a bheadh sé istigh
sa seomra a mbeifeá ag níochán ann, nuair a bhíodh na seandaoine eile
á níochán agus á mbearradh fhéin bhíodh sé ag faire go gcaithfidís *blade*
uathu agus bhéarfadh sé ar an lann agus chuirfeadh sé isteach i ngloine
é agus bhí sé in ann é a ghéarú leis an ngloine go mbeadh an *bhlade* sin
in ann é fhéin a bhearradh. Bhí sé ar an gcaoi sin tar éis go raibh sé ag
obair ar feadh na mblianta, ní raibh pingin ina phóca.

Níl a fhios agam cé na blianta seo, hé bith cén chaoi a bhfuair sé
scilling thug sé d'fhear an gheata é, fear a bhíodh ag díol ticéid[12], an
sweep. Thug sé scilling dhó le *share* a bheith sa *sweep* aige agus bhí
deichniúr chomh maith leis sa *sweep*. Níl a fhios agam fhéin cén
t-airgead a bhí an t-am sin sa *sweep*, ach ghnóthaíodar[13] míle an duine,
déarfainn gur tharla sé sin sna caogadaí agus ghnóthaigh Mickey, mo
dhuine bocht, míle in éindí leis an naonúr eile agus ba mhór an lear
míle sna caogadaí. Ach ní bhfuair Mickey an míle seo ina lámha, ní
bhfuair sé pingin den mhíle seo mar gheall go raibh sé an fhad seo
blianta ina *inmate* sa *home* agus gan é ag íoc air fhéin. Ní raibh sé ag
fáil an phinsean. Coinníodh an míle seo uaidh – dhá mbeadh sé ag fáil
an phinsean bheadh sé ag íoc air fhéin, ach ní raibh sé ag fáil aon
phinsean, agus choinnigh an Comhairle Contae an míle seo uaidh agus
in áit é a thabhairt do Mhickey cheannaíodar leaid le bheith ag spáint
pictiúir – chuir siad sa seomra bia é – go mbeadh pictiúr acu cupla oíche
sa tseachtain, ach ní bhfuair Mickey, mo dhuine bocht, pingin. Sin é an
bhail a cuireadh ar Mhickey. Feicim go raibh sé fíordhona an chaoi ar
chaitheadar leis.

---

12 /tɪkˊeːdˊ/ tuicéid.
13 /ɣruːˌ ədər/.

6.3.2 *Obair san ospidéal*

Nuair a thosaigh mé fhéin ag obair ann – san áit a bhfuair mé an obair bhí céad agus dhá leaba agus i dteannta sin chaithfinn a ghoil anonn san ospidéal dhá mbeadh duine tinn, duine a bheadh ag obair ann chaithfinn a áit a thóigeáil agus chonaic mé an rud a bhí ag goil ar aghaidh san ospidéal nuair a bhínn ag goil anonn ann, rud nár thaitnigh liom, an íde a bhí na seandaoine a fháil, an bhail a bhí ag goil orthu. Dhá n-inseofá é do dhuine ní chreidfí thú – ní chreidfí thú! Bhí cupla fear ag obair ann agus ba cheart iad a bheith sna campaí i *Germany* bhíodar chomh dona sin do na seandaoine. Nárbh uafásach an ceann é, nuair a bheadh an fear ag scréachaíl le pian, b'fhéidir ag fáil bháis le *cancer* nó bé bith cén donacht a bheadh air, chrochfaí suas a leaba – bhéarfadh sé ar íochtar na leaba agus chrochfadh sé suas é chomh fada is a d'fhéadfadh sé é agus ligfeadh sé anuas ar an urlár é agus i ndiaidh ag rá: "*shut up, you fucker, you!*" Bhí chuile ainm, dhá bhrocaí, á thabhairt ar mo dhuine bocht nach raibh aige ach an oiread seo laethantaí nó an oiread seo uaireantaí le maireachtáil ar an saol seo. Sin a raibh aige agus é ag fáil an íde sin.

Rud eile – nuair a bhrocódh sé an leaba cuirfí siar ina bhéal é ag rá leis gan é a dhéanamh aríst. Bhí an cumhacht imithe as corp an fhear seo agus an bhail sin ag goil air agus dhá ndéarfadh duine sa seomra leis na *nuns* an íde seo agus dúirt siad é, agus sé a déarfaí: "ó, ná bac leis sin!" a déarfadh an dream a bhí á dhéanamh, "tá sé sin imithe as a mheabhair," agus ní chreidfí iad, ach bhí an bheirt seo á gcreidiúint. Tá a fhios agam uair amháin bhí fear thall ann agus, hé bith cén chaoi a bhfuair mo dhuine bocht biseach, athraíodh anall é san áit a raibh mise ag obair agus faoi cheann cupla mí fuair sé go dona aríst, an fear bocht. Tháinig an *nun* seo agus dúirt sí: "caithfidh tú a ghoil anonn trasna mar ní fhéadfaidh dochtúr a bheith ag tíocht an áit seo ná *nurse*annaí," a deir sí, mar roimhe seo san áit a raibh mé ag obair duine a gheobhadh go dona ann chaithfí é a chur anonn san ospidéal ag déanamh rudaí réidh don dream a bhí os cionn na háite mar ní raibh mórán daoine ag obair ann. Ach dúirt sí leis an lá seo, ar chuma ar bith: "caithfidh tú a ghoil anonn san ospidéal,"[14] agus dúirt sé léi: "*for God sake, sister,*" a deir sé,

---

14 [asbəd'eːl], féach A.2.

"*let me die in peace here with Michael!*" Bhí a fhios agamsa cén fáth ar dhúirt sé é sin, ach níor thuig sise cén fáth ar dhúirt sé é. Bhí truaí agam don fhear sin, ach aistríodh anonn é, ach ní mhair sé mórán achair taobh thall, is dóigh nach raibh sé ag iarraidh maireachtáil. Ba huafásach an rud é an deireadh atá ag an duine, na huaireantaí deireanacha – an bhail seo a chur air agus an áit sin rite ag mná rialta.

6.3.3 *Cruimhe*

Is dóigh nach raibh a ndóthain banaltraí ann le breathú ina ndiaidh. Chonaic mé an fear seo agus bhí *varicose veins* ina chosa agus bhíodh sé ag rith i gcónaí,[15] bhíodh stuf ag tíocht i gcónaí as, ar ndóigh is dóigh go mba chóir caoi a chur chaon lá air nó chaon darna lá. Ach bhí an t-éadach imithe an lá seo dhó, an rud a bhí thimpeall ar an lot, agus nuair a bhreathaigh mé air bhí cruimhe sa lot mar a bheadh cruimhe i gcaora; bhainfeadh sé scantradh asat. Bhí na cruimhe á ithe agus má fhágtar cruimhe i gcaora maróidh na cruimhe an chaora sa deireadh. Is dóigh gob é an chaoi ar tharla sé nach raibh a ndóthain acu ag breathú ina ndiaidh.

6.3.4 *Potaí fuail*

I dtaobh an pota a bheadh acu a mbeidís ag déanamh a gcuid fuail ann, potaí móra iad seo a dtiocfadh cupla galún iontu agus lámha orthu agus bhíodar ann le blianta fada. Bhí an oiread seo d'aol taobh istigh orthu mar is é a déanfaí leo caithfí síos sa m*bath* iad agus cuirfí braon *disinfectant* nó hé bith cén sórt stuf a chuirfidís orthu agus sin é. Tóigfí aníos iad agus nuair a bheadh ceann acu ag teastáil ón b*patient* gheobhadh sé é. Ach tháinig riail amach ansin – bhíodh siad leagtha ar an *locker* agus ní rud deas a bhí ann le leagan ar *locker*, tá mise ag caint anois ar na blianta ó shin – ach dúirt na *nuns* a bhí i gceannas nach bhféadfadh sé a bheith ar an *locker* níos mó, go raibh sé gránna ar an *locker*, agus é a leagan amach sa seomra folctha go mbeadh sé ag teastáil ón othar agus nuair a bheadh sé ag teastáil uaidh é a thabhairt ar ais nuair a d'iarrfadh sé é agus nuair a bheadh sé réitithe leis é a thabhairt amach díreach. Bhí sé sin ceart go leor, ach nuair atá seanduine ann agus a chuid uisce – nach bhfuil sé in

---

15 Brachadh nimhiúil ón lot atá i gceist anseo.

ann é a choinneáil, go bhfuil donacht eicínt air, go bhfuil sé ag iarraidh ceann acu seo a bheith lena a thaobh. Is dóigh nach raibh siad á thuiscint sin go mbeadh sé ag teastáil uaidh. Ach bhí go maith dhá leagadh sé dhá scilling nó leathchoróin ar an *locker* gheobhadh sé é, fágfaí aige é, nó mara leagfadh sé an t-airgead sin ag an *locker* ní bhfaigheadh sé é. Feicim go raibh sé sin uafásach – an bhail a bhí ag goil orthu.

Tá a fhios agam rud amháin a rinne mé fhéin, bhí na potaí céanna san áit a raibh mé fhéin, na potaí brocacha seo, ní raibh na buidéil anois ar chor ar bith ann, tháinig na buidéil blianta ina dhiaidh sin, ach bhí na potaí san áit a raibh mé fhéin agus bhí mé ag cuimhniú ar an gcaoi a rabhadar agus ar an mbrocamas a bhí orthu agus bhí cleachtadh agam a bheith ag glanadh rudaí le *caustic soda*. Chuirinn síos iad seo sa m*bath* agus chaithinn an oiread seo *caustic soda* ar an uisce. Nuair a bheadh sé sin déanta, b'fhéidir cupla uair agat sa tseachtain bheadh na potaí seo chomh glan le scilling, bheadh an choirt[16] seo bainte dhóibh uiliug. Ach bhí contúirt ann, dhá gcuirfeá an iomarca *caustic soda* san uisce go gcuirfeadh sé poill orthu, go gcaithfeá a bheith cúramach. Ar ndóigh, bhí iontas cén fáth a raibh na potaí seo agamsa déanta agus na potaí a bhí san ospidéal ar an gcaoi eile. Chuile shórt a bhí mé a dhéanamh bhí mé ag fáil isteach i dtrioblóid, nár cheart a bheith ag goil chun cinn rófhada.

6.3.5 *Othair a bhíodh ag obair*

Tá a fhios agam go raibh fear amháin agus bhí an-dúil san ól aige, ar ndóigh bhí dúil ag go leor acu ann, ach ní raibh aon airgead acu lena cheannacht. Fear é seo anois nach raibh ag fáil an phinsean, ní raibh sé in aois an phinsean, bhí sé ar nós an chéad fhear a raibh mé ag caint air . . . Am tae gheobhadh sé an oiread seo uibheachaí le cur síos do na hothair, b'fhéidir go raibh ocht nduine dhéag. Chuireadh sé síos i bpota iad seo, ach ní chuireadh sé síos uiliug iad. Bhí ubh le haghaidh chuile dhuine sa tráthnóna, ach b'fhéidir nach gcuireadh sé síos ach cheithre cinn nó sé cinn acu sin agus dhéanadh sé siúráilte nach ndéanfadh sé crua iad, d'fhágfadh sé bog iad, agus bhrisfeadh sé isteach iad i gcupán nó *mug* mór agus mheascfadh sé suas iad. Bhí go leor acu nach raibh aon chiall acu

---

16 /ən xart'/.

agus bhí an chuid is mó acu seo curtha i seomra leo fhéin. Bhí súil orthu ar fhaitíos go siúilfidís amach nó rud mar sin, ní raibh an mheabhair chomh maith sin ag go leor acu . . . Bhí croimbéal ar go leor acu seo agus chimleodh sé an spunóig den chroimbéal agus déarfadh sé: "tá ubh faighte agatsa," thiocfadh sé go dtí an darna duine agus chimleodh sé an spunóg dhá *mhoustache*. "tá ubh faighte agatsa," agus d'imeodh sé mar sin ó dhuine go duine go gcuirfeadh sé cóta den ubh ar chroiméal chuile dhuine dhá raibh acu ann. Bhí go maith ansin, bhí ubh faighte uiliug acu agus dhíolfadh sé an méid eile go bhfaigheadh sé luach pionta; bhí an t-airgead gann, bhí an t-airgead ag teastáil uaidh . . . Nuair a bheidís ag déanamh suas na leapachaí tráthnóna, b'fhéidir go dtiocfadh banaltra thart agus bheadh sí ag tabhairt cúnamh do mo dhuine ag déanamh suas na leapachaí tráthnóna, iad a chóiriú le haghaidh na hoíche, leis an othar a dhéanamh compóirteach. Nuair a d'fheicfeadh mo dhuine an ubh: "an bhfeiceann tú," a deir sé, "an bhail a chuir sé air fhéin leis an ubh?" a deir sé, "ní raibh sé in ann ithe ceart," a deir sé, "ach chaithfeadh sé í a chur ar a (chroiméal)." Agus mo dhuine bocht ní raibh ubh ar bith faighte aige, ní raibh a blas fhéin aige ach é cimlithe ar a *mhoustache*.

An dream a bhí ag fáil an pinsean ní bhfaighidís ach, b'fhéidir, trí leathchoróin san am sin airgead póca, ach rud eile a bhíodar a fháil, bhíodar ag fáil cupla unsa tobac, bhí an pinsean coinnithe cés moite de trí leathchoróin. An fear seo a bhíodh ag oibriú an chloigeann leis na huibheachaí – Dé hAoine nó Dé Sathairn chaithfí chuile sheanduine a bhearradh, chaithfeadh sé a bheith bearrtha le haghaidh Dé Domhnaigh. Na blianta deireanacha a raibh mise ann chaithfí é a bhearradh faoi dhó sa tseachtain. Ach bhíodh an fear seo á mbearradh agus an fear a gheobhadh trí leathchoróin bearrfaí é sin – Dé hAoine a gheobhaidís na trí leathchoróin seo – agus b'fhéidir go mbearrfadh sé é sin ar maidin agus, ar ndóigh, thóigfeadh sé ceann de na leathchoróineachaí uaidh. Ní raibh cead aige tada a thóigeáil uaidh. An tráthnóna aríst bhearrfadh sé an lá céanna é i riocht is go mbeadh coróin aige ag goil síos sa mbaile mór tráthnóna agus chaithfeadh sé an leathchoróin eile a íoc tráthnóna. Bhearrfaí faoi dhó sa lá é sa gcaoi go mbeadh an choróin aige agus d'fhágfadh sé an leathchoróin eile aige. Is dóigh go raibh faitíos air an tríú leathchoróin a thóigeáil. Bhí rudaí aisteacha ag tarlú.

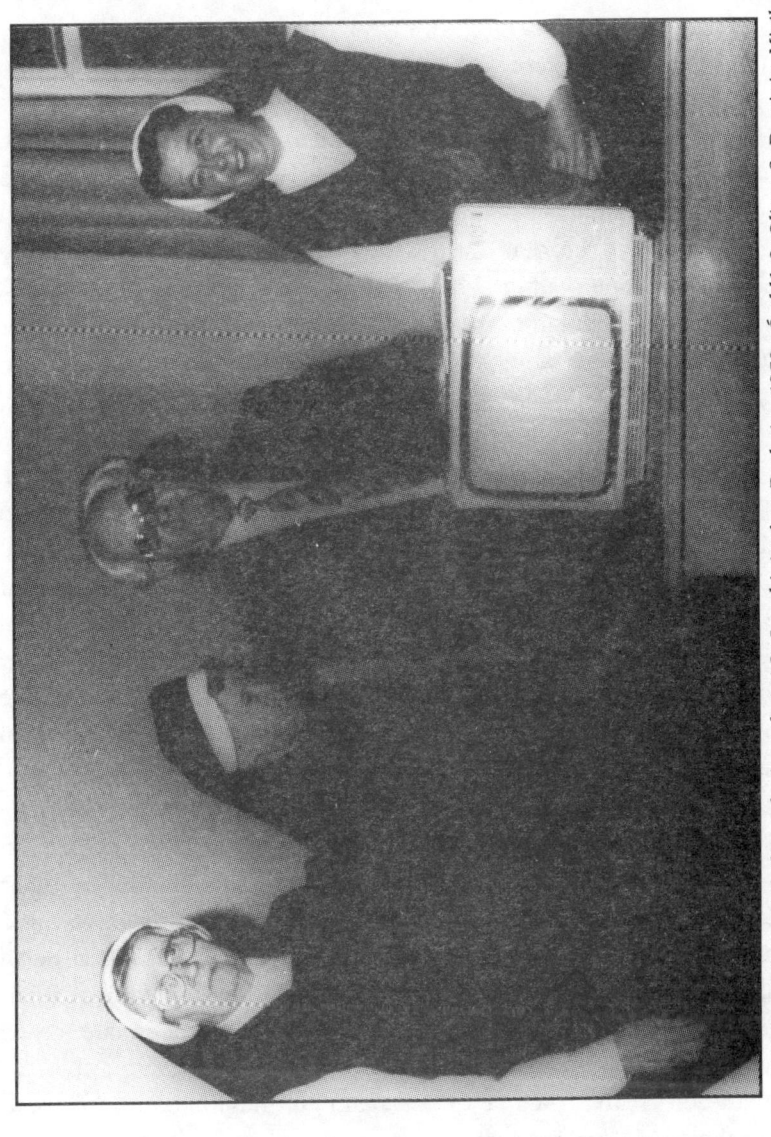

Bronntanas a phinsín, Nollaig 1984; thosaigh sé ag obair i St. Joseph's i mí na Bealtaine 1953. Ó chlé: Sr Oliver, Sr Dominic, Micil, Sr Carmel

7. Cuimhní peaRsanza aR mo mhuinziR

7.1.1 *Mo mhuintir thiar*

Fuair beirt deartháir agus deirfiúr (lena mháthair) bás le fiabhras. Is dóigh san am sin nach mórán a bhíodar in ann a dhéanamh do dhonacht ar bith mar is iomaí uair a chuala mé caint ar fhear a bhí ina chónaí i ngar dhúinn sa Máimín – fuair sé bás le pian ina bholg. An lá atá inniu ann d'fhéadfaí é sin a leigheas, ach san am sin nuair a gheobhadh duine pian ina bholg gheobhadh sé bás mar ní raibh tada lena aghaidh. Is dóigh nach raibh na dochtúirí san am – ní raibh fhios acu céard a bhí ag tarlú; sé an t-ainm a thabharann siad inniu air – *appendix*. Bhíodar ag fáil bháis an t-am sin leis.

Ach cailleadh beirt deartháir agus deirfiúr le mo mháthair le fiabhras agus bhíodar ina gcónaí i mBéal an Daingin, áit a thaitnigh liom. B'fhéidir go raibh níos mó údar agam é ag taitneachtáil liom ná an Máimín mar nuair a thiocfainn amach go Béal an Daingin bhí mé cineál saor; bhí cineál brú sa Máimín orm nuair a bhí mé ag fás suas agus ar an gclann a bhí in éindí liom. Duine áithrid a bhí i m'athair, bhí bealach dhó fhéin leis. Níl mé ag rá nach raibh sé ar an bhfear is fearr oibre sa Máimín mar chruthaigh sé é sin in imeacht na mblianta, bhí sé go maith ag obair, ach ní fear maith clainne a bhí ann. Tá a fhios agam nuair a thiocfadh sé isteach tráthnóna tar éis a lá oibre go gcaithfeadh muid a mbéal a choinneáil dúinte. Ní raibh sé ag iarraidh a bheith ag éisteacht linn mar tá chuile pháiste nuair atá siad óg – cloisfear iad san áit nach bhfeicfear iad. Bhí seisear againn sa gclann, bhí triúr deartháir agam agus beirt deirfiúr; bhí mise ar an darna duine ab óige. Nuair a bhí mé ag fás suas – tá mé ag rá nuair a bhí mé timpeall is deich mbliana – thug mé faoi deara nach mbíodh mórán cainte idir m'athair agus mo mháthair go leor amantaí, go raibh rud eicínt ag cur isteach orthu nach raibh a fhios agamsa agus b'fhéidir nach raibh a fhios ag mórán den chlann. Ach tá a fhios agam gur imigh mo mháthair – go ndeachaigh sí isteach sa Máimín ag m'athair in aghaidh toil a muintir fhéin agus ní raibh aon duine acu ag goil isteach don Mháimín. Is dóigh san am sin go mbeifeá in ann socrú leis an sagart – ní raibh aon chall dhuit fanacht an oiread sin achair le pósadh, go raibh tú in ann é a dhéanamh i cupla lá, is dóigh gob in é an rud a tharla nuair a chuaigh sí isteach gan é a inseacht dhá muintir nó go raibh briseadh amach eicínt ann idir na Conairí agus na Lupáin. Bhí deirfiúr do m'athair pósta i mBéal an Daingin beagán blianta shular phós mo mháthair agus níl a fhios agam ar tharla tada idir iad. Ach bhí a fhios agam go raibh rud eicínt ann nuair a bhí mé ag fás suas mar bhíodh sé ag tabhairt amach go minic. Bean chiúin a bhí i mo mháthair, ach ní raibh m'athair chomh ciúin sin. Cuimhním oíche amháin d'imigh sé as a chiall agus ní cheapfainn go mbíodh sé ag ól. D'imigh sí amach agus chuaigh mise in éindí léi agus an deartháir ab óige . . ., ní raibh a fhios againne cé raibh sí ag goil san am, ní raibh muid ag cur an oiread sin suim ann. Bhíodh sé ag tabhairt amach i gcónaí, ag tabhairt amach ar bheagán údar. Bhíodh sé ag eascainí, ach ní hé an eascainí atá anois ann. *No!* ní *f-ing* ná *b* ná rud eicínt mar sin a bheadh aige. Ní raibh cead agat breathú ar aon leabhar. Is é an chaoi a gcuirfeadh muid na leabhartha i bhfolach air. Bhí sé crua nuair a bhí an t-athair ar an gcaoi sin, ach is dóigh go raibh údar aige, ach ní raibh a fhios againne cén t-údar. Bhí rud eicínt mar sin ann nach raibh muide a thuiscint cén fáth ar phós sé í. *So*, bhí sí ina dhiaidh nuair a d'imigh sí óna muintir agus tháinig sí isteach as Béal a' Daingin don Mháimín . . .

Ach ansin i dtaobh Bhéal an Daingin, mar a dúirt mé cheana, bhí Máirtín tar éis thíocht as Meiriocá, bhí sé sin tar éis imeacht ó thrioblóid mar bhíodh sé ag déanamh *moonshine*; siod é an darna huair nó an tríú huair a rugadh air agus bhí sé le an oiread seo príosún a fháil agus ní raibh le déanamh aige ach an bád a thabhairt air fhéin, a thíocht go hÉirinn. Tháinig sé ansin isteach ag Colm agus ag Bríd agus Máire – d'fhan Máire blianta fada i Meiriocá freisin, ach chuir an tsláinte abhaile í, ní raibh sí ag fáil aon tsláinte mhaith – agus ní raibh Máirtín mórán achair sa mbaile nuair a fuair Máire bás, a dheirfiúr. Ní raibh Máirtín ag goil ar ais, bhí sé ag goil ag fanacht i mBéal an Daingin. Bhí roinnt mhaith airgid aige nuair a tháinig sé, ach bhí tóir ar an ól aige agus is dóigh nach raibh an t-airgead i bhfad ag imeacht. Chuir sé beagán cuma ar an teach nuair a tháinig sé, ach faoi cheann píosa bhris sé fhéin agus an deartháir amach le chéile, Colm.

Áine Uí Chonaire, Bríd Ní Eidhin agus Máire Ní Chonaire i Ráth Chairn 1945

Bhí mo mháthair ag ceapadh go mbeadh an áit seo aici le haghaidh Phádraig, an mac is sine agus bhí an-mheas ag an uncail (Colm) ar Phádraig mar bhí tóir ar leabhartha ag Pádraig, bhí an t-uncail ar an gcaoi chéanna. Chaitheadh sé go leor am le leabhartha. Bhí níos mó fonn air a bheith ag léamh ná ag déanamh an earraigh, scaití thabharfadh muintir an bhaile cúnamh dhó leis an earrach a dhéanamh. Ach bhris sé fhéin agus Máirtín amach le chéile agus sa deireadh chuir sé Máirtín amach. Bhí mo mháthair ansin ag iarraidh Pádraig a ghoil isteach in éindí leo; ní raibh ann anois ach Colm agus Bríd agus bhí siad gaibhte sna blianta.

Nuair a d'imigh Máirtín chuaigh sé síos go Gaillimh mar bhí deirfiúr dhá bhean pósta i nGaillimh. Bhí Colm anois agus Bríd i mBéal an Daingin agus bhí an deartháir ba sine in éindí leo, Pádraig. Bhí go maith, d'imigh bliain nó dhó agus bhí Pádraig ag caint le bean óg, le bean óg as Ros an Mhíl – i dtosach nuair a d'imigh Máirtín. Tugadh Pádraig síos go Gaillimh agus chuir Colm a ainm síos leis an áit, bhí chuile shórt ceart ansin, ar fhaitíos an dtarlódh tada chuir sé ainm Phádraig síos le Béal an Daingin, agus ar ndóigh faoi cheann píosa, bhí Pádraig ag caint leis an mbean óg seo. Ar ndóigh, tá máithreachaí i gcónaí – ní maith leo go mórmhór an chlann mhac – tá siad ag ceapadh nach bhfuil bean ar bith sách maith ag a gclann mhac. Bhí eolas mór i dtaobh Ros an Mhíl agus na háiteachaí sin aici agus bhí eolas ag m'athair ann mar bhí gaolta leis soir an bealach sin. Pé bith céard a fuaireadar amach faoin gcailín seo – níl a fhios agam an raibh locht dhá laghad uirthi – dúradh le Pádraig an cailín seo a thabhairt suas agus mara dtabharfadh go ndíolfaí an fheilmín bheag seo a bhí i mBéal an Daingin. Pé bith céard a dúirt Pádraig níor thaitnigh sé leis agus d'imigh sé amach uiliug as. Chuir Colm suas an áit agus níl a fhios agam an dtáinig an áit an t-am sin céad punt – fear as Inis Treabhair a cheannaigh é – ach ba mhór an lear airgid céad punt i dtús na dtríochadaí, ach díoladh an áit.

Nuair a bhí muide ag tíocht aniar anseo, agus an áit díolta ag Colm, b'éigean Colm agus Bríd a thabhairt aniar in éindí linn. Sin rud nár thaitnigh le m'athair. Níor thaitnigh leis go mbeadh aon Lupán in aonteach in éindí leis mar níor thaitnigh na Lupáin ariamh leis. Anois tá beirt acu ag tíocht aniar as Conamara in éindí leis. Ach fuaireadar áit.

Micheál Ó Conaire agus Áine Uí Chonaire i ndeireadh na ndtríocbaidí taobb amuigb dá dteach i Ráth Cbairn

Cuireadh suas iad agus bhíodar ag maireachtáil i gCondae na Mí go dtí ceathracha ceathair. Níor labhair mórán m'athair le Colm ná Bríd ó tríocha cúig go dtí ceathracha ceathair go bhfuair sé fhéin bás sa Márta ceathracha ceathair. Bhí sé ag goil isteach is amach sa teach ag déanamh a chuid oibre, agus san am céanna ba mhór an jab a bheith istigh i dteach ar bith agus beirt sa teach nach raibh tú ag caint leo. Níl a fhios agam cén chaoi a rinne sé é, ach bhí intinn dhó fhéin aige. Shílfeá gur chuma céard a tharla go ndéanfadh sé dearmad air mar bhíodar gaibhte in aois san am seo, go mbreathódh sé ar a shaol fhéin, ach níor rinne sé sin. Fuair sé fhéin bás tobann[1] sa Márta ceathracha ceathair; fuair sé bás amuigh sa bpáirc i ndiaidh heithígh . . . Tá dearmad déanta ansin agam. Fuair Bríd bás tríocha seacht, ní raibh sé ach ó tríocha cúig go dtí Eanáir tríocha seacht in éindí le Bríd sa teach, ach ní raibh sé ag caint léi . . ., agus fuair Colm bás deireadh na bliana ceathracha ceathair.

Mar a dúirt mé cheana fuair Bríd bás Eanáir tríocha seacht. Ba í an chéad duine í a cuireadh i reilig Áth Buí; ní raibh an reilig i bhfad osclaithe. Bhí an-iontas agam agus ag go leor daoine eile – lá arna mháireach nuair a bhíodar ag cur caoi ar an uaigh cuireadh duine san oíche idir í fhéin agus balla na reilige, agus ní raibh aon áit ann ach áitín bheag. Cuireadh (é) idir í fhéin agus an claí agus bhí an reilig ar fad acu, ní raibh sa reilig ach í fhéin agus b'éigean é seo a chur ar an b*plot* mórán céanna idir í fhéin agus an claí. Chualathas[2] go raibh sé curtha i reilig Protastún in Áth Buí (agus gur aistríodh é i lár na hoíche).

Baba

Anois ag goil siar ar an gcomhluadar – Baba, ba í an iníon ba sine í, mar a dúirt mé cheana bhí Baba ag obair san ospidéal i nGaillimh, agus ag Baba a d'fhága Colm an méid airgid a fuair sé ar thalamh Bhéal an Daingin. Ó cheart Pádraig ba cheart an t-airgead sin a fháil, ach ní mar sin a tharla. Níor tháinig Baba aniar in éindí linne, bhí sí ag obair san easpaicil san am, ach ní raibh muid i bhfad i gCondae na Mí nuair a

---

[1] /teb´ən/.
[2] /xuələs/, AC SB nó b'fhéidir 1p. ua. AC FT.

tháinig sí. Faoi cheann píosa chuir sí aithne ar fhear de mhuintir Churraoin, na Curraoin – b'as an Trá Bháin iad – ní raibh siad mórán achair ag goil in éindí, idir tríocha sé is tríocha seacht a phós siad. Bhíodar pósta anois agus ní raibh aon áit acu le fanacht mar bhí sé an-deacair tithe a fháil san am sin agus bhí Baba ag fanacht ag a muintir agus bhí Maidhc Churraoin ag fanacht ag a mhuintir fhéin. Sin é an chaoi a raibh sé go cheann[3] píosa. Phós fear eile ar an mbaile san am céanna, Maidhcil Choffey, phós sé cailín as Áth Buí. Siad an chéad dream a phós i Ráth Chairn. Bhí an t-ádh orthu. Tháinig dhá chomhluadar aniar tríocha cúig agus chuadar ar ais aríst . . . agus bhí an t-ádh orthu fuaireadar na tithe. Bhíodar ceart go leor ansin bhí an talamh anois agus teach faighte in aisce acu. Bhí Baba lántsásta anois mar ní raibh sí ach cupla céad slat ó theach a muintire. Ní bhfuair siad seo, Maidhcil Choffey ná Maidhc Churraoin, beithígh ná caoirigh ná capall ná asal, ach fuaireadar a ndóthain, fuaireadar teach agus talamh.

Pádraig

Bhíodh Pádraig ag goil suas go Baile Átha Cliath, an deartháir is sine, ag an Oireachtas, bhí an-tóir ar an Oireachtas aige le scéalaíocht, agus casadh bean an uair sin air agus phós sé í. Ní raibh aon áit ag Pádraig. B'éigean dó a ghoil isteach in éindí lena mhuintir agus ní raibh mórán áit ansin mar a bhí sé. Anois bhí an t-uncail Colm agus Bríd tar éis imeacht (ar shlí na fírinne), an áit a bhíodar sin a thóigeáil tá sé anois ag Pádraig agus a bhean. Ach bhí sé ceaptha ansin go bhfágfaí an áit ag Pádraig, agus ba dhó ba chórtha an áit,[4] ach cén mhaith an áit a fhágáil aige agus Máirtín agus Máire agus John sa teach fós. Bhí rún ag Pádraig go bhfágfadh an méid eile an teach aige, ach ní mar a síltear a bítear, níor tharla sé ar an gcaoi sin. Ach d'fhan Pádraig agus a bhean istigh in éindí leo agus bhí mo mháthair beo san am. Bhí mo mháthair beo go dtí cupla lá roimhe an Nollaig ceathracha hocht.

---

3 /gə x'ɑːn/.
4 /bə woː bə xoːrhə/.

Ó chlé: Clann Chonaire, cé is moite de Mháirtín a bhí básaithe le cúpla bliain, Máire, Micil, Pádraig, John agus Baba ag bainis circa 1990

7.1.2 *Slí na fírinne*

Tá mé ag goil siar ar bhóthar brónach deorach na smaointe – ní raibh sé ach bliain i ndiaidh bás m'athar nuair a fuair m'uncail bás; bhí sé sin píosa maith go dona . . . D'imigh sé fhéin uainn agus ansin mo mháthair, ní raibh sí ach cupla bliain ina dhiaidh sin. Bhí sí in ann a bheith ag goil thart, cé go mbíodh sí ag gearán agus go mbíodh an dochtúr aici, ach san am céanna ní raibh aon tsúil againn go raibh sí ag goil ag imeacht chomh scafánta agus d'fhága sí fhéin slán ag Condae na Mí. Sin dhá dheartháir agus deirfiúr agus fear na deirfíre. Ach sin é an saol! Bhíodh m'athair ag rá nuair a chuaigh sé go Condae na Mí go raibh sé ag goil i dTír na nÓg, ach mo léan ní bhfuair sé óg. Ní raibh aige ach seal beag gearr. Tá siad imithe ar shlí na fírinne.

Ach ag caint atá mé ar an mbrón agus ar an mbriseadh croí. Tá a fhios agam go bhfuair páiste liom bás – bhí sí ina naonán – le *meningitis* agus ní raibh sé ach cupla mí tar éis mo mháthair bás a fháil nuair a fuair an páiste seo bás le *meningitis*. Cupla mí ina dhiaidh bhí mé fhéin san ospidéal le eitinn. Amach san Uaimh a cuireadh mé agus nuair a dúradh liom go raibh eitinn orm bhí mé ag ceapadh nach mbeadh sé i bhfad go mbeinn fhéin ag tíocht i ndiaidh mo mhuintir atá imithe romham, nach mbeadh sé i bhfad go bhfeicfinn aríst iad.

Bhí mé san ospidéal san Uaimh go dona agus an-dona, bhí mé siúráilte go raibh mé ar an mbealach, ach le cabhair ó Dhia níor imigh mé. Choinneoidís súil ar an duine ba dhona[5] agus tá a fhios agam go mbíodh solas dearg curtha faoi mo leaba san oíche agus ní raibh a fhios agam cén fáth é sin go dtí píosa maith ina dhiaidh. Bhí tú curtha i gcineál coirnéal dhuit fhéin, bhí timpeall is cheithre leaba dhéag sa seomra, bhí seacht leaba ar chaon taobh, agus bhíodar an-ghar dhá chéile sa seomra seo a raibh mise. Tá a fhios agam go mbídís ag tíocht go dtí mé go minic san oíche ag fiafrú cén chaoi a raibh mé agus ag coinneáil súil orm. Bhí mé ag ceapadh nach raibh sé i bhfad agam le ghoil, ach míle buíochas le Dia tháinig mé thríd.

Chonaic mé go leor daoine óga ag fáil bháis ann . . . Ní mórán oíche nach bhfaigheadh duine eicínt bás. Is dóigh go bhfaigheadh triúr nó

---

5 Is minic nach mbaineann MÓC feidhm as foirm na sárchéime *measa* i gcás na haidiachta seo (GCF: §267).

ceathrar nó cúigear bás chuile sheachtain – daoine óga. Ní túisce a tabharfaí⁶ amach as an leaba an duine nuair a bheadh duine nuaí teagtha isteach sa leaba. Bhí sé sin ar bun ar feadh an achair a bhí mé ann. Bhí na banaltraí go deas, cés moite de chorrdhuine, bhí duine amháin ann agus ní raibh sí ag taitneachtáil le aon duine againn. Nuair a thiocfadh sí ar *duty* chuirfeadh sí tuilleadh pian orainn. B'fhéidir go raibh a ndóthain pian orainn roimhe, ach chuirfeadh an bhanaltra seo tuilleadh pian ort mar bhí cuide de na banaltraí, bhuel ní raibh mórán acu san Uaimh, ach casadh orm ina dhiaidh sin iad. Ní cheart iad a bheith ag tabhairt aire do mhuca cuid acu. Bhí leaid amháin – ní raibh sé ach seacht mbliana déag – an taobh eile dhíom, ní raibh sé ach chúig seachtainí istigh san am nuair a tháinig sí go dtí é an mhaidin seo agus mé ag éisteacht léi. I mBéarla a dúirt sí é: *"Joe,"* a deir sí, *"do you know that you're going to die? You'd want to prepare yourself for death."* Feicthear dhom go mb'uafásach an rud é le rá le leaid óg, mara raibh sé ag fáil bháis go bhfaigheadh sé bás ag cuimhniú ar an rud a dúirt sí. Bhí sí á mharú nó á dheifriú san am céanna. B'in é an sórt cineál duine a bhí inti seo agus bhí sí cineál i gceannas; bhí sí ag ligean uirthi fhéin go raibh. Duine aisteach a bhí inti.

7.1.3 *Sonda na Maighdine Muire san ospidéal*

San am seo bhí mé timpeall is dhá mhí san ospidéal agus fós ní ligí⁷ cead dom mo chosa a chur ar an talamh. Déanfaí an leaba agus tú istigh inti . . . Nífí sa leaba thú agus chaithfeá chuile shórt eile a dhéanamh sa leaba chomh maith céanna. Níl mé ag rá go raibh na banaltra⁸ go dona uiliug, bhíodar iontach cés moite de chupla duine. Tá a fhios agam go mbíodh bean rialta ag rá an pháidirín, agus déarfadh sí an chúig rúndiamhar déag chuile lá. Déarfaí páidirín timpeall is a haon dhéag ar maidin, déarfaí páidirín th'éis am dinnéir agus déarfaí páidirín aríst ag a sé a chlog tráthnóna. Bhí sé sin ag goil ar aghaidh chuile lá. Bean iontach a bhí inti. Bhí a fhios aici go raibh siad ag imeacht; bhí sí ag breathú orthu ag imeacht; bhí sí ag iarraidh iad a ullmhú le haghaidh an saol eile agus rinne sí é sin agus rinne sí go maith é. Mar is dona an lá do chuile ospidéal

---

⁶ /tuːrhiː/, SB MC [CN].

⁷ /ˈNʲiː Lʲigʲiː/, MFC SB.

⁸ Foirm uatha le ciall iolra i gcás an fhocail seo scaití.

sa tír nuair a d'imeos[9] mná rialta gan a bheith i gceannas. Mar i dtacbh an bhean rialta tá sí ar dualgas i gcónaí, níl sí ar nós an ghnáth*nurse*, tá sí sin réitithe le n-imeacht nuair atá an t-am thuas, ach níl an bhean rialta réitithe le imeacht mar nuair a imeos sí as an ospidéal, as seomra na hospidéil, níl le ghoil aici ach isteach sa g*convent*. Is beag nach raibh sí chomh sásta scaití le bheith ag obair sa seomra san ospidéal ná le bheith sa g*convent*. Ní raibh deifir dhá laghad uirthi, bhí sí sin lena gnó a dhéanamh agus rinne sí é, agus tá siad á dhéanamh. Is mór an truaí nuair atá siad ag cailleadh a ngreim mar feicim ag tarlú é, nach bhfuil siad i gceannas níos mó ar aon ospidéal. Tá sé ag tarlú in áiteachaí agus is mór an trua é sin.

Ach tá a fhios agam na míonnaí a chaith mé in *E Block* gur ag guidhe is mó a bhíodh muid mar bhí mé siúráilte go raibh mé a goil isteach sa síoraíocht. Bhí mé ag súil leis sin gach lá is gach oíche, ag smaoiniú air sin go raibh mé ag goil níos gaire don bhás, ní raibh tada eile ar m'intinn, bhíos[10] ag guidhe agus chuile pháidirín agus chuile ghuidhe dhá ndéanfainn san am bhí sé ag tíocht ón gcroí mar bhí a fhios agam nach raibh i bhfad le ghoil agam. Ach tá a fhios agam an oíche seo, cuimhneoidh mé choíchin air, is dóigh go raibh mé cupla mí istigh san am seo agus bhí mé ag teacht agam fhéin, bhí a fhios agam go raibh mé ag fáil níos láidire agus bhí mé ag ithe agus bhí mé ag codladh. An chéad uair ní raibh mé ag ithe ná ag codladh ní raibh fonn beatha – ní raibh fonn orm tada a ithe mar sin é an chaoi a mbuaileann sé thú. Ní bheidh tú ag codladh agus nuair a thiocfas tú a chodladh fhéin beidh tú báite i gcónaí le allas, le lagar; an t-allas seo ag tíocht amach thríot gan údar ar bith agus é do do dhéanamh níos laige. Rud amháin a bhí ar m'intinn bhí mo bhean agus mo chlann i mo dhiaidh agus iad an-óg san am. Bhí páiste tar éis bás orm agus bhí triúr gasúir laga fágtha i mo dhiaidh anois agam agus mo bhean, agus bhí mé ag iarraidh ar Dhia mé a fhágáil go bhfeicfinn fásta suas mo chlann. Sin é a bhí mé a iarraidh ar maidin, sa lá agus tráthnóna, agus san oíche chuile uair a dhúiseoinn – bheinn ag iarraidh ar an Maighdean Mhuire mé a fhágáil go bhfeicfinn mo chlann tóigthe agus ansin go raibh mé sásta bás a fháil. Bhí sé sin ar m'intinn i gcónaí. Ach

---

9 /nər′ ə d′im′oːs/.

10 /v′iːs/. 1p. ua. AC FT.

an oíche seo – cuimhneoidh mé air an dá lá is a mhairfeas mé – bhí mé i mo dhúiseacht, b'fhéidir go raibh sé an dó nó an trí a chlog, níl a fhios agam cén t-am d'oíche a bhí ann nuair a chonaic mé an sonda seo os cionn mo leaba. Ní cheapfainn go raibh an duine ina sheasamh ar an urlár, agus bhí mé ag ceapadh gur bean rialta a bhí ann, tá mé fíorshiúráilte go dtáinig an duine os mo chomhair. Dúirt an duine liom – bean a bhí inti agus í gléasta ar nós mar a bheadh bean rialta, sin é an chaoi a bhreathaigh sí dhom. Tar éis nach raibh aon tsolas sa seomra, ach solas dearg a bhí i lár an tseomra – ní raibh aon solas dearg faoi mo leabasa le píosa maith, ní raibh aon *tablets* tóigthe agam ná rud ar bith mar sin a chuirfeadh aon mhearbhall orm, ní raibh rud ar bith mar sin ann – ach chonaic mé an bhean seo agus dúirt sí liom, níor dhúirt sí ach cupla focal, gan aon fhaitíos a bheith orm. Sin é an méid a dúirt sí. Uaidh sin amach ní raibh aon fhaitíos orm. Chuaigh mé ag an bhfaoistean ag an sagart agus d'inis mé dhó é agus dúirt sé liom: "ná hinis do aon duine é sin," a deir sé, "fág é sin idir thú fhéin," a deir sé, "agus an té a chonaic tú san oíche sin!" "Bhuel," a deir mise: "is dóigh gob í an an Mhaighdean Mhuire í – ní aon bhanaltra a bhí ann," a deir mise. "Bhuel," a deir sé, "coinnigh é sin agat fhéin!" a deir sé, "an fhad is a mhairfeas tú, nó," mar a deir sé, "ní chreidfidh aon duine thú ar aon nós."

Tá a fhios agam aon rud amháin, athrú amháin a tháinig orm tar éis na hoíche sin, fuair mé misneach an donacht a bhí orm a throid. Ní raibh mórán misneach agam go dtí sin. Tugadh an misneach sin dhom. Bhí mé ag smaoiniú air seo – tá mé ag smaoiniú ar feadh mo shaoil air agus tá mé ag breathú anois ag inseacht an scéal seo agus tá clann mo chlainne tóigthe inniu, míle buíochas le Dia agus leis an Maighdean Bheannaithe. Chonaic mé an lá go bhfaca mé mo chlann tóigthe agus tá mé ag breathú anois ar chlann mo chlainne agus iad fhéin ag fáil sean. Cuimhneoidh mise air sin, hé bith cé mhéad eile atá le ghoil agam, agus tá mé sásta – níl aon fhaitíos orm uair ar bith a thiocfas an scéala go dtí mé go raibh mé réitithe leis an saol seo agus ag goil isteach i saol eile. Tá sé sin i m'intinn agus beidh an dá lá is a mhairfeas mé. Sin rud nár luaigh, nár inis mé d'aon duine, ach don sagart cupla lá ina dhiaidh nuair a tharla sé. Siod é an chéad am a labhair mé air le aon duine. Bhí go maith, cupla lá ina dhiaidh cuireadh ar *streptomycin* mé.

7.2 *Mo bhean agus mo chlann*

7.2.1 *Mo chlann*

Níl deireadh fós leis an trioblóid a bhí sa gcomhluadar. Mar a dúirt mé cheana bhí triúr mac agus dhá iníon agam agus dhá mairfeadh an méid páistí a bhí againn, bheadh deichniúr clann sa gcomhluadar, ach ní mar sin a tharla. Nuair a bhí mo chlann an-óg b'éigean dom a ghoil go *Peamount*. Leis na blianta a chaith mé i b*Peamount* bhí Bríd sa mbaile léi fhéin agus le páistí laga – agus bhí an iníon tar éis bás a fháil le *meningitis*. D'imigh rudaí agus faoi cheann roinnt blianta rugadh iníon eile dhom. Dúirt mé gob é Dia a chuir an iníon sin agam in áit an iníon a thóig sé uaim. Ach caithfidh mé cur síos ar an gcuid eile den chlann, bhí cupla páiste a bhí naoi mí agus iad ag tíocht ar an saol mar is ceart – bhíodar ag tíocht ar an saol agus an *cord* a bhí i bhfostú ar an bpáiste, chuaigh sé thimpeall muineál an pháiste agus thacht sé é. Tharla sé sin cupla uair istigh sa *maternity* i Troim. Sin le rá go raibh banaltraí maithe ag breathú ina diaidh, banaltraí gur chuma leo sa diabhal céard a tharlódh. D'imigh cúpla uair amháin ar an gcaoi sin agus tharla ansin cupla uair ina dhiaidh sin, mar a deir siad, *miscarriages*. Dhá mairidís ar fad, bheadh deichniúr sa gclann, ach ní shin é a tharla.

An ospidéal istigh i dTroim – ní raibh ann ach ospidéal le haghaidh mná a mbeadh cúram páistí orthu agus chaith mé bliain ag obair ar an m*boiler* sa *maternity* sin nuair a bhínn ag obair sa *home*. Ba cuide den *home* é, de *St Joseph*, ach bhí sé sin timpeall is cupla céad slat ón *home*. Sé an chéad obair a fuair mé – ar an m*boiler*. Bhí dualgas orm nuair a thiocfadh fear an *ambulance* le othar cúnamh a thabhairt dhó leis an mbean sin a thabhairt suas an staighre mar bhí na seomraí thuas an staighre ar fad a raibh na mná ag codladh iontu, agus staighre casta. Bhíodh cathaoir – ní *stretcher* a bhíodh aige ach cathaoir – cathaoir a mbeadh dhá láimh uirthi, dhá láimh chun tosaigh agus dhá láimh chun deireadh . . . Shuíodh an othar síos inti mar bheadh sí seo éasca le thabhairt timpeall staighre casta. Rud eile a chonaic mé nár thaitnigh liom – an bhean nach mbeadh an dochtúr in ann aon mhaith a dhéanamh dhi, dhá mbeadh deacracht le breith an pháiste, chaithfí fios a chur ar charr na heaspaicil amuigh san Uaimh os cionn deich míle ó bhaile ó Throim, chaithfí fios a chur air sin aríst, b'fhéidir i lár na hoíche, agus an bhean sin a thabhairt anuas an staighre isteach i gcarr na heaspaicil agus go hospidéal i mBaile Átha Claith mar nach raibh an dochtúr in ann tada a dhéanamh dhi . . . Dúnadh í ansin tá roinnt blianta ó shoin agus faraor nach raibh sí dúinte blianta shula raibh clann agamsa, dhá mbeadh, bheadh rudaí i bhfad níos fearr sa gclann.

7.2.2 *Micilín: an darna mac*

Ach tá mé ag goil ag caint ar an darna mac. Nuair a bhí an darna mac ag goil ag scoil,[11] nuair a bhí sé sé nó seacht de bhlianta, ní raibh sé in ann tóigeáil mar a bheadh gasúr eile a bheadh sé nó seacht de bhlianta; ní raibh sé in ann coinneáil suas leis an gcuid eile de na páistí a bhí sa rang in éindí leis. Bhí na blianta ag imeacht agus bhí sé coinnithe sna naíonáin ar feadh cupla bliain. Sé an obair ansin a thabharfadh an múinteoir dhó nuair a bhí sé suas le naoi nó deich de bhlianta sa ngeimhreadh: ag cruinniú cipíní agus ag cur síos tine, agus ag glanadh thimpeall na scoile. Bhí a fhios againn sa mbaile nach raibh sé mar is ceart, bhí a fhios againn go raibh rud eicínt mícheart, ach níor tháinig an múinteoir ariamh ag inseacht dhúinn cé mba cheart a dhéanamh leis, go mba cheart é a chur ag scoil a bhí ceaptha a bheith lena aghaidh. Bhí gasúir a bhí chomh dona leis agus bhíodh *minibus* á dtabhairt go scoil san Uaimh. Go dtí an lá atá inniu ann níl a fhios agam cén fáth, ach bhí muid fhéin go dona nár rinne muid níos mó. D'fhága muid ag an múinteoir é, ach níor rinne an múinteoir tada. Bhí a fhios acu ar an gcaoi a raibh sé. Bhí sé ag fás, ní raibh tada ar a shláinte ar an mbealach sin, ach ní raibh a chiall chomh maith sin ar a lán bealaí.

Bhí sé timpeall is sé bliana déag an t-am seo agus – gasúir a bhí ar an taobh eile dhó – bhíodh sé ag súgradh le gasúir, b'fhéidir, seacht nó hocht de bhlianta agus é fhéin sé bliana déag. Chuadar isteach sa teach seo agus lasadar tine, seanteach folamh a bhí ann, lasadar tine ar urlár adhmaid thuas an staighre, é fhéin agus na gasúir seo a bhí i bhfad níos óige ná é mar is mó ciall a bhí ag na gasúir a bhí níos óige. Ar ndóigh, an chéad rud eile bhí an seanteach dóite. Ach tháinig na Gardaí agus eisean a bhí á cheistniú, ní raibh na páistí eile á gceistniú, mar ba é ba shine. Bhí an fear ba leis é ag iarraidh airgid agus, ar ndóigh, ní raibh pingin agamsa a thabharfainn dhó; bhí sé ag iarraidh cupla míle punt ar an seanteach dóite. Bhí sé ag goil chun dlí agus dúirt an dochtúr a bhí i dTroim liom, an dochtúr a bhí ag breathú i ndiaidh an chomhluadar: "cuirfidh mé chun bealaigh é," a deir sé, "faoi cheann píosa go stopfaidh an obair seo," a deir sé, "mar tá a fhios acu," a deir sé, "nach raibh aon chiall aige." Ach ansin chuir sé siar go *Mullingar* é – sin ospidéal le haghaidh daoine atá imithe as a meabhair – mar a dúirt mé cheana go socródh rudaí síos, mar ní raibh aon airgead agamsa le n-íoc. Fágadh ansin é, b'fhéidir, cupla mí, is dóigh go raibh sé i ngar do thrí mhí san ospidéal nuair a thug muid abhaile é, nuair a shocraigh rudaí síos, nuair a stop an obair seo ag iarraidh airgid ar sheanteach.

Ach caithfidh mé a ghoil siar ar an gcaoi a raibh sé nuair a bhí sé ag goil ag an scoil – an bhail a bhí na gasúir eile a chur air. Bhí sé seo ag goil ar aghaidh píosa mór agus ní raibh a fhios againn tada faoi. Mar an lá atá inniu ann tá *bullying* ag goil ar aghaidh i scoltachaí, bhuel bhí sé ag goil ar aghaidh san am sin ar a leithéide seo. Ní raibh sé in ann é fhéin a choisint, bhí chuile dhuine agus a bhuille fhéin air. In áit cúnamh a fháil, sé an chaoi a raibh sé ag fáil pionós ó na gasúir. Cuimhním lá amháin nuair a fuair muid amach go raibh an rud seo ar bun chuaigh mé síos leath bealaigh idir mo theach fhéin agus an scoil, ní raibh an scoil ceathrú míle ón teach – i gCill Bhríde a bhí mé san am seo, i gCill Bhríde a tóigeadh na gasúir. Chonaic mé na gasúir ag déanamh orm agus chuaigh mé isteach i bhfolach go bhfeicfinn céard a bhí ag tarlú agus an chéad rud eile bhíodar á leagan agus á bhualadh, ach bhí duine acu ag déanamh níos mó ná an chuid eile, bhí sé níos láidire. Nuair a bhí siad ag tíocht i ngar san áit a raibh mé i bhfolach tháinig mé amach ar an mbóthar rompu agus d'fhiafraigh mé den ghasúr ba sine cén fáth a raibh siad á dhéanamh, cén fáth a raibh siad ag gabháil air. Sé an freagra a thug sé orm, sé an t-ainm mór a thug sé orm: *"you feckin' Gaeltog,"* a deir sé, *"ye're all feckin' Gaeltogs."* *Gaeltogs* – sin é an t-ainm a bhí ar mhuintir Chonamara thart anseo san am. Sé an t-ainm a bhí ar na gasúir ag goil ag an scoil é – *Gaeltogeen*

agus *Gaeltogs*, nó déarfadh cuid eile acu *Gaelcock*. Sin na hainmeachí
a bhí á thabhairt orthu. Dúirt sé: "*you're an f-in' Gaeltog*," a deir sé.
Agus sin é an sásamh a bhí mé a fháil, ach bhí slat ar mo dhroim agam
agus nuair a chonaic sé an tslat d'iontaigh sé a dhroim le n-imeacht
uaim agus bhuail mé trasna an droma é agus rith mé ina dhiaidh agus
chuile uair a dtiocfainn suas leis thabharfainn iarraidh trasna an droim
dhó. B'fhéidir go raibh mé ag tóigeáil an dlí i mo lámha fhéin, ach ba
chuma liom san am.

Nuair a chuaigh sé abhaile d'inis sé don athair agus don mháthair é.
Ach tháinig an mac is sine, sé an chéad duine a tháinig é, tráthnóna.
D'fhiafraigh sé dhíom cén fáth a rinne mé é? D'fhiafraigh mé dhó cén
fáth a raibh sé ag bualadh mo mhac ag goil ag an scoil, cén fáth a raibh
sé á dhéanamh? "Bhuel, ní shin é an chaoi cheart," a deir sé, "lena
dhéanamh." "Bhuel, sin é an chaoi atá mise ag goil á dhéanamh níos
mó," a deir mise. "Má tá sé ag goil ag bualadh mo mhac," a deir mise,
"buailfidh mise é ná duine ar bith eile a bhuailfeas é." D'imigh sé leis
agus faoi cheann cupla uair tháinig an t-athair agus bhí an t-athair
oibrithe cén fáth go mbuailfinn a mhac. Dúirt mé an rud céanna leis
sin. "Tiocfaidh mise níos faide leis seo," a deir sé. "Teara," a deir mise,
"chomh fada agus a d'fhéadfas tú a ghoil leis," go dtabharfaidh sé chun
dlí mé. Ach bhí go maith níor thug sé chun dlí mé agus níor tharla aon
bhualadh ag goil ón scoil ní ba mhó mar bhí faitíos orthu ag goil thar
an teach go dtarlódh an rud céanna arís agus fuair sé suaimhneas uaidh
sin amach, ach déarfainn nach bhfuair sé mórán suaimhneas nuair a bhí
sé i ngeard na scoile, is nach mórán suim a bhí ag na múinteoirí céard
a bhí ag tarlú taobh amuigh dhá maróidís a chéile; ní raibh suim dhá
laghad acu ann. Sin é an scoil a fuair sé. Ní raibh sé in ann a ainm a
scríobh nuair a bhí sé réitithe leis an scoil. In áit é a chur chun bealaigh,
mar a dúirt mé cheana, bhí *mini-bus* ag goil go dtí an Uaimh le gasúir
nach raibh in ann coinneáil suas leis na gasúir eile sna rangannaí, ach
ní cuireadh air ariamh é. Is dóigh go raibh cineál – mar gheall, mar a
deir siad fhéin, gur *Gaeltog* a bhí ann nach raibh ag goil ag
comhaireamh, ní raibh *Gaeltog* ag goil ag comhaireamh, ní raibh aon
oideachas ag teastáil uaidh.

Obair i mBaile Átha Cliath

Thug muid abhaile é agus choinnigh muid sa mbaile go ceann píosa é. Bhí obair i mBaile Átha Cliath ins na seascadaí, bhí sé an t-am seo seacht mbliana déag nó ocht mbliana déag, agus chuir muid suas go Baile Átha Cliath é. Bhí carrannaí ag goil suas agus bhí go leor as seo ag obair i mBaile Átha Cliath san am ag tóigeáil tithe. Fuair sé jab ann, ar chuma ar bith, bhí deartháir dhom ag goil suas ann agus fuaireadar jab dhó. Bhí sin ceart go leor, ach séard a dhéanfadh sé nuair a bheadh an jab críochnaithe aige, hé bith cén sórt jab a gheobhadh sé, sheasfadh sé suas, ba chuma leis an *foreman* nó hé bith céard a thiocfadh thart, ní raibh sé ag goil ag cur aon aird air mar ní raibh sé mar dhuine eile, bhí sé mar sin i gcónaí. Ach bhí sé go maith ag obair nuair a spáinfí píosa oibre le déanamh dhó dhéanfadh sé é. Rud eile ansin a bhí ag tarlú, ach an oiread le laethantaí na scoile: an dream seo a bhí ag obair in éindí leis as Ráth Chairn, bhíodar sin ag tabhairt drochíde dhó mar ní raibh an deartháir dhom ag obair san áit a raibh sé, ní rabhadar ar an jab céanna. Bhí *bligeards* as Ráth Chairn ann agus bhíodar ag cur an bhail céanna air is a bhí na gasúir a chur air nuair a bhí sé ag goil ag an scoil. Bhí sé ag fáil an íde chéanna anois. In áit cúnamh a thabhairt dó – nach uafásach an beithíoch é an duine! Má fheiceann siad duine lag, go bhfuil siad ag goil ag luí air. Ní cúnamh atá siad a thabhairt dhó, ach ag iarraidh drochbhail a chur air. Bhí daoine as Ráth Chairn a chuir drochbhail air – nuair a bhíodh sé thíos i draein caithfí sluasaid puití síos ina mhullach; bhíodar ag cur rudaí ina chuid tae; bhíodar ag tabhairt drochíde ar chuile bhealach dhó nuair a bhí a fhios acu ar an gcaoi a raibh sé . . . Bhí an dream dhá bhunadh fhéin anois – bhíodar ag cur drochbhail air agus sa deireadh b'éigean dúinn é a fhágáil sa mbaile ar fad . . . go dtí go raibh col ceathar do Bhríd, atá i *Finglas* i mBaile Átha Cliath, Pádraig Ó Ráinne as Leitir Calaidh, thug sé sin anonn go Sasana é, bhí sé ina *subcontractor* i Sasana agus thug sé leis é. Bhreathaigh sé sin ina dhiaidh ar feadh roinnt blianta agus bhí a fhios aige le é a láimhseáil mar bhí sé go maith ag obair, ní raibh fuacht ná leisce ar an mbealach sin air nuair a d'inseofaí dhó céard a bhí le déanamh aige. Ar *sewerage* is mó a bhí an Ráinneach ag obair; rinneadar seacht míle fhichead de *sewerage* trasna ó bhaile mór go dtí baile mór eile. B'uafásach an píosa é.

An caravan á lasadh

Sin rud eile a tharla. Bhí cuid acu ag maireachtáil i g*caravans*.
Chuaigh mac liom anonn in éindí leis agus bhí sé sin ag coinneáil súil
freisin air, ach bhí an bheirt acu ina gcodladh i g*caravan* ar chuma ar
bith agus is dóigh gur fágadh an *gas* air san oíche, nach raibh an *gas*
casta dhó ar fad. Nuair a las sé (Micilín) *match* ar maidin chuaigh an
caravan suas ina thine. Bhí an-iontas nach raibh siad maraithe, an
bheirt acu, mar bhí an *gas* air ar feadh na hoíche. Las an *caravan* agus
rug sé – fear mór láidir é, agus rug sé ar John, tá John beag – rug sé air
agus chaith sé amach an doras an c*haravan* é thríd an m*blaze* agus
chuaigh sé fhéin amach in éindí leis. Dódh a chraiceann agus dódh
cuide dhá chloigeann; níor déanadh mórán damáiste do John, ach
cuireadh an bheirt acu san easpaicil; chaitheadar cupla seachtain san
easpaicil agus ní raibh a fhios againne é, níor cuireadh scéala ar bith
abhaile go raibh sé seo tarlaithe. Ach bhí go maith, fuaireadar as agus
chuadar ar ais ag obair aríst. Chaith sé (Micilín) ansin ag obair ag Peait
Ó Ráinne go dtug Peait Ó Ráinne suas obair. Nuair a thug sé suas obair
tháinig sé abhaile mar ní bheadh sé in ann a ghoil in aon jab eile mar
chaithfeadh an duine é a thuiscint le jab eile a thóigeáil suas. Bhí sé sa
mbaile ansin go ceann píosa agus tháinig Maidhcín Keane – sin é an
bacsálaí – agus d'fhiafraigh muid dhó an dtabharfaidh sé go Sasana
píosa é agus dúirt sé go dtabharfadh. Chaith sé blianta ansin in éindí
le Maidhcín Keane ag obair ar thóigeáil tithe agus rudaí mar sin. Tá sé
sa mbaile anois le cupla bliain; bhí obair gann i Sasana cupla bliain ó
shin agus b'éigean dó a ghoil abhaile, ní raibh mórán obair le fáil,
d'éirigh rudaí go dona. Tá sé anois anseo in éindí liom. Ní hé amháin
go bhfuil a mháthair go dona, ach dhá dtitfeadh a mháthair ar an urlár
ní thóigfeadh sé í.

Is iomaí uair a bhí mé ag smaoiniú siar air. Cén fáth a raibh an
sciúrsáil seo ar bun? Mar a dúirt mé cheana, fuair sé sciúrsáil ag goil ag
an scoil agus nuair a d'fhás sé suas fuair sé an sciúrsáil chéanna ó
dhream ba cheart dóibh ciall a bheith acu. Cén chás ach iad seo – ní
dream óg a bhí iontu, ach dream a bhí ag tóigeáil clainne iad féin a
bhí ag cur an bhail seo air, a bhí ag tabhairt drochíde dhó chuile dheis
a gheobhaidís air. Nach uafásach an nádúr atá sa duine go bhfuil sé

níos measa ná na hainmhithe. Mar bhínn ag breathú ar *Wildlife* (ar an teilifís) – tá an collach fiáin ag goil ag ithe an ceann fireann, ag goil ag ithe na mbainbh óga. Siod anois na cinnte atá sa bhfiántas, is dóigh go ndéanfaidh chuile chollach é. Agus nach air a bhí mé ag cuimhniú – sin é a dúirt an fear a bhí ag cur síos orthu sa saol fiántas a bhíonns ag na hainmhithe nach bhfuil aon nádúr iontu seo dhá chéile. Ach ní raibh aon nádúr sa dream a bhí ag obair in éindí leis seo ach an oiread leis an gcollach a bhí ag ithe na gcinnte óga, ní raibh nádúr dhá laghad iontu. In áit cúnamh a thabhairt dhó le ghoil ar aghaidh sa saol, níor déanadh é sin, déanadh an rud eile – á dhéanamh níos measa ná a bhí sé. Ach tá a saol fhéin rompu.

7.2.3 *Obair na mban óg*

Tá mé ag smaoiniú anois ar dheirfiúr dhom a d'imigh as (baile) – nuair a bhí muid ina gcónaí sa Máimín fadó, ní féidir dearmad a dhéanamh ar an áit a rugadh agus a tóigeadh thú. Siod í an deirfiúr ba sine. Is dóigh nach raibh sí, má bhí sí sé bliana déag nó seacht mbliana déag nuair a fuair sí obair in áit a dtugaidís *Claregalway* air soir ó Ghaillimh, agus bhí mé ag fiafrú dhi tá píosa ó shin cén chaoi a bhfuair sí amach go raibh obair ann lena haghaidh, cén chaoi a bhfuair sí seoladh an fhear seo a raibh sí ag obair aige. Bhí sí an oiread seo achair uaidh, bhí sí deich míle fhichead as Gaillimh agus bhí sé seo sé nó seacht de mhílte taobh thoir de Ghaillimh, agus dúirt sí gur duine muintireach léi a bhí i nGaillimh a d'inis di faoin fhear seo mar bhíodh sé ag tíocht isteach ar an margadh i nGaillimh – bhíodh margadh i nGaillimh chuile Dé Sathairn agus bhíodh feilméaraí ag goil isteach ag díol torthaí, fataí agus gabáiste agus chuile shórt eile a bhíodh le díol acu ar an margadh. Bhíodh sé ag caint agus chuir sé tuairisc uirthi an mbeadh a fhios aici cé bhfaigheadh sí cailín aimsire dhó agus sin é an chaoi a bhfuair mo dheirfiúr obair san áit seo. Chaith sí timpeall is bliain ag obair aige. Ní cailín aimsire a bhí uaidh ach asal ó cheart mar rinne sé asal di. Bhíodh sí ag obair sna páirceannaí in éindí leis ar an bhfómhar, agus ag baint na bhfataí – sé an chaoi a n-osclódh an céachta na druileannaí agus bheadh sise ar a dhá glúin, mar a déarfadh muid, ag crúbáil fataí, ag piocadh na bhfataí sin, chaithfeá iad a chuartú sna druileannaí, agus nuair a bheadh an buicéad líonta agat, bheadh carr capaill le do thaobh, agus é a chaitheamh isteach ann. Sin é an chaoi a raibh na fataí á mbaint san am. Bhíodh sí ar an gcaoi chéanna nuair a bhí sé ag baint arbhair, bhíodh sí ag obair sa bpáirc in éindí leis; bhí sí ar an bportach in éindí leis . . . Bhí sí ag obair istigh agus amuigh ag breathú i ndiaidh beithígh, ag breathú i ndiaidh muca, caoirigh, cearca agus géabha. Bhí chuile chineál aige ar an bhfeilm, agus san am céanna bhí uirthi obair an tí a dhéanamh taobh istigh nuair a bheadh traíáil ar bith aici. Bhí sí istigh agus amuigh ag obair ar phunt sa mí agus bhain sí bliain amach ar an obair sin.

Bhíodh sí ag goil isteach go Gaillimh corruair ansin in éindí leis ar an margadh, agus bhí sí ag caint le cailín as Conamara a bhí ag obair i nGaillimh. Bhídís fhéin ag caint le chéile agus dúirt cailín amháin léi go raibh jab le fáil san ospidéal i nGaillimh – an mbeadh aon tsuim aici a ghoil ag obair san ospidéal? Ar ndóigh, bhí sé sin i bhfad níos glaine ná a bheith ag obair ag an bhfeilméara agus dúirt sí leis an gcailín go dtraíálfadh sí é. D'fhága sí mo dhuine, hé bith cén t-airgead a thug sé di, agus chuaigh sí go dtí an ospidéal agus fuair sí an obair. Sé an jab a bhí aici – ag obair sna seomraí ag glanadh, chuile shórt a bhí le déanamh sna *ward*annaí b'in é an obair a bhí aici. Níl a fhios agam, a deir sí, ar deich fichead sa mí a bhí sí a fháil ansin. Bhí sí ag fáil deich scilleacha níos mó ná a bhí sí a fháil ón fheilméara, ach san am céanna bhí ón sé a chlog ar maidin uirthi, bhíodh sí ag rá, go dtí an sé a chlog tráthnóna. Sé an chaoi a raibh sé ag an bhfeilméara ó dhubh go dubh, ní raibh clog ar bith ag déanamh imní don fheilméara. Ach ó bheadh solas lae ar maidin ann, an fhad is a bheadh solas lae tráthnóna ann bhíodh sí amuigh ag obair. Ach bhain sí píosa amach san ospidéal agus thaitnigh sé léi.

Nach air atá mé a smaoiniú nuair a bhínn ag breathú ar *television*, ag breathú ar pháistí ag obair i monarchan. Bhí páistí chomh hóg le ocht mbliana ag obair ag déanamh *carpets* gan deis acu le ghoil ag an scoil, gan focal foghlaim ina gcloigeann. Na páistí bochta sin agus sclábhaithe déanta dhóibh! Nuair a bhí mé ag smaoiniú siar ar mo bhean chéile nuair a stop sí ón scoil, bhí a scéal fhéin aici. Cuireadh suas go *Swinford* i gCondae Mhaigh Eo í agus bhí sí ag obair ansin ag tabhairt aire do pháistí, agus ag déanamh obair taobh amuigh san am céanna, agus gan í ach tar éis stopadh ón scoil mar bhí sí cheithre bliana déag. Bhain sí cupla bliain amach i *Swinford* ag an gcomhluadar seo ag a bheith[12] ag obair taobh istigh is taobh amuigh agus nach raibh inti ach gasúr cheithre bliana déag. Chaith sí cupla bliain ansin agus níl a fhios agam céard a tharla, ach d'fhága sí é agus fuair sí obair aríst ar an nGoirtín i gCondae na Gaillimhe, taobh thiar de Bhéal Átha na Sluaí. Sé an obair chéanna a bhí ansin aici ag breathú i ndiaidh gasúir. Bhain sí píosa amach ansin agus níl a fhios agam cén fáth ar fhága sí é sin, is dóigh nach raibh sé ag taitneachtáil léi, agus fuair sí an obair chéanna an tríú áit i *Clarinbridge* i nGaillimh. Bhí sí ina trí áit sin in imeacht, déarfaidh mé, sé bliana. Ansin bhí cailín, a mbíodh sí ag goil amach corruair (léi), ach ní mórán deis a bhí aici le ghoil amach, ag goil go Sasana as *Clarinbridge* agus chuaigh sí anonn in éindí léi. Fuair sí obair ansin istigh, cineál *golf club* a bhí ann, bhí go leor daoine ag tíocht isteach ann, a deir sí. Fuair sí obair in éindí leis an gcócaire sa gcisteanach. Bhí sí in éindí leis an gcócaire nó gur thosaigh an cogadh. Na hÉireannaigh uiliug, na leaids óga, bhíodar ag goil abhaile mar bhí faitíos orthu go dtóigfí isteach san Arm iad, agus d'imigh sí fhéin as Londain agus tháinig sí abhaile. Ní raibh sí mórán achair sa mbaile nuair a chuaigh sí ar ais go Gaillimh aríst ag obair agus sin é an uair a casadh ormsa í.

Ach is air atá mé ag breathú. Bhí sí i trí jab agus ní raibh inti ach seanghasúr, idir *Swinford*, idir an Goirtín agus *Clarinbridge*, agus anois bhí sí i Londain agus teagtha as Londain. Ach cé mhéad gasúir a bhí ina sclábhaithe i gConamara, cé mhéad gasúir a bhí ag obair ar an gcaoi sin agus ní raibh aon chaint á dhéanamh dhó mar ní raibh suntas ar bith ag goil air mar bhíodar fhéin ag ceapadh gur rud nádúrtha a bhí ann gasúr a chur amach ag obair. Nárbh uafásach an ceann é go chuala mé, bhí sé ráite – an dream seo, is dóigh dream airgid as Meiriocá – gur dhíol an t-athair a inín le comhluadar as Meiriocá. Nárbh uafásach an ceann é ag athair a inín a dhíol, ach stopadh é agus bhí an-ádh air nach bhfuair sé príosún – d'imigh an scéal air go raibh sé á dhéanamh.

---

[12] /eg′ ə v′e/.

7.2.4 *Cúrsaí clainne*

Bhí rudaí crua mar bhí go leor clann ins chuile theach. Tá mé ag caint ar an gclann a rugadh mise isteach ann, ní raibh ach seisear clainne agus an t-athair is an mháthair, ceathrar mac agus beirt iníon. Bhí ansin comhluadair a raibh comhluadar a bhí suas le cheithre dhuine dhéag. Bhí teach beag againne nach raibh ann ach aon tseomra amháin, bhuel, bhí tithe níos lú ná é thart agus cheithre dhuine dhéag istigh in aon tseomra amháin – bhí sé sin crua! Cén chaoi a raibh siad in ann déanamh amach ar chor ar bith? Tá sé an-deacair é a thuiscint.

San am sin chaithfeadh clann a bheith agat an fhad is a bheifeá in ann clainne a bheith agat ní raibh tú in ann cuisint ar bith – nó ní raibh aon chaint air sin san am – coisint ar bith a bheith ar chlann. Dhá mba rud é go ndéarfá é sin le sagart san am sin nuair a bheifeá ag faoistean nach raibh tú ag iarraidh níos mó clainne, bhuel, chloisfeadh chuile dhuine i dteach an phobail an sagart. Sé an chaoi go beag nach mbuailfeadh sé thú istigh sa mbosca an fhaoistean dhá ndéarfá a leithéide de rud leis i dtaobh cosc a chur ar chlann a bheith agat. "Ó, is cuma caithfidh clann a bheith agat an fhad a bheas tú in ann iad a bheith agat nó go dtiocfaidh an t-am nach mbeidh tú in ann aon chlann a bheith níos mó agat." Is cuma leis seo é. Ní bheidh aon ocras ar a chlann seo mar níl aon chlann aige agus is cuma leis má fhaigheann siad bás leis an ocras, ach níl seisean ag goil ag fáil bháis leis an ocras. Tá sé ag goil ag suí síos ag bord agus bean ag freastal air, bean nach bhfuil ag fáil mórán páí ach an oiread leis an rud a raibh mé ag caint (air) roimhe seo, mar gheall gur sagart é is beag nach bhfuil sé ag ceapadh go mba cheart chuile shórt a dhéanamh saor in aisce dhó, agus tá trí bhéilí maithe aige sin chuile lá. Is cuma leis, níl suim dhá laghad aige cé air a bhfuil ocras.

Bhuel sa gcaoi a bhfuil mé cén fáth go bhfuil mé in aghaidh sagairt? Bhuel níl mé in aghaidh sagairt ar chor ar bith, ach tá mé ag tóigeáil sagairt ar an gcaoi a bhfaca mé iad. Bhí cupla sagart maith anseo in Áth Buí, sa bparáiste seo. Chonaic mé sagart amháin – bhí siopa beag ag dearthráir dhom agus briseadh isteach ann agus níor fágadh mórán ann de bharr an bhriseadh isteach, ach tháinig an sagart ag déanamh comhbhrón leis, an séiplíneach a bhí in Áth Buí. Dúirt sé go raibh brón air faoin rud a tharla dhó agus d'fhiafraigh sé dhó an raibh airgead ag teastáil uaidh, hé bith cén t-airgead a bheadh ag teastáil go dtabharfadh sé dhó é. Dúirt mo dheartháir: "*no*," nach dtóigfeadh. "Bhuel," a deir sé, "níl aon chall dhuit é a íoc ar ais liom, hé bith céard atá tú a chuartú." Ach níor thóig sé aon phingin ón sagart. Sagart iontach a bhí anseo – bhí sé ag goil thart chuile áit a mbeadh duine go dona ná dhá mbeadh trioblóid ar aon duine bhí sé ann. Rugadh an fear seo le bheith ina shagart.

7.2.5 *An donacht a tháinig ar mo bhean, Bríd*

Chúig bliana ó shin bhí a fhios agam go raibh rud eicínt ag tarlú. Chuaigh sí síos ansin go Gaillimh ag féachaint ar a (muintir), chuaigh sí síos cupla lá abhaile. Ní mórán sa mbaile anois ach dhá mhac dearthára léi atá sa teach anois an áit a rugadh is a tóigeadh í – níor phósadar ariamh – agus chuaigh sí síos in éindí leo píosa. Bhí a fhios acu go raibh rud eicínt bun os cionn léi, nárbh í an duine céanna í. Nuair a bhí sí ar an mbealach abhaile, hé bith céard a tháinig uirthi, tháinig sí amach den bhus ag Áth Luain agus d'imigh an bus uaithi agus d'fhága sí ansin í. Ach bhí an intinn beagán ag imeacht san am. Chuir sí ceist ar fhear eicínt, ar chuma ar bith, agus dúirt sé léi go raibh an bus imithe. D'éirigh go raibh sí in ann m'uimhir a fháil. Ar ndóigh, bhí sí iontach ag plé le guthán ná ag plé le rud ar bith ar an mbealach sin, ach anois bhí an intinn beagán ag athrú. Thug sí glaoch orm ar chuma ar bith. D'inis sí dhom céard a bhí ag tarlú gur imigh an bus uaithi. Bhuel, sin é an chéad uair a bhí a fhios agam go raibh rud eicínt mícheart agus chuaigh mé siar á hiarraidh go hÁth Luain.

Uaidh sin amach níorbh í an duine céanna ar chor ar bith í. Cuirfí an cheist chéanna go minic ort. Bhíodh sí ag déanamh rudaí nach raibh a fhios aici le a dhéanamh, rudaí a raibh cleachtadh mhaith aici air, anois ní raibh sí in ann é a dhéanamh. Mar a dúirt mé cheana, thug sí leabhar cócaireacht as Londain léi, agus bhí sí sin i nGaillimh aici nuair a bhí muid ina gcónaí i nGaillimh agus bhí sí anseo aici agus tá sí anseo fós – an leabhar sin a thug sí anall tríocha naoi as Londain . . . D'fhoghlaim sí go leor faoi bheatha a fháil réitithe. Ach anois níl sí in ann í fhéin a réiteach; anois níl sí in ann a cuid éadaigh a chur uirthi fhéin; níl sí in ann a ghoil ag an seomra folctha gan cúnamh, níl a fhios aici cá bhfuil sé; níl a fhios aici cá bhfuil an seomra leapa. Tá an intinn imithe uiliug. Sin é anois an chaoi a bhfuil mise agus Bríd, mo bhean chéile, le chúig bliana. Feicim cláracha ar an teilifís mar gheall ar an ngalra seo agus na daoine atá ag fuilingt leis. Tá brú mór ar dhuine ar bith atá ag iarraidh a bheith ag maireachtáil in éindí le duine a bhfuil an galra seo air, duine a d'athraigh in imeacht achar gearr. Sí a bhí ag déanamh chuile shórt sa teach. Bhí mise ag obair i gcónaí; níor tharraing mé aon phingin *dole* ariamh, bhí mé ag obair ar feadh mo shaoil. Bhínn amuigh i gcónaí, sise a bhí ag breathú i ndiaidh an airgid, ag breathú i ndiaidh chuile shórt á chaitheamh sa teach – na pingneachaí a bhí ag goil isteach, sí a bhí ag breathú i ndiaidh chuile shórt. In éindí leis sin, nuair a bhí mé i mo chónaí thall in áit a dtugaidís Cill Bhríde air agus bhí píosa beag talúna tóigthe agam agus bhíodh cupla beithíoch agam is cupla lao, is ba mhaith léi an obair sin; bhí an-tóir aici a bheith ag plé le beithígh . . . Ach níl a fhios aici tada anois fúithi fhéin nó faoina saol fhéin. Tá duine difriúil ar fad ag maireachtáil in éindí liom anois. Duine a bhí réitithe le rud ar bith a rá, ba chuma léi céard a déarfadh sí, bhí sí ag goil amach le rud ar bith, bhí sí greannmhar, nuair a thiocfadh comharsa isteach déarfadh sí rud eicínt a bhainfeadh gáire as, bhí rud eicínt le rá i gcónaí aici. Anois níl tada le rá. Tá sí ag maireachtáil anois i saol di fhéin ag breathú isteach i spás an chuid is mó den lá. Níl aon phian uirthi agus tá sí ag rá nach bhfuil tada uirthi nuair a chuirfeas tú ceist uirthi ag fiafrú cén chaoi a bhfuil sí: níl tada uirthi, níl aon phian uirthi, ach mara bhfuil, tá pian ar an té atá ag breathú ina diaidh. Tá brú mór ort nuair atá tú ag breathú i ndiaidh duine mar seo, duine nach bhfuil in ann tada a dhéanamh dhó fhéin anois.

Nuair a bhí mise ag obair i *St. Joseph* i dTroim ag breathú i ndiaidh seandaoine chonaic mé daoine ar an gcaoi seo istigh ann agus bhí mé ag ceapadh go raibh siad imithe as a meabhair. Chonaic mé fear amháin as an Uaimh, agus sé an jab a bhí aige: ag *driv*eáil *hearse*, caiple a bhíodh á tharraingt, dhá chapall dubh, is iomaí uair a chonaic mé é blianta ó shin agus é ina shuí suas ansin agus a chulaith dhubh air, hata ard agus *sash* thimpeall air agus miotógaí geala agus dhá chapall dubh déanta suas – bhí sé go deas le breathú air, ach b'fhéidir nach raibh sé go deas ag an té a bhí ag breathú air agus duine ba muintireach leis istigh ann i gcontra.

Bríd Ní Eidhin 1940

Ach sin é é agus sé an áit a chríochnaigh mo dhuine bocht istigh i *St. Joseph*. Bhí sé in ann siúl thart cé go raibh sé cheithre scóir agus chúig bliana, ní raibh tada ar a shláinte ar an mbealach sin, ach go gcaithfeadh súil a bheith coinnithe air. Ach nuair a thiocfadh an oíche thosódh mo dhuine bocht ag caoineadh mar a bheadh páiste ann ag iarraidh a ghoil abhaile ag a mháthair, ag caoineadh ag iarraidh a ghoil abhaile nuair a bheadh an dorchadas ag tíocht . . . Déanfaidh mé an fhírinne, thiocfadh sé thrí dhuine ar bith a bheith ag éisteacht leis. Ba mhór an truaí é. Bhínn ag cur ceisteannaí air: bhí sé pósta agus bhí a bhean básaithe le blianta agus bhí an chlann imithe go Sasana, déarfainn go raibh duine acu i Meiriocá. Sin é an chaoi ar fágadh mo dhuine bocht leis fhéin. Agus an chéad rud eile tugadh isteach i *St. Joseph* é – bhíodh sé ag imeacht thart, ní bheadh a fhios aige le thíocht abhaile. Nuair a d'imeodh sé ón teach ní raibh sé in ann a thíocht ag an teach agus sin é an fáth a tugadh isteach é. Ach nuair a bhínn ag breathú air seo agus ag caint leis, mo dhuine bocht, agus truaí an domhain agam dhó, fear an-deas a bhí ann, ní raibh súil agam go dtiocfadh an donacht a bhí air seo ag mo dhoras fhéin. Mar tá mo bhean chéile ar an gcaoi chéanna: tá sí ag iarraidh a ghoil abhaile ag a hathair agus a máthair. Tá a máthair básaithe ó tríocha seacht agus tá a hathair básaithe ó ceathracha naoi. Tá sí ag ceapadh go bhfuil siad beo fós – ag iarraidh a ghoil abhaile go dtí iad. Ní mórán atá sí a rá anois fúthu, ach i dtosach bhí sí ag déanamh go leor cainte ag iarraidh a ghoil abhaile, ach anois tá na smaointe sin ag imeacht freisin. Mar a dúirt mé cheana, níl aici anois ach ag breathú isteach i spás. Nuair a chuirfeas tú ceist uirthi freagróidh sí thú. Sin é an chaoi a bhfuil sé.

Caithfidh muid glacadh leis seo. Sin é an saol. Ach nuair a thiocfaidh sé seo ar dhuine, cé nach bhfuil pian ná tinneas air, san am céanna tá sé go dona. Chuir mé ceist ar dhochtúr uair amháin: "céard é seo, an rud nuaí é an donacht seo nó ar as an meabhair a thiocfas an duine?" Sé an freagra a thug sé orm: "le blianta gearra anuas," a deir sé, "fuair muid amach go raibh difear idir é seo agus duine a d'imeos[13] as a mheabhair. An duine a imeos as a mheabhair – tá a chiall i gcónaí aige,

13 /dʹimʹoːs/.

tá sé in ann leagan amach le deireadh a chur leis fhéin nó deireadh a
chur le duine eicínt eile, agus tá siad in ann an duine seo," a deir sé, "a
thabhairt ar ais, tá siad in ann é a dhéanamh níos fearr, ach," a deir sé,
"níl siad in ann tada a dhéanamh don donacht seo." "Sé an chaoi a
bhfuil an inchinn ag éirí níos lú i gcónaí. Ní shin é atá ag tarlú," a deir
sé, "le fear nó bean atá as a ciall." Agus dúirt sé nach bhfuil aon
leigheas lena aghaidh.[14]

7.3 *An tseanaois*

Nuair a thiocfas duine in aois, nuair a imíonns na blianta níl tú ag
breathú romhat níos mó, roimhe sin nuair a bhí an duine ag fás suas bhí
sé ag breathú roimhe. Bhíodh pictiúir ina intinn ag breathú ar an saol
nó cén chaoi a mb'fhearr le ghoil ar aghaidh. Bhí rún ag an duine i
gcónaí déanamh níos fearr agus, b'fhéidir in áit é a dhéanamh níos fearr,
go níos dona a dhéanfadh sé é. Ach san am céanna nuair a thiocfas tú
in aois níl tú ag breathú chun cinn níos mó, tá deireadh le bheith
breathú chun cinn, níl agat ach do chuid smaointe a iontú siar ar do
shaol. Sin é a bhfuil fágtha.

7.4 *Clabhsúr*

Cén fáth go bhfuair mé an smaoineamh seo? Cén fáth a dteagann
smaoiniú ag aon duine? Tá muid ag smaoiniú i gcónaí agus go
mórmhór nuair a thiocfas tú in aois. Níl tada eile fágtha ach do chuid
smaointe. Nuair atá tú óg tá tú ag breathú chun cinn. Tá tú ag feiceáil
pictiúr in t'intinn, rudaí atá tú ag ceapadh in t'intinn a bheifeá in ann a
dhéanamh nó a dhéanfá dhá mbeadh airgead agat nó dhá mbeadh rud
eicínt agat le é a dhéanamh. Tá an duine óg ag smaoiniú i gcónaí. Ba
cheart go mbeadh, ar chuma ar bith, ag breathú amach dhó fhéin sa saol
seo. Ach nuair atá na blianta ag imeacht, sa deireadh níl agat ach a
bheith ag breathú siar nuair a thiocfas tú amach sna blianta. Níl agat
ansin ach breathú siar ar bhóithrín na smaointe, ar do shaol agus an
chaoi ar chaith tú é agus meas tú dhá bhfaighfeá do roghain aríst an
dtiocfá thríd an rud céanna nó an ndéanfá *differ*áilte ar fad é. Níl a fhios

---

14 Cailleadh Bríd Uí Chonaire an 25 Aibreán 1998, beannacht Dé lena hanam; taifeadadh
an tráchtaireacht seo i 1995.

agam! Ach bhí mise ag ceapadh go raibh scéal le n-inseacht agam. Tá scéal le n-inseacht ag chuile dhuine. Bhí mé ag ceapadh go raibh scéal faoi leith agam, go dtáinig mé thrí go leor rudaí i mo shaol. Ag caint air nuair a rugadh agus tóigeadh thiar sa Máimín mé i gConamara agus an sclábhaíocht a chonaic mé ansin, an chaoi a raibh daoine ag maireachtáil. Aos óg inniu ní chreidfidís thú dhá n-inseofá dhóibh cén chaoi ar mhair tú nó cén chaoi a raibh tú ag maireachtáil nuair a bhí tú óg, i dtaobh an antró agus i dtaobh an chruatan a bhí ann le m'óige. Is dóigh an bheatha a bhí muid a ithe go raibh muid ag maireachtáil air, ach san am céanna ní hé beatha an lae inniu a bhí muid a ithe. Ag breathú ar an aos óg inniu agus ag breathú orm fhéin agus ar an méid a bhí ag fás suas in éindí liom thimpeall orm sa Máimín, ní chreidfidís thú dhá mbeifeá á inseacht dhóibh mar tá chuile shórt acu sa lá atá inniu ann. Tá an t-airgead ina bpóca nuair atá siad ag goil ag an scoil. Tá bróga ar an bpáiste shula dtiocfaidh sé amach as an gcliabhán . . .

I dtaobh an scéal seo atá mé a inseacht faoi mo shaol fhéin – aistríodh daoine i gConamara, aistríodh suas go Seanadh Phéistín iad. Bhuel, sin é an taobh eile de Chonamara, aistríodh ar an bportach iad. Bhuel, ansin aistríodh aniar go Condae na Mí muide. Sin rud nár tharla – bhuel, b'fhéidir gur tharla sé an oiread seo blianta ó shin gur cuireadh go Meiriocá iad as Éirinn – ach tharla sé dhúinne gur cuireadh as Conamara go Condae na Mí muid. Sin é an fáth is mó, sin é an fáth a bhfuil mé ag inseacht an scéil faoi mo shaol agus an rud a chonaic mé.

Ní hé amháin go bhfuil mé á inseacht faoi Chondae na Mí, tá mé á inseacht faoin Arm. Nuair a chuaigh muide san Arm ní raibh tada eile ann ach a ghoil san Arm. Má chuaigh tú go Sasana, d'fhéadfá a bheith tóigthe isteach san Arm. Dhá dteagá[15] go Meiriocá, d'fhéadfá a bheith tóigthe isteach san Arm. Sin é an t-aon rud amháin a bhí againn san am mar nuair atá duine óg tá sé ag iarraidh rud eicínt a fheiceáil. Sin é an intinn atá aige. Chaith mé ó thríocha seacht go dtí ceathracha naoi san Arm. Bhí mé greamaithe don Arm ar feadh an méid sin achair mar bhí mé ar cúltaca. Bhí mé ag déanamh mí sa mbliain nuair a bhí an cogadh thart go dtí ceathracha naoi nó go bhfuair mé go dona. Ansin fuair mé

15 /aː dʲagɑː/, 2p. ua. MFC.

eitinn agus chaith mé suas le cheithre bliana thuas i *sanatorium* thuas i
mBaile Átha Cliath, *Peamount.* Chaith mé cheithre bliana ansin ag
iarraidh a bheith ag maireachtáil agus ag breathú ar dhaoine ag fáil
bháis thimpeall ort. Nuair a fuair mé go maith ansin, nuair a fuair mé
mo shláinte ar ais ní dheachaigh mé ar ais ag an rud a bhí mé a
dhéanamh mar is ar an talamh a tóigeadh mé. Fuair mé obair níos éasca
in ospidéal agus chaith mé an oiread seo blianta ag obair in ospidéal ag
breathú i ndiaidh seandaoine.

Sé an fáth a bhfuil mé ag inseacht mo scéal fhéin mar chuaigh mé
thríd an oiread seo. Nuair a bhí mé san ospidéal i mBaile Átha Cliath
bhí mé ag ceapadh nach bhfágfainn é, gob é an chaoi go n-iomprófaí
amach as mé. Sin é an fáth: go raibh rud faoi leith i mo shaolsa.
B'fhéidir go bhfuil sé i saol daoine go leor eile, ach go raibh rud faoi
leith i mo shaol agus sin é an fáth a rinne mé é. Níl aon oideachas
ormsa. Tá sé insithe i mo scéal agam an t-oideachas a fuair mé agus an
chaoi ar múineadh mé agus an pionós agus an sciúirseáil a bhí mé a
fháil nuair a bhí muide ag goil ag an scoil. Tá sé sin insithe cheana
agam. Ba mhaith liom go mbeadh a fhios ag daoine ar fud na tíre an
rud a tharla ag tíocht as Conamara go Condae na Mí agus na rudaí a
tharla nuair a tháinig muid anseo. Ba mhaith liom é sin a thabhairt do
na daoine, an scéal sin a bheith acu le léamh.

An méid atá scríofa faoi Ráth Chairn go dtí seo, daoine óga a scríobh
é – rudaí a chualadar ó dhaoine eile. Bhuel, ní hé an chaoi a chuala
mise é, tháinig mé thríd, tháinig mé thrí chuile shórt acu seo agus tá mé
ag inseacht mo scéal sa gcaoi a bhfaca mé rudaí. Tá mise ag tabhairt
pictiúr sa scéal seo ar Chonamara agus ar Ráth Chairn, tá mé ag tabhairt
an phictiúr, an rud a tharla. An dream óg a bhí ag scríobh – bhuel, cén
chaoi a mbeadh a fhios acu sin tada. B'fhéidir go dtiocfaidís ag caint le
seanduine féachaint[16] an inseodh sé rud eicínt dhóibh agus thiocfaidís
go dtí an chéad fhear eile agus d'inseodh sé rud eicínt eile dhóibh. Níl
acu ach scéalta a chualadar, ach tá mise ag inseacht an rud a tharla, an
rud a chonaic mé fhéin agus tá mé in ann seasamh taobh thiar de chuile
fhocal atá mé a rá.

---

16 /f'eːnˈtʹ/, réaladh de ABR *féach* á úsáid i bhfochlásal aidhme (GCF§ 383).

Ar chúl ar clé: Bríd Uí Chonaire, Cóil Neaine Pháidín Mac Donncha, chun tosaigh ar clé; Máire Ní Chonaire agus An Cairdinéal Tomás Ó Fiaich. Ráth Chairn circa 1980

A.1.0 Modh Eagarthóireachta[1]

Cuireadh eagar ar an téacs seo i gcaoi atá dílis do chanúint agus do ghnásanna cainte MÓC agus SÓC, ach san am céanna rinneadh iarracht gan imeacht rófhada ó nósanna litrithe na Nua-Ghaeilge mar atá leagtha amach sa gCaighdeán Oifigiúil (C.O.) i gcruth is nach mbainfí d'inléiteacht an ábhair. Bunaíodh an téacs ar thráchtaireacht a taifeadadh ar shé cinn fhichead de chlostéipeanna agus ina dhiaidh sin cuireadh eagar ar a gcuid tráchtaireachta i bhfoirm faisnéise leanúnaí. Scrúdaigh an t-eagarthóir na hábhair chainte agus na téamaí éagsúla agus ansin tarraingíodh sleachta ó na téipeanna éagsúla le chéile ar mhaithe le struchtúr a chur ar an stairsheanchas agus le breis feola a chur ar chnámh an scéil a pléadh ar théip eile nó ar chuid eile den téip chéanna.

Tá dhá fhoinse ag roinnt leis an gcuntas a ndéantar eagarthóireacht anseo air: (a) stairsheanchas a d'aithris Micil Chonraí atá sa mórchuid agus (b) tráchtaireacht bhreise staire a rinne a dheartháir, John Chonraí. Rinneadh an t-ábhar a thaifeadadh idir deireadh na n-ochtóidí agus 1995. Bhí páirt agamsa san obair sin ó 1993 tar éis do Mhicil Chonraí cúnamh a iarraidh orm téacs a chur i dtoll a chéile bunaithe ar an tráchtaireacht thaifeadta. Saothar comhoibritheach atá anseo ar dhá bhealach. Thug John cúnamh do Mhicil a chuimhní cinn ar shaol Chonamara agus ar na chéad bhlianta i Ráth Chairn a mheabhrú dó. Tá an tráchtaireacht sa gcuid sin den chuntas bunaithe ar dhá insint chomhlánaithe. Cuntas aonair pearsanta Mhicil Chonraí atá sa gcuid eile den chuntas. Chuidigh mé mar fhear agallaimh i gcás thaifeadadh na tráchtaireachta ar chuid áirithe de na téipeanna (A.5).

Tras-scíobhadh focail agus abairtí na tráchtaireachta sa téacs a bheag nó a mhór sa gcaoi chéanna a ndúradh ar na téipeanna iad. Pléitear in A.1.8 na leasuithe a ceadaíodh, ó thaobh na comhréire de, agus an téacs

---

[1] Mura bhfuil nod (MÓC nó SÓC) nó uimhir LASID luaite leis na samplaí a thugtar sa bplé thíos is féidir glacadh leis go bhfreagraíonn an fhoirm nó an réaladh do MÓC agus SÓC beirt. Ní gá go mbeidh na samplaí uile a thugtar sna hAguisíní réalta nó infhillte sa téacs. Fuarthas foirmeacha ón gcaint bheo, ó LASID RC (tagraíonn an litir c. le huimhir LASID do shamplaí SÓC, féach A.1.7.6) agus ó cheisteanna a chuir mé orthu i dtaobh eilimintí éagsúla den teanga sa téacs.

tras-scríofa á chóiriú. Ach is ag leibhéal na foghraíochta agus na moirfeolaíochta a aimsítear na deacrachtaí sa gcóras tras-scríofa ortagrafaíoch a mbaintear leas as anseo. Ní fhéadfaí léiriú tras-scríofa a chur ar fáil de ráitis an chainteora a bheadh sách cuimsitheach mar thuairisc ar ghnéithe éagsúla den urlabhraíocht. Córas fogharscríofa amháin a shásódh slat tomhais den chineál seo, ach ní fheilfeadh an fogharscríobh do bhunriachtanas an téacs, is é sin an inléiteacht nó an chomhthuiscint chomharthaíochta idir lucht a chumtha agus lucht a léite. Tá an córas litrithe a cuireadh i bhfeidhm ar an ábhar seo ag teacht le nósanna litrithe na Nua-Ghaeilge, ach cloíodh le gnásanna litrithe canúnacha dá mb'fhéidir foirmeacha na gcainteoirí a léiriú i gcaoi níos iomláine, m. sh. tras-scríobhtar an t-alamoirf[2] iolra –(*e*)*anna* (C.O.) mar –(*e*)*annaí* /əniː/; agus scríobhtar foirmeacha den SB MC gan túschonsan séimhithe más ar an gcaoi sin a dúradh iad cé nach dtagann sé sin le treoir an C.O., m. sh. *chuirfí* /xir′hiː/ / nó *cuirfí* /kir′hiː/ a scríobhtar de réir mar a fheileann sé. Léiríonn an litriú *breathnú*, mar shampla, an réaladh /b′r′anhuː/ agus léiríonn an litriú *breathú* an réaladh /b′r′ahuː/. Cloítear le litriú caighdeánach i gcás líon beag focal, cé nach bhfreagraíonn an litriú d'fhoghair na bhfocal, ionas nach mbainfí d'inaitheantacht na bhfoirmeacha; scríobhtar m. sh. *cineál* seachas *cionál* /k′inaːl/; *pingin* seachas *pinn* /p′iːN′/; *timpeall* seachas *tiompall* /t′iːmpəl/; *de réir* seachas *de léir* /gə l′eːr′/; *cniotáil* seachas *cniteáil* /k′r′it′aːl,/; *tar éis* seachas *l'éis* /l′eːʃ/; *fógra* seachas *fuagra* /fuəgrə/; *tobann* seachas *toibeann* /teb′ən/. Pléitear réalta ar leith san Aguisín Foclóra (A.2).

Go ginearálta, déantar iarracht anseo an t-infhilleadh a cuireadh ar an bhfocal a léiriú sa tras-scríobh ortagrafaíoch. Scríobhtar an t-infhilleadh mar a dúradh é fiú sa gcás nach réitíonn sé leis an ngnáthbhunphatrún gramadaí atá ag MÓC agus SÓC.

Déantar thíos cur síos níos leithne ar an modh eagarthóireachta a cuireadh i bhfeidhm agus pléitear eilimintí de struchtúr gramadaí MÓC agus SÓC. Gaeilge Cheantar na nOileán nó canúint Iarthar Chois Fharraige mar a thug de Bhaldraithe uirthi (ICF: 117) atá acu; is sa

---

[2] Glacfar anseo le *alamoirf* mar ainmfhocal firinscneach.

Máimín a rugadh agus a tógadh iad go dtí gur aistrigh siad go RC i 1935.
Is féidir, mar sin, glacadh le cur síos de Bhaldraithe in ICF ar chúrsaí
foghraíochta agus in GCF ar chúrsaí moirfeolaíochta mar bhunchloch
don phlé a dhéantar thíos ar Ghaeilge MÓC agus SÓC. In Aguisín 1 de
ICF (§637–663) dealaíonn de Bhaldraithe saintréithe Ghaeilge Cheantar
na nOileán ó Ghaeilge Chois Fharraige.³ Siod a leanas na saintréithe is
bunúsaí d'anailís de Bhaldraithe:

(i) díghlóraítear na consain shrónacha, thaobhacha agus
thonnchreathacha i suímh áirithe mheánacha (.i. mar aon le /h/
na bunfhréimhe nó /h/ an f-fháistinigh agus i bhfocail áirithe⁴)
(ICF §639–644);

(ii) coinnítear an /h/ idirghutach (ICF §656);⁵

(iii) coinnítear /h/ an f-fháistinigh i suíomh idirghutach (ICF §660);

(iv) giorrú gutaí fada roimh /h/ (ICF §661);

(v) forbairt éagsúil an -*mh*- meánach.⁶

Mar threoir do lucht léite an téacs sheanchais a thugtar faoin bplé
thíos ar chúrsaí teangeolaíochta na gcainteoirí. Pléitear sna modhanna
eagarthóireachta an córas tras-scríofa ar baineadh úsáid as le hábhar na
dtéipeanna a chur i bhfoirm théacsúil agus an córas fogharscríofa a
úsáideadh san anailís teanga.

---

³ Féach Ó Siadhail (1989: 78, 81) agus Ó hUiginn (1994: 543) chomh maith. Baineann Ó
hUiginn úsáid as an téarma 'Iarthar Chonamara' (ar an gcaoi chéanna le 'West Connemara'
ag Ó Siadhail) ina phlé seisean ar Ghaeilge Chonnacht mar thagairt don cheantar canúna
atá siar agus siar ó thuaidh ó Ros an Mhíl i gCois Fharraige. B'as Leitir Móir agus Oileán
Gharumna na cainteoirí (Ceantar na nOileán) ar bhunaigh de Bhaldraithe a chuntas in
Aguisín 1 (ICF: 117) orthu.

⁴ M. sh. *baladh, caladh, culaith, fiafrú, folamh, méanfach, sárú, talamh, teorainn,
tórramh.* Is iondúil go ndeir siad consan idirghutach na bhfocal mar /lh/, /rh/, /nh/ faoi
seach, ach bíonn an /h/ ar lár níos minice i gcás an fhocail *méanfach,* /mʹeːnuːx/ nó
/mʹeːnhuːx/, (féach ICF §642).

⁵ Déantar plé ar ghnás MÓC agus SÓC i dtaobh an phointe seo sna nótaí thíos.

⁶ Feicfear sa bplé thíos gur mó de thréith Ghaeilge Chois Fharraige atá ag MÓC agus SÓC
i dtaca leis seo.

A.1.0.1 *Claochlú Tosaigh*

Scríobhtar na claochluithe tosaigh seo a leanas de réir mar a réaladh sa tráchtaireacht iad: séimhiú, urú, *t* roimh *s*, *h* roimh ghuta, *n* roimh ghuta:

(i) chomh maith leis na réalta rialta maidir le séimhiú ar /ʃ/ agus /t´/ tosaigh —> /X´/, faightear⁷ an claochlú tosaigh /h/ i gcás na mbriathra *tar* agus *tabhair*, m. sh. *thiocfadh* hukəx; *thabharfadh* xuːrhəx;

(ii) is iondúil nach séimhítear túschonsan i gcás fhoirmeacha an tSB AGC, MC agus MFC, m. sh. *déanfaí* d´iːnhiː MÓC;

(iii) is minic a réaltar t- roimh s- tosaigh i ndiaidh -*n*, m. sh. *den tsruthán* truhaːn, *an-tsásta*, *aon tsolas*, *an-tsamhradh* (GCF §546); scríobhtar an *t-* intáite a deirtear idir *n-* deiridh agus *s-* tosaigh i gcás comhfhocail, m. sh. *seantsagart* ʃantagərt, *lántsásta* laːntaːsdə (GCF §546);⁸

(iv) scríobhtar an *h-* tosaigh ar fhoirmeacha an tSB AC má réaladh ar an gcaoi sin é, m. sh. *hinsíodh* hiːn´ʃiːw SÓC;

(v) ní scríobhtar *h-* tosaigh ar thúsghuta ainmfhocail ar lorg an réamhfhocail *le* mara réaladh é, m. sh. *le obair*;

(vi) scríobhtar *n-* tosaigh ar thúsghuta ABR ar lorg an réamhfhocail *le*, m. sh. *le n-imeacht, le n-inseacht, le n-ithe*.

A.1.0.2 *Schwa a bháitear*

Glactar anseo le hanailís de Bhaldraithe (ICF: 47-57) mar threoir den phróiseas seo i gcás Ghaeilge na gcainteoirí atá faoi chaibidil anseo agus scríobhtar an guta seo de réir ghnáthnósanna litrithe na Nua-Ghaeilge, m. sh.

(i) scríobhtar guta gearr deiridh roimh ghuta, an mhír choibhneasta; an guta gearr deiridh ar fhoirmeacha iolra den aidiacht; guta an ailt, srl. a bháitear go minic;

(ii) scríobhtar an aidiacht shealbhach roimh ghuta in ainneoin í a bheith báite go minic, *lena aghaidh* seisean l´en ai.

---

⁷ Baintear leas anseo as foirm an tSB nuair a thráchtar ar infhilleadh na bhfoirmeacha, ach ar ndóigh táthar ag tagairt don infhilleadh a chuireann MÓC agus SÓC i bhfeidhm.

⁸ Is iondúil nach marcáiltear na comharthaí béime.

A.1.1 *An tAinmfhocal*

Táthar ag glacadh leis anseo go bhfreagraíonn moirfeolaíocht an ainmfhocail i gcaint MÓC agus SÓC d'anailís de Bhaldraithe (GCF §37-132), a bheag nó a mhór, cé is moite de na miondifríochtaí idir na fochanúintí, Gaeilge Chois Fharraige agus Gaeilge Iarthar Chois Fharraige, mar a léiríodh in A.1.0.

A.1.1.1 *An tIolra*
Foirmeacha Iolra

Déantar iarracht anseo na halamoirfeanna éagsúla iolra: caolú; na bunfhoircinn -*a*, /ə/; -*í*, /iː/; -(*e*)*achaí*, /əxiː/; -(*e*)*annaí*, /əniː/, mar aon leis an méadú fóneolaíoch ar na foirmeacha seo, m. sh. (-*tha*/-*the*, /hə/; -*ta*/-*te*, /t(ʹ)ə/; -(*e*)*anntaí*, /əntiː/; -*t*(*e*)*achaí*, /t(ʹ)əxiː/; -*r*(*e*)*achaí*, /r(ʹ)əxiː/ agus -*tr*(*e*)*achaí*, /t(ʹ)r(ʹ)əxiː/; -*aechaí*, / eː.əxiː/; -*íochaí*, /iəxiː/, -*úchaí*, / uːxiː/, srl.) faoi anáil na gcomhthéacsanna leicsiceacha agus díochlaonta éagsúla (féach Stenson 1979: 497; Hickey 1985:149)[9] a léiriú sa tras-scríobh de réir mar a réaladh iad.

Foirmeacha malartacha iolra

Déantar foirmeacha malartacha iolra a léiriú, m. sh. *dochtúir* doxtuːrʹ, *dochtúirithe* doxtuːrʹəhə MÓC (neamhchoitianta) agus *dochtúirí* doxtuːrʹiː; *cinn* kʹiːnʹ, *ceanna* kʹanə agus *cinnte* kʹiːnʹtʹə; *cnámha* kraːwə agus *cnámhannaí* kraːwəniː, *namhaideachaí* naːwədʹəxiː agus *namhaidí* naːwədʹiː; *geansaíochaí* gʹansiəxiː agus *geansachaí* gʹansəxiː.

An foirceann iolra -(*a*)*igh*

Is iondúil go réaltar an foirceann iolra -(*a*)*igh* mar /-iː/, m. sh. *Éireannaigh* eːrʹəniː; *Francaigh* fraŋkiː; *portaigh* portiː; *Sasanaigh* sasəniː, ach faightear an réaladh /ə/ freisin i bhfocail áirithe, m. sh. *bairnigh* baːrNʹə; *criathraigh* kʹrʹiːrhə agus *gliomaigh* gʹlʹimə.[10]

---

[9] Bhí SÓC ar dhuine de na faisnéiseoirí a bhí ag Stenson dá cuid taighde ar na foirmeacha iolra i nGaeilge RC (Stenson 1979: 496).

[10] Is é /ə/ an réaladh is coitianta a fhaightear ar an bhfoirceann seo i bhfoirmeacha ginideacha.

Na foircinn iolra -aechaí eːəxiː agus -(*a*)*íochaí* iəxiː
Is féidir patrún ginearálta i dtaobh na ndeirí seo i gcás MÓC agus SÓC
a aithint: faightear an foirceann -*aechaí* eːəxiː (eːxiː) ar lorg consain
leathain m. sh. *bonnaechaí* buneːəxiː; *galraechaí* galreːəxiː;
giorraechaí gʹireːəxiː; *samhraechaí* sawreːəxiː agus an foirceann
-(*a*)*íochaí* iəxiː ar lorg consain chaoil nó sa gcás go nglacann an
foirceann áit an ghuta fhada dheiridh /iː/ i bhfoirm an uatha, m. sh.
geansaíochaí gʹansiəxiː; *béilíochaí* bʹeːlʹiəxiː; *céilíochaí* kʹeːlʹiəxiː;
cruinníochaí kriNʹiəxiː. Ach ní patrún docht é, m. sh. *cuisléachaí*
kiʃLʹeːəxiː MÓC; *ribéachaí* ribʹeːəxiː. Faightear an dá fhoirceann
ar lorg /h/ mheánaigh, m. sh. *áithíochaí* aːhiɔxiː MÓC, agus
snáitheaechaí snaːheːəxiː MÓC; *rothaechaí* roheːəxiː;
snáithíochaí snaːhiəxiː MÓC; *úthaechaí* uːheːəxiː MÓC.[11]

A.1.1.2 *An Ginideach*

(i) Déantar iarracht foirm an ghinidigh a úsáideadh a léiriú sa
tras-scríobh; feictear gur minic nach n-infhilltear an t-ainmfhocal
i suíomh an ghinidigh (GCF 21-22); breathnófar thíos ar an
nginideach uatha, baininscneach agus firinscneach, agus ar an
nginideach iolra;

(ii) is iondúil nach bhfaightear infhilleadh an ghinidigh ar ainmfhocal
mura mbíonn an t-alt roimhe agus má bhíonn aidiacht i ndiaidh
an ainmfhocail, m. sh. *ag tarraingt aoileach* SÓC; *ainm an
bhanaltra óg* MÓC, (féach GCF §22). Dar ndóigh, faightear
infhilleadh an ghinidigh i gcás leaganacha calctha;

(iii) ní scríobhtar an séimhiú ar thúschonsan an ainmfhocail i suíomh
ginideach atá i gcoibhneas ginideach le hainmfhocal eile murar
réaladh ar an gcaoi sin é, m. sh. *trasna Chuan an Fhir Mhóir*
MÓC; *thimpeall bhosca an fhaoistean* MÓC, ach *i dtaobh poitín
an lae inniu* MÓC;

---

[11] Litrítear an fhoirm iolra de *iomaire* sa téacs de réir na foirme malartaí atá aitheanta sa
FGB, *iomaireacha(í)*, ar mhaithe le doiléireacht a sheachaint cé nach bhfreagraíonn sé do
na réalta foghraíochtúla atá sna foirmeacha iolra. Is é umrəxiː *iomaireachaí* an réaladh
is coitianta a bhíonn ag MÓC agus SÓC den iolra seo, ach bíonn na foirmeacha
umərəxiː, uməreːxiː, umreːxiː agus uməraːxiː, umraːxiː acu chomh maith.

(iv) léirítear foirmeacha malartacha den ghinideach, m. sh. *currach* korəx MÓC:[12] *ar thaobh na curraí* /nə koriː/ MÓC; *i lár an churrach* /ə xorəx/ MÓC; *ar thaobh na curraigh* /nə korə/ MÓC, féach 1.1.7.

A.1.1.3 *An Ginideach Uatha Firinscneach*

(i) Is é an patrún i gcás na hinsnce seo go gcuirtear na hathruithe tosaigh (féach A.1.0.1 maidir le tras-scríobh claochluithe tosaigh) i bhfeidhm de réir ghnás an ghinidigh, m. sh. *craiceann an bheithíoch* /vʹehiəx/ MÓC; *os cionn an mharbhán* /warəwaːn/ MÓC; *os cionn bhosca an fhaoistean* /iːʃtʹən/ MÓC; *aer an tsáile* /taːlʹə/ SÓC; *seoladh an fhear seo* MÓC; ach feictear an t-infhilleadh deiridh á chur i bhfeidhm chomh maith, m. sh. *ag déanamh an earraigh* /dʹiːnə Nʹ arə/MÓC; *amach ar aghaidh an ghabháltais* /ɣoːltəʃ/ MÓC. Is minice a fhaightear an t-infhilleadh iomlán ginideach i leaganacha calctha agus i nathanna seanbhunaithe, m. sh. *lucht an airgid.* I gcás na leaganacha *mórán achair* agus *an oiread sin achair* faightear infhilleadh deiridh an ghinidigh i bhformhór na samplaí; scríobh mé an dá leagan seo de réir ghnás an ghinidigh beag beann ar fhoghair a réalta i ngeall go bhfaightear chomh minic sin sa tráchtaireacht iad.

A.1.1.4 *An Ginideach Uatha Baininscneach*

(i) Ar an gcaoi chéanna leis an ainmfhocal firinscneach, tá baint láidir ag an alt le réaladh an ghinidigh. Is coitianta nach n-infhilltear an t-ainmfhocal baininscneach i suíomh an ghinidigh sa dá chás seo: (a) mura mbeidh an t-alt leis an ainmfhocal, m. sh. *go leor obair* MÓC; agus (b) má bhíonn aidiacht in éindí leis an ainmfhocal (GCF §62), m. sh. *i dtaobh an bhanaltra óg seo* MÓC; *solas na hola mhór, talamh an chloich bheag* SÓC. Murab ionann agus ainmfhocail fhirinscneacha is minice a fhaightear

---

[12] Pléann Ó Siadhail (1985:175) samplaí i nGaeilge Ghaoth Dobhair d'fhoirmeacha éagsúla ginideacha den ainmfhocal céanna, ceann a leanann gnás firinscneach agus ceann eile a leanann gnás baininscneach.

infhillte de réir ghnás an ghinidigh ar an ainmfhocal baininscneach mar gheall go n-athraítear an t-alt, m. sh. *ag breathú i ndiaidh na talúna* MÓC; *ar thaobh na céibhe* MÓC.

A.1.1.5 *An Ginideach Iolra*

(i) Ní iondúil go bhfaightear lagiolraí sa nginideach iolra cé is moite de leaganacha calctha (GCF §30). Uraítear tús an ainmfhocail ar lorg an ailt sa struchtúr seo, m. sh. *ag scaipeadh na gclocha* MÓC; *i ndiaidh na ngasúir* MÓC; *le haghaidh na mbeithígh* /nə mˈehiː/ MÓC; *ag líonadh suas na bpoill* /nə baiLˈ/ SÓC;

(ii) is iondúil go réitíonn foirm an ghinidigh iolra le foirm na haidiachta ó thaobh uimhreach de, m. sh. *le haghaidh na bhfeilméaraí móra* MÓC.

A.1.1.6 *An tAlt agus a chuid claochluithe*

(i) Scríobhtar an claochlú a dhéantar ar an túschonsan ar lorg an ailt fiú mura dtagann sé leis an ngnáthnós a bhaineann le cúrsaí inscne nó tuiseal, .i. túschonsan ainmfhocail bhaininscnigh gan a bheith séimhithe ar lorg an ailt nó túschonsan *s-* gan *t-* tosaigh ar lorg an ailt i gcás ainmfhocail bhaininscnigh, m. sh. *ar an sáil* MÓC, nó túschonsan *s-* gan *t-* ar lorg an ailt i gcás ainmfhocail fhirinscnigh i suíomh ginidigh, m. sh. *i dtaobh an slua* MÓC;

(ii) scríobhtar *f-* tosaigh séimhithe ar lorg réamhfhocail in éindí leis an alt, m. sh. *faoin fhear* /fiːNˈ arˈ/, *ón fheilméara* /oːNˈ elˈəmˈeːrə/,[13] *don fhear oibre* /gənˈ ar aibˈrˈə/;

(iii) scríobhtar an t-alt dúbailte de réir mar a réaltar é, m. sh. *sa seomra an obráid* MÓC, *bheadh an giolla an tseomra . . .* MÓC.[14]

A.1.2 *An Aidiacht*

(i) Is iondúil nach n-infhilltear aidiachtaí i suímh ghinideacha de réir fhoirmeacha an tuisil seo mar atá léirithe i GCF (§237 – 239; 241

---

[13] Uaireanta faightear léiriú a mbíonn an séimhiú sioctha ar *céad* ann, m.sh., *ón chéad chúrsa* /oːn xˈeːd xuːrsə/ MÓC.

[14] Tá an struchtúr seo pléite in Ó Gealbháin (1991) agus Ó hUiginn (1996: Iml. 1, xv; Iml. 2, *An Foclóirín*)

– 243) ach amháin i bhfrásaí calctha, m. sh. *cóta cailín beag* SÓC; *thimpeall an fheilméara mór* MÓC; agus *Cuan an Fhir Mhóir, Cailleach na hAirde Móire*.

(ii) is iondúil go n-infhilltear aidiacht ar lorg ainmfhocail faoi réir uimhreach (féach GCF §231), ach sna cásanna nach n-infhilltear scríobhtar an fhoirm gan infhilleadh.

A.1.2.1 *An Bhreischéim agus an tSárchéim*

(i) Scríobhtar bunfhoirm na haidiachta mura n-infhilltear í ar lorg míreanna na breischéime agus na sárchéime;

(ii) ní léirítear an túschonsan séimhithe sa bhfoirm bhreischéime *fearr* ar lorg na míreanna *is/níos*, is iondúil go ndeirtear /Nˊiːs ɑːr/ mar shampla.

A.1.3 *An Briathar*

(i) Tugtar anseo nótaí ginearálta mar threoir do nósanna litrithe a mbaintear úsáid astu sa téacs; cuirtear na leasuithe seo i bhfeidhm ar an litriú caighdeánach ar mhaithe le léiriú a thabhairt atá níos gaire d'fhoghair na foirme;

(ii) scríobhtar FS agus FT sa téacs mar a dúradh ar na téipeanna iad;

(iii) tugtar nótaí fogharscríofa ag bun an téacs sna cásanna ina bhfaightear réaladh suntasach, m. sh. *d'fhágfá* (2p. ua. MC) /dɑːɣɑː/ MÓC.

A.1.3.1 *3p. iol AC*

(i) Scríobhtar *tháinigdar* 3p. iol AC in áit *tháiniceadar,* d'fhéadfaí a mhaíomh gur forainm atá sna samplaí nach gcloistear guta tosaigh an deiridh phearsanta (-*(e)adar*) idir consan deiridh an bhriathair agus d- tosaigh an fhorainm *dar*, m. sh. *d'inisdar* MÓC (3.2.13); déantar idirdhealú idir an FT (-*(e)adar*) agus an fhoirm *dar*;

(ii) feictear go hannamh sa téacs samplaí den fhoirm seo /(ə)dər/ in úsáid in aimsirí nach mbaineann lena húsáid stairiúil, m. sh. *an áit a mbeadh dar...* MÓC (féach Nilsen 1973: 114-16, McGonagle 1986: 94).

A.1.3.2 *2p. iol. MO*

(i) Scríobhtar foirm an 2p. iol. MO de réir ghnás an C.O. ach amháin i gcás correiseachta nach bhfuil ach an t-aon réaladh amháin i gceist, m. sh. *scaoilí tharaibh é, faic!*;

(ii) is é /iː/ an réaladh is mó a úsáidtear sa 2p. iol. -(*a*)*igí* le briathra sa gcéad réimniú a bhfuil consan deiridh sa bhfréamh; an deireadh /əgʹiː/ a úsáidtear sa réimniú seo ar lorg guta; is é /əgʹiː/ is coitianta le briathra a bhfuil an deireadh –(*e*)*áil* sa bhfréamh iontu; /əgʹiː/ agus /iː/ atá sa dara réimniú, /əgʹiː/ is coitianta.

A.1.3.3 *Foirmeacha Coibhneasta*

(i) Scríobhtar na deirí coibhneasta de réir ghnás na canúna, m. sh. -(*e*)*anns* əns agus -(*e*)*as* əs, agus -(*a*)*íonns* iːns agus -(*a*)*íos* iːs san AL; agus -*f*(*e*)*as* (h)əs agus -(*e*)*ós* oːs san AF.

A.1.3.4 *An Dara Réimniú*

(i) Faightear foirmeacha malartacha i gcás deirí táite bhriathra an dara réimniú go háirithe i gcás an 2p. ua. MC (/(h)aː, oːaː, oːhaː/) agus an 3p. iol. AC /iədər, ədər/, ach scríobhtar foirmeacha na bpearsan seo de réir ghnás an C.O. ar mhaithe le soiléireacht cé nach réitíonn siad lena réalta foghraíochtúla, m. sh. *dhá dtosófá* /dosaː/ SÓC; *tharraingeofá* /harənʹaː/ MÓC; *d'athrófá* /dahrhaː/ MÓC; *d'imeofá* /dʹimʹaː/ SÓC; *d'fhiafraíodar* /dʹiərhədər/ MÓC; *chuartaíodar* /xuːrtədər/ MÓC.[15]

A.1.3.5 *AGC/MC*

(i) Tá bunfhoirm agus FT na hAGC do-aitheanta ó bhunfhoirm an MC ó thaobh na deilbhíochta de i gcás briathra aonsiollacha a bhfuil -*c*, -*p*, -*t* mar chonsan deiridh sa bhfréamh iontu;

(ii) i gcaint MÓC agus SÓC tá foirmeacha na hAGC agus an MC inaitheanta óna chéile i mbriathra den chineál seo a leanas:

---

15 Tá fíorchorreisceacht ann ina nasctar deireadh táite le briathar aonsiollach amhail is gur bhain sé leis an dara réimniú, m.sh., *stopaíodar* /stopiədər/ MÓC.

(a) briathra neamhrialta áirithe;

(b) briathra de chuid an dara réimniú;

(c) briathra de chuid an chéad réimnithe a bhfuil -*l*, -*n*, nó -*r* mar chonsan deiridh sa bhfréamh iontu;

(d) briathra de chuid an chéad réimnithe a bhfuil -*g*; -*b*; -*d*; -*mh*; -*bh* mar chonsan deiridh sa bhfréamh iontu.

I gcás (a) aithnítear fofhréamh a dhealaíonn an AGC ón MC, m. sh. *thagadh*/*thiocfadh*; i gcás (b) aithnítear alamoirf éagsúil .i. –(*a*)*íodh* /ɪəX/ seachas –(*e*)*ódh* /oːX/; i gcás (c) agus (d) is iondúil go bhféadfaí foirm an MC a aithint ó chonsan díghlóraithe na fréimhe faoi thionchar alamoirf an f-fháistinigh, ach mar a fheictear ón bplé thíos ní fheidhmítear próiseas an díghlóraithe i gcás (c) go rialta (féach A.1.7.5.4). Mar sin féin, faightear briathra de chineál (a), (b), (c) agus (d) thuas agus foirm an MC á húsáid le gné ghnách a chur in iúl,[16] m. sh. *Tharraing sí cléibh, tharraing sí feamainn aníos ón gcladach, tharraingneodh sí móin abhaile ón bportach, bhíodh sí ag sníomh agus ag cardáil agus ag cniotáil.* (SÓC 1.1.6). Déantar iarracht sa gcóras trasscríofa an t-idirdhealú idir an MC agus an AGC a léiriú. I gcás na mbriathra nach féidir foirmeacha an MC agus na hAGC a aithint óna chéile is iondúil go scríobhtar foirm an MC. Scríobhtar an fhoirm, MC nó AGC, de réir mar a dúradh í i gcás briathra de chineál (a), (b) agus (d) thuas.

I gcás briathra (c) scríobhtar foirm an MC i struchtúir choinníollacha beag beann ar dhíghlórú an chonsain nó réaladh an chonsain ghlóraigh. I struchtúir a bhfuil gné ghnách chaite i gceist iontu scríobhtar foirm na hAGC mura ndíghlóraítear an

---

[16] D'aithin Wigger go bhfuil níos mó ná modh i gceist sa MC: "The conditional may replace the habitual past. . ." (1972: 168), agus go bhfuil 'éiginnteacht fheidhmiúil' ag baint leis an AGC: ". . . one might assume that 'habitual aspect' is just one out of various unconnected functions of the same form class, though perhaps the most characteristic (1972: 176)." Feictear foirmeacha i struchtúir choinníollacha ar ionann iad agus foirmeacha na hAGC, mar shampla. Tá an t-ábhar seo pléite chomh maith ag Ó Corráin (1992).

consan, m. sh.   *chuirfeadh*   =   /xɪrˈhəx/,

agus   *chuireadh*   =   /xɪrˈəx/   nuair atá
gné ghnách chaite mar bhunús leis an gcur síos.

(iii) Déantar iarracht chomh maith idirdhealú a dhéanamh idir
foirmeacha an MC agus na hAGC i gcás bhriathra a bhfuil guta
deiridh iontu agus a réaltar an /h/ idirghutach ina n-infhillte
éagsúla, m. sh.   *chaith*   /xa/

caithfidh   /kahə/;

i struchtúir choinníollacha scríobhtar foirm an MC beag beann ar
réaladh /h/ an f-fháistinigh, ach sa gcur síos a bhfuil gné ghnách
chaite mar bhunús leis scríobhtar foirm na hAGC murar réaladh
an /h/ idirghutach nó /h/ an f-fháistinigh, m. sh.

chaithfeadh   /xahəx/

chaitheadh   /xax/ nó /xa.əx/.[17]

(iii) Úsáidtear foirmeacha den AGC i suímh choinníollacha scaití, m. sh.
*Cuimhneach liom fhéin nuair a chuaigh mé ag an scoil ar dtús gur
cóta cabhlach a bhí orm, nó cineál sciorta mar a deiridís anois agus
bheifeá ag imeacht ar nós cailín beag ann* MÓC (1.2.11).

(iv) Scríobhtar foirm an tSB san AGC de réir a réalta, m. sh. *déartaí*
dˈeːrtiː, agus *San am seo bhí mé timpeall is dhá mhí san
ospidéal agus fós ní ligí* /Nˈiː ʎˈigˈiː/ *cead dom mo chosa a chur
ar an talamh* MÓC (7.1.3).

A.1.3.6 *An MFC*

(i) Faightear foirmeacha den MFC, m. sh. *… ag goil amach leis an
taoille agus ansin a bheith ag baint na feamainne sin agus á
líonadh isteach sa mbád agus fanacht ansin i do shuí sa mbád
aríst go snámhaíodh an bád aríst le haghaidh í a thabhairt
abhaile, …* SÓC (1.2.1). *Má chuaigh tú go Sasana, d'fhéadfá a
bheith tóigthe isteach san Arm. Dhá dteagá go Meiriocá,
d'fhéadfá a bheith tóigthe isteach san Arm* MÓC (7.4). *Ní ligfí
abhaile thú, mara dtóigeá cúltaca ort fhéin* MÓC (4.4.7);

---

[17] Níl an modh eagarthóireachta seo go hiomlán sásúil anseo mar gheall go bhfuil rogha
ann an /h/ idirghutach a rá i bhfoirmeacha na hAGC.

(ii) déantar iarracht anseo foirmeacha an MFC a litriú i gcaoi a léiríonn foghair na ndeirí táite m. sh. *-t-* an tSB: *a dtugtaí* dʊgtiː SB [CN.I] SÓC; *dhá ndéartaí* ɑː ɴʹeːrtiː SÓC. Litrítear foirmeacha an 2 p.ua. agus an tSB a bhfuil consan deiridh glórach sa bhfréamh gan *-th-* nó *-f-* le léiriú nach ndíghlóraíonn an FT consan na fréimhe roimhe, m. sh. *dhá dteagá* ɑː dʹagɑː MÓC, *ní ligí* nʹiː lʹigʹiː MÓC. I gcás briathra le guta deiridh sa bhfréamh litrítear an FT le *-f-* ar mhaithe le réaladh nó cealú an /h/ idirghutaigh a léiriú, m. sh. *dhá dtéifeá* ɑː dʹai.ɑː, ɑː dʹeː.ɑː, ɑː dʹaihɑː, ɑː dʹeːhɑː.

A.1.3.7 *An MFL/AF*

(i) Ní gnách go bhfaightear foirmeacha an MFL nach bhfuil feidhm ghuítheach ag roinnt leo;

(ii) tá bunfhoirm agus FT an MFL do-aitheanta ó bhunfhoirm na hAF ó thaobh na deilbhíochta de i gcás briathra aonsiollacha a bhfuil *-c, -p, -t* mar chonsan deiridh sa bhfréamh iontu;

(iii) i gcaint MÓC agus SÓC tá foirmeacha an MFL agus na hAF inaitheanta óna chéile i mbriathra den chineál seo a leanas:

(a) briathra neamhrialta áirithe;

(b) briathra de chuid an dara réimniú;

(c) briathra de chuid an chéad réimnithe a bhfuil *-l, -n,* nó *-r* mar chonsan deiridh sa bhfréamh iontu;

(d) briathra de chuid an chéad réimnithe a bhfuil *-g; -b, -d; -mh;* *-bh* mar chonsan deiridh sa bhfréamh iontu;

(iv) scríobhtar foirmeacha an MFL sna cásanna inar úsáideadh moirfeolaíocht an mhodha seo;

(v) is féidir foirmeacha an MFL a réaladh le /h/ idirghutach nó dá uireasa i gcás briathra mar *caith*, ar an dála céanna le foirmeacha na hAF; faightear mar sin *go gcaithe* gə gahə agus gə ga.

A.1.3.8 *Na Briathra Neamhrialta*

(i) Scríobhtar foirmeacha na mbriathra neamhrialta de réir ghnás na canúna:

Abair

AC   *níor dhúirt* nˊiːr uːrtˊ; *ar dhúirt,* ər uːrtˊ; *gur dhúirt* gər
       uːrtˊ.[18]

Bí

AC   SB: *bhíothadh* vˊiːhuː, vˊiː.uː; *bhífear* vˊiːfˊər.[19]
       Scríobhtar *nach raibh,* ach is é na ro an réaladh a fhaightear ar
       an bhfoirm seo.

AGC   Scríobhtar *bhífeá* vˊiːhaː, vˊiː.aː don 2 p.ua.

Clois

AC   SB: *cloiseadh* kliʃuː.
       Scríobhtar *ar chuala/ an gcuala, gur chuala/ go gcuala, níor
       chuala/ ní chuala* de réir mar a réaladh na foirmeacha.

Déan[20]

AC   SB: *déanadh* dˊiːnuː (an réaladh is coitianta, ach faightear
       rinneadh riNˊuː freisin);
       Scríobhtar *níor rinne, gur rinne,* srl.

Faigh

AC   SB *fríothadh* fˊrˊiːuː/fˊrˊiːw; *fuaireadh* fuərˊuː.
       Scríobhtar foirmeacha a bhunaítear ar an bhfréamh *gheobh-,*
       m. sh. *gheobhann* jofən, *go ngeobhaidh* gə Nˊofə, *ní gheofá*
       Nˊiː jofaː.

Feic

AC   SB: *feiceadh* fˊekˊuː.

---

[18] Fuarthas sampla amháin den bhunfhoirm agus an túschonsan gan a bheith de réir mar
a bheifí ag súil: *Chuile rud dhá dhúirt tú* . . . aː duːr tuː.

[19] Chualathas an réaladh vˊiːruː ar an SB AC sa mbriathar seo ó MÓC.

[20] Is fearr a d'fheilfeadh an litriú *díon* anseo, ach cloífidh mé le *déan* sa téacs toisc go
bhfuil sé níos so-aitheanta mar fhoirm.

Tabhair

Scríobhtar foirmeacha malartacha, m. sh. AL: *tugann* tugən,
tabhrann tʹuːrən; AC SB: *tugadh* tuguː, *tabharadh* tʹuːruː;
MC SB: xʹuːriː *thabharfaí*, SB: *thugfaí* hughiː.

Tar

Léirítear túschonsan caol na fofhréimhe *teag-* sa tras-scríobh
anseo, m. sh. *teagann* tʹagən, *dhá dteagadh* ɣaː dʹagəx,
theagadh hagəx, *go dteaga* gə dʹaːgə. Scríobhtar foirmeacha
malartacha, m. sh. MO 2p. ua.: *tar* tar, *tear* tʹar, *teara* tʹarə;
ABR: *tíocht* tʹiəxt, *teacht* tʹaxt; ADB: *teagtha* tʹakiː, *tíoctha*
tʹukiː.

A.1.3.8.1 *An Chopail*

(i) Ní scríobhtar an chopail murar dúradh í, m. sh. *cuimhneach liom*
seachas *is cuimhneach liom*;[21]

(ii) déantar na leasuithe seo a leanas ar fhoirmeacha copaile an C.O.:

AL   scríobhtar: *sé* in áit *is é*, *sí* in áit *is í*, *siad* in áit *is iad*;[22] litrítear an
forainm taispeántach /ʃod/ mar *siod*;[23]

Ceisteach Dearfach

scríobhtar: *Ab é?* ə bʹeː; *Ab in é?* ə bʹin eː; srl;

réaltar foirm cheisteach na copaile *an* san AL mar /ə/, m. sh.

. . . *níl a fhios agam an ceaig chúig ghalún a bhí thuas ar an lota
faoin leaba* MÓC;

faightear an mhír *ar* /ər/ san AL freisin;

Spleách Dearfach

scríobhtar *gob é* in áit *gurb é* mar léiriú ar an réaladh /gə bʹeː/;[24]

---

[21] Pléann Ó Siadhail (1983: 117-27) creimeadh na copaile i gcanúintí na Nua-Ghaeilge.
Feictear neart samplaí sa téacs seo ina bhfuil feidhm na copaile á comhlíonadh ag
struchtúr a bhfuil an briathar substainteach mar bhunús leis, claonadh atá léirithe ag Ó
Siadhail (1983: 117).

[22] Corruair faightear réaladh na bhfoirmeacha seo agus guta tosaigh na copaile le tabhairt
faoi deara, m.sh., *is é* /ə ʃeː/, ach ní dhéantar iad a dhealú sa téacs ó na foirmeacha is
coitianta, *sé* /ʃeː/, srl.

[23] Corruair réaltar mar /ʃid/ é.

[24] Pléann Watson (1986: 194-99) cailleadh an /r/ sna foirmeacha copaile i gcanúintí Dhún
na nGall.

ar an gcaoi chéanna scríobhtar *gob í* in áit *gurb í*; *gob iad* in áit *gurb iad*; *gob in* in áit *gurb shin*; scríobhtar *gur b'é* in áit *gurb é*; mar léiriú ar an réaladh /gər b'eː/; scríobhtar freisin *gur b'í* in áit *gurb í*; *gur b'iad* in áit *gurb iad*; *gur b'in* in áit *gurb shin*;

AC/MC

(i) Ní scríobhtar /r/ na copaile san AC foirm dhiúltach *níor* murar réaladh ar an gcaoi sin é; scríobhtar, m. sh. na foirmeacha *ní mhaith* agus *níor mhaith* san AC de réir mar a réaltar iad; is iondúil nach réaltar /r/ na míre i gcás na bhfoirmeacha seo a lcanas: *níorbh* Nˈiːv(ˈ); *dárbh* dɑːv(ˈ); *nárbh* nav(ˈ), ach litrítear na míreanna sin de réir an ghnáis chaighdeánaigh ar mhaithe le doiléireacht a sheachaint;

(ii) scríobhtar foirmeacha caite na copaile de réir na dtreoracha seo a leanas:

Neamhspleách dearfach

scríobhtar *b'in* in áit *b'shin*;

léiríonn *ba é* an réaladh bə jeː; *ba í* bə jiː; *ba iad* bə jiəd; *b'in* bə jinˈ; léiríonn *b'é, b'í* srl. b'eː, b'iː faoi seach;

Neamhspleách Diúltach

scríobhtar *ní*; *níor*, *ní ba, ní mba* de réir mar a réaladh na foirmeacha;

Ceisteach/Cónascach Dearfach

scríobhtar *ab, ar, an, a mba, ar ba, a ba, gur, go mba, go ba, cé mba* de réir mar a réaladh na foirmeacha;[25]

Ceisteach/ Cónascach Diúltach

scríobhtar *nach ba*; *nach mba*; *nár, nárbh* /nav(ˈ)/ de réir mar a réaladh na foirmeacha;

An Mhír Choinníollach *dhá* + foirm chopaile

scríobhtar *dhá mba* mar léiriú ar an bhfoirm chopaile ɑː mə, ɣɑː mə agus fíorchorruair ɑː mər.

---

25 Scríobhtar *gurbh* freisin ach is iondúil go léiríonn sé /gəw/, m. sh. *gurbh iontach* gə wiːntəx.

A.1.3.9 *Míreanna Briathartha*

(i) *níor/ní*   diúltach AC

  gur/go   cónascach AC

Scríobhtar na míreanna seo de réir mar a réaladh iad; is minic nach réaltar an /r/ deiridh roimh thúschonsan an bhriathair; ginearálú ar úsáid na míreanna sna haimsirí agus na modhanna is cúis leis an bhforás seo. Ní shamhlaítear /r/ sna míre mar eilimint riachtanach do mharcáil na haimsire sa gcás seo, ach is spéisiúil go gcoinnítear /r/ na míre roimh thúsghuta, áit a gcomhlíonann sí feidhm chúnta fhoghraíochtúil agus feidhm mhoirfeolaíoch ar nós mharcáil aimsire.   Feictear 'neamhsheasmhacht an -r-'[26] chomh maith i bhfoirmeacha copaile i nGaeilge MÓC agus SÓC, ach is coitianta go gcoinníonn siad /r/ na míre sna foirmeacha diúltacha cónascacha agus ceisteacha *nár* /nar(ʹ)/,[27] mar tá próiseas an ionannaithe níos casta ná cailleadh an /r/ de réir mar a tharlaíonn leis an mír *níor*. Ní hionann an mhír *nár* lúide a consan deiridh agus an mhír a úsáidtear sna haimsirí agus sna modhanna eile sa struchtúr céanna mar a tharlaíonn sa gcontrárthacht idir *ní* agus *níor*, sa gcás seo is í *nár* nar(ʹ), *nach* nax an chontrárthacht. Ní leor cailleadh an chonsain deiridh le próiseas an ionannaithe a chur i gcrích.[28]

(ii) *ar/a*   an mhír choibhneasta chaite indíreach

  Fearacht an chontrárthacht idir *níor/ní* thuas, ní scríobhtar /r/ deiridh na míre coibhneasta caite murar réaladh ar an gcaoi sin é; scaití sa gcaint *allegro* fágtar an mhír as an áireamh, ach scríobhtar sa téacs í ina leithéid de chás.

---

[26] Féach Watson (1986: 197).

[27] Ní coitianta an réaladh le guta fada /naːr(ʹ)/ agus ní bhfuarthas sampla den mhír *nach r* /naːxr/ (féach GCF §418).

[28] Réaltar *nach raibh* mar /na ro/anseo, ach dar ndóigh, cúrsaí *sandhi* atá i gceist sa réaladh seo atá bunaithe ar *nár raibh* (GCF §423).

(iii) *a/go*   an mhír choibhneasta dearfach

Is minic a bháitear an mhír seo i dtimpeallacht guta deiridh nó tosaigh, nó a fhágtar ar lár í, ach scríobhtar an mhír sa téacs de réir ghnás an C.O.;[29] uaireanta malartaítear an mhír choibhneasta indíreach *a* le *go* i gclásal coibhneasta ar lorg *fáth, caoi, áit*,[30] srl. léirítear an malartú seo sa téacs, féach, m. sh. *Sin é an fáth a dtáinig . . .; Sin é an fáth go mbíodh . . .; gob é an chaoi go n-iomprófaí amach as mé* MÓC; *ní hé an chaoi a chuala mise é* MÓC.

(iv) *sula/shula*   an cónasc ama

   (a) Scríobhtar *shula* in áit *sula*; is é /xulɑ:/ an réaladh is coitianta ag an mbeirt acu, ach scaití, i gcaint *allegro* cloistear an réaladh /xulə/; chualathas an réaladh /xul'ɑ:/ SÓC chomh maith;[31]

   (b) scríobhtar *shular* in áit *sular*, is é /xulɑ:r/ an réaladh is coitianta sa gcás seo, ach ar an gcaoi chéanna le *sula* thuas cloistear corruair réalta le guta deiridh giorraithe;

   (c) tá corrshampla d'úsáid na míre seo le ABR, m. sh. *Ach ní dhearna muid aon iomaire mar seo shula thíocht ariamh. . .* hulɑ: hiəxt SÓC;

   (d) tá corrshampla d'úsáid na míre seo le *roimhe* roimh fhoirm bhriathartha, m. sh. *Ach roimhe shula dtáinig sé bhí na fir agus na mná ag goil isteach in éindí san oíche.* /riv'ə xulɑ: dɑ:n'ək' ʃe:/ MÓC.

(v)   *mura/mara*   an cónasc coinníollach diúltach
     Scríobhtar *mara* a réaltar mar /marə/ in áit mura.

(vi) *dá/dhá*   an cónasc coinníollach
     Scríobhtar *dhá* in áit *dá*; is iondúil go réaltar an mhír seo mar /ɑ:/, ach cloistear /ɣɑ:/ chomh maith.

---

[29] Cuirtear síos ar chlásal den chineál seo in *Gramméar Gaeilge na mBráithre Críostaí* (§666).

[30] Ní bhfuarthas sampla de *áit go...* sa téacs.

[31] Féach GCF (C381). (Feictear samplaí chomh maith in GCF (C381) do choguasú an *s*-tosaigh séimhithe i réalta den mhír seo [sh- h —> X].

(vii) *ag/a*   an mhír bhriathartha chónascach roimh ABR
Is minic a chailltear nó a bháitear an mhír seo, ach scríobhtar
sa téacs é de réir ghnás an C.O.

A.1.3.9.1 *Míreanna Eile*

(i) An iarmhír threise -*sa/-se* /- sə, ʃə/, - *san/ -sin* /sən, ʃənʹ/.
Scríobhtar na míreanna seo de réir mar a réaladh iad, m. sh. *le*
mo linnsa lʹə mə lʹiːnʹsə.

(ii) an réimír threise *ró-*
Scríobhtar an réimír seo de réir ghnás an C.O. ach cloíonn MÓC
agus SÓC leis an bpatrún atá leagtha amach in GCF, m. sh.
rómhór /rəˈwoːr/, *rófhada* /radə/.

A.1.3.10 *An tAinm Briathartha*

(i) Déantar iarracht anseo na halamoirfeanna éagsúla a bhaineann
infhilleadh fhoircinn an ABR a léiriú sa tras-scríobh: -(*e*)*adh*, /ə/;
-(*e*)*amh*, /ə/; -*t*, /tʹ/; -(*e*)*an*, /ən/; -(*a*)*int*, /ənʹtʹ, əɴʹtʹ/; -*úint*,
/uːnʹtʹ, uːɴʹt,/; -(*e*)*ach*, /əx/ ; -(*e*)*acht*, /əxt/; -*neach*, /rʹəx/;
-*achán*, /əxɑːn/; -(*a*)*íl*, /iːlʹ/; -(*e*)*áil*, -(*e*)*ál*, /ɑːlʹ, ɑːl/[32]; -
t(*e*)*áil*, /t(ʹ)ɑːl,/; - (*e*)*achtáil*, /əxtɑːlʹ/; -*im* , /əmʹ/; -*mh*, /w/;
-*chan*, /xən/; -*ú*, /uː/; -(*a*)*í*, /iː/; -*achaint*, /əxənʹtʹ, əxəɴʹt,/;
-(*a*)*íocht*, /iəxt/, mar aon le hathruithe fóneolaíocha eile, m. sh.
coimriú na fréimhe, leathnú chonsan deiridh na fréimhe, bá ghuta
deiridh na fréimhe, réaladh an –*h*- idirghutaigh, srl.

(ii) Aidiacht shealbhach *á* agus ABR:
scríobhtar foirm na haidiachta sealbhaí a réaladh; is minic a
fhaightear *á* agus túschonsan an ABR séimhithe beag beann ar
chúrsaí uimhreach agus inscne, m. sh. . . . *bhí cupla buidéal*
poitín ag goil thart agus mugannaí agus cupáin á thabhairt
amach. MÓC (1.3.6).

(iii) Scríobhtar an tABR *cur* de réir ghnás an C.O. cé nach réitíonn sí
lena réaladh /kirʹ/.

---

[32] Féach nóta (iv) thíos i dtaobh: *clois; coinnigh; fág; feic; coinnigh.*

(iv) Foirmeacha an ABR leis an bhfoirceann - (*e*)*áil*, - (*e*)*ál*, /- ɑːlˊ,-ɑːl/·

scríobhtar an foirceann seo de réir ghnás an C.O. cé nach réitíonn sé leis an ngnáthréaladh atá ag MÓC agus SÓC, - (*e*)*ál*, /- ɑːl/, i gcás na mbriathra seo a leanas: *clois*; *coinnigh*; *fág*; *feic*; *coinnigh* (GCF §172, 189, 218).

A.1.3.11 *An Aidiacht Bhriathartha*

(i) Déantar iarracht anseo na halamoirfeanna éagsúla a bhaineann le hinfhilleadh fhoircinn na hADB a léiriú sa tras-scríobh: -*tha* -*the*, /(h)iː/ ar lorg consain phléascaigh; -*ta*, -*te*, /təˌtˊə/; -*tha*, -*the*, /hə/; -(*a*)*ithe*, iː; mar aon leis na hathruithe moirfeafhóneolaíocha i gcomhthéacsanna éagsúla, m. sh. coimriú na fréimhe, leathnú chonsan deiridh na fréimhe agus bá ghuta deiridh na fréimhe.

(ii) Scríobhtar foirm na hADB de bhriathra sa dara réimniú ar nós *oscail* leis an bhfoirceann is coitianta (-(*a*)*ithe*, /iː/) sa réimniú seo; nasctar alamoirf na hADB le fréamh choimrithe, m. sh. *osclaithe* osklˈiː.[33]

(iii) Foirm na hADB de *tarraing*:

scríobhtar *tarraingaithe* mar léiriú ar an réaladh is coitianta acu: /tarNˊiː/, faightear /tarəNˊiː/ corruair freisin.

A.1.4 *An Forainm*

A.1.4.1 *An Aidiacht Shealbhach*

(i) 2p.ua. *do*/*d'*
scríobhtar *t'* in áit *d'* roimh ghuta tosaigh de réir mar a réaladh glórach nó neamhghlórach iad;

(ii) -*n* roimh *do*/*t'* 2p.ua.
scríobhtar *in do* nó *in t'*; *i do* nó *i t'* de réir mar a réaladh iad, ach is iad *in do*/ *in t'* is coitianta;

---

[33] Réaltar foirm na hADB i gcás an mbriathra seo a leanas de réir an ghnáis chéanna: *cangail, ceangail, cimil, coisin, dúbail.*

(iii) 1p.; 2p.; 3p. iol. *a*

scríobhtar na foirmeacha seo de réir nós na canúna (GCF §317); foirm amháin a léiríonn na trí phearsa san iolra, fianaise ón gcomhthéacs nó forainm pearsanta a léiríonn pearsa faoi leith;

(iv) *do* + *a* (aidiacht shealbhach) > *dá/á* sa gC.O.

scríobhtar *dhá* /ɑː, ɣɑː/ mar léiriú ar an mír seo, fearacht na míre coinníollaí *dhá* sa téacs, de réir a réalta, is é an chéad sampla is coitianta;

scríobhtar *á* mar léiriú ar an mír seo i struchtúir leis an ABR, m. sh. *á dhéanamh*;

(v) *do* + *a* 1p.; 2p.; 3p. iol. > *dár/do bhur/dá* sa gC.O.

is mar a chéile réaladh na míre seo, *dhá* /ɑː, ɣɑː/, sna pearsain thuas agus an fhoirm uatha sa gcanúint seo (GCF §322).

A.1.4.2 *An Forainm Réamhfhoclach*

(i) Tá an réaladh a dhéantar anseo ar na forainmneacha réamhfhoclacha ag teacht cuid mhór le hanailís GCF (141-4) ar an ábhar, cé is moite d'fhoirmeacha ar féidir an /h/ a réaladh iontu, m. sh. *uirthi* orhə, orə; *orthu* orhəb, orəb; *fúithi* fuːhə; *fúthu* fuːb, fuːhəb, fuhəb; *léi* lʲeːhə, lʲehə; *léi* lʲeː MÓC; *leo* lʲoːhəb, lʲohəb; *leo* lʲoː MÓC; *uaithi* wohə; *uathu* wohəb; *thríthe* hriːhə;[34] *thríothu* hriːhəb.

(ii) Léirítear sa tras-scríobh na claochluithe tosaigh i gcás fhoirmeacha na bhforainmneacha réamhfhoclacha *do/de*, m. sh. *dhom* ɣum, um, əm, *dom* dum; *dhuit* itʲ, ɣitʲ, *duit* ditʲ; *dhíot* jiːt, iːt.

(iii) Is coitianta an fhoirm threise den fhorainm réamhfhoclach *againne* /aNʲə/, ach faightear /agəNʲə/ freisin.

A.1.4.3 *An Forainm Treise* féin

(i) Scríobhtar *fhéin* mar léiriú ar /heːnʲ/, féach GCF (157-8) .

---

34 hriːhi/triːhi *thríthe* 1012c.

A.1.5 *An Réamhfhocal*

A.1.5.1 *An Réamhfhocal* le

(i) Scríobhtar *le* le forainm cuspóireach de réir chomhréir a réalta, m. sh. *le é a dhéanamh* /lʹeː ə jiːnə/; *len é a dhéanamh* /lʹen eː jiːnə/; *lena dhéanamh* /lʹenə jiːnə/; is é an chéad sampla is coitianta, m. sh. *le é a mheilt* MÓC; *le é sin a chur ar ais* MÓC; *le é sin a dhéanamh* SÓC;

(ii) scríobhtar foirm an réamhfhocail *leis* leis an alt iolra de réir ghnás an C.O. fiú nuair a réaltar mar /lʹenə/ é, m. sh. *leis na gasúir a ligean isteach* MÓC; *B'fhéidir go rabhadar in ann a bheith ag plé leis na* nurse*annaí. . .* MÓC.

A.1.5.2 *Na Réamhfhocail* do/de

(i) Déantar idirdhealú sa tras-scríobh idir an dá réamhfhocal cé go réaltar ar an gcaoi chéanna iad /gə/ agus leis an alt /gən/.

A.1.6 *Leasuithe ortagrafaíocha eile*

A.1.6.1 *Na hUimhreacha*

(i) Scríobhtar an séimhiú ar an túschonsan ar na huimhreacha *ceithre* agus *cúig* sna cásanna ar réaladh ar an gcaoi sin iad (féach GCF §538);

(ii) scríobhtar *naocha* in áit *nócha*;

(iii) scríobhtar na huimhreacha eile de réir an C.O.; is é /ʃaxtwoː/ an réaladh foghraíochtúil ar *seachtó* agus /oxtwoː/ ar *ochtó*; agus /niːnwər/ ar an uimhir phearsanta *naonúr*.

A.1.6.2 *Coimriú*

Tras-scríobh foghraíochtúil a chuirtear i bhfeidhm ar fhocail neamhchoimrithe den chineál seo a leanas: *páidirín* paːdʹərʹiːnʹ; *paidireachaí* padʹərʹəxiː; *páidireáil* paːdʹərʹaːlʹ; *máistireás* maːʃtʹərʹaːs; *máistirí* maːʃtʹərʹiː; *muintireach* miːnʹtʹərʹəx, srl. Scríobhtar freisin *maistireadh* maʃtʹərʹə; in áit *maistreadh* sa gC.O.

A.1.7 *An Córas Fogharscríofa*

Leagtar amach thíos an córas fogharscríofa a mbaintear leas as. Tras-
scríobh leathan a úsáidtear ó thaobh na háisiúlachta de, ach ní mhaítear
anseo gurb ionann é agus léiriú fóinéimeach. Ní bhaintear leas as córas
a bheadh dílis go hiomlán d'fhóinéimeanna na gcainteoirí siocair go
mbeadh sé ró-éagsúil leis an traidisiún fogharscríofa atá sna monagraif
chanúna a cuireadh i dtoll a chéile ó aimsir an chogaidh i leith agus go
gcothódh sin deacrachtaí maidir le hinléiteacht na bhfoirmeacha.[35] Mar
a dúradh thuas, b'as an Máimín, Ceantar na nOileán, do MÓC agus SÓC
agus i ngeall ar an ngaol gar idir na fochanúintí, Gaeilge Chois Fharraige
agus Gaeilge Cheantar na nOileán, thogair mé glacadh leis an anailís i
monagraf de Bhaldraithe, ICF, mar bhunchloch don anailís ar fhardal na
gconsan agus na ngutaí atá ag MÓC agus SÓC.

A.1.7.1 *Fardal na gConsan*

Glactar anseo thíos le córas fogharscríofa na gconsan a leagtar amach
in ICF cé is moite de na pointí seo a leanas:

(a) ní bhactar le -*t* nó -*d* ailbheolach /ṭ, ḍ/ a léiriú in ainneoin gur
fíor go gcloistear i bhfocail áirithe iasachta iad (ICF §129-130)
agus go gcloistear i gcarnáin áirithe iad (ICF §195, 196, 197, 207),
m. sh. *scantradh* skranṭrə SÓC;

(b) ní thugann comhartha an chonsain chaoil cáilíocht ach don
chonsan atá díreach roimhe;

(c) úsáidtear /ŋ/ in áit /N/, agus /l/ in áit /L/ (leathan).

A.1.7.2 *Fardal na nGutaí*

In ICF 8-16 maítear go bhfuil seacht nguta fhada fhóinéimeacha: /iː/,
/eː/, /aː/, /æː/, /ɑː/, /oː/, /uː/, sa bhfogharscríobh anseo ní bhaintear
leas as ach cúig chomhartha: /iː/, /eː/, /ɑː/, /oː/, /uː/. Déantar laghdú
freisin ar líon na ngutaí gearra: /i/, /e/, /a/, /ə/, /o/, /u/ a úsáidtear
anseo.

---

[35] Féach: ICF; Ó Cuív (1944); Breatnach (1947); De Búrca (1958); Mhac an Fhailigh (1968).

A.1.7.3 *Srónaíl*

Ní thugtar aird ansco ar an tsrónaíl a chuirtear i bhfeidhm ar ghutaí áirithe. Is minice a chloistear an tréith seo ag MÓC ná SÓC. I gcás MÓC cloistear srónaíl ar na gutaí seo i gcás liosta beag focal, m. sh.

[bˈrˈẽhuː][36] *breathú* MÓC;   [bˈrˈẽ] *breith* MÓC;

[ãːtˈ] *áit* MÓC;   [ɑ̃ːhə] *áithe* MÓC;

[ãvˈrˈəs] *aimhreas.*

A.1.7.4 *Nótaí Foghraíochta ar Ghaeilge MÓC agus SÓC*

A.1.7.4.1 *Na Gutaí*

u —> i

Is gnách go réaltar an guta ortagrafaíoch *u* mar /i/ i suíomh aiceanta ar lorg /t/ nó /d/ (leathan) roimh /s/ nó i dtaobh le hailbheolaigh eile, tréith a bhaineann le canúint iarthar Chois Fharraige mar a léirigh de Bhaldraithe (ICF §652), m. sh. /distə/.

u —> uː i suíomh aiceanta roimh /mp/, /mr/, /ns/ agus /nt/

Faightear an dá phatrún, réaladh an ghuta fhada agus an ghuta ghearr sa gcomhthéacs seo i gcaint na beirte, ach tá claonadh ag SÓC an guta fada a réaladh agus is iondúil go réalann MÓC an guta gearr i samplaí den chineál seo, m. sh.

/uː/	/u/
uːnsiː *ionsaí* MÓC	dˈunsə *d'ionsaigh* MÓC
dˈuːmpiːdər *d'iompaíodar* SÓC	dˈuntɑː *d'iontófá* MÓC
uːmpigˈiː *iompaigí!* 598c (c = SÓC)	umpuː *iompú* MÓC
igˈ uːmrə *ag iomradh* 1107c	bɑːd umrə *bád iomraidh* MÓC
igˈ uːmpərˈ *ag iompair* 605c	gˈuntuː *ag iontú* MÓC.

o: —> uː i suíomh aiceanta i gcomhthéacs srónach

Is é an claonadh atá acu ná an guta /oː/ a ardú go /uː/ i suíomh srónach, ach cé gurb é próiseas an ardaithe is coitianta faightear cuid mhór samplaí le /oː/, go háirithe ag MÓC (ICF §395), m. sh.

---

[36] Is minic a ardaíonn MÓC an guta [a] go [e] i gcás réaladh an bhriathair seo.

/uː/

kruːnˊ coróin

muːnˊ móin

kuːrsə comharsa³⁸

fuːwər fómhar

fuːn fonn

trənuːnə tráthnóna

muː mó

bruːn brón

/oː/

ʃoːmrə seomra SÓC³⁷

oːmoːs ómós

koːniː cónaí MÓC

foːwər fómhar MÓC

roːwər rómhar ABR MÓC

trənoːnə tráthnóna MÓC

moː mó MÓC

A.1.7.4.2 Athrú ar ghuta i gcomhthéacs na gconsan siollach: -m; -ll; -nn; -rr³⁹

aː —> a

Ní i gcónaí a chuirtear an giorrú i bhfeidhm ar an nguta fada seo roimh chonsan siollach má bhíonn guta ar lorg an chonsain (Ó hUiginn 1994: §2.22), m. sh.

xaːLˊ chaill   kaLˊə cailleadh, ach

gˊaːr gearr   jaːrədər ghearradar MÓC.⁴⁰

iː —> i

Is iondúil go ngiorraítear an guta fada seo roimh chonsan siollach má bhíonn guta ar lorg an chonsain, m. sh.

hiːmpəl thimpeall;

dˊiːLˊ d'fhill   fˊiLˊə filleadh, ach

vˊiːLˊə a mhilleadh;

vˊiːLˊədˊiːʃ mhillfidís

---

³⁷ Is é /ʃumrə/ an réaladh is coitianta ag MÓC.

³⁸ Ar ndóigh, tá próiseas an ardaithe anseo bunaithe ar an bhfóinéim shrónach stairiúil /w̃/. An carn [r̃š] atá sa bhfocal ag leibhéal na hanailíse foghraíochtúla ([r̃š] pléite ag Watson 1996).

³⁹ Ar ndóigh, tá cairn chonsan a fhreagraíonn don phróiseas chomh maith -rl; -rd; rn (O'Rahilly 1932: 49).

⁴⁰ Corruair faightear guta gearr roimh chonsan siollach sa mbunstruchtúr, m. sh. bhearr mé vˊar mˊeː MÓC.

uː —> u
Is minic a fhaightear guta gearr i suíomh aiceanta roimh *-nn* agus *-m* deiridh, m. sh. bruntənəs *bronntanas*; xum *chum* agus kumə *cumadh*, ach féach leithéidí uːmpə *iompaigh* 598c thuas; guta fada a fhaightear i /truːm/ *trom* go hiondúil agus guta gearr i /trumə/ *troma*, ach cloistear /trum/ *trom* chomh maith.

A.1.7.4.3 Athrú ar dhéfhoghar i gcomhthéacs na gconsan siollach: *-m*; *-ll*; *-nn*; *-rr*

au —> o agus ai —> e
Faightear samplaí rialta maidir leis na hathruithe thuas sa téacs, m. sh.

taultə *tollta*	tolə *tolladh*.;
fˊoːlˊ hailˊtˊə *feoil shaillte*	seLˊə *sailleadh*.

A.1.7.4.4 ua / uː
Scaití cuirtear leibhéalú i bhfeidhm ar an défhoghar seo roimh /l/, /lˊ/ agus /r/, /rˊ/ agus réaltar mar /uː/ é, m. sh.

buːlˊuː *buaileadh*	buəlˊuː *buaileadh*;
buːlə *bualadh*	buələ *bualadh*;
kuːrtuː *cuartú*	kuərtuː *cuartú*;
xuːrtədər *chuartaíodar*	xuərtə *chuartaigh*;
ə tuːrˊiːnˊ *An Tuairín*	ə tuərˊiːnˊ *An Tuairín*;
guːləŃ *gualainn* 442c	guələŃ *gualainn*;
	duələgəs *dualgas*.

A.1.7.4.5 iə / iː
Scaití cuirtear leibhéalú i bhfeidhm ar an défhoghar /iə/ roimh /r/ agus /rˊ/ agus réaltar mar /iː/ é, m. sh.

dˊiːrhədər *d'fhiafraíodar*;	dˊiərhə *d'fhiafraigh*;
dˊiːrə *d'fhiafraigh*	fiərhiːw *fiafraíodh* MÓC;
fˊiːrhu *fiafrú*	
kˊiːroːg *ciaróg* 808c.	

A.1.7.4.6 *An Tréfhoghar* uəi

Scríobhtar sa léiriú ortagrafaíoch *truaí* /truəi/ leis an tréfhoghar a léiriú agus *trua* /truə/ leis an défhoghar a léiriú. Ar an gcaoi chéanna léiríonn *nuaí* /nuəi/ agus *nua* /nuː/, *cruaí* (f. chomparáideach na haid.) /kruəi/ agus *crua* /kruə/.

A.1.7.4.7 *Giorrú gutaí fada roimh* /h/

Deir de Bhaldraithe (ICF §661) gurb é an gnás i nGaeilge Iarthar Chois Fharraige ná gutaí leathfhada a réaladh roimh /h/ (féach Ó hUiginn 1994 §2.38; Williams 1976: 305 freisin), ach is é an claonadh atá ag MÓC agus SÓC ina thaobh seo ná an guta fada a réaladh. Má bhreathnaítear ar shamplaí LASID do phointe Leitir Mealláin (pt. 43a)[41] feicfidh muid an patrún céanna: er' ə moːhər *ar an mbóthar* 277; də γoːhin' *do dhóthain* 304; maːhər' *máthair* 336; leːhəntiː *laethantaí* 1042; nə hĩ̃həntiː *na hoícheantaí* 1043; seːhəx *soitheach* 1093. Tá an patrún céanna le feiceáil, cuid mhór, ar shamplaí LASID RC SÓC: d'ox blaːhiː *deoch bláthaí* 74c; sə moːhər *sa mbóthar* 560c; mə waːhər' *mo mháthair* 378c; baːhuː *bádh* 1158c, ach ə noːən' *a ndóthain* 755c; nə lehəntiː *na laethantaí* 1042c; [səjhəx] *soitheach* 1093c.[42] Seo a leanas samplaí eile le guta fada iontu: aːhəs *áthas*; baːhə *báthadh* (ABR bá) MÓC; iːhə *oíche*; gliːhiː *glaofaí* SB MC; N'iːhiː *nífí* SB MC MÓC;[43] snaːhəd' *snáthaid*; L'aːhi *leáfaidh* 720c.

A.1.7.4.8 /hə/ *le gutaí fada i bhfocail áirithe*

Is iad /aːhə/, /giːhə/ na réalta atá ag MÓC agus SÓC ar *ádh* agus *gaoithe* (ainmneach agus ginideach). Tugann FGB an dá litriú *áith* agus *áithe*,[44] bainfear leas anseo as an dara ceann mar is é is mó a fheileann

---

[41] "The point closest to the birthplace of MC (Máirtín Ó Conaire, a ndeartháir nach maireann) and SC (SÓC) is 43a," (LASID RC: 116).

[42] /seːhəx, sohəx, seːx/ *soitheach* ag MÓC agus SÓC; réaladh eisceachtúil atá sa gcéad sampla.

[43] Níl an fadú i gceist sa sampla den bhriathar seo san AF i LASID RC atá ag SÓC: n'ihi *nífidh* 449c.

[44] Féach *áithe* in Ó Máille (1974: 5).

dá fhoghraíocht, ar an gcaoi chéanna le *ádh* is é /ɑːhə/ réaladh MÓC agus SÓC. Cloistear an tréith seo chomh maith sna focail *scíthe* /ʃgʹiːhə/ (féach kuplə lɑː gə ʃgʹiːh aNʹ *cupla lá de scíthe againn* MÓC).⁴⁵

A.1.7.5 *Na Consain*

A.1.7.5.1 /h/ *idirghutach*

Mar a dúradh thuas is é an gnás atá ag MÓC agus SÓC an /h/ idirghutach a choinneáil. Fágann sin gur féidir suas le trí réaladh éagsúla maidir le réaladh an /h/ idirghutaigh a bheith ar an bhfocal céanna, m. sh. lahəx/la.əx/lax ([laːx])⁴⁶ *lathach*; bʹehiəx/bʹe.iəx *beithíoch*; bʹehiː/bʹe.iː *beithígh*. I gcás briathra le fréamh a bhfuil guta deiridh inti tá trí réaladh inráite i bhfoirmeacha an f-fháistinigh, (i) réaltar an /h/ idirghutach, (ii) cailltear an /h/ idirghutach agus coinnítear guta alamoirf an fháistinigh, agus (iii) cailltear an /h/ idirghutach agus báitear guta alamoirf an fháistinigh, m. sh. kahə/ka.ə /ka ([kaː]) *caithfidh*;⁴⁷ xahədʹiːʃ/xa.ədʹiːʃ/xadʹiːʃ ([xaːdʹiːʃ]) *chaithfidís*.⁴⁸

Nóta Eagarthóireachta:
Cuirtear ponc isteach idir dhá ghuta, nó idir guta agus défhoghar le cailleadh an /h/ idirghutaigh a léiriú. Déanfar é seo ar mhaithe le hidirdhealú a dhéanamh idir défhoghar fóinéimeach agus sraith gutaí nach défhoghair fhóinéimeacha iad, m. sh. dʹiə *Dia*; ach, dʹiː.ədər *d'itheadar* SÓC.⁴⁹

---

⁴⁵ Féach LASIID I *gaoth* Mp. 223, *scíth* Mp. 158, *áithe* Mp. 263. Nós coitianta Connachtach é seo.

⁴⁶ Alafón fada de chuid na fóinéime /a/ a fhaightear sa gcás seo i ngeall ar chailleadh an /h/ idirghutaigh.

⁴⁷ I sampla i LASID RC óna ndearthráir, Máirtín Ó Conaire, tuairiscítear /h/ an alamoirf fháistinigh roimh chonsan in éagmais *schwa* deiridh na foirme, féach kah mʹe *caithfidh mé* 379a.

⁴⁸ Is iad na samplaí tosaigh sa dá shraith anseo is coitianta.

⁴⁹ Is réaladh neamhghnách atá anseo, is iad dʹihədər/dʹidər *d'itheadar* na réalta is coitianta uathu.

A.1.7.5.2 -*l*, -*n*, -*r*, agus an f-fáistineach

Faightear malartú foirme maidir le díghlórú (ICF §639) chonsan tonnchreathach, taobhach agus srónach deiridh roimh alamoirf an f-fháistinigh, ach is minice a réaltar an fhoirm dhíghlóraithe seachas a mhalairt sa gcás seo.

A.1.7.5.3 Réaladh /h/ an f-fháistinigh i gcomhthéacs pearsan

Tá claonadh soiléir an /h/ idirghutach a réaladh san f-fháistineach (agus díghlórú -*l*, -*n*, -*r*) sa 2p. ua. agus sa SB seachas foirmeacha eile. Léiríonn an claonadh seo go bhfuil feidhm ag /h/ an alamoirf, ní hamháin i dtaobh an f-fháistinigh ach, i dtaobh mharcáil pearsan chomh maith.

A.1.7.5.4 Réaladh /h/ an f-fháistinigh ar lorg consain ghlóraigh

Is iondúil go ndíghlóraítear consain deiridh na fréimhe -*g*, -*b*, -*d*, -*bh*/ -*mh* roimh alamoirf an f-fháistinigh (GCF: 71-72), ach faightear samplaí uathu beirt ina réaltar /h/ an alamoirf sa deireadh agus nach ndéantar díghlórú ar chonsan deiridh na fréimhe i gcás /g'/, /g/,[50] hughiː *thugfaí* AGC SB MÓC; daːghaː *d'fhágfá* MÓC; gə waːghaː *go bhfágfá* MÓC; gə doːg'hiː *go dtóigfí* SÓC. Deir de Bhaldraithe (GCF: 72) nach ndíghlóraítear an consan deiridh i gcónaí roimh na halamoirfeanna /f'iː/ agus /fiː/ sa SB MC.

A.1.7.5.5 /h/ deiridh

Is minic a chloistear /h/ deiridh na fréimhe má leanann guta é, m. sh. ə b'r'eh er' *ag breith air* MÓC; kah eː *caith é!* MÓC; taː eːʃt'əxt wah agəm *tá éisteacht mhaith agam* 392c.

A.1.7.5.6 An Carn Consan /hrh/ i mBriathra *athraigh*; *saothraigh*

Tréith aitheanta a bhaineann le Gaeilge Iarthar Chois Fharraige ná go ndíghlóraítear -*r*- i suíomh le -*th*- nó -*f*- (ICF §639), i gcás an chairn -*thr*-

---

[50] Níor thángthas ar aon samplaí sa téacs den ghnás seo i gcás -*d*, -*b*, -*bh*/ -*mh* deiridh, ach léiríonn na samplaí thuas i gcás -*g* deiridh go bhfuil níos mó ná réaladh dromchlach amháin ceadaithe sa gcineál seo briathair i bhfoirmeacha áirithe an f-fháistinigh. Is gá dhá réaladh a áireamh sa ngrúpa seo briathar i gcás an 2p. ua. agus an SB, seachas ceann mar a mhaíonn Ó Buachalla (1985: 12) ina aicmiú seisean: "*Type II.*"

sna briathra thuas bainim úsáid as /hrh/ roimh ghuta gearr mar léiriú ar réalta MÓC agus SÓC, m. sh. dahrhədər *d'athraíodar*, hiːhrhə *shaothraigh*. Má chuirtear na samplaí seo i gcomparáid leis an díghlórú a dhéantar ar an -*r*- sa bhfocal f'iərhiː/f'iːrhiː *fiafraí* ABR nó i saːrhuː *sárú*, feictear nach bhfuil an carn ann roimh ghuta fada.

A.1.7.5.7 x' / h idirghutach

Is iondúil go réaltar -*th*-, -*ch*- idirghutach i ndiaidh an ghuta tosaigh /i/ mar /x'/, m. sh. t'ix'ə *tithe*, g'ix'ə *ag ithe*, rix'aː *rithfeá*, rix'əxt *ritheacht*, brix'uː *bruitheadh*, f'ix'əd *fichead*, ach scaití cloistear foirmeacha a bhfuil /x'/ malartaithe le /h/ iontu, m. sh. t'ihə *tithe*, ach d'ihədər amháin atá teastaithe agam i gcás *d'itheadar*.

A.1.7.5.8 -*mh*- meánach leathan

Ní chloíonn MÓC agus SÓC le gnás Iarthar Chois Fharraige mar a mhaítear in ICF (§654) i gcás réaladh an -*mh*- mheánaigh; ní hiondúil go bhfaightear /w/ srónach i bhfoirmeacha den chineál seo (féach ICF §654; Ó hUiginn 1994: §2.31; Ó Siadhail 1989: 78), gnás Ghaeilge Chois Fharraige (mar a léirítear é in ICF) is minice a fhaightear, m. sh. saurə *sambradh*; aulə *amhlaidh*; gaun' *gamhain*; ʃL'aun' *sleamhain*; k'l'aunəs *cleamhnas*; L'aunəxt *leamhnacht*; taunoːg *tamhnóg* MÓC; ach cloistear sawrə *sambradh* agus /awlə/ *amhlaidh* chomh maith agus is iondúil go réaltar an -*mh*- mar /w/ sa bhfocal rawər *ramhar*.[51] Déantar /m/ de -*mh*- meánach i *damhsa* damsə (Ó Siadhail 1989: 78).

A.1.7.5.9 N'/n', L'/l' i suíomh tosaigh

I bparadaím an bhriathair *leáigh* a d'aithris SÓC i LASID RC réitíonn an chontrárthacht fhóinéimeach idir réaladh L'/l, i suíomh tosaigh le próiseas an tséimhithe sa gcóras briathartha (LASID RC: 131),[52] m. sh.

---

[51] Féach [baN'i raβər] *bainne ramhar* 63c ([β] = /w/ déliopach, féach LASID RC: 69).
[52] Deir LASID RC: 131 go léiríonn SÓC an chontrárthacht chéanna sa mbriathar *léigh*, ach léiríonn nod LASID RC 1032a gur paradaím Mháirtín Uí Chonaire, a dheartháir, atá ansin.

L´   l´
eg´ L´ɑː *ag leá;*[53]   l´ɑː ʃeː *leáigh sé;*
L´ɑːn ʃe *leánn sé;*   l´ɑːx ʃe *leáfadh sé;*
L´ɑːhi ʃe *leáfaidh sé;*
L´ɑːt´ə *leáite* 720c.

Ní fheictear an rialtacht chéanna i bparadaím *nigh* i dtaobh an
chontrárthacht idir N´/n´, m. sh.

N´   n´
N´i *nigh!* 445c;   n´ihi mid´ *nífidh muid* 449c;
                                              n´iːr n´i m´eː *níor nigh mé* 448c;
                                              n´iːxɑːn *níochán* 520c.[54]

Is é an patrún ginearálta ná go réaltar /L´,N,/ i suíomh aiceanta, ach ní
fheictear patrún rialta i gcaint na beirte ina thaobh seo.

A.1.7.5.10 N´/n´ i suíomh deiridh
Réaltar /n´/ in áit /N´/ i suíomh deiridh scaití, m. sh. jiːnhən´
dhéanfainn; n´iː wakin´ *ní bhacfainn* 1019c; v´eːN´ *bheinn.* Is é /n´/
an réaladh is coitianta atá ag MÓC agus SÓC ar chonsan deiridh na
ndeirí pearsanta sa 1p. ua. MC agus AGC.

A.1.7.5.11 Malartú consan teann agus éadeann roimh - /t´/: l´t´/L´t´,
n´t´/N´t´
Is minice a réaltar na cairn seo mar /l´t´, n´t´/ seachas mar /L´t´, N´t´/,
ach faightear an dara cineál réalta.

A.1.7.5.12 Athrú /r´/ go /r/ i suíomh deiridh
Scaití déantar díchaolú ar /r´/ deiridh gan cúrsaí *sandhi* a bheith i
gceist; tugtar an t-athrú seo faoi deara san ainmfhocal – *deartháir* go
háirithe, cloistear d´r´ihɑːr´ agus d´r´ihɑːr i gcomhthéacs an
ainmnigh. Scríobhtar foirm iolra an ainmfhocail seo mar *dearthárachaí*
sa téacs tríd síos.

---

[53] eg´ L´ɑː ag leá, réaladh as an ngnách anseo. Feictear réaladh den chineál céanna i
gcás an ABR *ag dó* 575c.

[54] Is iondúil go n-athraítear /iː/ go /iə/ roimh /x/, N´iəxɑːn a mbeinn ag súil leis aige
anseo.

A.1.7.6 *Samplaí LASID*

In éindí le samplaí ón téacs agus ón gcaint bheo cuirtear samplaí ó LASID RC san áireamh sna nótaí teanga seo. Ba é SÓC faisnéiseoir S do LASID RC. Tagraím anseo dó leis an litir *c*; tagraíonn uimhir agus an litir seo dá chuid freagraí ar cheisteanna LASID RC, m. sh.

poːstə (pósta) 691c.

Ba é Máirtín Ó Conaire, nach maireann, deartháir MÓC agus SÓC faisnéiseoir A.[55] Cuirtear córas tras-scríofa LASID i bhfeiliúint don chóras fogharscríofa a úsáidtear anseo, m. sh. fágtar na noda idirdhealaitheacha foghraíochtúla ar lár agus athscríobhtar na halafóin éagsúla i LASID RC de réir na ngutaí agus na gconsan a réitíonn leis an tras-scríobh leathan a chleachtaítear anseo.[56]

A.1.8 *Cóiriú an Téacs*

Níor cuireadh, ar ndóigh, an t-ábhar uile ar na téipeanna in eagar don téacs seo ar chúinsí praiticiúla agus socraíodh, dá réir sin, gurbh é forás an scéil an pointe ba thábhachtaí ar tugadh aird air nuair ba ghá cinneadh a dhéanamh i dtaobh sliocht a bheith inroghnaithe nó gan a bheith. Pointe eile a shíl mé a bheith tábhachtach don obair eagarthóireachta ná gnásanna cainte na beirte. Is minic a cuireadh sliocht san áireamh i ngeall ar shampla comhréire nó moirfeolaíochta sainiúil a bheith i gceist.

Mar a dúradh thuas tógadh sleachta ó théipeanna éagsúla agus cuireadh na sleachta seo i dtoll a chéile sa gcaoi go mbeadh an t-ábhar a bhfuil baint aige lena chéile in aon chuid amháin. Fágann sé sin go bhfuil an insint in áiteanna roinnt athráiteach agus *staccato*, ach shíl mé go mb'fhearr an t-ábhar a bheith ann agus a bheith ar an gcaoi seo seachas é a fhágáil ar lár. Ba é an faitíos a bhí orm ná go gceilfí ábhar faisnéise nó teanga ar lucht a léite dá bhfágfaí insint a bhí roinnt liopasta ar lár. Thug mé faoi deara go raibh sé níb éasca eagar a chur ar chaint ar na téipeanna a rinne MÓC agus SÓC as a stuaim féin. Sna cásanna sin bhí mé ag plé le cur síos leanúnach a raibh siad tar éis machnamh ní

---

[55] Ba é Máirtín MacDonncha (Máirtín Chóil Neaine Pháidín), an damhsóir agus fonnadóir, faisnéiseoir B (LASID RC: 70).

[56] Tugtar mionléiriú ar an modh eagarthóireachta a cuireadh i bhfeidhm ar shamplaí LASID in Ó Giollagáin (1997a, A.1.7.6).

ba staidéartha a chur ann agus dhlúthaigh an sruth smaointe níb fhearr
le chéile mar aonad dá bharr; foinse aonair dhíreach a bhí i gceist. Is
féidir a aithint ón insint i gcuid eile den téacs gur ar chomhrá idir MÓC
agus SÓC agus ar aithris i dteannta a chéile a bunaíodh an t-ábhar; in
áiteanna eile aithneofar go bhfuil struchtúr agallaimh ar an insint, is é sin
spreag ceist a chuir mé orthu plé, cur síos nó míniú áirithe. Is é an modh
oibre a chleacht muid nuair a bhí mé in éindí leo ar mhaithe le caint a
thaifeadadh ná gur pléadh i gcaoi ghinearálta na hábhair éagsúla a bhí
le cur ar théip agus ansin nuair a bhíodh sin réitithe againn mheabhraínn
an t-ábhar le linn a thaifeadta. Rinneadh cuid den ábhar a thaifeadadh
in athuair toisc gur síleadh go bhféadfaí é a dhéanamh arís ar chaoi níb
fhearr agus, ar ndóigh, cuireadh an leagan a raibh siad ní ba shásta leis
in eagar sa téacs.

Má bhreathnaítear ar an insint tríd síos mar aonad, caithfear a admháil
go bhfuil sí roinnt aimhréidh ó thaobh stíle de, go háirithe má dhéantar
comparáid idir í agus sliocht próis. Ach mar insint bhéil a tugadh faoina
scéal a chur in iúl i dtosach agus tá an lorg sin ar an téacs a réitíodh ón
ábhar taifeadta. Is neamhfhéinchoinsiasaí i bhfad an insint bhéil ná an
insint phróis (Ong 1993); san insint phróis tá iarracht choinsiasach á
dhéanamh ar mhaithe le stíl aonadach leanúnach a chothú, go simplí, is
gníomh é atá múnlaithe cuid mhór ag riachtanais an mheáin. I
gcodarsnacht leis sin, tá gné seo an mheáin san insint bhéil nó stíl inste
an ábhair le cur i bhfeidhm i gcomhthéacs i bhfad níos láithrí; i bhfocail
eile, tá an cur in iúl agus an chumadóireacht fite fuaite níos dlúithe le
chéile agus, ar bhealach, is gnéithe éagsúla comhuaineacha den
phróiseas céanna iad. Baineann gnásanna cainte, mothúcháin an
chainteora, an caidreamh idir an cainteoir agus an t-éisteoir agus an
comhthéacs inste uile le hábhar anseo. Is nádúrtha mar sin go
n-athraíonn stíl na cainte le go bhfeileann sí do mhothúcháin agus do
chomhthéacsanna éagsúla; stíl inathraithe, mar sin, is bunús leis an
insint a tras-scríobhtar ón gcaint bheo.

A.1.8.1 *Cónasc agus clásail idiraisnéiseacha éagsúla*

Is minic a bhíonn feidhm idiraisnéiseach ag an gcónasc – *agus* agus
ag clásail den chineál seo a leanas – *an dtuigeann tú; an bhfuil a fhios*

agat agus *tá a fhios agat,* baineadh iad seo amach ón gcuntas mar shíl mé iad a bheith liopasta don léitheoir agus gur chuir siad as do shruth na hinste. Is minic, freisin, a fhágtar frásaí réamhráiteacha ar nós: *tá mé ag goil ag caint anois air . . .; ach le ghoil siar air . . .,* nuair a shíl mé iad a bheith á n-aithris an iomarca.

A.1.8.2 *Cló iodálach*

Scríobhtar focail Bhéarla sa gcló iodálach ach amháin ainmneacha agus sloinnte; fágtar eilimint Ghaeilge de réimír, d'iarmhír, de shéimhiú agus d'urú sa ngnáthchló. Tabharfar míniú ar shamplaí nach réitíonn leis an treoir seo sna fonótaí.

A.1.8.3 *Ainmneacha agus Sloinnte*

Déantar ainmneacha agus sloinnte Gaeilge agus Béarla a léiriú sa téacs agus baintear feidhm as an nós litrithe a chleachtaítear, m. sh. scríobhtar *Mellett* nó *Ó Méalóid* de réir mar a dúradh iad. I gcás na n-ainmneacha Béarla atá coitianta sa nGaeltacht, déantar iarracht anseo léiriú foghraíochtúil a thabhairt chun solais sa tras-scríobh ortagrafaíoch, ach scríobhtar an leagan a chleachtaítear sa nGaeltacht i gcás go mbeadh leagan foghraíochtúil doiléir nó aisteach; scríobhtar m. sh. John, Johnny, Tom, Tommy, Tony, Sonny, Nan,[57] Baby, Babe, Winnie, de réir ghnás an Bhéarla; agus scríobhtar Peait, Peaitín, Peaits, Peaidí, Páidín, Meaig, Meags, Meaigí, Jainín, Jaic, Neil, Neilí, Neilín, Jimí, Micí, Maidhcil, Maidhceo, Maidhlín, Neaine.[58]

A.1.8.3.1 *Ainmneacha nach luaitear*

I sliocht amháin sa téacs fágadh trí ainm agus tagairt d'ainm an pharóiste ar lár i ngeall ar chúinsí dlí.

---

57 D'fheilfeadh an litriú *Neain* níb fhearr don ainm seo, ach ní bhaintear leas as i RC, cé go scríobhtar leagan eile den ainm céanna mar *Neaine.*

58 Scríobhtar an leagan giorraithe de *Anthony* mar *Tóna,* cé go léireodh *Tiúna* na foghair ní b'fhearr.

A.1.9 *Poncaíocht*

A.1.9.1 *Fleasc* –

Baintear leas as fleasc – sa téacs le léiriú go raibh briseadh comhréire i sruth cainte an reacaire, m. sh. *Tá a fhios agam go mbíodh mo mháthair ag tóigeáil – bhíodh cearca aici agus géabha agus lachain.* MÓC.

A.1.9.2 *Poncanna . . .*

Léiríonn an phoncaíocht seo gur fágadh cuid den chaint ar lár roimh na poncanna nó i ndiaidh an mhéid a leanann na comharthaí poncaíochta. Déantar é seo ar mhaithe le hathrá iomarcach agus insint liopasta a sheachaint, m. sh. *Bhuel, bheifeá ag plé le móin agus ag tabhairt cúnamh do t'athair sna garrantaí. . ., bhí rud eicínt le déanamh i gcónaí agat; ní raibh tú fágtha i do chónaí. Sin é an chaoi a raibh sé go dtáinig muid go Condae na Mí* MÓC.

Cuirtear an ceartú (féin-eagarthóireacht) a dhéanann MÓC agus SÓC ar a gcuid tráchtaireachta san áireamh sa tras-scríobh, m. sh. scríobhtar: *Bhí cleachtadh ar Chaitliceachaí aige a bheadh ag obair in éindí leis. . .* seachas *Is dóigh – bhí cleachtadh ar Chaitliceachaí aige a bheadh ag obair in éindí leis . . .* MÓC.

Ní léirítear gur fágadh clásail idiraisnéiseacha ar nós *an dtuigeann tú, an bhfuil a fhios agat,* srl. (A.1.8.) ar lár.

A.1.9.3 *Na lúibíní* [ ], { } *agus* ( )

Taispeántar in Aguisín na dTéipeanna (A.5) cé acu atá i mbun inste sa bhfo-aonad áirithe agus úsáidtear na lúibíní le léiriú go bhfuil an cainteoir eile ag cur leis an insint. Mar seo a leanas a dhéileálfar le reacaireacht a chuirtear leis an mbuntráchtaireacht:

> léiríonn [ ] caint MÓC
> léiríonn { } caint SÓC

Léirítear ceist a chuir an t-eagarthóir nó nóta mínithe idir na lúibíní ( ).

λ.2 Aguisín Foclóra

Tugtar sa liosta thíos focail a bhfuil brí ar leith nó réaladh fóneolaíoch ar leith ag baint leo mar léiriú ar na foirmeacha tras-scríofa sa téacs.

A

ádh	ɑːhə, *bhí an t-ádh air* vʼiː tɑːh erʼ MÓC.
ae	*aebha* iːwə, sa leagan iolra.
aghaidh	ai. Faightear malairtí ar réaladh an fhocail seo nuair a úsáidtear é sa réamhfhocal comhshuite: *le haghaidh* lʼai/lʼe hai/lʼehiː.[1]
Áine	ɑːNʼə.
ainm	iolra *ainmeachaí* anʼəmʼəxiː.
áithrid	ɑːrʼhədʼ.
áithe (áith)	ɑːhə. Fearas cruaite eorna.
am	iolra *amantaí* aməntiː,*amannaí* aməniː.
amhlaidh	aulə agus awlə.
amuigh	əˈmixʼ/əˈmu SÓC, əˈmu MÓC.

B

Balubas	Cine sa Nigéir; baineann MÓC agus SÓC úsáid as an ainm seo le léiriú gur shíl muintir oirthear na tíre a tháinig i dteagmháil le Muintir RC sna chéad bhlianta gur gheall le treibh choimhthíoch iad.
bivouac	[bʼibʼiːakʼ], [bʼibʼiː] an leagan giorraithe den fhocal atá ag MÓC.
blogam	blogəm, ginideach *bloigim* blegʼəmʼ.
boladh	balhə.
buille de chaipín	Buille a thugadh athair MÓC agus SÓC dóibh scaití mar phionós.
bun	*Bhíodar in aon bhun amháin* MÓC. Aicme nó grúpa daoine.

---

[1] Tá an réaladh deiridh seo neamhchoitainta.

C

cailéar	kil′e:r. *Is uafásach an úsáid a bhíodar ag déanamh den chailéar a bhí ar a muineál ag goil thart ag bualadh daoine.* MÓC. Cailéar an tsagairt, siombal dá chumhacht.
cailligh	*an chailligh* ə xaL′ə. Áit tosaigh agus deiridh i gcás chluichí páirce na ngasúr. Tugtar *an chailleach* uirthi chomh maith scaití.
caora dhubh	ki:rə ɣuw. Duine imeallaithe. Tá an frása seo bunaithe ar an leagan Béarla.
carla	ka:rlrə (carda FGB: 191,192).
Ceanadá	k′anəda:.
ceathracha	k′arhəxə/k′arəxə.
cineál	k′ina:l (ICF §620).
circil	k′erk′əl′.
cladóirí Chonamara	Caoirigh le mianach measctha iontu a bhíodh i gConamara.
cleaver	k′l′i:wər. Fear díolta agus ceannaithe éanlaithe agus uibheachaí.
clis	ə x′l′iʃ. Áit ar pháirc chluiche a ngabhfadh na gasúir nuair a theipfeadh orthu nó nuair a chuirfí as an áireamh iad ó thaobh na himeartha de.
cloch	*an chloich* ə xlo. Is iondúil go bhfaightear foirm an tseantabhartaigh in áit an ainmnigh.
clochar	kloxər. Ait chlochach. Is iondúil go mbaineann MÓC agus SÓC úsáid as an bhfocal Béarla le tagairt a dhéanamh d'áit chónaithe na mban rialta.
cloicheach	klohəx. Clochach.
cois (na láí)	koʃ. An áit a gcuirtear an feac ann, féach *loiseac* thíos.
coisin	koʃən′. Tá bríonna éagsúla ag baint le húsáid an bhriathair seo, m. sh. rud a chosaint; costas a chur in iúl; rud a choinneáil le haghaidh

feidhme speisialta, m. sh. . . . *bhíodh na taltaí coisnithe aige le haghaidh féar a bhaint* (1.2.15).

coithín	kuhiːnˊ (*coicheán* FGB).
col ceathar	iolra *col ceatharachaí* kol kˊahərəxiː.
comharsa	[kuːršə]. Réaltar mar [kuːršənˊ] i bhfrása den chineál *duine den chomharsain* agus feidhm mar chnuasainm aige.
cónaí	kuːniː. *Ní raibh tú fágtha i do chónaí.* MÓC. Ní raibh tú fágtha díomhaoin.
crann	iolra kriːNˊtˊə. *Chuireadar ar chrainnte é.* MÓC. An té a roghnódh an cipín is faide is é a tharraingeodh air féin hé bith cén cúram a bhí i gceist.
criathrach	kˊrˊiːrhəx/kˊrˊiərhəx.
croimbéal	krumbˊeːl. Foirm mhalartach den fhocal 'croiméal' ag MÓC.
cúiléar	kuːlˊeːr. Cíléar.
cupla	kuplə (GCF: §283).

D

deartháir	dˊrˊihɑːrˊ/dˊrˊihɑːr, agus scaití [dˊrˊɛhɑːrˊ]; iolra: dˊrˊihɑːrəxiː.
deireanach	dˊernəx. Ar aon dul le réaladh GCF (§376).
deis	dˊeʃ Ag bualadh deis – cluiche páistí.
de réir	gə lˊeːrˊ/gə lˊeːr (ICF: §609).
dinnéar tur	Béile gan feoil nó iasc.
diúain	dˊuːˈanˊ. Leasú talún (FFG: 82).
dóigh	doːhiː/doː.iː.
dóite	A bheith dóite i gcluiche páistí – a bheith curtha den pháirc nuair a bheirtear ar dhuine nó nuair a theipeann air.
domhain	. . . *domhain san oíche* MÓC. Deireanach.

E

éadrom	eːdərəm.

Eanáir	aN´ər´.
easpaicil	aspək´əl´. Leantar litriú de Bhaldraithe (FFG: 89). Tá an dá leagan ag MÓC, *easpaicil* agus *ospidéal*, féach *ospidéal* thíos. Is iondúil go mbaineann SÓC úsáid as an leagan *easpaicil*.
(b')éigean	b´e:g´ən (d)o:.

F

faic	fak´. *Scaoilí tharaibh é, faic!* – cluiche páistí.
fear mór	Baintear úsáid scaití as an téarma seo le tagairt a dhéanamh do rainséir beithíoch nó d'fheirmeoir le feirm mhór thalún.
féint	f´e:n´t´, féachaint.
féithe	f´e:hə.
feothanán	f´o:həna:n SÓC, fo:həna:n MÓC, feochadán FGB.
fichead	f´ix´əd.
Fine Gael	fain´ g´e:l´. Réaltar ainm an pháirtí seo de réir ghnás an Bhéarla mar is forleithne i measc na seanghlúine.
fírinne	f´i:r´əN´ə. In úsáid leis an mbriathar *déan*: *déanfaidh mé an fhírinne leat*. MÓC.
fógair	fuəgər´.
fógra	fuəgrə.
foilmhiú	fal´u:, bunaítear foirmeacha an bhriathair seo ar an bhfréamh *foilmhigh* seachas *folmhaigh* FGB.
folamh	falhə.
fréamh	Is iondúil go bhfaightear *fréambrachaí* sa leagan iolra, ach bíonn an leagan *fréitheachaí* f´r´e:həxi: corruair ag MÓC freisin.
fuilingt	fel´ən´t´, fulaingt FGB.

G

Gaelcock	[gˈeːlkak]. Ainm tarcaisneach a bhíodh ag Béarlóirí na Mí ar mhuintir RC. Is é *Galtee* an leagan is coitianta a mbaintear úsáid as faoi láthair.
Gaeltog	[gˈeːl̪t̪oːg]. Ainm tarcaisneach a bhíodh ag Béarlóirí na Mí ar Mhuintir RC. D'úsáidtí an fhoirm dhíspeagtha *Gaeltogeen* chomh maith.
Galtee	[gˈalt̪iː]. Ainm tarcaisneach a mbaineann Béarlóirí na Mí feidhm as agus iad ag tagairt do mhuintir RC.
gaoithe	giːhə. Ainmneach agus ginideach.
gearradh	gˈarə. Coipeadh an leachta i bpróiseas déanta an phoitín.
gorm	gorəm. *D'éirigh siad gorm ansin.* MÓC. Iasacht ón mBéarla – thit siad anuas iontu féin.
gnó	gnotha/gnaithe gruhə/grahə, leaganacha iolra.
gruinéad	*grenade.*

I

inis	inˈəʃ, iNˈəʃ scaití freisin.
iomaí	*is iomaí* . . . sumuː/sə ˈmuː.
iontaigh	unt̪ə. *D'iontaigh sé amach an oiread scoláirí* . . . Gasúr scoile a sheoladh tríd an gcóras – bunaithe ar ráiteas an Bhéarla.
Ioscaid	iolra *ioscadaí* iskədiː,

J

jaint	ʤˈanˈt̪. Iasacht ón mBéarla: jaunt.

L

Laimbé	lˈamˈ bˈeː. Ainm áite.
leaba	Lˈapəxiː, go hiondúil san iolra ach fíorchorruair réalann MÓC mar Lˈabəxiː é.

leagan amach	. . . *bhí sé á leagan amach.* . . MÓC, – á mbriseadh as a gcuid postanna.
leathstuáil	ˈLˊaˌstuːˌɑːlˊ. Leathstuaic (FGB).
leithmhíle	Lˊevˊiːlˊə.
leitís mharfach	Lˊetˊiːʃ warəfəx. Cheaptaí gur galar tógálach a bhí sa stróic. Thugtaí leitís mharfach ar an stróic a d'fhágfadh taobh nó ball éigin den cholainn gan mhothú (féach: 1.2.28, tugann SÓC a mhíniú seisean ar bhunús an fhocail, agus Ó Máille 1936: 99).
Loch Garmán	lox garmɑːn.
loiseac	loʃək (FFG: 140). Áit ar an láí a leagtar cos len í a bhrú sa talamh. Deir Ó Máille (1936:50) gurb éard atá i gceist ná an áit a gcuirtear an feac. Tugann MÓC agus SÓC cois na láí ar áit a gcuirtear an feac ann.
luáil	luːˌɑːlˊ *faoi luáil* MÓC. Téarma airm – a bheith ag fanacht go gcuirfí cúis ar shaighdiúir.
lutten	[luːʈn̩]. Cineál plástair déanta as min choirce a choscann sceitheadh gaile atá ann (*lúitín*: Ó Conghaile 1974: 66).

M

maistireadh	maʃtˊərˊə maistreadh FGB.
máistir	iolra *máistirí* mɑːʃtˊərˊiː.
máistireás	mɑːʃtˊərˊɑːs.
méarán	mˊeːrɑːn. Urchar. . . . *le céad méarán thimpeall ort.* MÓC.
moirtéal	. . .*ag baint moirtéal den urlár* MÓC. Comhartha de dhamhsóir fuinniúil cumasach.
muintireach	miːnˊtˊərˊəx.

N

Nollaig	noləkˊ.
nuaí/nua	nuəi/nuː.

O

oíche	iːhə/iːxˊə, is coitianta an chéad réaladh.
oíche fhéilte	iːlˊtˊə, m. sh. *oíche fhéilte Mártan.*
ospidéal	ospˊədˊeːl. Fuarthas an réaladh aspˊədˊeːl ó MÓC chomh maith.
othar	ohərˊ/ohər. Is iondúil go mbíonn an t-ainmfhocal seo baininscneach agus is /rˊ/ a bhíonn ina chonsan deiridh ann i gcás fhoirm an ainmnigh.

P

Pádraig	pɑːrəkˊ.
paidir	*paidireachaí* padˊərˊəxiː san iolra.
páidireáil	pɑːdˊərˊɑːlˊ.
páidirín	pɑːdˊərˊiːnˊ.
pa*l*áil	pˊalˊɑːlˊ. *Ag pal*áil *thart le cairde.*
pól	cuaille – iasacht ón mBéarla.
portach	*portaigh* portiː san iolra.
Protastún	pradəsduːn. Feidhmíonn sé seo mar ainmfhocal agus aidiacht.
púirín	puːrˊhiːnˊ.

R

rabhláil	raulɑːlˊ.
Ráth Chairn	ra xarənˊ, ra xarņˊ, [raṭ kˊarinˊ], rɑː xarənˊ. Is coitianta an chéad dá leagan.[2]
reilig	riLˊəkˊ.
rite	ritˊə. *Áit rite,* áit oscailte gan foscadh.
ró	iolra *róití* roːtˊiː ó *row* an Bhéarla.
rómhar	roːwər, ABR.

S

samhradh	saurə agus sawrə.

[2] *Ráth Chairn* ra xɑːrˊnˊ LASID RC: 977b.

Samhna	saunə agus sawnə.
scéiméaracht	ʃkʹeːmʹeːrəxt. A bheith as láthair ón scoil gan údar nó cead.
scibhear	ʃkʹiwər. Maide beag le bior géar, ón mBéarla *skewer.*
scrúdadh	skruːdə. *Scrúdadh* san ainmfhocal agus *scrúdú* san ABR, m. sh. *beidh siad ag cur scrúdadh ort.* MÓC.
seachtain	iolra ʃaxtənʹiː seachtainí.
sinneán	ʃiNʹɑːn. Caoineadh ard glórach a dhéanadh bean chaointe; torann na gaoithe.
siúil	ʃuːlʹ. Consan deiridh caol atá i bhfréamh an bhriathair, /lʹ/ san infhilleadh ach amháin *siúl* ʃuːl ABR.
slat	iolra *slatachaí* slatəxiː.
snáithe	snɑːhə.
sódaí	[soːd̪iː]. Sóid aráin.
soitheach	seːhəx, seːx, sohəx.
spáid	spɑːdʹ san uatha.
spiochadh	spʹoxə. Spochadh.
striapach	ʃtʹrʹiːpəx.

T

talamh	talhə.
tamhnóg	taunoːg (Ó Máille 1936, 149; FGB).
tar éis	Is é /lʹeːʃ/ an réaladh atá ag MÓC agus SÓC ar *tar éis.* Is iondúil go mbíonn an fhoirm heːʃ *th'éis* acu le cúrsaí ama a chur in iúl, m. sh. *leathuair th'éis a sé.*[3]
tarraing	Is iondúil go mbunaítear foirmeacha an bhriathair seo ar fhréamh choimrithe, ach

---

[3] Fuarthas dhá réaladh eile eisceachtúla ar an bhfoirm seo: *th'éis*/ə hlʹeːʃ/ *paráideannaí an chlog. . . agus bhíodh paráid ag an dó a chlog th'éis* /eːʃ/ *am dinnéir* MÓC 4.3.5 (GCF: 415§).

	faightear foirmeacha gan fhréamh choimrithe freisin, m. sh. *tarraingíodh* tarN′iːw agus tarəN′uː; *tarraingaithe* tarN′iː agus tarəN′iː.
teastaigh	tasta.
Teachtaire Dála	t′axtər′ə daːlə. Leagan MÓC de Theachta Dála.
teora/teorainn	toːrhə/toːrhən′/toːrhəN′.⁴
tine	t′in′ə. . . .*faoi thine* MÓC. Téarma míleata i dtaobh scaoileadh urchar, bunaithe ar an leagan Béarla.
tithe	t′ix′ə/t′ihə. An chéad réaladh is coitianta.
tobann	teb′ən. Tobann.
tórramh	toːrhə.
traip	trap′. Iasacht ón mBéarla: *trap*.
Troim	trim′. Baile Átha Troim.
truip	trip′. Iasacht ón mBéarla: *trip*.
truaí/trua	truəiː/truə.
tuicead	tik′eːd.
tuig	t′ig′
tugtha	tukiː. Caite, lagtha, spíonta (. . .*bhí mé an-tanaí agus an-tugtha ar fad* MÓC 5.1.2).
Tuirne Mháire	tuːrN′ə waːr′ə. *Gheobhadh muid Tuirne Mháire ar scoil.* MÓC. Íde béil, bualadh, greadadh.

U

uachta	uːxtə.
uafásach	uː.aːsəx/uːhaːsəx.⁵
uisce bruite	iʃk′ə brit′ə. . . .*agus bhí mé imithe ar an uisce bruite aríst.* MÓC Tinn, i ndrochshláinte.

---

⁴ Túschonsan leathan a bhíonn anseo acu, ach scríobhtar *teora* agus *teorainn* sa téacs ar mhaithe le doiléireacht a sheachaint.

⁵ Is iad /na wuːhaːsəx/ (/na wuː.aːsəx/), /nar wuːhaːsəx/ (/nar wuː.aːsəx/) na réalta ar *nárbh uafásach* . . .

ullmhaithe   Oli:. Réitithe.

V

na Volunteers   [walənṭi:ɹs].

Λ.3 Λguisín na nΛinmneacha agus na Sloinnτe

Tugtar thíos in ord aibítre (céad chonsan a sloinnte) liosta de na daoine atá luaite sa téacs. Sna cásanna nach dtugtar ach ainm an duine sa téacs cuirtear an iontráil isteach sa liosta faoin litir a fhreagraíonn do chéad ainm an duine. Tugtar thíos roinnt eolais faoin mbaint atá ag an té a luaitear leis na tráchtairí.

A

Lady Aberdeen: bean de bhunadh Angla-Éireannach a d'fhág talamh le go dtógfaí ospidéal eitinne *Peamount* air.

Áine (Nan Lupáin): máthair MÓC.

Annie: bean Phádraig Chonraí, deartháir MÓC.

B

Baba: deirfiúr MÓC.

Muintir Báille: as Leitir Móir. D'aistrigh siad go RC i Meitheamh 1935.

Pádraig Ó Báille: mac Chóil Báille.

Cóilín Bán: Fear a raibh iarratas curtha isteach aige ar fheirm thalún i gCo. na Mí ag am an aistrithe, ach níor éirigh leis sa deireadh.

Vivian Baston: iománaí a bhí san Arm in éindí le MÓC as Tiobraid Árann.

Breatnach (Seán): oifigeach de chuid Choimisiún na Talún a d'oibrigh in éindí le John Glynn.

Bríd: bean MÓC, Bríd Ní Eidhin as an Sconsa.

Bríd (Ní Lupáin): aint MÓC.

Muintir Bhríd Deáit (Mac Donncha): An Tismeáin agus Ráth Chairn. D'aistrigh siad go RC i Mí na Nollag 1935.

Tony Brennan: iománaí as Gaillimh a bhí san Arm in éindí le MÓC.

Jim Brophy: iománaí a bhí san Arm in éindí le MÓC.

Dr Brown/Dr de Brún: an tAire Sláinte i gComhrialtas 1948-51.

John Burke: peileadóir as Condae an Chláir a bhí san Arm in éindí le MÓC.

C

Máirtín Chadhain: scríbhneoir, ollamh agus fear agóide.

Muintir Chatháin: as an Máimín, Ceantar na nOileán. D'aistrigh siad aniar go RC in Aibreán 1935.

Colm Chatháin: as RC, bhí sé san Arm in éindí le MÓC.

Antoine (Tóna) Choffey: deartháir Mháirtín Choffey.

Maidhcil Choffey: Leitir Móir agus RC.

Máirtín Choffey: Leitir Móir agus RC, athair Mhaidhcil Choffey.

Muintir Chofaigh (Coffey): as Leitir Móir, Ceantar na nOileán. D'aistrigh siad aniar go RC in Aibreán 1935.

Coffey: fear as Tulachán Óg a bhí ag obair leo ar Chailéar *Hill of Ward.*

Cóilín Phádraig Choilmín (Ó Conghaile): as Inis Treabhair agus RC.

Muintir Chóil Choilm (MacDonncha): as Doire Choill, Ros an Mhíl. D'aistrigh siad go RC i 1937.

Muintir Chóilín Shíomóin (Ó Conaire): as Ros Muc. D'aistrigh siad go RC i 1937.

Ó Conaire/Conraí/Ó Contra: [oː kunirʹi/kɒnriː/oː kunʈrə]. Réim fhoirmeálta a bhaineann le *Ó Conaire*, is é *Conraí* (Micil agus John Chonraí) an gnáthleagan dá sloinne a mbaintear feidhm as; is é Ó Contra an seanleagan dá sloinne a mbaintear úsáid as go hiondúil nuair a dhéantar tagairt do na seanghlúinte thiar i gConamara.

Seán Ó Coistealbha (Costigan): iarphríomhoide Bhunscoil Ráth Chairn agus duine de cheannairí Mhuintir na Gaedhaltachta.

Máirtín Ó Conámha: as Conamara, múinteoir gnaíúil a bhíodh ag múineadh i Leitir Móir i gcaitheamh na dtríochaidí.

Muintir Mhaidhcil Sheáin Ó Conghaile: as Ros Muc. D'aistrigh siad go RC i 1937.

Father Conlon: an sagart paróiste a bhí in Áth Buí nuair a bunaíodh an Ghaeltacht i Ráth Chairn.

Maidhcilín Chonraí: athair MÓC ón Máimín.

Michael Chonraí: athair Pheait Chonraí, fear siopa, Ros Muc.

Pádraig Chonraí: uncail a raibh feirm sa Roisín aige.

Peait Chonraí: fear siopa, Tigh Pheait Chonraí sa nGairfeanach, Ros Muc.

Muintir Mháirtín Pheaits Sheáin Mac Con Rí: as an gCloch Mhór, Baile na hAbhann, Cois Fharraige. D'aistrigh siad go RC i 1937.

Costigan: cf. Ó Coistealbha thuas.

Muintir Chraith: as an Doirín Glas, Leitir Móir. D'aistrigh siad aniar go RC in Aibreán 1935.

Muintir Chualáin: as an gCoill Rua, An Spidéal. D'aistrigh siad go RC i 1937.

Muintir Churraoin (Beairtle): as an gCoill Rua, An Spidéal. D'aistrigh siad go RC i 1937.

Muintir Bheairtle Churraoin (Beairtle Nioclάis): as an Trá Bháin, Ceantar na nOileán. D'aistrigh siad aniar go RC in Aibreán 1935.

Maidhc Churraoin: pósta ag deirfiúr MÓC, An Trá Bháin agus RC. Muintir Phádraig Bheairtle Churraoin: as an Trá Bháin, Ceantar na nOileán. D'aistrigh siad go RC i Meitheamh 1935.

Pádraig Churraoin: as RC, bhí sé san Arm in éindí le MÓC.

Seáinín Churraoin: mac Bheairtle Churraoin, An Trá Bháin agus RC.

Cusack, Brian: gníomhaí de chuid Fhianna Fáil i nGaillimh Thiar le linn na dtríochaidí.

D

Dan Tom Teaimín (MacDonncha): as RC. Bhí sé san Arm in éindí le MÓC.

Tí Dick: siopa i Leitir Móir, ba le fear de Mhuintir Chonchúir é.

Tóna MacDonncha: fear óg eile as RC a chuaigh isteach sna hÓglaigh in éindí le MÓC.

Mrs Dunne: as Cill Bhríde, baintreach a raibh feirm mhór aici a raibh MÓC ag obair aici i gcaitheamh na gceathrachaidí.

F

Fahy, Frank: Teachta Dála de chuid Fhianna Fáil i nGaillimh Thiar le linn óige MÓC.

John Farrell: óstóir in Áth Buí agus gníomhaí de chuid Fhianna Fáil ag am bunaithe na Gaeltachta i RC.

Mickey Farrelly: as Áth Buí, fear oibre de chuid an fheirmeora mhóir, Walker.

Máire Fhiacha: col ceathar le máthair MÓC, Áine Lupáin, as an Tuairín.

Pádraig Foley (Cualáin): as Laimbé, bhí sé san Arm in éindí le MÓC.

G

Gamble: Oifigeach sinsearach de chuid Choimisiún na Talún.

Pádraig Gleeson: Comhairleoir Talmhaíochta de chuid Choimisiún na Talún a chuidigh le Muintir RC sna chéad bhlianta.

John Glynn (Seán Mag Fhloinn): Oifigeach de chuid Choimisiún na Talún a bhí i mbun bhunú na Gaeltachta i Ráth Chairn.

Muintir Ghríofa: as Bun an Charnáin, An Trá Bháin, Ceantar na nOileán. D'aistrigh siad go RC i Meitheamh 1935.

Micil Ghríofa: An Trá Bháin agus RC. Ba é a leag an bóthar as Doire Longáin go dtí an bóthar a ritheann as Áth Buí go dtí an Uaimh.

H

Larry Higgins: as Áth Buí. Cailleadh é in Áth Buí i 1946 de bharr timpiste.

John Hynes: deartháir do bhean MÓC as Béal an Daingin.

I

Father Irwin: séiplíneach in Áth Buí ag am bunaithe na Gaeltachta i RC, as Cnoc an Dúin, Co. na Mí.

J

Jaic Choilmín (MacDonncha): Inis Oirc agus RC. D'aistrigh a chomhluadar go RC i Mí na Nollag 1935, ach d'fhág siad an ceantar go gairid ina dhiaidh sin le filleadh ar Chonamara.

Muintir Jim Mhicí (Chatháin) as Tír an Fhia. D'aistrigh siad aniar i Mí na Nollag 1935.

Jim Mhicí (Chatháin).

John: SÓC.

John: mac MÓC.

John Johnny (MacDonncha): mac Mhaidhcil Johnny.

Muintir Johnny Mháire Sheáin Mhóir (Ó Conaire): as Ros Muc. D'aistrigh siad go RC i 1937.

Johnny Teaimín (MacDonncha): as Inis Bearchain, Ceantar na nOileán, d'aistrigh sé go Baile Átha Troim sna caogaidí.

Jordan, Stephen: Teachta Dála de chuid Fhianna Fáil i nGaillimh Thiar le linn óige MÓC.

K

Maidhcín Keane: mac Jim Mhicí.

Father McKeever: sagart paróiste Bhaile Átha Troim i gcaitheamh na gcaogaidí.

Charlie Kelly: as Condae na Mí, fear oibre de chuid an fheirmeora mhóir, Walker.

Father Kenny: (An tAth. Maitiú Ó Cionnaith, sagart paróiste Ros Muc sna tríochaidí. Bhí bá aige leis an bhfeachtas go mbunófaí ceantar Gaeltachta i lár na tíre i dtosach báire, ach tháinig athrú intinne air ina thaobh.

Joe Keohane: pelleadóir as Ciarraí a bhí san Arm in éindí le MÓC.

Killilea, Mark: Teachta Dála de chuid Fhianna Fáil i nGaillimh Thiar le linn óige MÓC.

Máirtín Korea: mac Mhaidhcil Johnny MacDonncha as an Máimín.

L

Muintir Loideáin:[1] as Seanadh Mhóinín, an Spidéal. D'aistrigh siad go RC i 1937.

Colm Ó Lupáin: uncail MÓC ó Bhéal an Daingin a d'aistrigh go Ráth Chairn lena dheirfiúr in Eanáir 1936.

Bríd Ní Lupáin: aint MÓC ó Bhéal an Daingin, deirfiúr Choilm Uí Lupáin.

Muintir Lupáin: as Eanach Mheáin, Ceantar na nOileán. D'aistrigh siad aniar go RC in Aibreán 1935.

M

Maguire (John): fear ceannais ar mheitheal oibre Chailéar Hill of Ward.

Muintir Mhaidhcil Sheáin Ó Conghaile: as Cill Bhriocáin, Ros Muc. D'aistrigh siad go RC i 1937.

Maidhceo Johnny (MacDonncha): as RC. Bhí sé san Arm in éindí le MÓC.

Maidhcilín Dhearthái Bheairtle (Ó Cualáin): Leitir Móir agus RC. D'aistrigh siad go RC i Mí na Nollag 1935, ach níor fhanadar i RC ach ar feadh bliana sula ndeachaigh siad ar ais go Conamara.

[1] Tim Mháirtín Vail a bhí ar athair na Loideán.

Muintir Mhaidhcil Dhiarmaid (Mac Lochlainn): as an Máimín.
D'aistrigh siad go RC i Mí na Nollaig 1935.

Muintir Mhaidhcil Johnny (Mac Donncha): as an Máimín, Ceantar
na nOileán. D'aistrigh siad aniar go RC i Mí na Nollag 1935.

Máire: deirfiúr MÓC

Aint Máire (Ní Lupáin): aint MÓC.

Máirtín: deartháir MÓC.

Máirtín: (Ó Lupáin): uncail le MÓC a chaith achar fada dá shaol i
Meiriceá.

Muintir Tom Mháirtín (Máirtíní): as Camas. D'aistrigh siad go RC i
1937.

Muintir Mháirtín Beag (Ó Conghaile): as Camas. D'aistrigh siad go
RC i 1937.

Máirtín Dhiarmuid (Mac Lochlainn): mac Mhaidhcil Dhiarmuid.

Miss Mangan (Máire): oifigeach de chuid Choimisiún na Talún a
d'oibrigh le John Glynn

McCole: oifigeach airm ar an Rinn Mhór aimsir an chogaidh.

McKenna: fear díolta agus ceannaithe éanlaithe agus uibheacha
(*cleaver*) as Baile Átha Troim.

Seosamh Ó Méalóid: as Camas, fear a raibh baint aige le
Comharchumann RC.

Jimmy Mellett: Camas agus RC. Bhíodh sé gníomhach i bhfeachtas
Mhuintir na Gaedhaltachta. D'aistrigh Muintir Jimmy Mellett go RC i 1954.

Micil: MÓC.

Micil (Ó Lupáin): uncail MÓC.

Muintir Mhicil Phádraig Pheadair (Mac Donncha): as an Tuairín.
D'aistrigh siad go RC i Mí na Nollag 1935.

Micilín: mac MÓC.

Na Monaghans: comhluadar as Cill Bhríde, Condae na Mí.

Muinice Bheag: bean siopa i gCeantar na nOileán a bhí gníomhach i
gCumann na nGaedhal i gcaitheamh na bhfichidí agus na dtríochaidí.

N

Muintir Neide Pheait Pháidín (Mac Donncha): as Tír an Fhia.
D'aistrigh siad go RC i Mí na Nollag 1935.

Tigh Newman: Ba le fear dárbh ainm Newman an muileann in Áth Buí.

P

Pádraig: deartháir MÓC.

Pádraig (Ó Lupáin): uncaii leis a cailleadh de bharr an fhiabhrais dhuibh tar éis an chogaidh mhóir.

Pádraig Chóilín (Ó Conaire): as Laimbé. Bhí sé san Arm in éindí le MÓC.

Muintir Phádraig Choilmín (Mac Donncha): as Inis Treabhair, Ceantar na nOileán. D'aistrigh siad aniar go RC in Aibreán 1935.

Muintir Phádraig Shéamuis (Ó Conghaile): as Baile na hAbhann. D'aistrigh siad go RC i 1937.

Páidín Láidir (Ó Cualáin): pósta ag aint MÓC, Bríd Ní Lupáin, as Baile an tSléibhe, Ros an Mhíl.

Muintir Pheaits Mháire Jaic (de Bhailís): as Doire Fhatharta, An Cheathrú Rua. D'aistrigh siad go RC i Meitheamh 1935.

Muintir Pheait an Táilliúra (Ó Cualáin): as an Sconsa, Leitir Móir. D'aistrigh siad go RC i Mí na Nollag 1935.

Muintir Pheadair Choilm (MacDonncha): as an gCeathrú Rua. D'aistrigh siad go RC i Mí na Nollag 1935.

Muintir Pheadair Kate (Seoige): as Baile na Cille, Garumna. D'aistrigh siad aniar go RC in Aibreán 1935.

Peige (Ó Lupáin): aint leis a cailleadh de bharr an fhiabhrais dhuibh.

Powell, Thomas: Teachta Dála de chuid Fhianna Fáil i nGaillimh Thiar le linn óige MÓC.

Paddy Power: oifigeach airm ar an Rinn Mhór aimsir an chogaidh.

R

Pádraig Ó Ráinne (Peait a' Ráinne): col ceathar Bhríd Ní Eidhin, bean MÓC, as Leitir Calaidh, Ceantar na nOileán. Chaith mac MÓC, Micilín, blianta ag obair leis ar oibreacha séarachais i Sasana.

Peter Roe: as Condae na Mí, fear oibre de chuid an fheirmeora mhóir, Walker.

Jimmy Rooney: Máistir Theach na mBocht i mBaile Átha Troim, comhleacaí MÓC.

S

Séamus Beag (Ó Tuathail): Tír an Fhia. Col ceathracha ab iad máthair Shéamuis Bheag agus athair MÓC.

Muintir Shéamus Chóil Dara (Mac Donncha): as Inis Bearchain, Ceantar na nOileán. D'aistrigh siad aniar go RC in Aibreán 1935.

Seán Chóilín (Ó Conaire): Ros Muc agus RC, fonnadóir.

Seán (Ó Lupáin): uncail leis a cailleadh de bharr an fhiabhrais dhuibh.

Muintir Steaif Eoin (Ó Neachtain): as Glionnán, Conamara Thuaidh. D'aistrigh siad aniar go RC i 1937.

Steven Stiofáinín: Seoigeach ón gCnoc, Ceantar na nOileán, a d'aistrigh aniar i 1935.

Stiofán Dhiarmuid (Mac Lochlainn): as RC, bhí sé san Arm in éindí le MÓC.

Muintir Shúilleabháin: as an Tismeáin, An Cheathrú Rua. D'aistrigh siad aniar go RC in Aibreán 1935.

Niall Sweeney: as Tír Chonaill, príomhoide Bhunscoil RC.

T

Muintir Tom Pháidín Mhicil (Ó Cualáin): as Baile na hAbhann. D'aistrigh siad aniar go RC i 1937.

Tomaí Pheadair Choilm (MacDonncha): as RC. Bhí sé san Arm in éindí le MÓC.

Muintir Tom Teaimín (MacDonncha): as Cladhnach. D'aistrigh siad go RC i Mí na Nollag 1935.

Tommy Teaimín (MacDonncha): mac Tom Teaimín.

Tubridy, John: iarrthóir Dála de chuid Fhianna Fáil i nGaillimh Thiar sna tríochaidí.[2]

Jimmy Tully: ceardchumannaí agus T.D. de chuid Pháirtí an Lucht Oibre.

W

Walker (Richie): feirmeoir mór de bhunadh Angla-Éireannach a raibh teach agus talamh aige i dTulachán Óg, baile fearainn taobh ó dheas de Ráth Chairn. Chaith MÓC seal ag obair ar a chuid talún.

---

[2] Toghadh é san olltoghchán i 1927 ach theip air a shuíochán Dála a chosaint in olltoghchán na bliana 1932 (Browne 1981: 203).

A.4 Aguisín na Logainmneacha

Sa liosta thíos (in ord aibítre) tugtar sonraí na logainmneacha agus na mbailte fearainn a luaitear sa téacs nach mbeadh eolas coiteann orthu. I gcás na logainmneacha a deirtear sa mBéarla, scríobhtar a leaganacha Gaeilge. Tugtar sonraí na n-institiúidí a luaitear sa téacs san aguisín seo chomh maith.

A
An tAibhnín: Béal an Daingin.
Áth Tíomáin: Co. na Gaillimhe.

B
Baile na hAbhann: Cois Fharraige.
Baile na Cille: Garumna.
An Baile Láir: Béal an Daingin.
Baile an tSléibhe: Ros an Mhíl.
Ballivor (Baile Íomhair): Condae na Mí.
Bricin ('s): Ospidéal Míleata Ginearálta Naomh Bricín i mBaile Átha
        Cliath.
Bun an Charnáin: An Trá Bháin.

C
Cailéar *Hill of Ward*: Tlachtga, Áth Buí.
Cailéar Mhicil Ghríofa: Doire Longáin. Cailéar a mbainfeadh Micil
        Ghríofa clocha as le bóthar a leagan.
Caladh Thaidhg: An Cheathrú Rua, gar do Thrá an Dóilín.
Carraig an Logáin: Carraig ar taobh thoir de Leitir Móir.
Castlepollard (Baile na gCros): Co. na hIarmhí.
Céibh Ghlaise na nUan: Leitir Móir.
Cill Bhriocáin: Ros Muc.
Cladhnach: An Cheathrú Rua.
Claregalway (Baile Chláir na Gaillimhe): Co. na Gaillimhe.

Clochar na gCoiníní: páirc chlochach in aice le háit chónaithe MÓC sa
            Máimín.

An Cnoc: Ceantar na nOileán, Conamara.

Cnoc Mordáin: Cill Chiaráin.

An Choill Rua: Cois Fharraige.

An Choradh Bháin: Béal an Daingin.

An Crompán Mór: Béal an Daingin.

Cuan an Uain: bréagshanasaíocht ar an logainm áitiúil, Laimbé,[1] a
                  mbaineann muintir na háite úsáid as le teann spraoi.

D

Delvin (Dealbhna): Co. na hIarmhí.

Doire Fhatharta: An Cheathrú Rua.

Doire Longáin: baile fearainn soir ó Ráth Chairn.

An Doirín Glas: Leitir Móir.

Droichead an Chláirín: Co. na Gaillimhe.

Droichead Charraig an Logáin: an droichead idir Leitir Móir agus
                                Garumna.

An Droim Mhór: Sliabh Bhéal an Daingin.

Dunsandle (Dún Sandail): Co. na Gaillimhe.

Dunshaughlin (Dún Seachlainn): Co. na Mí.

F

Finner Camp: Campa Míleata Fionnúir i dTír Chonaill.

Na Foiriúin: Oileáin bheaga siar amach ó Leitir Mealláin.

G

An Ghairfeanach: Ros Muc.

Garraí an Chrainn: garraí ar fheirm Mhuintir Chonraí sa Máimín.

Garraí an Duine Churtha: garraí sa Máimín a gcuirtí coirp ann i rith
                          aimsir an ghorta.

Garraí an Lao: garraí ar fheirm Mhuintir Chonraí sa Máimín.

---

[1] *Lambay* an Bhéarla atá i gceist; ceaptar go mbaineann an logainm seo leis an Tiarna
Lambay.

Gleann Trasna: Tír an Fhia.

An Goirtín: Co. na Gaillimhe.

H

Hill of Ward (Tlachtga):   an cnoc siar ó thuaidh ó RC ar an mbóthar go hÁth Buí.

I

Inis Bearchain: Ceantar na nOileán

Inis Léith: Oileáinín le taobh Leitir Móir.

Inis Oirc: Oileán in aice Leitir Mealláin.

K

Kilbride (Cill Bhríde):   an paróiste taobh ó dheas de Ráth Chairn. Tá sciar substaintiúil den pharóiste seo aitheanta mar chuid den Ghaeltacht Oifigiúil.

Kilmessan (Cill Mheasáin):   Co. na Mí, timpeall is deich míle soir ó Bhaile Átha Troim.

L

Laimbé: Cill Bhríde, Baile Átha Troim. An chuid sin de bhaile fearainn Chill Bhríde atá taobh ó dheas de RC ar tugadh feirmeacha talún ann do na comhluadair a d'aistrigh aniar i 1937. Is logainm áitiúil é.

Leitir Calaidh: Ceantar na nOileán.

Leitir Mealláin: Ceantar na nOileán.

Leitir Móir: Ceantar na nOileán.

Limbo: logainm áitiúil. An *cul de sac* i mbaile fearainn RC a leanann siar ón séipéal.

Loch Cútra: Co. na Gaillimhe, /lox kuːrhər/ a deir MÓC.

M

Meadstown: (Baile na Léana): Condae na Mí.

An Máimín: Ceantar na nOileán.

Michael Griffin's Road: Doire Longáin. Ainm áitiúil ar mhíle de bhóthar
a leag Micil Ghríofa.

P

Palace (An Phailís): Co. na Gaillimhe.
Portumna (Port Omna): Co. na Gaillimhe.

R

Rathvale: cuid de Thulach Chonóg, seanainm ar eastát talún.
An Roisín: An Máimín, Ceantar na nOileán.

S

An Sconsa: Leitir Móir, Ceantar na nOileán.
Seanadh Mhóinín: An Spidéal.
Station an Water-guard: Ros an Mhíl.
St. Joseph ('s): Ospidéal Naomh Seosamh, Baile Átha Troim.
Swinford (Baile na Muc): Maigh Eo.

T

Tír an Fhia: Ceantar na nOileán.
An Tismeáin: An Cheathrú Rua.
An Trá Bháin: Ceantar na nOileán.
Troim: Baile Átha Troim.
An Tuairín: An Cheathrú Rua.
Tullaghanoge (Tulach Chonóg): baile fearainn taobh ó dheas de Ráth
Chairn i bparóiste Áth Buí.
Leathnaíodh teorainn na Gaeltachta i
1982 le aitheantas Gaeltachta a
bhronnadh ar an mbaile fearainn seo.
Tynagh: Tíne.

Λ.5 Λguisín na dTéipeanna

A.5.1 *Sonraí na dtéipeanna*

Léirítear anseo thíos sonraí na n-ábhar taifeadta ar bunaíodh an téacs air. Cuireadh an téacs seo i dtoll a chéile ó insint a rinne MÓC agus SÓC ar chlostéipeanna a taifeadadh uathu den chuid is mó i gcaitheamh na mblianta 1990 – 1995. Níl mé iomlán cinnte faoin am ar taifeadadh cuid de na téipeanna mar rinneadh iad a thaifeadadh sular iarr MÓC cúnamh orm cuidiú leis eagarthóireacht a chur ar a chuid seanchais. Deir sé gur thogair sé a scéal féin a thaifeadadh tar éis Chomóradh Caoga Bliain Ráth Chairn i 1985. Is féidir, áfach, a bheith níos pointeáilte faoin dátú i gcás cuid de na téipeanna ó chomhthéacs na cainte. Thosaigh mise leis an obair seo i Meán Fómhair 1993. As an sé théip fichead a rinneadh de chaint na beirte bhí mé féin i láthair nuair a taifeadadh cúig cinn déag acu. Thaifead MÓC deich gcinn acu leis féin agus thaifead sé ceann de chaint SÓC.

Is caint MÓC atá ar sheacht gcinn déag de na téipeanna; caint SÓC atá ar cheithre théip agus tá an bheirt acu ag caint ar chúig cinn.

Taifeadadh tráchtaireacht MÓC agus SÓC ar sé cinn fhichead de chlostéipeanna, a uimhríodh 1 – 26, agus eagraíodh na sleachta tras-scríofa i gcaibidlí éagsúla. Is é MÓC is mó atá i mbun na tráchtaireachta; a insint aonair atá i gCaibidlí 5-8; insint MÓC den chuid is mó atá i gCaibidil 4; agus insint a mhalartaíonn ó MÓC agus SÓC atá i gCaibidlí 2-3. Tagraíonn na nodannaí thíos a léirítear tar éis uimhir agus theideal an fho-aonaid:

[a] don téip (T.);
[b] do thaobh na téipe (A) nó (B) agus
[c] don tráchtaire (MÓC) nó (SÓC), m. sh.

2.5.1 Cúrsaí oibre sna blianta tosaigh i Ráth Chairn (T.19A MÓC).

Sa gcás go mbriseann duine acu isteach ar thráchtaireacht an duine eile léirítear an cur síos seo le lúibíní ([. . .] – MÓC agus {. . .} – SÓC, cf. A.1.9.3).

A.5.2 *Am agus gnás an taifeadta*

Léiríodh sna haguisíní thuas an modh oibre a cleachtaíodh sa tionscnamh seo, ach tugtar eolas ar shonraí na dtéipeanna éagsúla anseo thíos. Tagraíonn (a) d'am taifeadta na dtéipeanna[1] agus (b) do ghnás an taifeadta. Rinneadh T. 1 – 8 a thaifeadadh roimh Fhómhar na bliana 1993 sular ghlac mé páirt sa tionscnamh; tomhaistear am a dtaifeadta ó chomhthéacs na tráchtaireachta, más féidir, i gcás na dtéipeanna seo.

Téip	(a)	(b)
T.1	1992	Tráchtaireacht SÓC.
T.2	–	Tráchtaireacht MÓC.
T.3	–	Tráchtaireacht MÓC.
T.4	–	Tráchtaireacht MÓC + SÓC.
T.5	1990	Tráchtaireacht MÓC.
T.6	1990	Tráchtaireacht MÓC.
T.7	1990	Tráchtaireacht MÓC.
T.8	1990	Tráchtaireacht MÓC.
T.9	Deireadh Fómhair 1993	Freagraí ar cheisteanna: MÓC + SÓC.
T.10	Deireadh Fómhair 1993	Freagraí ar cheisteanna: MÓC + SÓC.
T.11	Mí na Samhna 1993	Freagraí ar cheisteanna agus comhrá idir MÓC + SÓC.
T.12	Mí na Samhna 1993	Freagraí ar cheisteanna: MÓC + SÓC.
T.13	Mí na Nollag 1993	Freagraí ar cheisteanna agus comhrá idir MÓC + SÓC.
T.14	Mí an Mhárta 1994	Freagraí ar cheisteanna agus comhrá idir MÓC + SÓC.
T.15	Mí na Bealtaine 1994	Freagraí ar cheisteanna agus comhrá idir MÓC + SÓC.

---

[1] Ní léirítear ach an mhí mar ba ghnách go ndéantaí an tráchtaireacht a thaifeadadh thar thréimhse cúpla lá.

T.16	Mí an Mheithimh 1994	Tráchtaireacht phleanáilte le MÓC.
T.17	Mí na Samhna 1994	Freagraí ar cheisteanna agus comhrá le MÓC.
T.18	Mí na Nollag 1994	Tráchtaireacht phleanáilte le MÓC.
T.19	Mí na Nollag 1994	Freagraí ar cheisteanna agus comhrá le MÓC.
T.20	Mí na Nollag 1994	Tráchtaireacht phleanáilte le MÓC.
T.21	Mí Feabhra 1994	Tráchtaireacht phleanáilte le MÓC.
T.22	Mí an Mhárta 1995	Freagraí ar cheisteanna agus comhrá le MÓC.
T.23	Mí an Mhárta 1995	Freagraí ar cheisteanna agus comhrá le MÓC.
T.24	Mí na Bealtaine 1995	Tráchtaireacht MÓC a thaifead sé féin; tugadh an téip dom i mBealtaine 1995.
T.25	Mí na Bealtaine 1995	Tráchtaireacht MÓC a thaifead sé féin; tugadh an téip dom i mBealtaine 1995.
T.26	Mí na Bealtaine 1995	Tráchtaireacht MÓC a thaifead sé féin; tugadh an téip dom i mBealtaine 1995.

A.5.3 *Sonraí na dtéipeanna agus clár na gCaibidlí agus na bhfo-aonad*

1.0   An Saol i gConamara
1.1.1   Stair mo mhuintire (T.18A MÓC)
1.1.2   Baba: mo dheirfiúr (T.18A MÓC)
1.1.3   Pádraig agus Máirtín: dearthárachaí (T.18A MÓC)
1.1.4   An teach agus an fheilm (T.9A SÓC)
1.1.5   An obair a dhéanadh m'athair (T.9A SÓC)
1.1.6   An obair a dhéanadh mo mháthair (T.9A SÓC)
1.1.7   Comhluadar ar bhain an mí-ádh leo (T.17A MÓC)

Leabharliosta

Seo a leanas liosta (in ord aibítre) de na tagairtí idir leabhair agus ailt a ceadaíodh sa saothar seo.

a Búrc, É. (Eag. Ó Ceannabháin, P.) 1983. *Éamon a Búrc: Scéalta*, An Clóchomhar, BÁC.

Bachelard, G. 1994. *The Poetics of Space*, Beacon Press, Boston.

Becker, H. 1997. *I mBéal na Farraige: Scéalta agus Seanchas faoi Chúrsaí Feamainne ó Bhéal na nDaoine*, Cló Iar-Chonnachta, Conamara.

Bliss, A. 1981. 'The Standardization of Irish', *The Crane Bag* 5(2),76-82.

Borgström, C. 1934. 'The expression of person and number in Gaelic', *Norsk Tidsskrift for Spragvidenskap* 7, 129-141.

Browne, V. 1981. *The Magill Book of Irish Politics*, Magill Publications, BÁC.

Clifford, J. 1986. 'On Ethnographic Allegory', ll. 98-121, *Writing Culture: The Poetics and Politics of Ethnography*. Eag. Clifford, J. agus Marcus, G.E., University of California Press, Berkeley.

Coimisiún na Talún: *Tuarascáil Bhliantúil*, 1935, 1973/74, 1980.

Costigan, B / Ó Curraoin, S. 1987. *De Ghlaschloich an Oileáin: Beatha agus Saothar Mháirtín Uí Chadhain*, Cló Iar-Chonnachta, Conamara.

de Bhaldraithe, T. 1945. *The Irish of Cois Fhairrge, Co. Galway*, Institiúid Ard-Léinn BhÁC (ICF).

de Bhaldraithe, T. 1953. *Gaeilge Cois Fhairrge*, Institiúid Ard-Léinn BhÁC (GCF).

de Bhaldraithe, T. 1977. *Seanchas Thomáis Laighléis*, An Clóchomhar, BÁC.

de Bhaldraithe, T. 1985. *Foirisiún Focal as Gaillimh*, Institiúid Ard-Léinn BhÁC (FFG).

de Búrca, S. 1958. *The Irish of Tourmakeady*, Institiúid Ard-Léinn BhÁC.

de hÍde, D. 1933. *Abhráin agus Dánta an Reachtabhraigh*, BÁC.

Delargy. J. H. 1945. *The Gaelic Storyteller*, The British Academy, Londain [féach Ó Duilearga, S. thíos].

Denvir, G. 1989. *An Ghaeilge, an Ghaeltacht agus 1992*, Glór na nGael, BÁC.

Denvir, G. 1996, *Amhráin Choilm de Bhailís*, Cló Iar-Chonnachta, Conamara.

Greene, D. 1958. 'The analytic forms of the verb in Irish', *Ériu* 18, 108-12.

Greene, D. 1972. *Writing in Irish Today*, Cló Mhercier, Corcaigh.

Greene, D. 1973. 'Synthetic and analytic: a reconsideration', *Ériu* 24, 121-133.

Hamilton, N. 1987. 'The non-personal in Irish', ZCP 42, 366-373.

Hickey, R. 1985. 'Reduction of Allomorphy and the Plural in Irish', *Ériu* 36, 143-162.

Hickey, R. 1986. 'Issues in the vowel phoneme inventory of western Irish', *Éigse* 21, 214 226.

Hindley, R. 1990. *The Death of the Irish Language*, Routledge, Londain.

Langness, L. L. 1965. *The Life History in Anthropological Science*, Holt, Rinehart and Winston, Nua-Eabhrac.

Lyons, J. 1977. *Introduction to theoretical linguistics*, CUP, Londain.

Mac Amhlaigh, D. 1962. *Saol Saighdiúra*, An Clóchomhar, BÁC.

Mhac an Fhailigh, É. 1968. *The Irish of Erris*, Institiúid Ard-Léinn BhÁC.

Mac Aonghusa, P. 1986. 'An feachtas ar son Ráth Cairn', ll. 32-50, Ó Conghaile 1986.

Mac Donncha, P. 1986. 'Ráth Cairn le Blianta Beaga Anuas', ll. 120-134, Ó Conghaile 1986.

Mac Gabhann, M. 1959. *Rotha Mór an tSaoil*, Foilseacháin Náisiúnta Tta., BÁC.

Manning, M. 1987. *The Blueshirts*, Gill and Macmillan, BÁC.

McCone, K. et al. 1994. *Stair na Gaeilge*, Maigh Nuad.

McGonagle, N. 1986. 'Migration of Verbal Terminations', *Ériu* 37, 93-97.

Munch-Pedersen, O. 1994. *Scéalta Mháirtín Neile*, Comhairle Bhéaloideas Éireann, BÁC.

Nic Eoin, M. 1982. *An Litríocht Réigiúnach*, An Clóchomhar, BÁC.

Ní Fhaoláin, M. A. 1995. *Scéalta agus Seanchas Phádraig Uí Ghrífín*, An Sagart, An Daingean.

Nic Giolla Bhríde, C. 1996. *Stairsheanchas Ghaoth Dobhair*, Coiscéim, BÁC.

Nilsen, K. 1973. 'A new third person plural subject pronoun in the Irish of Bun a' Cruc, Sraith Salach, Conamara', *Éigse* 15, 114-116.

Ó Buachalla, B. 1985. 'The F-Future in Modern Irish: a reassessment', *PRIA* 85(c), 1-36.

Ó Buachalla, B. 1972. 'Stair an Chónaisc acht go', *Ériu* 23, 143-161.

Ó Ciosáin, É. 1991. *Buried Alive: A reply to* The Death of the Irish Language (Hindley 1990), Dáil Uí Chadhain, BÁC.

Ó Ciosáin, É. 1993. *An t-Éireannach*, An Clóchomhar, BÁC.

Ó Coigligh, C. 1987. *Raiftearaí: Amhráin agus Dánta*, An Clóchomhar. BÁC.

Ó Conghaile, M. 1981. 'Poitín agus Stiléaracht in Inis Treabhair', ll. 24-34, *Macalla*, An Cumann Éigse agus Seanchais, An Coláiste Ollscoile, Gaillimh.

Ó Conghaile, M. 1986. 'An imirce agus na teaghlaigh', ll. 51-69, *Gaeltacht Ráth Cairn*, Cló Iar-Chonnachta, Conamara.

Ó Conghaile, M. (Eag.) 1986. *Gaeltacht Ráth Cairn*, Cló Iar-Chonnachta, Conamara.

Ó Conghaile, M. 1988. *Conamara agus Árainn 1880 – 1980: Gnéithe den Stair Shóisialta*, Cló Iar-Chonnachta, Conamara.

Ó Conghaile, M. 1989. 'Ráth Cairn: The Birth of a Gaeltacht', ll. 611-618, *Celtic Languages and Celtic Peoples*, Proceedings of the North American Congress of Celtic Studies, Halifax, Nova Scotia.

Ó Conghaile, S. 1974. *Cois Fharraige le mo Linnse*, BÁC.

Ó Conghaile, S. 1993. *Saol Scolóige*, Cló Iar-Chonnachta, Conamara.

O'Connor, J. 1995. *The Workhouses of Ireland – The fate of Ireland's poor*, Anvil Books, BÁC.

Ó Corráin. A. 1992. 'On certain modal and aspectual values of the Future Category in Modern Irish', *Journal of Celtic Linguistics* 1, 1-35, University of Wales Press, Caerdydd.

Ó Criomhthain, T. (Eag. Pádraig. Ó Siochradha) 1928. *Allagar na hinise*, Oifig an tSoláthair, BÁC.

Ó Criomhthain, T. 1928a. *Dinnsheanchas na mBlascaodaí*, Oifig an tSoláthair, BÁC.

Ó Criomhthain, T. (Eag. P. Ó Siochradha) 1929. *An tOileánach*, An Preas Talbóideach, BÁC.

Ó Criomhthain, T. (Eag. Séamus Ó Duilearga) 1956. *Seanchas ón Oileán Tiar*, Comhlucht Oideachais na hÉireann, BÁC.

Ó Cróinín, D. (Eag.) 1980. *Seanchas Amhlaoibh Í Luínse*, Comhairle Bhéaloideas Éireann, BÁC.

Ó Cróinín, D. (Eag.) 1982. *Seanchas Phádraig Í Chrualao*, Comhairle Bhéaloideas Éireann, BÁC.

Ó Cuív, B. 1944. *The Irish of West Muskerry, Co. Cork*, Institiúid Ard-Léinn BhÁC.

Ó Dónaill, N. 1977. *Foclóir Gaeilge–Béarla*, An Gúm, BÁC (FGB).

Ó Duilearga, S. 1977. *Leabhar Sheáin Í Chonaill*, Comhairle Bhéaloideas Éireann, BÁC.

Ó Dúshláine, T. 1974. 'Litríocht as Ithir an Dúchais', *Léachtaí Cholm Cille* 5, 54-68.

Ó Gadhra, N. 1986. 'Gaeltacht Ráth Cairn: An Pholaitíocht agus na Meáin Chumarsáide', ll. 100-119, Ó Conghaile 1986.

Ó Gaoithín, M. 1970. *Beatha Pheig Sayers*, Foilseacháin Náisiúnta Tta., BÁC.

Ó Gaora, C. 1943. *Mise*, Oifig an tSoláthair. BÁC.

Ó Gealbháin, S. 1991. 'The Double Article and Related Features of Genitive Syntax in Old Irish and Middle Welsh,' *Celtica* 22, 119-144.

Ó Giollagáin, C. 1992. 'Moirfeolaíocht an Bhriathair i nGaeilge Ráth Cairn, Co. na Mí', (Tráchtas MA) An Coláiste Ollscoile, Baile Átha Cliath.

Ó Giollagáin, C. 1997a. 'Stairsheanchas Mhicil Chonraí: téacs cóirithe dá chuntas saoil', (Tráchtas PhD) An Coláiste Ollscoile, Baile Átha Cliath.

Ó Giollagáin, C. 1997b. 'Dinimic na Litearthachta agus an Chultúir Bhéil', *The Irish Journal of Anthropology* 2, 6-32.

Ó Glaisne, R. 1982. *Raidió na Gaeltachta*. Cló Chois Fharraige. Gaillimh.

Ó Grianna, C. 1998. *Rann na Feirsde: Seanchas ár Sinsear*, Cló Cheann Dubhrann, Rann na Mónadh.

Ó hAnluain, L.A. 1985. *Graiméar Gaeilge na mBráithre Críostaí*, An Gúm, BÁC.

Ó hÓgáin, D. (Eag.) 1981. *Leabhar Stiofáin Uí Ealaoire.* Comhairle Bhéaloideas Éireann, BÁC.

Ó hUiginn, R. 1994. 'Gaeilge Chonnacht', ll. 539-610, *Stair na Gaeilge*, Mc Cone et al. 1994.

Ó hUiginn, R. 1996. *Airneán. Eine Sammlung von Texten aus Carna, Co. na Gaillimhe*, Iml 1,2. (Eag. H. Hartmann, T. de Bhaldraithe, R. Ó hUiginn.) Tübingen.

Oifig na Logainmneacha, 1989. *Gasaitéar na hÉireann*, Oifig an tSoláthair, BÁC (GE).

Ó Máille, T. 1936. *An Béal Beo*, BÁC.

Ó Máille, T. S. 1974. *Liosta Focal as Ros Muc*, BÁC.

Ó Murchú, M. 1969. 'Common core and underlying forms,' *Ériu* 21, 42- 75.

Ó Murchú, S. 1986. 'Déantús an ainm bhriathartha i nGaeilge Charna', *Éigse* 21, 200-207.

Ó Murchú, S. 1987. 'Nótaí ar [o] agus [u] i nGaeilge an Iarthair', *Éigse* 22, 124-125.

Ong, W. 1993. *Orality and Literature: The Technologising of the Word.* Routledge. London.

Ó Nualláin, L. 1986. 'Ag Socrú Síos i Ráth Cairn', ll. 70-87, Ó Conghaile 1986.

O'Rahilly, T.F. 1932. *Irish Dialects Past and Present*, BÁC.

Ó Riain, S. 1994. *Pleanáil Teanga in Éirinn 1919– 1985.* Carbad, BÁC.

Ó Sé, D. 1991. 'Verbal inflection in Modern Irish', *Ériu* 42, 61-81.

Ó Siadhail, M. 1983. 'The erosion of the copula in Modern Irish dialects', *Celtica 15*, 117-127.

Ó Siadhail, M. 1985. 'A Note on Gender and Pronoun Substitution in Modern Irish Dialects', *Ériu 35*, 173-177.

Ó Siadhail, M. 1989. *Modern Irish: Grammatical structure and dialectical variation*, CUP, Cambridge.

Ó Súilleabháin, M. 1933. *Fiche Blian ag Fás*, An Preas Talbóideach, BÁC.

Ó Súilleabháin, S. 1942. *A Handbook of Irish Folklore*, Cumann le Béaloideas Éireann, BÁC.

Ó Tuathaigh, G. 1986. 'Aistriú pobail Gaeltachta go háiteanna eile in Éirinn: Cúlra an pholasaí', ll. 13-31, Ó Conghaile 1986.

Robinson, T. 1990. *Connemara*, Gaillimh.

RTÉ: 'Ráth Cairn 1935-85', *Féach* 15/4/85. Láithreoir: Mícheál Ó hUanacháin.

Sayers, P. 1936. (Eag. Máire Ní Chinnéide) *Peig*, An Preas Talbóideach, BÁC.

Sayers, P. 1938. (Eag. Kenneth Jackson) *Scéalta ón mBlascaod*, Oifig an tSoláthair, BÁC.

Sayers, P. 1939. (Eag. Máire Ní Chinnéide) *Machtnamh seana-mhná*, Oifig an tSoláthair, BÁC.

Seoighe, M. 1986. 'Ráth Cairn 1939-1967', ll. 88-99, Ó Conghaile 1986.

Skerrett, R. A. Q. 1975. 'Some Cases of Vowel Sandhi in the Irish of Erris', *Studia Celtica* 10-11, 388-392.

Stenson, N. 1979. 'Plural Formation in Ráth Cairn,' *Éigse* 17, 495-536.

Stenson, N. agus Ó Ciardha, P. 1986-87. 'The Irish of Ráth Cairn: a contribution to the Linguistic Atlas and Survey of Irish Dialects', ZCP 41-42, 66-137 (LASID RC).

Stenson, N. 1986. 'Language Report: Ráth Cairn, The Youngest Gaeltacht', in *Éire-Ireland* 21, 107-118.

Stenson, N. 1990a. 'Phrase structure congruence, government, and Irish-English code-switching', *Syntax and Semantics* 23, 167-197.

Stenson, N. 1990b. 'Patterns and mutation in Irish Loanwords', *Éigse* 24, 9-25.

Titon, J. T. 1980. 'The Life Story', *The Journal of American Folklore* 93, 276-292.

Ua Súilleabháin, S. 1988. 'Deilbhíocht bhriathra an tarna réimniú i nGaeilge Iarthar Mhúscraí', *Celtica* 20, 145-166 .

Uí Churraoin, M. 1995. *Máire Phatch Mhóir Uí Churraoin A Scéal Féin*, (Eag. Ó Gráinne, D.) Coiscéim, BÁC.

Verling, M. (Eag.) 1996. *Gort Broc: Scéalta agus Seanchas ó Bhéarra*, Coiscéim, BÁC.

Wagner, H. 1958. *The Linguistic Atlas and Survey of Irish Dialects*, Imleabhar I, Institiúid Ard-Léinn BhÁC.

Wagner, H. 1966. *The Linguistic Atlas and Survey of Irish Dialects*, Imleabhar III, Institiúid Ard-Léinn BhÁC.

Watson, S. 1986. 'Foirmeacha athdhúbailte copaile i gcanúintí Dhún na nGall', *Éigse* 21, 194-199.

Watson, S. 1996. 'Cairn *rs*, *sr* i gcanúintí na Gaeilge', *Éigse* 29, 121-136.

Wigger, A. 1972. 'Preliminaries to a generative morphology of the Modern Irish verb', *Ériu* 23, 162-213.

Williams, N.J.A. 1976. Léirmheas ar Ó Máille (1974), ZCP 35, 304-318.